KB245830

한일 역사인식 논쟁의 메타히스토리

'한일, 연대 21'의 시도

한일 역사인식 논쟁의 메타히스토리
'한일, 연대 21'의 시도

'한일, 연대 21' 엮음

뿌리와
이파리

서문 1

한일관계의 상호진화를 위하여

일본은 작은 나라가 아니다. 경제만이 아니라 영토로도 그렇다. 태평양 곳곳에 점점이 흩어진 섬들을 이어보면 일본이 세계적인 해양국이라는 사실을 실감하게 된다. 겨우 연해(沿海)나 영해(領海)로 거둔 한국과는 비교도 되지 않는다.

그럼에도 한국인들은 일본을 가볍게 본다. 아니 그렇게 보고 싶어 한다. 일본을 '섬나라'로 발화(發話)할 때 한국인들에게 거의 자동적으로 환기되는 어떤 쾌감에는 그런 혐의가 묻어난다. 한국인들은 지금도 섬(또는 갯가)을 은근히 아래로 본다. 바다를 향해 나아가기보다는 내륙으로 감아드는 지향이 우심한 조선왕조 시대에 해양성은 신분제의 가장 낮은 계단과 연계되었던 바, 유형(流刑)의 땅, 섬에서 살아가는 사람들이란 일종의 천민이었다. 한국인의 몸에 각인된 해양에 대한 경멸이 일본을 섬나라로 부르는 발음 속으로 슬그머니 미끄러져 들어갔다. 그것은 일본을 가리키는 다른 이름 왜(倭)와 중첩된다. 한국어에서 왜(倭)는 난장이를 뜻하는 왜(矮)와 발음이 같다. 이 무의식적 말장난(pun)을 통해 한국인들은 일본을 '작은 신의 아이들'이 거주하는 이상한 나라로 격하하고 싶은 것이다.

그런데 이 비꼬인 심리적 기제가 일본에 대한 피해의식에서 비롯되었음은 기억할 필요가 있다. 조선의 해안가를 간단없이 유린했던 왜구(倭

寇)와 그 총화(總和)로서 폭발한 도요토미 히데요시(豊臣秀吉)의 침략전쟁(1592~99), 그리고 조선이 마침내 식민지로 전락한 저 1910년의 기억들이 한국인의 의식 속에 거의 유전정보로 내장되었거니와, 바다에 대한 한국인의 경시는 아마도 일본으로부터 기원했는지도 모른다. 조선의 수평선에 홀연 출현한 일본 선단(船團)은 얼마나 큰 공포였을까? 그 두려움이 해양성에 대한 경멸로 전도된 것은 심리적 방어기제의 교묘한 작동일 터인데, 이 기이한 전도가 한국에만 해당되지 않는다는 점이 흥미롭다.

한반도를 보는 일본인들의 심리학도 단순치 않다. 한반도 또는 한국과의 교린(交隣)을 중시한 선각적 일본인이 없었던 것은 아니지만 일본인들은 대체로 한국에 관심이 없다. 이 무관심은 사실 매우 부자연스러운 것이다. 탈아입구(脫亞入歐)의 깃발 아래 조선을 식민지로 삼았던 근대 일본의 기억 탓으로 설명할 수 있지만 과연 그뿐일까? 근대 이후에 더욱 강화되었다 하더라도 그 이전에도 그랬다. 가령 일본 지명에 곧잘 등장하는 'から(가라)'는 '한'(韓-한국)과 '당'(唐-중국)을 동시에 가리킨다. 그런데 중국에서 기원하여 한국을 경유하여 일본으로 전래되는 문화전파의 한 경로를 보여주는 것임에도 일본에서는 대체로 한반도 경유를 괄호에 넣은 채 중국만을 전경화(前景化)한다. 즉 'から'를 '당(唐)'으로 표기함으로써 '한(韓)'을 억압하는 것이다. 나는 물론 일본문화가 북방통로와만 연결되었다고 보는 것은 아니다. 북방이라고 해도 한국 경유만 있었던 것도 아니다. 한국을 거치지 않고 중국과 직접 교류한 예도 있고, 북방과 다른 남방의 길도 있었을 것이다. 그럼에도 일본은 한국 경유를 굳이 드러내고 싶어 하지 않는다. 그렇다고 명토박아 부정하는가 하면 그렇지는 않다. 어찌 보면 모호한 상태로 묻어두고 싶어 하는 것 같다. 모호성을 고의적으로 방치하는 이 복잡한 심리학은 도대체 어디에서 연유하는가? 중국의 영향은 인정해도 한국 기원(起源)은 굳이 드러내고 싶어 하지 않는 심리복합은 수구초심(首丘初心)의

전도(顚倒)가 아닐까, 하는 엉뚱한 생각마저 들게 하는 것이다. 한반도의 기억을 지우고 싶어 하는 이 기이한 심리학은 소중화(小中華)를 뽐내며 일본을 내심 경시한 한국의 전통적 일본관에 대한 반발에서 퉁겨져나온 것일지도 모른다.

이런 주고받음 속에서 비틀린 한일 사이의 곬은 근대 이후 더 악화된다. 서양배우기〔學西〕의 우등생으로 이웃 한국을 식민지로 삼으면서 일본인들은, 예전 한국 지식인들이 일본을 경멸했던 것에 복수라도 하듯, 근대로 진입하는 데 실패한 한국을 노골적으로 하시(下視)하였던 것이다. 2차대전의 종결도 한일관계의 왜곡을 시정하는 데 크게 기여하지 못했다. 분단, 전쟁, 그리고 남북대립이라는 한반도의 불행한 상황으로 말미암아 일본 역시, 경제부흥의 성공에도 불구하고 전후민주주의 발전이 제약되기에 이르렀으니, 민주주의의 부족이 한일관계를 은밀히 훼방했던 것이다. 이런 상황은 종전 20년 만에 한일 사이의 국교가 정상화된 이후도 근본적으로는 비슷하게 유지되었다. 냉전을 관리하는 미국의 동북아시아 또는 동아시아 정책 구도에 따라 한일 두 나라 정부가 협력적 태도를 취했으나 그것은 오월동주(吳越同舟)에 가깝다. 잊을 만하면 터져나오는 일본 정객들의 '망언', 그에 대한 한국의 격렬한 규탄, 일본의 사과(謝過), 그리고 한국의 빠른 망각. 정책적 필요에 의해 봉합된 화해에 기초한 것임을 환기시키는 이 간헐적 소동들은 이러지도 저러지도 못하면서 불편한 동거를 유지할 수밖에 없는 냉전시대 한일관계를 단적으로 상징하는 것이다. 탈냉전시대의 도래는 한일관계를 수정할 새로운 기회를 제공했다. 한국이 세계체제의 주변부에서 반주변부로 상승하고 민주화가 전진하는 도정에서 남북관계의 점진적 변화가 가시화하자, 일본과 일본문화에 대한 한국의 완강한 태도에 균열이 발생했다. 최근 한국 소설시장을 석권하고 있는 일류(日流)는 대표적이다. 아래로부터 한일 사이의 화해를 이끌 시민적 생활의 요구라는 이 새로운 차원의 물결이야말로 종요롭다. 물론 이 가능성을 위협하는 요소들은 상존(尙存)한다. 틈만 나면 요원의 불길처럼 타오르는 두 나라 민족주의의 충돌은 어리석지만 아직도 생생한 불씨가 아닐 수 없다. 그럼에도, 아니 그 때문에 더욱, 모처럼 주어진 기회를 '차마 저버리지 못할 약속'으로 바꾸는 집합적 대화를 조직하는 일이 긴요하고도 절실하다.

이에 뜻을 같이하는 일본과 한국의 지식인들이 모여 21세기에 걸맞은 새로운 한일관계를 모색하고자 2004년 8월 '한일, 연대 21'을 발족하였다. 우리는 문명사회의 중요한 지표의 하나인 자기비판을 핵심어로 삼는 데 합의했다. 한국과 일본이 서로를 비난하는 일방통행이 아니라 한국과 일본이 스스로를 비판하는 반구(反求)의 성숙한 자세에서 자기 사회를 쇄신하는 과정에서 연대하는 제3의 선택을 실험하기로 했던 것이다. 이 모임의 이름 중간의 쉼표는 바로 이러한 숙고(熟考)의 찰나를 포착한다.

우리는 발족 이후 네 차례의 심포지엄을 개최했다. 교과서, 위안부, 야스쿠니 등 예민한 문제들을 예민하지 않게 다루는 이 모임에 놀랍게도 청중이 결코 조촐하지 않았다. 교착을 풀 희망의 열쇠다. 이에 힘입어 우리는 그 동안의 발표들을 바탕으로 한 권의 책을 묶을 용기를 가지게 되었다. 한국과 일본에서 동시에 출간되는 이 기획서에 참여해준 모든 분들에게 다시 한 번 깊은 감사를 전한다. 정신분석을 요구할 정도로 속이 깊은 한일관계의 어려움을 묵상하면서 그럼에도 그 난관에 투항하지 않고 새 길을 탐색하는 데 진지한 그 모든 분들에게 이 책이 조그만 참고가 된다면 더할 나위 없는 기쁨이겠다.

2008년 2월

'한일, 연대 21' 대표 최원식

서문 2

'한일, 연대 21'의 역할과 과제
—발안자의 한 사람으로서

'한일, 연대 21'의 모임은 박유하 교수와 도쿄에서 나눈 극히 개인적인 대화에서 시작되었다. 이때 박유하 교수는, 한국의 왜곡된 반일 내셔널리즘을 비판한 저작이 일본의 반한 내셔널리즘에 이용당할 위험성을 느끼고 일본에서의 번역출판을 중지했던 경험을 가지고 있었는데, 당시에도 자국 비판이 다른 나라에서 그 나라의 내셔널리즘을 부추길 위험성을 걱정하고 있었다.

당시는 2002년 9월 17일 고이즈미 준이치로 수상의 평양 방문 후 이른바 '납치 문제'와 10월 이후의 북한에 의한 '핵위기 문제'를 발단으로 하여, 일본에서는 텔레비전 등의 매스미디어에 의한 반북캠페인이 이미 일 년 이상 거세게 벌어지던 때였다.

동시에 아베 신조(安倍晋三)나 나카가와 쇼이치(中川昭一)와 같은 극우 정치가들이 '새로운 역사교과서를 만드는 모임'(이하 '만드는 모임') 등과 연동하면서 매스미디어에 정치적 압력을 가하기 시작하여 대일본제국에 의한 과거의 침략전쟁과 식민지 지배를 정당화하는 역사왜곡의 국민적 운동을 추진하고 있었던 시기이기도 했다.

박유하 교수의 우려를 나는 잘 이해할 수 있었다. 반북캠페인, 그것도 매카시즘적인 마녀사냥의 양상을 띠고 있던 반북캠페인 속에서, 일본에서는 한국이 북한에 온건한 태도를 취하고 있다는 불만이 싹트고 있었다. '한류 붐' 이나 월드컵 축구대회의 공동개최라는 표면적인 우호무드는 있어도, 그 바로 밑에서 한국에 반발하는 내셔널리즘이 꿈틀거리고 있었던 것이다.

이미 중학교 역사 교과서에서 이른바 '종군위안부 문제' 를 삭제하기 위한 공격을 1990년대 후반에 교과서회사에 지속적으로 가하고, 현장의 교사에 대해서도 '종군위안부 문제' 를 다루지 못하게 하는 등의 지역사회에서의 운동을 전개하고 있던 '만드는 모임' 이 2000년대 들어와 새로운 움직임을 일으킨 상황이기도 했다. 즉 '만드는 모임' 이 『새로운 역사 교과서』를 편집하고 문부과학성이 2000년에 검정을 통과시켜, 2001년에는 이 교과서를 채택할지 여부를 정하는 힘든 싸움이 진행되기도 했던 때였다. 나는 '어린이와 교과서 전국네트 21' 의 대표호소인의 한 사람으로서 일본열도 각지를 돌며 '만드는 모임' 교과서를 비판하고 그 교과서의 채택을 저지하기 위한 강연을 하고 있었다. 그리고 그 운동에 대해 한국에서도 여러 그룹에 보고할 기회가 있었다.

그러나, 한국의 청중 앞에서 일본에서와 동일한 내용과 어조로 '만드는 모임' 교과서를 비판하는 것만으로는 진심이 전해지지 않는다는 것을 박유하 교수를 비롯한 한국 친구들의 충고로 배울 수 있었다. 의도와는 상관없이 내가 언급하는 '만드는 모임' 의 교과서 비판이 한국의 반일 내셔널리즘을 부추기는 담론이 될 수도 있는 위험성을 항상 의식해야 한다는 것을 배운 것이다.

결과적으로 나는 극히 곤란한 언어적 실천을 감당하지 않으면 안 되었다. 그래서 어느 나라에서건, 내셔널리즘의 담론을 통해 구축되는 아이덴티티의 구조를 비판적으로 명확히 하고, 그 위에서 '만드는 모임' 이 일본에서 어떠한 여론을 형성하려 하고 있는지를 비판하는 방법을 취할 수밖에 없었다. 즉, 누가, 어디서, 무엇을, 어떻게 말하는지를 철저히 의식화해야 했던 것이다. 이러한 언어적 실천은 내셔널리즘으로 연결되는 모든 이분법적 담론을 비판하고 물리침으로써 이분법의 경계로서의 숨겨진 제3항을 밝혀 나가는 방향으로 나 자신의 사고를 단련시켜주었다.

그리하여, 박유하 교수와 내가 나눈 개인적인 대화는 곧바로 한국과 일본의 양국에서 공동으로 내셔널리즘을 비판하고 해체해나가는 실천을 해나갈 수밖에 없다는 방향으로 결실을 맺었다. 이른바 '국제관계'에서 불가능한 연대를 지역 간에서 해나가기 위해서는 인간으로서의 지적 신뢰관계에 바탕을 둔 연대의 지평을 확산시켜나가는 일이 필요하다고 생각했다. 한국과 일본에서 각각 자국의 내셔널리즘을 비판하는 개인이 연대하지 않고는 21세기 한일관계의 전망을 개척할 수 없다는, 그 자체로서는 조금은 주관적인 결의가 이 모임의 발단이 된 것이다.

우리의 주관적인 결의에 객관성과 역사성을 부여해준 분들이, 최원식 교수를 비롯한 한국의 선배, 그리고 친구들이었다. 본서에 수록된 최원식 교수의 논문에 그 전체상이 밝혀져 있듯이, '한일, 연대 21'을 시작하면서 우리가 서울에서 함께 벌인 토의는 2001년 9월 11일 이후의 정세 속에서 한일관계의 '지금'을 어떻게 파악할지에 대한 인식을 심화시켜갔다.

최원식 교수는 2000년대를 한일관계의 새로운 시련의 시기라고 평했다. 1997년에 성립한 김대중 정권은 한반도의 화해와 협력의 시대를 개척하기 위해서, 1965년의 '한일조약' 체제를 넘는 방향에서 '한일공동선언'을 1998년에 실현하였고, 2001년 6월 15일에는 역사적인 남북공동선언을 실현했다. 그러나 2001년 9월 11일 이후, 미국의 부시 정권과 그에 추종하는 일본의 고이즈미 준이치로 정권은 북한의 핵 문제를 둘러싼 위기를 부추기면서 남북관계와 한일관계를 다시 대립의 방향으로 유동화시키려고 했다. 그리고 2002년, 부시 정권은 이라크·이란·북한을 테러지원국가로 규정하고 2003년 3월 20일부터 영국의 블레어 정권을 끌어들여 이라크에 대한 공격을 시작하고 있었다. 그에 맞서서 한반도와 일본열도에서의 광범위한 시민운동 그룹은 새로운 반전평화의 운동을 강화해갔다.

때마침 2004년 6월 10일, 일본에서는 이노우에 히사시(井上ひさし), 우메하라 다케시(梅原猛), 오에 겐자부로(大江健三郎), 오쿠다이라 야스히로(奥平康弘), 고(故) 오다 마코토(小田實), 가토 슈이치(加藤周一), 사와치 히사에(澤地久枝), 쓰루미 슌스케(鶴見俊輔), 미키 무쓰코(三木睦子) 씨 등 9명이 '9조의 모임(九條の會)'을 결성하여, 일본국헌법 9조를 명문개헌하려고 하는 세력에 대항하는 국민운동을 호소하는 활동을 시작했다. 이 '9조의 모임' 사무국장을 맡게 된 나는 그 활동과정에서 다시금 일본열도에서의 안전과 평화는 한반도에서의 화해와 평화체제 구축과 불가분의 관계를 맺고 있다는 것을 깊이 느끼게 되었다.

'한일, 연대 21'의 조촐한 실천이 전개되는 동안, 북한의 '핵 문제'가 한국·북한·미국·러시아·중국·일본 등 한반도와 관련된 6개국이 참가하는 '6자회담'이라는 다국간 틀 속에서 논의되었다. 2006년에는 북한의 핵실험이라는 위기도 있었지만, 한일 양국의 평화운동의 힘은 각국 정부가 군사적 해결의 방책을 취하는 것을 저지해냈다. 유엔 안전보장이사회도 만장일치로 "병력의 사용을 수반하지 않는" 제재를 결의했고, 북한은 '6자회담'에 복귀했다.

2007년 여름의 일본 참의원선거에서, 유권자들은 9조를 비롯한 일본국헌법 개악을 선거공약의 첫 번째로 내건 아베 신조 정권에 대해 명확한 거부 의사를 표명했다. 그리고 9월 12일, 아베 수상의 갑작스러운 사임과 함께 아베 정권은 붕괴했다. 아베 신조라는 정치인은 2002년 이후 '북한 납치가족 문제'와 관련한 강경발언으로 인기를 얻었고, '종군위안부 문제'에서도 일본 국가의 책임은 없다고 계속 주장해온 역사왜곡 정치가그룹의 중심적 존재였다. 그런 의미에서 내셔널리즘을 정치의 수단으로 최대한 이용해온 것이 아베 신조라는 정치인이다. 따라서 아베 정권의 실각은 일본에서 여론의 동향이 크게 달라졌음을 보여주는 하나의 증거라고 할 수 있다.

나는 '9조의 모임' 사무국장으로서 2004년 이후 주말을 이용해 매년 200회 이상의 강연을 다녀왔다. 그 강연에서 내가 가장 중시해온 것은, 한국전쟁으로 인해서 일본국헌법 9조에 위반하는 일·미 안전보장조약체제에 들어가, 그 속에서 재군비가 행해졌다는 역사인식의 문제, 그리고 한국전쟁은 아직 끝나지 않은, 강화조약이 맺어지지 않은 전쟁이라는 현실인식의 문제이다.

처음에 나는, 강연회 청중의 대부분이 한국전쟁은 이미 끝났다고 생각하는 데에 무척 놀라지 않을 수 없었다. 그러나 그것이 현재의 일본에서 이루어지고 있는 근현대사 교육의 수준, 그리고 그 결과이자 원인인 역사인식의 수준이다. 나는 그 현실을 인정한 다음, "저는 어머니께 '너는 한국전쟁 휴전협정이 맺어진 해에 태어났다' 고, 귀에 못이 박히도록 들었습니다. 저의 인생 그 자체가 한국전쟁의 휴전협정입니다. 이 한국전쟁의 강화조약을 맺는 것이 6자회담의 최종목적입니다"라고, 3년 동안 계속 말해왔다. 그리고 그 3년은 풀뿌리에서부터 역사인식과 현실인식을 바꾸는 것이야말로 여론의 방향을 바꾸는 것으로 이어진다는 점을 실감할 수 있었던 기간이었다.

그러한 내 뜻을 계속 뒷받침해준 것이 '한일, 연대 21' 동료들과의 논의이며, 그 속에서 단련된 사상이다. 그러므로 이 논의와 사상을 독자 여러분과 본서의 출판을 통해 공유할 수 있게 된 것은 큰 기쁨이라 하지 않을 수 없다.

2008년 2월

고모리 요이치(小森陽一)

차례

제3부 위안부 문제, 어떻게 볼 것인가

제4부 야스쿠니를 다시 묻는다

제5부 가해와 피해의 기억을 넘어서 —『요코 이야기』 파문을 계기로

제 1 부

한일의 새로운 미래 구상을 위하여

포스트 '65년을 점검하는 메모*

한일의 새로운 미래 구상을 위하여

최원식 崔元植

I. 오늘의 상황

베를린 장벽의 붕괴(1989년)가 20세기의 마감을 고지(告知)하는 상징이라면, 9·11 테러(2001년)는 21세기를 여는 충격적 기호(記號)다. 한때는 '근대 이후'를 밝히는 등불이었던 20세기 사회주의가 결국은 새로운 형태의 '근대 따라잡기'라는 인식이 더욱 분명해지면서 레닌주의(또는 스탈린주의)와 그 변종들의 전인류적 가치는 급속히 쇠퇴하였다. 이 환멸의 확산을 빌미로 자본주의를 '역사의 종말'로 찬송하면서 지상의 오지는 물론 마음의 오지마저 상품화하는 지구자본의 운동이 목하 세계화의 이름 아래 석권하고 있다. 자본주의세계를 일정하게 견제했던 사회주의라는 브레이크가 작동을 멈추자, 미국의 헤게모니는 일통황제(一統皇帝)처럼 장엄했다. 그런데 세계화가 잉태한 새로운 형태의 테러리즘—테러의 고전주의를 일거에 붕괴시킨 이 거대한 섬광이 유령처럼 미국을 엄습하면서 그 환상에 날카로운 금이 그어졌다. 소련의 해체는 미국의

* 본고는 2004년 11월 19일 한국언론재단에서 개최되었던 '한일, 연대21' 발족 기념 심포지엄 「한일, 새로운 미래 구상을 위하여 — 교과서 문제를 중심으로」에서 발표된 원고이다.

쇠퇴를 동반할 것이라는 이매뉴얼 월러스틴(Immanuel Wallerstein)의 지적이 상기된다. 냉전시대의 소련이 미국의 헤게모니에 의존한 반쪽 헤게모니를 행사한 것에 지나지 않는다 하더라도, 미국과 소련은 어느 한쪽이 기울면 같이 붕괴하는 20세기의 동반자인지도 모른다. 9·11은 그 중요한 지표가 아닐까? 외부의 공격에 한 번도 노출되지 않았던 미국 본토, 이 '신성한 금기의 땅', 그것도 심장부 뉴욕의 복판에 솟아오른 자본주의의 바벨탑, 쌍둥이빌딩이 굉음 속에 무너앉은 이 사건은 침묵 속으로 돌진한 무정한 테러리스트에 의해 희생된 무고한 영혼들의 '소리 없는 아우성' 으로 현대의 묵시록을 시현하였던 것이다.

이 사건 이후 부시 미국 정부는 반테러전쟁을 선포하며 '보이지 않는 적' 들을 향해 마치 돈키호테처럼 돌진한다. 그러나 아프간 전쟁(2001년)에 이어 이라크 전쟁(2003년)에 돌입한 미국의 반테러전쟁은 그 헤게모니의 허약성을 오히려 전시하였다. 전통적인 동맹국들, 특히 유럽의 반대 속에 겨우 영국의 협조만을 얻어 시작된 이라크전쟁은, 신속하게 후세인 정권을 붕괴시키고 기세 좋게 전쟁 종결을 선언한 이후에도 여전히 진행형이다. 종전선언 1년 반이 지난 현재까지 미군 전사자가 1,000명을 넘어섬으로써 제2의 베트남전쟁이 되리라는 당초의 어떤 예측이 불길하게도 적중되고 있는 형국이다. 일방주의라는 무리수가 강함이 아니라 약함의 표출이라는 점을 염두에 둘 때, 전 세계를 '보이지 않는 전쟁' 속으로 몰아넣는 미국 역시 테러리스트의 짝패가 아닐까 우려하지 않을 수 없다.

미국의 일방주의는 북한도 '악의 축' 으로 지목함으로써(2002년) 한반도와 동북아시아를 유동성의 위기로 몰고 간다. 9·11 이전 한반도와 동북아는 갈등과 분쟁으로 얼룩졌던 20세기를 결별하고 화해와 협력의 21세기로 나아갈 새로운 단초를 열어가는 중이었다. 탈냉전시대의 도래와 함께 한반도의 분단을 경계로 대치했던 남방 삼각동맹(한국·일본·미국)과 북방 삼각동맹(북한·중국·소련)의 대립이 유연화하면서, 오랜 군사독재를 끝내고 정치적 민주화가 새 단계로 진입한 한국과 김일성 후계체제가 출범한 북한이 협력하여 한반도 평화통일의 기운이 차츰 익어갔다. 9·11 전해에 이루어진 6·15 평양선언은 극적인 이정표가 아닐 수 없다. 남북이 오랜 반목을 씻고 이미 한국전쟁에서 확인된 일방통일의 불가능성을 솔직하게 인정하고 남의 국가연합제와 북의 '낮은 단계의 연방제안'의 공통성에 유의하여 평화통일의 길을 모색한다는 이 선언의 핵심은, 새로운 국내외적 분쟁의 씨앗이 될 수도 있는 급격한 통일 대신 남북화해의 안정적 구축 위에서 점진주의를 선택한 점에 있다. 내전에서 출발한 한국전쟁이 쉽게 국제전으로 확대된 사실에서 보듯이 한반도의 분단은 이 지역 전체를 전쟁의 참화 속으로 끌고 들어갈 수 있는 잠재적 화약고다. 이 선언은 분쟁의 근원을 해체함으로써 한반도는 물론이고 이 지역 전체에 비둘기를 날리는 평화의 메시지인 것이다. 그런데 9·11 이후 미국의 반테러전쟁이 북한도 잠재적 공격목표로 삼음으로써 동북아가 급속히 6·15 이전으로 복귀하고 있다. 고이즈미 수상의 평양 방문(2002년 9월)으로 상징됐듯이, 미국으로부터 일정한 자율성을 추구하던 일본 정부가 북핵위기(2002년 10월)를 빌미로 다시 미국에 편승하여 재무장의 길을 엿본다. 흔들리는 단극(單極)체제를 수호하려는 미국의 최근 동향에 은밀히 동참한 중국도 동북공정(東北工程)으로 '제국'의 보위(保衛)를 노골화한다. 9·11 3주년을 앞두고 벌어진 북오세티야공화국의 끔찍한 테러사태를 기화로 러시아 또한 미국의 선제공격론을 추종한다. 한반도 주변 4강이 모두 미국을 모방하면서 남북관계도 일거에 정체국면에 들어섰다.

이 위기로부터 어떻게 탈출할 것인가? 나라의 경계를 넘은 시민적 평화운동의 연대가 절실히 요구되는 때가 아닐 수 없다. 때마침 미국의 일방주의가 거의 소멸됐던 반전평화운동을 다시 구원하였다. 전 세계적으로 평화운동의 물결이 고조되면서, 한국에서도 정전 50주년(2003년)을 즈음하여 처음으로 본격적 평화운동이 타올랐다. 한반도와 세계의 안녕을 기원하는 촛불들의 찬란한 점등(點燈)을 사유하면서 통일운동은 한반도라는 일국주의적 텍스트 바깥과 소통할 수 있는 통로를 열었던 것이다. 통일운동과 평화운동을 결합함으로써 남북의 화해, 동아시아의 연대, 그리고 나아가 세계적 차원의 평화체제 구축에 기여할 새로운 운동을 발진한 한국발 시도는 동아시아 지식인들, 특히 일본 지식인들의 깊은 이해가 간절히 요청된다. 한국과 일본, 그리고 두 나라의 경계를 가로지르는 이 자리가 9·11 이후 뒷걸음치는 평화를 다시 불러들이는 동아시아 연대의 겸허한 디딤돌로 기억될 것을 나는 믿는다.

II. 과거의 악령

동아시아의 평화 구축에서 한일관계는 관건의 하나다. 나는 오늘의 상황에서 한일관계를 다시 생각하고 싶다. 한일관계를 다시 생각한다는 것은 무엇을 뜻하는 것인가? 그것은 한국사람과 일본사람이 어떻게 '열린 도시'의 세계시민으로서 실존적으로 만날 수 있을까를 내다보는 것이다. 한국 사람과 일본 사람이 만날 때 우리는 도망치려야 도망칠 수 없는 구질구질한 기억을 주렁주렁 달고 만나기 마련이다. 임진왜란의 기억, 일제의 조선 지배의 망령, 그리고 남한 역대 독재정권과 유착한 자민당(自民黨)의 기억 등등이 한일 두 나라 사람의 형제자매 같은 만남에도 개입한다. 조상이 저지른 일 때문에 지금의 일본인이 도매금으로 책임을 추궁당한다면 이는 고약한 연좌제다. 책임을 추궁당하는 측만 억울한 게 아니라 조상이 당한 일 때문에 그 후손인 한국인들이 일본인들과 교류하는 데 장애를 느낀다면 이 또한 가엾은 일이 아닐 수 없다. 한일 사이를 가로지르는 이 정치적 무의식으로부터 해방될 고리는 어디 있을까?

우리는 여기서, 고통스럽지만 '포스트 65년', 즉 탈냉전시대의 한일관계로의 순항을 끊임없이 방해하는 냉전시대의 악령, 한일협정(1965년)을 되돌아볼 필요가 있다. 4월혁명(1960년)으로 탄생한 장면 내각을 전복한 쿠데타(1961년)로 집권한 박정희는 대일교섭을 서둘렀다. 군정시기에 이미 한일회담 타결을 결정하고 소위 '김종필(金鐘泌)·오히라(大平) 메모'를 통해 청구권 문제에 합의를 본 박정희 정권은, 한일회담을 조기에 타결하려 했으나 '굴욕외교'에 대한 전국적 반대시위에 부딪쳐 비상계엄령을 발동, 이를 탄압하고(6·3사태, 1964년), 이듬해 서울지구에 위수령(衛戍令)을 발동하여 '한일협정' 비준안을 강압적으로 통과시킴으로써 2차대전 이후 단절됐던 한국과 일본 사이의 국교가 일단 정상화되었다. 박 정권은 왜 두 차례의 비상사태 선포라는 무리수를 무릅쓰고 '굴욕적'인 한일협정 체결을 밀어붙였을까? 폭력적 방법으로 집권한 정권에 내재하는 정통성의 위기를 경제개발로 보전(補塡)하려 한 박 정권은 일본의 자금이 절실히 필요했다. 박 정권은 경제개발의 밑돈으로서 일본자본이 필요했을 뿐만 아니라 일본의 기술을 빌리고자 하였다. 군사원조와 소비재 중심의 미국의 무상원조를 보완하기 위해 공업화를 우선과제로 설정한 박 정권은 협정을 통해 일본의 공업화 원조를 기대하였던 것이다.

피침략국이 오히려 침략국에 외교관계 수립을 '구걸'하는 한국 정부의 약점을 빌미로 일본 정부는 과거의 식민지배에 대한 진지한 청산 문제를 적당히 얼버무리고, 이 과정에서 시종일관 우월적 지위를 과시하였다. 한국전쟁(1950~53년)을 계기로 기사회생한 일본자본에 있어서 한일수교는 일본 상품의 시장 확대라는 실익을 바탕으로 한국에 대한 잃어버린 영향력을 회복할 기회라는 점에서 불감청(不敢請)이언정 고소원(固所願)인 셈인데도 말이다. 이 점에서 '65년 체제'의 성립에서 박 정권의 책임이 일본 못지않게 엄중함을 유념해야 한다.

또한 우리는 일본에서도 이 협정에 반대하는 민중운동이 치열했던 사실을 상기할 필요가 있다. 1965년 7월 베트남전 반대와 한일조약 비준 저지를 위한 공동행동이 정해지면서 '일한조약' 비준안이 중의원 본회의에 상정된 11월 9일에는 양(兩) 실행위원회 공동주최 집회가 열렸고, 여기에는 전국에서 연인원 60만 명이 행동에 참가했다. 중의원 본회의에서 안건이 강행처리된 11월 13일에는 제2차 공동주최 집회가 열렸는데, 전국 30개 노동조합에서 300만 명의 노동자가 시한파업·직장집회를 가졌다.

'안보투쟁'(1960년)의 패배 이후 침체했던 일본의 민중운동이 한일협정과 베트남전쟁을 계기로 다시 고조되었다는 점은 흥미롭다. 주지하다시피 1959년 1월 기시(岸) 내각이 미일안보조약 개정 교섭에 박차를 가하자 그해 3월부터 반대운동이 시작되어, 1960년 1월 신안보조약 조인과 함께 안보투쟁은 불타올랐다. 4월혁명의 승리 소식이 안보투쟁에 일정한 자극을 주었다는 점도 기억할 일인데, 일본의 안보투쟁, 한국의 4월혁명, 그리고 독재정권을 붕괴시킨 터키의 4월학생시위, 1960년에 일어난 이 일련의 사건들을 하나의 연쇄 속에 파악할 필요가 있다.

신안보조약의 핵은 소련·중국·북한 등에 대한 미국의 동아시아 반공포위망을 새로이 짜는 데에 일본의 역할을 강화하는 것, 즉 '일미(日米)군사동맹과 일본제국주의 부활의 방향'에 있다. 한반도의 분단(1945년)과 한국전쟁을 통해 발진한 냉전체제는 1950년대 후반 새로운 단계를 맞이한다. 소련은 1956년 핵탄두를 발사할 수 있는 대륙간탄도탄(ICBM) 실험에 성공하는 한편, 이듬해에는 인공위성 스푸트니크 1호를 우주에 쏘아올림으로써, 핵병력의 우위에 기초한 미국의 냉전정책은 파산하였다. 자신감에서 우러난 소련의 평화공존 공세에 맞서서 미국은 처처에 반공포위망을 강화하기에 이르니, 1958년 인도네시아·미얀마·태국·파키스탄에서 미국이 지원하는 반공쿠데타가 발생했던 것이다.

미일안보조약의 개정은 일본을 동아시아 반공포위망의 중요한 하위파트너로 삼으려는 미국의 신냉전정책의 소산인바, 한일협정 또한 미국의 구도 아래 이루어졌다고 보아도 좋다. 미국은 한국과 일본을 각기 관리하는 쌍무동맹에서 일종의 삼각동맹으로 한 걸음 나아갔던 것이다. 4월혁명의 승리에는 삼각동맹 형성에 걸림돌인 반일적 이승만 정권의 교체를 고려하던 미국의 속셈도 한몫을 했음을 냉철히 접수해야 하는데, 또한 미국의 신냉전정책을 파열할 중요한 고리로 부상한 베트남사태도 중요한 변수의 하나였다. 1960년 베트남민족해방전선의 결성과 함께 남베트남이 위기에 몰리자, 미국은 1963년 반공쿠데타로 부패한 고 딘 디엠 정권을 붕괴시키고 이듬해부터 베트남사태에 개입하기 시작하였다. 베트남전쟁을 계기로 미소대결이 격화되는 와중에 1963년 11월 케네디가 암살되고, 1964년 10월에는 흐루시초프가 실각했다는 사실은 상징적이다. 매파적 성격이 더욱 강한 존슨 행정부의 베트남 개입이 본격화하는 바로 1964년, 박 정권은 미국의 요청 아래 파병을 개시하였고, 베트남전쟁을 일본 자본주의 발전에 있어서 한국전쟁에 이은 절호의 기회로 파악한 일본 정부는 미국의 베트남 개입을 전폭적으로 지지하며 일본을 베트남전쟁의 '최대 작전·보급기지'로 제공하였으니, 한일협정과 베트남전쟁은 긴밀한 고리로 연결되어 있었던 것이다.

요컨대 한일협정은 베트남전쟁을 계기로 미소대결이 악화되는 신냉전정책의 산물이었다. 한국 정부를 '한반도의 유일한 합법정부'로 인정한 이 협정은 박정희의 개발독재와 자민당의 장기지배의 유착 아래 주로 북한을 겨냥한 일종의 반북동맹을 출현시켰다. 그런데 흥미롭게도 한일 두 정부의 유착에도 불구하고 진정한 의미의 한일의 화해는 좀체 이루어지지 않았다는 점이다. 오히려 연대의 가능성은 '65년체제'에 저항한 한일 두 나라 민중의 투쟁 속에 숨쉬고 있었다. 이 점에서, 미국의 신냉전정책에 기꺼이 참여한 박 정권과 자민당정권의 한일협정 체결에 반대한 한국과 일본 민중의 투쟁은 비록 패배했지만, 이후 한국의 민주화를 전진시키고 일본군국주의 부활을 견제한 진정한 한일연대의 소중한 원동력이 아닐 수 없다.

1989년 동베를린 장벽의 붕괴로 냉전체제가 붕괴했음에도 65년체제는 왜 아직도 위력적인가? 그것은 무엇보다 세계적 차원에도 불구하고 동아시아에서 냉전체제가 한반도를 고리로 작동하고 있기 때문이다. 그 사이 한반도, 특히 한국은 탈냉전시대로 진입할 뜻 깊은 행보를 거듭해왔다. 1997년 겨울, 한국을 강타한 금융위기의 와중에서 이루어진 김대중 정부의 탄생은 획기적이다. 물론 김영삼 정부의 출현도 그 징후지만, 한국 민주주의는 분단체제 아래에서는 거의 불가능한 것처럼 여겨졌던 평화적 정권교체를 이룩함으로써 그 완강한 분단체제의 균열이 본격화했던 터이다. 한반도의 화해와 협력 시대를 열기 위해 한국 정부는 주변 4강과 긴밀히 협의하면서, 특히 일본의 이해가 핵심 사안이라는 점에서 '65년체제'를 넘어설 '한일공동선언'(1998년)을 주도적으로 추진했던 것이다. 그리하여 마침내 6·15 남북공동선언(2001년)의 이정표를 세움으로써 우리는 홍콩과 마카오의 반환이 20세기를 마감하는 빅쇼라면 한반도의 통일시대로의 진입은 21세기를 여는 상서로운 조짐으로 믿어 마지않았다. 그런데 이 문제에 뜨악한 태도로 방관하던 일본 우익/정부가 국가주의적 부시 정권의 등장을 계기로 공세로 전환하면서 '포스트 65년'을 위한 기획이 정체를 면치 못하고 있는 형국이다. 한국은 동아시아의 균형추다. 동아시아 분쟁의 충돌점이, 근대 이전은 물론이고 특히 근대 이후에도 한반도라는 사실에 착목할 때, 분쟁과 갈등으로 얼룩진 동아시아의 20세기를 넘어서는 데 한반도의 화해는 필수적이라는 사실을 깨닫게 된다. 4강의 힘이 교착하는 결절점, 한반도의 평화 없이 동아시아의 평화는 없다고 보아도 좋다.

미 테러사태(2001년) 이후 21세기가 불확실성 속으로 일거에 함몰하고 있다. 부시 행정부가 국가주의적 대결정책을 취하면서 이에 고무된 일본 우익/정부의 공세로 남북관계와 한일관계가 함께 유동적 상황으로 기운 현실은 우리로 하여금 1965년을 다시 떠올리게 한다. 동아시아의 평화를 위협하는 전철을 반복할 수는 없다. 추호의 낙관도 허용하지 말며, 지레 비관 속으로 빠지지도 말고, 사태에 엄숙히 즉하면서 어떤 선택이 한일에 이로울지 지혜로운 숙고와 실천이 요구되는 때다. 이 점에서 98년 한일공동선언을 이끌어냈을 뿐 아니라 한일관계의 악화를 다시 구원한 2002년 한일월드컵이 종요롭다. 공동개최 결정에는 한일관계의 개선뿐 아니라 남북관계의 화해를 내세운 한국의 호소가 중요한 요인의 하나로 작용했다는 점에서 2002년을 한반도의 화해시대를 돕는, 그럼으로써 탈냉전시대의 한일관계를 여는 '포스트 65년'의 거점으로 삼는 인식의 전환이 요구된다. "검은 피부의 노동에 낙인이 찍혀 있는 곳에 흰 피부의 노동도 해방될 수 없다"는 미국의 남북전쟁에 관한 마르크스의 언급을 음미하면서, 한반도가 분단으로 고통받는 한 일본도 진정한 평화에 이를 수 없다는 자각 아래, '65년체제' 이후 이루어진 한일의 '저항의 연대(連帶)'를, 물론 저항을 포기하지 않으면서, 한반도의 화해와 일본의 개혁을 위한, 그리하여 한일이 함께 21세기로 나아가는

'건설의 연대'로 재구축할 바로 그때다.

일본 사회의 향방은 남한, 아니 한반도 전체의 운명에 깊은 영향을 끼친다. 왕년에 메이지(明治) 정부가 조선의 근대화를 지지하다가 돌연 '동방의 나쁜 친구들'을 거절하는 방향으로 틀면서 동아시아 전체가 일본 자신도 희생되는 대재난의 전쟁으로 빠져든 바 있었음을 우리는 기억할 필요가 있다. 한국인의 큰 병폐 중 하나가 일본을 잘 알지도 못하면서 우습게 아는 것이지만, 일본 사회도 자기의 힘을 제대로 알고 있는지 의아할 때가 없지 않다. 한국과 일본, 북한과 일본이 상호 관용의 정신으로 가해와 피해의 역사를 가로지를 때, 다시 말하면 서로에게 유리한 것만 기억하는 낡은 기억의 정치를 넘어서 한일 두 나라 시민이 각기 자기사회를 함께 자유로운 공동체로 만드는 작업의 도정에서 만날 때, 한일관계도 비로소 냉전시대의 악령으로부터 해방될 것이다.

Ⅲ. 희망

내년이면 한일협정 비준 40주년을 맞이하게 된다. 한·일·미 삼각동맹 결성이라는 방향으로 선회한 미국의 동아시아전략 수정에 따라 이루어진 근본적 제한성에도 불구하고, 한일관계는 비준 이후 반세기의 연륜을 통과하면서 이제 상호의존성을 '의식'하는 단계에까지 도달했다. 특히 최근에 이르러 민간적 교류의 통로들이 다변화하면서 쌍방향성의 조짐들이 확산되고 있다. 한일관계는 이제 두 나라의 생활세계를 아래로부터 먹어 들어가는 문화적 상호침투의 새로운 단계를 경험함으로써 한일유착이라는 한 시대의 어두운 그림자로부터 탈각할 결정적 분기점에 도착한 것이다.

그러나 이 낙관은 한편 일거에 붕괴될 수 있는 취약점들을 감추고 있다. 유령들이 배회한다. 탈냉전시대의 심화 속에서 북방 삼각동맹(북·중·러)과 남방 삼각동맹(한·일·미)의 대치가 완화되면서 한반도 분단체제가 해체의 길로 들어서는 것에 대한 반동으로 특히 일본에서 냉전에 대한 향수가 준동하고 있다. 2001년 일본 역사 교과서 사태는 그 징후를 날카롭게 대변한다. 일본 일각의 움직임에 자극받아 한국에서도 반일감정이 타올랐다. 그런데 한일 두 나라 민족주의의 적나라한 충돌로 귀결될 이 사태의 위기 속에서 새로운 출구가 발견되었다. 일본에서는 시민사회의 치열한 대응으로 우익 교과서의 채택률이 1%에도 미치지 못하는 성과를 거두었고, 한편 한국에서도 단순한 일본 교과서 비판에서 나아가 한국 역사 교과서에 대한 반성이 제기되었던 것이다.

남에게만 엄격한 것이 아니라 자기에게 엄격할 때 비로소 진정한 상호비판과 상호연대가 구축될 수 있다. 정치적 무의식으로 복재(伏在)했다가 때만 되면 강렬한 휘발성을 발휘하는 두 나라 민족주의의 충돌, 이 지리한 반복으로부터 탈각하여 한일 두 나라 사람들이 '열린 도시'의 새로운 시민으로 공생할 터전을 마련할 근본적 사유, 즉 냉전시대의 한일관계를 넘어서 탈냉전시대 한일관계의 새 연대의 틀을 구축할 시점이 아닐 수 없다.

한일협정 40주년을 맞이하는 2005년, 일본에서 교과서사태가 재연될 조짐이다. 일본 우익의 책동에 중국의 동북공정이라는 악재까지 겹쳐 한국에서도 민족감정이 다시 인화될 우려가 높다. 애써 쌓은 한일 사이의 우정을 일거에 무로 돌릴 수 있는 불행한 충돌을 공동으로 방지하는 1차적 작업을 통해 한일의 시민들이 20세기 한일관계의 악령으로부터 벗어나 연대의 21세기로 함께 나아갈 길을 개척하는 전화위복의 기회로 삼는 지혜가 요구된다.

'불편함' 에 직면한다는 것*

'일중, 지(知)의 공동체' 프로젝트의 경험으로부터

시마무라 데루 島村輝

I. '일중, 지의 공동체' 와의 관계

발언에 앞서, 이 '한일, 연대 21' 이라는 운동을 시작하여, 오늘「한일, 새로운 미래 구상을 위하여—교과서 문제를 중심으로」라는 심포지엄의 개최에 이르도록 준비하신 한국의 모든 분께 심심한 경의와 감사를 표하는 바이다. 길고 복잡한 역사를 가진 한반도와 일본열도를 포함한 '동아시아' 의 여러 나라·지역의 관계, 그 현상을 깊이 우려하며 근본적인 재평가를 해가자는 한국 지식인의 의욕에 격려를 받으면서 이 발표의 장에 임했다는 것을 첫 번째로 언급하고 싶다.

1. '국경을 초월한 지식인 연대' 의 가능성

필자에게 주어진 테마는 '국경을 초월한 지식인 연대의 가능성에 대해서' 라는 것이었다. 이 거대한 테마에 정확하게 응답한다는 것은, 솔직히

* 본고는 2004년 11월 19일 한국언론재단에서 개최되었던 '한일, 연대 21' 발족 기념 심포지엄「한일, 새로운 미래 구상을 위하여: 교과서 문제를 중심으로」에서 발표된 원고이다.

말해서 발표자의 보잘것없는 경험이나 능력을 훨씬 뛰어넘는다. 가능하다면, 발표자가 약간의 관계를 가졌던 '일중, 지의 공동체(日中·知の共同體)' 라는 국제프로젝트의 경험을 회고하며 나 자신이 실감한 감상을 나누면서, 이 '한일, 연대 21' 이라는 운동에 한 가지 사례, 케이스스터디를 제공하는 것 정도이다. 본래 '일중·중일' 의 관계성을 탐구하는 데에 유효하게 작용한 논의의 틀이 그대로 '일한·한일' 의 관계에도 적용될 리는 없다. 역사·지리상의 공통성을 가지면서도, 오히려 거기에는 두드러진 차이가 나타날 것으로 예측할 수 있다. 발표자가 바라는 것은, '일중, 지의 공동체' 에서의 경험을 참고하면서 '일한·한일' 의 본질적인 지적 공유·공동(共同)을 향해서 함께 이후의 가능성을 찾아가는 입각점을 찾으려고 하는 것이다.

'국경을 초월한 지식인 연대' 라는 테마를 앞에 둘 때, 필자는 우선 그 단어 속에 몇 가지 저항감을 느낀다. 오늘날의 '동아시아' 여러 나라·지역의 관계를 생각하려면, 우선 이 용어법이 전제로 하고 있는 구도 자체를 전면적으로 음미하는 과정이 불가결할 것이다. 현재까지 만들어져온 '일본어' 와 '한국어' 의 문맥 속에서 어떤 의미에서 손때에 전 '국경', '지식인', '연대' 라는 단어를, '일한·한일' 관계의 새로운 구축 속에서도 무심코 계속 사용할 수는 없다. 적어도 그러한 단어가 각국 언어권의 '역사' 속에서 어떠한 문맥을 통해 의미를 형성해왔는가를 근본적으로 되묻는 작업을 거치지 않으면 안 된다.

'국경을 초월한다' 고 할 때 '국가' 의 존재가 당연한 전제가 된다는 것은 새삼 말할 필요도 없다. 그러나 오늘날에는, 전에는 당연한 것으로 간주해온 이 '국가' 라는 것의 존재형태가 비판적으로 음미되고 있는 상황이다. '국가' 는 자연적인 존재가 아니라 어떤 조건하에 형성되어온 역사적·이데올로기적인 '존재' 라는 점, 특히 근대에 있어서는 '국민국가' 라는 '상상의 공동체' 로 만들어지는 과정을 더듬어갔다는 점은 최근의 비판적 연구에서 구체적으로 밝혀지고 있다.

한반도와 일본열도를 포함한 '동아시아' 로 구획된 지역 하나만을 생각해 보아도, '국가' 나 '국경' 이 실체적이고 자명한 것이 아니라는 것은 무엇보다도 남북분단국가로서 반세기의 세월을 지내온 한반도 남북의 상태가 웅변하는 바일 것이다. 중국대륙과 대만의 관계나 중국과 홍콩·마카오의 관계도 역시 '국가' 라는 고정적인 틀로는 끌어안을 수 없는 점을 노출하고 있으며, 비교적 안정된 '한 나라' 안에서조차, 중국 국내의 위구르족이나 티베트족의 처우를 둘러싸고 '국가' 나 '민족' 의 개념을 되묻지 않으면 안 되는 상황이 계속되어왔다.

어느 지역이 언제부터 어떠한 과정을 거쳐 한 나라의 판도에 편입되기 시작했는가? 이 '국가' 형성의 근본적인 조작을 자각하지 않은 채로는 어느 지역에 대한 복잡한 지리적·역사적인 관계를 논할 수는 없다고 한다면, 그것이 연대에 대한 희구에서 촉발된 것이라도, '국경' 이라는 단어도 그것을 '초월한다' 고 하는 단어도 안이하게 사용되어서는 안 될 것이다. 당장 필자에게는 '국경을 초월한다' 고 하는 표현을 대체할 수 있는 정확한 대안을 제시할 준비는 없지만, 앞으로의 운동의 구축에 있어서 '국가' 나 '민족' 개념의 근본적인 되묻기가 과제가 될 것이라고 예측되는 것만으로도, 우선은 그 운동에 참가하는 주체 측이 이러한 단어의 사용에 세심한 주의를 기울일 필요가 있다. 즉, 이것은 그만큼 민감한 문제를 내포하고 있다는 것이다.

'민족' '국가' 라는 단어가 나타내는 내실이 각각의 문화·언어 레벨에서도 다시 문제가 된다면, '지식인' 이라는 단어도 또한 마찬가지다. 크게 묶는다면 '연대' 를 찾아서 이 자리에 모여 있는 것은 한국과 일본의 '지식인' 이라고도 할 수 있지만, 각각의 언어에 있어서 '지식인' 이라는 단어가 담당하는 문화적·역사적 문맥에서의 함의까지도 포함하여, 반드시 그 실질적 의미가 일치한다고 할 수는 없다.

뒤에 자세히 설명할 '일중, 지의 공동체' 프로젝트에서도 중국 베이징에서 열린 제1회 회합에서 대두된 것 중 한 가지는 이 문제였다. 회합에 참가한 중국 측 멤버들이 스스로를 '지식인' 이라고 적극적으로 규정하며 모임에 임한 데 비해 일본 측 멤버는 스스로를 그와 같은 입장으로 규정하는 것을 거부하는 태도가 두드러졌다고 보고되고 있다. 근대 서구적인 의미에서의 '체제/반체제' 의 2분법이 반드시 통용된다고 한정하지는 않는 중국의 정치적·이데올로기적인 상황 속에서 스스로 '지식인' 이라고 자각함으로써 그 미묘한 애로점에서 빠져나가려고 하는 중국의 국내적인 문맥과, 스스로를 '지식인' 이라고 규정함으로써 '대중' 과 괴리되는 것을 싫어하는 일본적인 문맥 사이에는, '지식인' 이라는 단어 하나를 둘러싸고도 이와 같은 인식의 차이가 생겨난 것이다. 따라서 여기에서도 또한, 배경이 되고 있는 상호의 문맥에 대한 반성적 자각 없이 '지식인' 이라는 단어를 사용하는 것에 대한 시비가 문제가 될 것이다.

이와 같이, 본격적인 논의에 들어가기 전부터 용어라는 측면에서 이미 일본과 한국의 문맥 차이가 두드러지게 되면, 과연 그러한 격차를 안고 있는 두 문화권에서 상호이해나 '연대' 는 가능한 것인가 하는 의문에 관해서도 다소 비관적으로 되지 않을 수 없는 것처럼 보이기도 한다.

분명히 그 '연대' 가 서로의 역사적·문화적 문맥의 차이를 자각하지 않은 채, 혹은 어렴풋이는 자각하면서도 굳이 그것을 무시함으로써 성취되었다고 할 경우라면, 그것을 진정한 '연대' 라고 이름붙일 가치는 없으며, 혹은 적어도 '한일, 연대 21' 이라는 운동이 표방하는 '연대' 의 실질과는 동떨어진 것이 되어버린다는 것은 상상하기 어렵지 않다.

그러나 그것이 곧바로 '연대' 가 불가능함을 의미하는 것은 아니다. 서로가 맡고 있는 문맥의 차이를 밝히는 것은 양쪽에서 온 참가자들에게 때로는 매우 큰 '불편함'을 느끼게 하는 것이 되기도 한다. 그렇지만, 분명히 그런 '불편함'에 직면하는 경우를 통해서 비로소 무엇이 서로의 이해를 어렵게 해온 문제인가, 무엇이 지금까지 진정한 '연대'의 가능성을 방해해왔는가 하는 문제가 부각된다고 할 수 있지 않을까? 그렇다면 의욕이 줄어들기는커녕 오히려 그런 커뮤니케이션의 곤란한 경험이야말로 그때까지와는 질적으로 다른 '연대'를 탐구하고자 하는 새로운 의욕으로 참가자들을 몰아가는 에너지가 되기도 할 것이다. '국경을 초월한 지식인의 연대'라는 약간은 진부한 테마의 설정은 그와 같은 과정을 거침으로써 비로소 실질화로 가는 루트를 갖게 된다.

'일중, 지의 공동체'도 또한 이와 같은 곤란한 과정을 거침으로써 겨우 실질적인 성과라고 할 수 있는 것을 만들어낼 수 있었다. '한일, 연대 21'의 출발에 있어서 우선 강조해두고 싶은 것은 필자의 보잘것없는 경험에서 얻은 그와 같은 실감이다.

2. '일중, 지의 공동체'에 대해서

'일중, 지의 공동체'는 일본국제교류기금의 지원을 받아 1997년부터 2003년까지 6년에 걸쳐 계속된 일중 양국의 지식인에 의한 지적 교류운동이었다. 그 아이디어를 제공하고 중국 측 코디네이션의 중심이 된 사람은 중국 사회과학원의 쑨거(孫歌) 씨였고, 아이디어를 수용해서 일본에서의 조직에 힘을 쏟은 사람은 중국사상사 연구자인 미조구치 유조(溝口雄三) 씨이다. 이 운동에는 일본·중국 양측에서 소위 '지식인'이라고 불릴 만한 사람들뿐만 아니라 매스컴과 언론 분야에서 일하는 사람들 등도 참가하여, 운동 자체는 조금씩 그 내용이나 조직의 방법을 바꾸어가면서 6년의 기간 동안 지속적으로 씨름해갔다.

이러한 운동이 시작된 계기는, 그 아이디어를 제공한 쑨거의 생각과 감각의 전환점이 된, 1995년 8월에 다름 아닌 이 한국에서 개최된 동북아시아 사상사에 관한 심포지엄에서의 체험이었다.

그것은 요즘의 학회에서 익숙한 심포지엄 형식이었다. 한국의 학자와 일본이나 중국대륙에서 온 학자가 차례차례로 자국의 사상사에 관련된 문제를 발표하고 학술적인 토론을 전개하고 있었다. 그런데, 그 특별한 해, 특별한 달에 동아시아 사람들의 역사 기억에 영향을 준 한 가지 중요한 사건이 이 '사상사' 라고 명명된 심포지엄의 장에서 다루어진 적은 한 번도 없었다. 그 사건이란 곧 제2차 세계대전이다.

그 장에서 관찰된 상황은, 한 사람의 중국인으로서 평온하게 있을 수만은 없는 것이었다. 심포지엄에서 제2차 세계대전에 대해 논하는 자리는 없었지만, 그 모임에서 한국의 동료가 한국에 대해 매우 우호적인 일본 동료에게 질문을 할 기회에 부족함은 없었다. 한국의 학자가 일본 학자에게 전쟁책임 문제를 어떻게 생각하고 있는가를 질문했을 때, 그 순간 대단히 (그 자리에 있기가) 불편했다. 그것은 분노를 드러내며 질문을 하는 사람과 그것을 주고받는 회답자가 똑같이 한 가지 귀찮은 문제에 대면하고 있었기 때문이다. 설령 내가 개인으로서 우호·평화의 길을 걷는다 해도, 그것만으로는 역사상의 화해는 성립하지 않는다. 나는 지금 역시 역사의 원한에 직면하지 않을 수 없지만, 그것이 나 자신에게 직접적인 경험인지 아닌지 등은 문제가 되지 않는 것이다.[1)]

쑨거는 이 '불편함' 의 경험으로부터 거기에 자기 속에 있는 소박한 '민족의 트라우마' 의 감정을 인정함과 동시에, 그곳에 안주할 수 없

1) 孫歌, 「아시아라는 사유공간(アジアという思考空間)」, 『アジアを語ることのジレンマ: 知の共同空間を求めて』, 岩波書店, 2002.

는 복합적이고 복잡한 '아이덴티티'가 있다는 것도 인정하지 않을 수 없었다. 그 문제의식에 기반하여 미조구치 유조에게 지식인의 '지적 공동체'의 가능성을 제기하고 미조구치가 그것에 응답한 것이 이 운동의 시작이었던 것이다.

이리하여 '일중, 지의 공동체'는 진정한 의미에서 '국경'을 초월한 지적 공간을 창출하고, 숨겨져왔던 문화적 차이와 문화 충돌의 문제를 전면에 내세우는 것을 목적으로 두었지만, 그것을 종래의 '학술적 교류'와 근본적으로 다른 것으로 하기 위해 아래와 같은 기본 전제가 놓이게 되었다.

(1) 지의 공동체는 전문가형의 지적 교류를 목표로 하지는 않는다. 지의 공동체는 전문가형 교류의 은폐되어버린 문화적 차이 내지는 문화 충격의 문제를 다루고, 각각의 지가 놓여 있는 상황이나 서로의 곤란한 상황을 반성할 것을 목적으로 한다.

(2) 지의 공동체의 대화는 전공을 달리하는 학자들 간이나 행동적 지식인 간의 대화를 전제로 하는 것으로, 상대 문화의 어떤 한 영역의 연구를 전제로 하는 것은 아니다. 이를 위해 참가자의 기본 조건은 자기 나라 문화와 사회의 기본 문제에 위기감과 개입력을 갖고, 또한 현재의 지의 상황에 대해 반성하는 정신을 갖추고 있는 자이다.

(3) 지의 공동체는 실질화와 제도화에 반대하며, 또한 민족이나 문화의 대변자가 되는 것에 반대한다. 이를 위해 개인의 자격으로 대화와 논의에 참가하여 교류의 과정을 유동적인 것으로 유지하며, 제한된 시간과 교류 속에서 되도록 많은 문제를 제시하여 국경으로 구분된 틀을 초월한 사고의 기점을 탐구한다.

이와 같이 시작된 '일중, 지의 공동체' 라는 운동은 중국과 일본에서 몇 번의 회합·회의를 거듭해갔다. 제1회의 회합은 1997년 7월에 베이징에서 열렸다. 그 이후, 제2회가 1998년 12월에 베이징, 제3회가 2000년 1월에 베이징, 제4회가 2000년 8월에 도쿄, 제5회가 2001년 1월에 베이징, 제6회가 2001년 7월에 도쿄, 제7회가 2002년 1월에 베이징, 제8회가 2002년 8월에 도쿄로 이 시도는 계속되었는데, 그 과정에서 발표나 토론에 참가한 일본·중국 양측의 멤버는 하나하나 그 이름을 기록하지 않지만, 그 양에 있어서나 질에 있어서나 양국의 논단에 확실히 '영향력' 을 가진 사람들이었다고 할 수 있을 것이다. 덧붙여서 말하면, 그 마지막 회인 제8회 회합의 보고문은 다음과 같은 것이다.

> 「아시아를 말한다—그 어려움과 가능성」
>
> 아시아는 지금 글로벌리즘과 포스트 냉전의 구도 속에서 엄청난 변용을 목도하고 있습니다. 중국이 세계의 정치=경제에 강한 임팩트를 주기 시작하고 있는 것도 '아시아를 말하는' 것을 초미의 과제로 의식하게 하는 이유지요. 그러나 한편으로, 이 공간이 이르는 곳에 근대 유럽 및 일본이 수행했던 식민지주의와 전쟁의 흔적이 각인되고, 여전히 삐걱거리는 관계양상을 발생시키고 있는 것도 잊을 수 없는 사실입니다. 바로 그렇기 때문에 나는 '아시아를 말함' 과 동시에 그것은 무엇을 어떻게 말하는 것인지도 반문하고 싶다고 생각합니다.
>
> 나는 최근 6년간, 일본과 중국의 지식인에 의한 '국경을 초월한' 대화공간의 창출을 목표로 해왔습니다. 그 사이에 '국경' 은, 예를 들어 때로는 투명한 유리와 같은 보이지 않는 장애물로서 우리 양국의 비판적인 지식인들 사이에 가로놓여, '초월한다' 고 하는 단어가 쉽지 않은 의미임을 보여주었습니다. 지금은 '초월한다' 는 것은 어떤 것인가에 대한 인식이

양자의 사이에서 겨우 공유되는 데까지 왔다고 할 수 있습니다.

본 심포지엄은 그 곤란한 성과에 기반하여, 나아가 앞으로는 한국(·대만)에서 온 참가자들도 섞여서, 새로운 토론 공간으로의 모험을 시도해 보려고 합니다. 여러분들의 적극적인 참가를 기대하며 이에 안내말씀 올립니다.

이틀에 걸친 이 회합의 발표자와 토론자는 연 30명 이상에 달했다. 이들의 회합 중에서 보고자가 실제로 참가한 것은, 2000년 여름과 2001년 여름에 도쿄에서 열린 두 차례의 회합에 지나지 않는다. 그러나 이때, 1999년 2월부터 7월까지의 베이징 일본학연구센터 출강, 2002년 9월부터 11월까지의 광둥(廣東)의 외국어·대외무역대학(外語外貿大學) 출강, 이와나미(岩波)강좌 「근대 일본의 문화사」[2]의 집필 등을 사이에 두고, '일중, 지의 공동체'를 무대 안에서 실질적으로 지원했던 이와나미 서점(岩波書店) 편집자 고지마 기요시(小島潔)와 고모리 요이치(小森陽一) 도쿄대 교수 등과 밀접한 연락을 취하여, 이들의 회합을 통해 무엇이 문제가 되었는지, 거기에 어떠한 곤란함이 있으며 그 곤란을 통하여 어떠한 성과라 할 만한 것을 얻을 수 있었는지에 대해 다소 아는 바, 느끼는 바도 있었다.

그때까지 중국과 비교적 관계가 적었던 필자가 1999년의 베이징 일본학센터에 출강하게 되었던 데에도 이러한 배경이 있었다. 베이징행 이전에는 나의 베이징에서의 일과 '일중, 지의 공동체'의 관계는 그다지 깊게 인식하고 있지 않았지만, 실제로 부임해서 당시 이 운동의 한복판에 있었던 쑨거 씨와 센터의 교원 스태프 동료로서 가깝게 접할 기회를

2) 『이와나미 강좌 근대 일본의 문화사(岩波講座近代日本の文化史)』(전10권), 岩波書店, 2001~2003.

얻어 여러 가지로 촉발된 것이 많기도 했고, 그것이 '일중, 지의 공동체' 에 참가한 후에 매우 도움이 된 것도 사실이다.

이 과정을 돌이켜보아도 이해할 수 있듯이, '일중, 지의 공동체' 에서는 다양하게 관련된 테마가 끈질기게 논의되었다. 참가한 일중 양측 멤버의 주장이나 자세는 실로 다양하였으며, 반드시 매회의 논의를 통해 뭔가 공통의 결론에 도달한 것도 아니었다. 그러나 개개의 참가자 중에는 이 운동에서 큰 자극을 받아 각자의 일에 피드백을 한 사람도 적지 않다. 본론에서 그 모든 테마를 채택한 것은 당연히 아니다. 그래서 실제로 회합을 거듭하는 가운데 중심적인 테마가 된 몇 가지 문제를 주요 참가자의 발언을 더듬어가면서 채택해가기로 한다. 그 작업 중에서 이후의 '일한·한일' 을 고려하여, 적극적으로 시작하려고 하는 이 새로운 운동에 '일중, 지의 공동체' 의 경험에서 어떤 점을 계승하여 받아들여야 하는지, 곤란함은 어디에 있는지를 생각해보고 싶다.

II. '일중, 지의 공동체' 를 통해 부각되기 시작한 문제

1. 중국: 쑨거의 논점

'일중, 지의 공동체' 의 추진에 있어서 중국 측에서 중심적인 역할을 수행했던 사람은 역시 쑨거이다. 이 프로젝트를 통해 쑨거가 추구하려고 했던 것은, 한마디로 말하면 역사인식에 있어서 일본·중국 양측에 다양한 레벨에서 발생하는 격차의 요인, 배경은 무엇인가 하는 것이었다. 이 문제를 생각하는 데 있어서 그녀가 선택했던 것은, 직접 '난징(南京)대학살' 에 관계한 전 일본군 병사 아즈마 시로(東史郎, 1912~2006)를 둘러싼 소송사건과 그가 등장한 중국의 어느 텔레비전 방송의 반향이라는 재료였다.

아즈마 시로는 1912년생. 전 교토(京都) 제16사단, 후쿠치야마(福知山) 제20연대의 병사로, 1937년 12월의 난징 공략전에 참가했다. 1987년에 그 무렵의 기록을 포함한 일기를 공개하고, 이 일기를 기초로 아오키 서점(青木書店)에서 『나의 난징 플래툰』을 간행했는데,[3] 1993년 4월 이 책을 중심으로 한 기술 때문에 명예를 훼손당했다는, 잔학행위를 저지른 다른 일본군 병사 출신 인사에 의해 도쿄 지방재판소에 제소된다. 1996년 4월에 동 재판소는 일기의 기술을 허구로 인정하여 아즈마 등 3명에게 50만 엔의 손해배상을 명했다. 1998년 12월 도쿄 고등재판소는 항소를 기각했고, 나아가 2001년 1월, 최고재판소는 상고를 기각했다.

아즈마 시로의 이름은 일본에서는 거의 알려지지 않았지만, '난징대학살' 의 기술을 포함한 『아즈마 시로 일기』는 1999년 3월에 중국에서 번역출판되어 커다란 반향을 불러일으켰다.[4] 그러던 중, 1999년 4월에 중국 중앙전시대(CCTV)의 토크쇼 프로그램 〈실화실설(實話實說)〉에 아즈마 씨 본인이 등장하여 회장의 중국인들과 함께 토론을 했다. 그런데 마침 그 자리에 있던 일본인 유학생 한 명이 아즈마 씨의 태도를 비판하면서 회장은 시끄러워졌다. 역사를 전공하는 그 유학생의 발언은 '난징대학살' 의 사실 자체를 부정하는 것은 아니었지만, '희생자 30만' 이라는 숫자의 근거가 불확실하다고 주장하여 중국 측 주장의 전제에 이의를 제기하는 것이었기 때문에, 중국인 참가자들의 반감을 불러일으

3) 東史郎, 『나의 난징 플래툰: 한 소집병이 체험한 난징대학살(わが南京プラトーン: 一召集兵の體驗した南京大虐殺)』, 青木書店, 1987.
4) 일본판은 東史郎, 『東史郎日記』, 情況出版, 2001.

키게 되었던 것이다. 당시 베이징 일본학연구센터에 출강 중이었던 필자도 일련의 경위를 현장에서 체험하게 되었다.

쑨거는 이 사건으로부터 일본과 중국 사이에 가로놓인 기본적인 문맥 이해에 있어서의 격차를 추출해왔다. 그때의 키워드로서 제시된 것이 '감정 기억' 이라는 개념장치였다.

> 이러한 방법이 미즈타니(水谷)[5] 한 사람의 문제는 아니며, 다수의 일본 연구자들도 똑같은 사유의 논리를 보이고 있다는 바로 그 점에 문제는 존재한다. 중국인이 이해할 수 없는 기본적 문제란, 똑같이 전쟁책임을 추궁하는 양심 있는 일본인임에도 불구하고, 왜 다수의 사람들이 아즈마 시로가 하는 말의 신빙성 문제에 구애받는 것일까 하는 점이다. 소송에서 승소한 측이 공공연히 '난징대학살 날조재판 승리' 를 축하하는 플래카드를 내건 시점에서 이 재판이 민사재판인지, 또는 아즈마 시로의 증언이 신용할 수 있는지의 여부는 이미 논의의 핵심이 될 수도 없었던 것이다. 왜냐하면 재판의 성질과 아즈마 시로 개인의 문제를 추궁하는 것은 같은 작용밖에 보이지 않기 때문에. 그것은 결국 난징대학살이라는 역사에 대한 기억으로 향하는 사람들의 관심을 왜곡하는 것이며, 이것은 학살의 숫자에 구애받는 것과 효과라는 면에서는 마찬가지이다. 문제는 원고 측에 서느냐, 그렇지 않으면 아즈마 시로 측에 서느냐 하는 양자택일적인 태도에 있는 것이 아니라, 이런 종류의 '왜곡' 이 일본의 담론공

5) 〔역주〕 미즈타니 나오코(水谷尙子)의 「나는 왜 아즈마 시로 씨에게 이의를 제기하는가: 일중 간에 가로놓인 역사인식의 차이(私はなぜ東史郎氏に異議を唱えるか: 日中間に橫たわる歷史認識の溝)」(『世界』 664, 1999)에 대하여 아즈마 시로 재판 변호단(東史郎裁判辯護團)의 「8월호 미즈타니 논문에 반론한다(8月號水谷論文に反論する)」(『世界』 664, 1999) 등과 쑨거의 일련의 비판이 제기되고, 이에 대해 미즈타니가 「일중 양 국민이 그 전쟁의 역사를 공유하기 위하여: 쑨거의 '아즈마 시로 재판' 과 '역사인식' 을 둘러싼 논고에 답하여(日中兩國民があの戰爭の歷史を共有するために: 孫歌の'東史郎裁判' と'歷史認識' をめぐる論考に應えて)」(『現代中國硏究』 12, 2003)로 대응하며 이어지는 일련의 논쟁을 배경으로 한다.

간에서는 일종의 방향성이 되어버리는 점에 있다. 일본의 양심 있는 지식인은 이와 같은 왜곡된 논의에 구애받는 사이에 양심 있는 중국인과 대면할 매개를 상실해버리고, 중국인과 그간의 역사를 공유할 계기도 잃어버렸던 것이다.[6]

이리하여 여기에서는 "학술의 객관성"과 "민족감정" 사이의 복잡한 관계에 천착해 들어갈 필요성이 강조된다. "'학문의 객관성' 이라고 불리는 것은 과연 그 배경이 되는 문맥을 떠나서 보편타당성을 가진다고 할 수 있는 것일까, 그 문맥에 따라서는 편협한 '민족주의' 에 가담하는 결과를 낳게 되고 마는 것은 아닐까" 하는 것이 여기에서 쑨거가 일본의 지식인이 딛고 서 있는 기반에 대해 제기한 문제였다. 한편 자신을 포함한 중국 측의 지식인에 대해서는 "'민족감정' 의 악순환을 끊을 수 없는가", "기억이란 단순한 민족주의적 분노를 의미하는 것일까"라고 하면서 그 '사고의 빈곤' 을 지적하고 있다.

이 문제를 출발점으로 하여 사고를 계속하면서, 쑨거는 "'일중 우호' 라는 성의에 찬 전문가들이 부단히 재생산하고 있는 상대방의 유동적 담론을 본국의 문맥 속에서 정(靜)적으로 '지식화' 하려고 하는 모델 조작"을 위해 "지식인이 국경을 초월한 주체의 차원에서 살아 있었던 역사 속으로 들어가는 것을 방해받고 있는" 가운데, '새로운 역사 교과서를 만드는 모임' 등이 "감정의 레벨에서 지독하게 단순 또는 편협한 방법으로 과거로부터 현재에 이르는 일본사를 일본인의 완강한 분투의 역사로 통합하고, 복잡한 일본의 현대사를 일본이 서양에 대항하여 좌절한 역사로 단순화"하고 있는 현실을 지적한다. 또한 한편으로는, 중국에

6) 孫歌, 「중일전쟁: 감정과 기억의 구도(日中戰爭: 感情と記憶の構圖)」, 앞의 책.

서 "'사죄를 요구한다'고 하는 소리가 쉽게 혐일(嫌日)감정으로 전화해버리는 경향 속에서, 또한 교과서 문제가 일회성 사건으로서 독립적으로 다루어지는 경향 속에서, 사상을 형성하는 진정한 계기를 간과해버리고 있는 것은 아닌가" 하는 질문에 중국의 지식인이 응답할 충분한 준비가 되어 있지 않은 것은 아닌가 하고 자문하고 있다.[7]

이러한 사고를 통하여 쑨거가 제시한 논점은 ① 역사적 사실의 '객관성'에 대한 주장은 서로의 문맥 속에서는 지식인들 사이에서조차 반드시 일본과 중국 양측의 공통된 이해의 기반이 되는 것은 아니며, ② 그 배경에는 '전쟁'으로 얽혀 있는 '감정의 기억'이라는 문제가 있고, 그것은 단순하고 편협한 '민족주의'와는 구별되어야 하지만, 양자를 명확히 구별하여 취급할 수 있는 지적인 틀은 아직 불충분하며, ③ 역사의 구체성을 사장시킨 '지식화' 모델에 의거하는 것만으로는 상호이해의 기반을 형성하기에는 불충분하다는 점이다.

여기에서 한 가지 검토해두지 않으면 안 되는 것은, 쑨거가 제시하고 있는 '민족감정'의 내실일 것이다. 쑨거에 의하면, 난징대학살에서 생환한 사람이 '일본인은 나쁘다'고 술회할 때의 '감정 기억'의 무게를 감지할 수 있는지 없는지가, 역사 속으로 헤치고 들어갈 계기를 얻을 수 있는지 없는지의 분기점이라고 한다. 그것 자체가 중요한 것이기는 하지만, 여기에서 쑨거는 그러한 '감정 기억'을 '민족감정'으로 직결시켜버리는 것처럼 보이는 점이 마음에 걸린다. 물론 그녀는 '민족감정'이라는 것을 단순한 '민족주의'와 동일시하고 있는 것은 아니다. 또한, 지식인으로서 구체적인 지적 운동에 관계하면서 역사를 생각해가려고 한다면, 거기에 '민족'으로 묶이는 것을 대상으로 다루지 않을 수 없는 것은

---

7) 孫歌, 「근대사를 대면하는 윤리적 책임(近代史に向き合う倫理的責任)」, 앞의 책.

확실하지만, 예를 들어 그녀가 "일본의 우익이 아즈마 씨를 '비(非)국민'으로 위협하고, 아즈마 씨 등의 중국에서의 활동을 감정상 유쾌하게 생각하지 않는 사람이 진보적 인사 속에도 있었다. 또한 현실의 투쟁을 통하여 국경을 초월하게 된 아즈마 씨와 그의 지지자도 일본인으로서의 민족감정을 가지고 있다는 것은 의심할 수 없다"[8]고 기록하는 부분에서는 그 '민족감정'이라는 개념장치를 다소 과도하게 실체화하고 있는 것은 아닌가 하는 생각을 하게 된다. 이 '대단히 모순적인 문제'는 일본에만 들어맞는 문제가 아니라, 쑨거 자신을 포함한 중국 지식인의 자세 선택이나, 또한 이후의 '일한·한일' 상호이해의 운동에 있어서 양국 지식인이 직면하지 않으면 안 될 과제의 복잡한 본질을 형성하고 있다고 생각된다.

2. 일본: 미조구치 유조의 논점

쑨거를 비롯해서 중국 측에서 던진 문제의식에 대해 일본 측 코디네이터였던 미조구치 유조는 그 응답 가운데서 '인식의 공동'과 '문맥의 공동'의 차이를 인식할 필요성을 강조했다. 그것은 구체적으로는 2001년 1월에 열린 '일중, 지의 공동체'의 베이징 회합 때 일본 측이 제출했던 '일중 간의 역사인식 문제'라는 문제제기에 대해 중국 측으로부터 '3농(농민·농촌·농업) 문제'라는 생각지도 못한 테마가 거꾸로 제안되었다는 경험의 충격을 기록하는 데에서 시작하고 있다. 여기서 미조구치는 "중국 측은 중국의 국내문제를 문제화함으로써 결국 자신들의 문맥을 통해 세계를 문제화했"는데, "이 중국의 문맥에 들어가서 생각할 때, 우

8) 孫歌, 「사상으로서의 '아즈마 시로 현상': 이론과 현실 사이에서(思想としての'東史郎現象': 理論と現實の間で)」, 앞의 책.

리가 일본의 문맥 속에서 제기한 역사인식 문제가 중국의 지식인에게 어떠한 위치의 문제가 되는가"[9]라고 스스로에게 묻고 있다.

'역사인식 문제' 라는 한 가지 테마를 논하면서 가령 '인식의 공동' 이 성립되었다고 해도, 한 쪽이 다른 한쪽의 문맥 속에 들어갔을 뿐이거나 처음부터 서로의 문맥과는 단절된 장에서 논의가 행해진 것이라면, 거기에는 '문맥의 공동' 이라고 할 수 있는 것이 없다. 그러나 표면상에 그치지 않는 실질적인 '지적 공동' 이라고 할 수 있기 위해서는 정말로 그 '문맥의 공동' 이 요구된다. 그것은 뭔가 공통된 하나의 결론에 도달하여 해결되는 것이 아니라, 상대방의 발언을 그것이 근거하는 기반까지 포함하여 모두 이해하려고 하는 노력과 그러한 노력에 의해 얻은 상대방의 문맥에 의해 이번에는 자신이 근거하는 문맥을 부단히 상대화해가는 작업의 반복에 다름 아니다.

이것은 "쌍방의 문맥의 엇갈림 그 자체를 검토의 대상으로 공동인식한다"고 하는 모순을 내포한 과제이다. 거기에서도 늘 자신의 사고나 발언의 기반이 뒤흔들릴 것 같은 '불편함' 이 부각된다. 미조구치는 그러한 상황의 타개를 위해 요구되는 방법으로서 "역사인식 문제의 문맥 자체의 탈구축"을 제시한다. "역사인식 문제에 있어서 정치적 의도와 역사인식의 유착을 끊고, 두 가지 측면을 따로따로 논의하는" 것도 그 한 가지라고 미조구치는 주장한다.

상황은 그다지 단순한 것은 아니었지만, 어차피 '일중, 지의 공동체' 운동은 이와 같이 복잡하게 뒤얽힌 곤란한 문제를 하나하나 과제로서 풀어가는 과정을 통하여 진행되고 있었다. '감정의 기억', '민족감정', '민족주의' 라는 작업 개념이나 그 상호간의 관계, '기억의 공동' 에

9) 溝口雄三, 「역사인식 문제는 어떻게 문제적인가(歷史認識問題はどう問題なのか)」, 『中國の衝擊』, 東京大學出版會, 2004.

서 '문맥의 공동'으로의 전환을 어떻게 실현하는가와 같은 것은, 이 6년간의 운동을 통해서도 결코 결론이 나올 리는 없다. 서로의 배경에 있는 문맥이 전면화됨으로써 오히려 그때까지 인식되지 못했던 곤란함이 명확해진 점도 있다. 그러나 그래도 미조구치가 말하는 '인식의 공동'만으로 만족하지 않고 '문맥의 공동'을 찾아서 시행착오를 거치는 과정을 통해서만 실감하게 된 것도 많다. 어떤 의미에서는 그러한 '불편함'에 직면한다는 것이야말로 '문맥의 공동'의 다소 역설적인 본질이라고 할 수 있을지도 모르겠다.

3. '민족감정'의 인지와 '문화본질주의'의 미묘한 균형

쑨거가 말하는 '민족감정'이 '일중·중일' 쌍방의 역사인식의 틀을 묻는 데에 불가결한 것으로서 제기되어온 것을 설령 인정한다고 해도, 그러한 어법이 일종의 '문화본질주의'와 결부된 것은 아닌가 하는 의문은 역시 남을 것이다. 쑨거 자신도 미조구치와의 대담 가운데서 "되도록 전제를 검토하는 데 진력하고, 문화본질주의에 내포된 위험성을 충분히 주의한 다음이 아니라면", 예컨대 '일본적 심정'이라는 것 등을 화제로 삼을 수는 없다고 진술하고 있다.[10)]

이에 대해서 미조구치는 "만약 (문화본질주의에 대해) 비판할 때에 문제의 복잡함에 대한 주의가 없다면, 오히려 균질성이라는 함정에 빠져서 균일적인 공간 안의 담론 조작이 되어버리지 않을까요?"라는 의구심을 표명했다. 그리고 전체적으로 두 사람의 대담 속에서는 비판자가 그 주체를 결여한 채 현실 상황에 참가하거나, 전체적인 파악을 게을

10) 孫歌, 「'역사로 들어가는' 방법: 지의 공동공간을 찾아서('歴史に入る'方法: 知の共同空間を求めて)(對談＝溝口雄三·孫歌)」, 앞의 책.

리 하는 사고의 태만을 합법화하기 위한 통로로서 '문화본질주의' 가 사용된다면, 그것이야말로 '본질주의적' 비판에 빠지는 것은 아닌가 하는 방향성이 강조되는 듯한 인상도 주고 있다.

'문화본질주의' 로는 사안의 본질을 파악할 수 없다는 판단에서 사고의 틀로부터 동떨어진 '민족감정' 이라는 것을 장치로서 굳이 사용하려고 하면, 곤란함은 있어도 그 '민족' 개념을 역시 어떤 형태로 분명히 하여, 처음부터 그 유효성을 검증하는 작업이 필요할 것이다. 그것을 뒤로 미루고 논의를 선행시키는 것은 아무리 유보를 해본들 '문화본질주의' 와의 결정적인 차이를 드러낼 수 없다. 쑨거의 문제제기에 대해서 똑같이 '국경' 을 초월한 지적 공동을 지향하는 중국의 지식인들 중에서도 "체제의 틀을 강화하려고 하는 사고방식" 이라고 하는 비판이 있는 까닭이기도 할 것이다. 실제로는 쑨거의 담론이 중국의 지식인이 취하고 있는 입장을 단순히 일원화하여 단일한 문맥으로 귀속시키려 하고 있는 것은 아니다. 그러나 그것이야말로 중국의 지식인이 직면하고 있는 현실 속에서 그러한 담론이 중국의 현 정체(政體)가 취하고 있는 '국가' 나 '민족' 에 대한 프로파간다적 담론과 똑같은 것으로 받아들여질 위험성은 역시 지적하지 않으면 안 된다.

이 문제는 동시에 '문화적 문맥' 의 개별성과 보편성의 관계를 밝히는 것과도 깊이 연결되어 있다. '문맥의 차이' 만을 강조하게 되면, 그 차이를 인식한 다음에 딛고 서야 할 공동의 기반은 어디에 놓일 가능성을 갖는가에 커다란 의문부호가 찍히게 된다.

실제로는 각각의 문맥에는 타자와 다른 개별성이 있음과 동시에, 상호이해의 가능성을 부여하는 보편성이 있는 것이다. '일중, 지의 공동체' 운동에서는 전체적으로 문맥의 개별성, 차이가 강조되는 국면이 많고, 보편성에 대해서는 서양적인 인식틀의 취급과도 얽혀서 부정적으로 다루어지는 경향이 있었다. 그렇지만 현실의 구체적 사례에 입각하면, 개별성보다는 오히려 보편성의 측면에서 다루어야 할 일도 많이 있다. 이것도 역시 이론적 틀을 선행시킬 것이 아니라 개개의 사태에 입각하여 그 타당성을 판단해가야 할 문제일 것이다.

III. 중국 지식인과의 교류 체험으로부터

1. '문화적 문맥'의 공동을 실현하기 위해

여기에서 다시 '국경을 초월한 지식인 연대'의 가능성은 어디에 있는가 하는 처음의 테마로 돌아가게 된다. 그 논의를 하기 위해서는 각각 놓여 있는 입장에 따라 결코 한 종류가 아닌 '국가'와 '민족'이나 '국민'의 관계, '국민' 속의 '지식인'의 의미에 대해서 논의의 전제가 되는 문제의식에 부딪쳐볼 필요가 있을 것이다.

각 나라에서의 역사 교과서 기술방법 등도 포함하여 '동아시아'에 있어서 역사인식을 화제로 하려고 한다면, 좋든 싫든 발언하는 주체의 '국가'에 대한 자세를 표명하지 않으면 안 된다. 특히 침략국가였던 일본에 귀속하는 '국민'이라는 것을 고른(일본국 헌법에는 국적이탈의 자유에 대한 규정이 있음) 주체라면, 적어도 거기에서 취해야 할 책임이 어떠한 것일까에 대해서 인식하는 윤리성이 요구되어야 마땅할 것이다. 한마디로 말하면, '국가의 일원인 국민으로서의 책임 있는 입장'이란 어떠한 것인가 하는 것이다. 예를 들면 쑨거는 '민족감정'이라는 단어를 단서로 다음과 같이 고찰하고 있다.

> 민족감정은 매우 편협한 배외적 심리를 불러일으켜 민족주의적 토양을 형성하지만, 동시에 외부세계에 직면했을 때에 사회나 역사에 대한 자기의 책임을 받아들이도록 자각시키는 것이기도 하다. 여기에서의 책임이란 일본의 문맥에서 말한다면 전쟁책임을 받아들이는 것을 의미한다. 민족감정을 무조건 받아들인 일본인은 외부세계를 향해 적의에 찬 눈빛을 보이는 경향이 있다. 그러나 민족감정이 전혀 없는 일본인이 전쟁책임을 받아들이고 또한 추궁하는 것을 자신의 사명으로 여긴다고는 상상하기 어렵다.[11]

반복이 되지만, 이와 같은 문제제기가 각각의 '국가' 나 지역의 구체적 문맥을 떠나서 일반적으로 논의되어야 한다고 주장하는 것은 아니다. 그러나 현실에 존재하는 '국가' 를 가상의 제도로 여기고 역사를 살아가는 주체로부터 단절시키려 하는 것도 역시 책임 있는 태도라고는 할 수 없는 것은 아닐까?

그것은 또한 각각의 문맥 가운데서 '지식인' 의 존재와 역할이 어떻게 의미규정되는가 하는 문제와 관련된다. 학문적으로 개별화·세분화한 영역 가운데서 자족하는 것만으로는 '지식인' 일 수 없는 것은 분명하다고 해도, 지적 계층의 제한된 일부분 사이에서 '문맥의 공동' 을 포함한 지적 교류가 성립되었다고 하는 것만으로는 역시 불충분하다고 하지 않을 수 없을 것이다. '일중, 지의 공동체' 라는 지적 교류는 분명히 어떤 의미에서 획기적인 '교류' 의 기회이기는 했지만 역시 '지식인' 의 자족적 운동이라는 측면이 강했고, 더욱 광범위한 사회적 영향력을 사정거리 안에 넣은 대중적 '운동' 은 아니었다.

11) 孫歌, 「사상으로서의 '아즈마 시로 현상'」, 앞의 책.

그 점을 고려한다면, '민족감정'이라는 애매한 단어의 위험성은 충분히 인식하면서도 그런 종류의 단어로 표현될 듯한 집단적 심리나 행동의 기제를 경시하지 않고 명확히 해가는 노력이 요구된다. 바로 그와 같은 노력을 통해서 각각의 '국가'나 지역의 구체성에 입각한 '지식인'의 교류가 광범위한 '운동'과 연결되어 갈 가능성을 갖게 되는 것은 아닐까?

2. '불편함'에 직면한다는 것

'일중, 지의 공동체'는 분명히 지금까지의 개별적인 '학문적 교류'와는 질적으로 다른 '지식인 연대'의 존재형태를 보여주었다고 할 수 있다. 그러나 그 '연대'는 매우 쓰라린 괴로움을 수반한 것이었다고 느껴진다. 이 발표에 당면해서 쓴 글을 다시 읽고, 몇 번이나 열린 회의의 국면 국면을 다시 생각해보아도 역시 그런 생각을 금할 수 없다.

어떤 테마에 대해 뭔가 의견을 정리하려고 해도, 그 옆에서 그런 개괄화·추상화를 거부하는 듯한 감정이 작용한다. 그때까지 깊이 생각하는 일이 없었던 주체로서의 발판이 그때마다 항상 근본적으로 뒤흔들리는 듯한 장면과 몇 번이나 조우하게 된다. 회합 장소에서 다른 의견으로 인해 논쟁이 벌어진 경우뿐만 아니라 지금 이 운동을 되돌아보고 자신의 생각을 좇아 정리해가려고 하는 중에도 평소 이상으로 그러한 역학의 장이 나타나버리는 바람에, 사실은 씁쓸한 생각으로 거듭 회고하며 이 발표문을 썼다.

그러한 '불편함'은 아마 이번 회의에서도 또한 이후의 운동 가운데서도 경험하게 되지 않을까 하고 생각한다. 그렇지만 지금까지 서술해왔듯이 문제의 복잡함을 생각한다면, 이 '불편함'에 직면하는 것은 피할 수 없다. 오히려 '불편함' 을 한 가지 방법으로 삼을 필요가 있다고도 말할 수 있을 것이다. '일한·한일' 의 새로운 공동체적 관계를 구축하기 위해, 일단 '불편함' 을 공유할 용기를 갖자. 한국에서 온 '연대' 를 희구하는 메시지에 대해, '일중·중일' 의 보잘것없는 교류의 체험으로부터 필자가 응답하여 말할 수 있는 것은 우선은 이 정도의 것이다.

저항과 절망*

김철 金哲

I. 들어가며

몇 달 전 한국의 한 TV 방송은 이른바 가미카제(神風) 특공대원으로 전사한 조선인 청년에 관한 다큐멘터리를 방영했다. 방송에 따르면, 식민지 조선의 지방 출신인 19살의 청년은 일본군에 지원하여 신징(新京)에 주둔한 관동군 항공부대에 배속된 후 특공대원으로 차출되었다. 출격에 앞서 그는 고향의 부모형제에게 남기는 유언을 녹음하였는데, 몇십 년의 세월이 흐른 뒤에 그 유언이 녹음된 LP판이 발견되었다. 낡은 레코드판의 지직거리는 잡음 사이로 "천황 폐하에 대한 충성"과 "부모님의 만수무강"을 비는 조선 출신 일본군 육군중위의 힘찬 목소리가 흘러나올 때, 대부분의 한국인 시청자들은 필시 크나큰 곤혹감을 느끼지 않을 수 없었을 것이다.

곤혹감은 여기서 그치지 않는다. 이 청년은 그가 회피할 수 없었던 죽음을 감수하고 결국 야스쿠니 신사에 '봉안' 되었다. 방송은 야스쿠

* 본고는 2005년 12월 2일 한국국제교류재단 문화센터에서 개최되었던 '한일, 연대 21' 제2회 심포지엄 「한일, 상호이해를 가로막는 요인들: 그 정치적 무의식의 구조」에서 발표된 원고이다.

니 신사에 수많은 조선 출신의 일본군 병사들이 봉안되어 있음을 알린다(26,000이라는 그 숫자는 아마도 한국의 대중들에게 처음으로 알려진 숫자였을 것이다). 동시에 방송은 가미카제 특공대원으로 차출되었던 몇몇 조선인 청년들의 흔적을 좇는다. 그들이 자주 갔던 술집, 하숙집 등을 찾아낸 끝에 방송은 그들이 결코 그런 죽음을 원하지 않았다는 사실을 전한다. "야스쿠니에서 만나자"는 특공대원의 구호 뒤에는 술집에 모여 〈아리랑〉을 부르던 식민지 청년들의 울분과 슬픔이 놓여 있음을 전하면서, 방송은 "왜 그들이 야스쿠니에 모셔져 있어야 하는가" 하는 질문을 던진다. 레코드판의 발견에 의해 신원이 드러난 청년 장교의 여동생의 증언에 따르면, 그들 가족은 그의 위패가 야스쿠니에 '봉안' 된다는 어떤 통첩도 받지 못했고, 따라서 그때까지도 그 사실을 모르고 있었다. 방송은 여기에서 끝난다.

놀라운 사실은 한국 사회가 이 다큐멘터리에 대해 어떤 반응도 보이지 않았다는 것이다. '일본' 이라는 단어가 발화되는 순간 곧바로 엄청난 흥분상태로 빠져드는 한국 사회의 오랜 습성에 비추어 볼 때, 이 침묵과 무관심은 대단히 예외적이고 놀라운 것이 아닐 수 없었다. 생각건대 이 침묵은 이 다큐멘터리가 한국 사회와 대중에게 불러일으킨 어떤 기묘한 곤혹감으로부터 기인한 것이 아닌가 한다. 그 곤혹감이란 무엇일까?

내 생각에, 이 다큐멘터리는 그때까지 한국 사회에서 익숙했던 발화의 방식에 어떤 혼선을 초래하는 것이었다. 무엇보다도 이 다큐멘터리의 대상이 된 가미카제 대원들은, 2005년에 한국 국회에서 통과된 '일제 강점하 친일 반민족행위 진상 규명에 관한 특별법' 의 규정에 따르면, '일본군 소위 이상의 계급' 을 지녔던 자들로서 모두 조사를 받아야 할 '친일파' 들이다. 그러나 이 다큐멘터리는 그들을 '친일파' 로 단죄하는 어떠한 시선도 드러내지 않는다. 오히려 다큐멘터리는 그들이 자신들에게 강요된 죽음의 부당성에 대해 강한 울분과 분노를 일상적으로 표시하고 있었다는 증언을 비춰준다. 또한 명시적으로 말하고 있지는 않지만, 이 가미카제 대원들이 특별히 의식적인 '친일파' 들이라기보다는 조금이나마 더 나은 삶을 위해 군대에 지원하고 끝내는 전장에서 사라져간, 당시 식민지 출신의 숱한 평범한 청년들에 지나지 않았음을 보여준다.

일제의 전쟁동원에 희생된 '동포' 청년의 죽음에 대한 해설자의 동정어린 목소리를 듣는 한편으로, 시청자들은 '천황 폐하 만세' 를 외치는 그 '동포' 청년의 마지막 육성을 함께 들어야 한다. 이 기묘한 착종위에 다시 '친일(파) 청산' 의 시선이 겹쳐질 때, 이 다큐멘터리를 시청하는 시청자의 의식은 혼란스러워질 수밖에 없다. 그러나 혼란은 여기서 끝나는 것이 아니다. 다큐멘터리는 이 청년들이 "왜 야스쿠니 신사에 봉안되어야 하느냐"고 묻는다. 그것이 부당하다는 것은 말할 것도 없다. 그들이 거기에 있어야 할 이유는 없다. 그들은 "돌아와야 한다". 그런데, 어디로?

이 물음이 제기되는 순간의 곤혹감이야말로 이 다큐멘터리에 대해, 왜 한국 사회와 대중이 그토록 철저하게 침묵을 지켰는가를 설명해준다. 요컨대, 수십 년 동안 익숙해진 '친일(파)' 담론으로는 그들의 정체성, 그들의 죽음을 설명할 길이 없는 것이다. 그들은 누구인가? 그들은 어떻게 죽었으며 어떻게 기억되어야 하는가? 더 단순하게 말하면, 그들은 한 민족인가? '반민족행위자' 인가? 그들은 가해자인가? 피해자인가? 야스쿠니와 일본 국가가 그들의 죽음을 기억하고 발화하는 주체일 수 없음은 분명하다. 그렇다면 누가? 대한민국, 혹은 조선민주주의인민공화국이라는 국가? 야스쿠니가 아니라면, (그럴 리야 물론 없지만) '국립묘지' 또는 '혁명열사릉'?

이렇게 그들의 존재는 '친일(파)' 혹은 한일 문제에 관련된 한국 사회의 지배적인 담론, 즉 내셔널리즘적 사고에 매우 심각한 균열을 초래하는 것이었다. 다시 말해, 한 세기 이상 한국인의 사회화 과정을 지배해온 내셔널리즘의 인식태도로써는 이만 명이 넘는 이 죽음들을 설명하거나 처리할 어떤 방법도 없는 것이다. '친일진상규명법'의 바탕을 이루는 '민족정기 회복론' 따위의 감정에서 보면, 이들이야말로 하루빨리 제거되고 청산되어야 할 존재들임에 틀림없기 때문이다. 그러나 방송은 그들이 제국주의의 폭력에 희생된 가련한 피해자에 지나지 않았음을 암시한다. 게다가 죽어서도 그들은 고향에 돌아오지 못하고 야스쿠니 신사에 발이 묶여 있는 것이다(물론 방송은 그들이 가미카제 특공대원으로서 어떤 행동을 했는지에 대해서는 말하지 않는다).

모든 내셔널리즘은 필연적으로 피해자의 내셔널리즘이다. 그러나 그들의 존재와 죽음은 피해자의 내셔널리즘에 일대 혼란을 유발하는 것일 수밖에 없다. 그들은 '가해자'이면서 '피해자'이며, '친일파'이면서 '동포'이며, '청산'의 대상이면서 '돌아와야 하는' 존재들이다. 요컨대 '내이션(민족, 국가)'의 이름으로 그들의 존재와 죽음을 말하는 순간, '내이션'은 걷잡을 수 없는 자기모순과 혼란에 빠지는 것이다. 그리고 이 혼란에 대한 한국 사회의 반응은, 난처하고 복잡한 문제 앞에서는 언제나 그래 왔듯이, 침묵이었다.

그러므로 문제는 발화의 위치와 주체에 관한 것이다. 일본제국주의의 식민지 지배와 관련하여 제기되는 한일 간의 모든 현안에 있어서 누가, 어디서, 어떻게 말하는가 하는 문제의 복잡성을 고려하지 않는 한, 제국주의의 지배를 '청산'하고 평화와 협력의 미래를 구상하는 작업은 공연한 헛수고에 그칠 가능성이 크다. 이제 위의 사례를 염두에 두면서 나는, '한국·일본의 상호이해를 가로막는 장벽' 에 대해 논의하는 이 자리에서 다음과 같은 문제들을 짚어보고자 한다.

첫째, 탈식민지 사회의 한국에서 '일본' 은 어떻게 기능하는가? 더 나아가, 일본제국주의와 관련된 '과거의 죽음(들)' 은 한국 사회에서 어떤 방식으로 전유(=횡령)되는가? '미래의 삶' 을 기획하기 위해서 우리는 당연히 '과거의 죽음(들)' 에 대해 말해야 한다. 그러나 누가, 어떻게 그 죽음(들)을 횡령하는가? 죽은 자를 '대신해서' 말하는 자는 누구인가? 죽은 자로 하여금 '스스로' 말하게 하는 방법은 없는가?[1]

둘째, 제국주의와 전쟁의 폭력에 저항하는 새로운 주체의 형성을 어디에서 어떻게 시작할 것인가? 국민적 주체의 틀을 벗어난 다른 주체의 형성은 어떻게 가능할 것인가?

II. '친밀한 적', 일본

1945년의 이른바 '해방' 이후 한국 사회에서 '일본' 은, 새로운 국민적 통합을 위해 없어서는 안 될 존재(였)다. '일본' 이라는 '절대악' 의 존재에 반사되는 '순결하고 선량한 나' 의 모습. 이 자화상이야말로 전쟁과 독재와 부패로 얼룩진 한국인의 곤비(困憊)한 삶을 견디게 하는 강력한 위안물이(었)다. 그 자화상이 비록 환각에 지나지 않는 것임을 어렴풋이 알게 되었다 할지라도, 그 환각으로부터의 깨어남보다는 차라리 그 속에서의 달콤함을 택하는 것이 훨씬 편한 상태—'해방' 60년을 맞는 한

1) '죽은 자를 대신해서 말하기' 가 아니라 '죽은 자로 하여금 스스로 말하게 하기' 는 도미야마 이치로(富山一郎)의 『전장의 기억』(임성모 역, 이산, 2002)에서 따왔다. 이 문제에 관한 더 자세한 언급은 필자의 책 『'국민' 이라는 노예』(삼인, 2005)를 참조하기 바란다.

국 사회의 모습은 그런 것일지도 모른다. 그런 의미에서 '일제'는 물러가지 않았다.

극도로 부정적인 대상을 설정함으로써 자신의 정체성을 반사적으로 정립하고자 하는 욕구는 실상 한국 사회의 오랜 정체성 형성의 기본 구조(였)다. 오늘날 나이, 신분, 직업, 지역, 정치적 입장 등에 따른 모든 차이와 갈등을 한 순간에 해소시키면서 '한국인'으로서의 동일성을 확립하는 데에 '일본'만큼 큰 역할을 하는 것은 없다. 한국 내셔널리즘의 영원한 적이자 영원한 동반자로서의 '일본', '친밀한 적'(intimate enemy)의 개념을 이렇게 잘 실증하는 예도 드물 것이다.

그러므로, 근대 한국인의 정체성을 형성하는 데에 일본 국가가 개입하였던 사실과는 전혀 다른 의미에서, '일본'은 다시 탈식민지 사회 한국인의 정체성 형성에 개입한다. 즉, 한국 내셔널리즘에 있어서 '일본'은 한국인을 만들어내는 가장 긴요한 도구로 기능한다. '국사'를 비롯한 모든 민족 서사 및 담론들에서 집단적 주체로서의 '한국민'(혹은 '조선민주주의인민공화국 인민')의 집단적 기억(동시에 집단적 망각)을 만들어내고 유지하는 데에 '일제'의 위력은 여전히 크다.

내셔널리즘 혹은 내셔널 히스토리는 자신의 기원에 가로놓인 굴종과 변절의 얼룩을 지워내고 인간적 존엄과 위의를 갖춘 내력담(來歷談)을 새롭게 구성하고자 하는 욕망(그 자체로서는 지극히 인간적인 것일 수도 있는)에 바탕을 두고 있다. 말할 것도 없이, 이러한 욕망은 집단적 기억의 장에서 언제나 가장 큰 호소력을 지닌다. 박해와 수난으로 점철된 자기상(自己像)이 강하면 강할수록 이 욕망 역시 강해질 것임도 자명한 일이다.

그러나 있을 수 있는 인간적 욕구가 하나의 강박이 될 때, 그로부터 기묘한 맹목(盲目)과 전도(顚倒)가 발생한다. 사실과 기억들은 이상적 자아상의 구축을 위해 새로운 조정, 배치, 해석, 축소, 확대, 동원, 배제, 억압의 과정을 겪는다. 자신의 기원과 내력에 대한 쉼 없는 정화(淨化)의 욕망, 선명하고 안정된 자기동일성에의 집착이 지배하는 곳에서, '역사' 라는 거울은 진정한 '나' 의 모습을 비추지 못한다.[2] 비춰지는 것은 도덕과 당위의 요구에 감싸인 찬란한 '우리' 의 모습일 뿐이다. 그것이 '내가 보고 싶은 나' 일 뿐, 실제의 나일 리 없음은 말할 것도 없다. 바로 이 지점에서 '일본' 은 '내가 보고 싶은 나' 를 보여주는 거울로 기능한다.[3]

이 욕망과 집착의 다른 한편에는, 박탈과 결손으로 얼룩진 식민지의 기억, 오염과 분열로 가득 찬 문화적 잡종(雜種)으로서의 자화상이 자리잡고 있다. 이 기억들은 몸에 달라붙어 떨어지지 않는 끈적끈적한 오물들이며 도망치는 순간 다시 당도하는 악몽들이다. 안정된 자기동일성의 기반을 흔드는 이 오염의 기억으로부터 벗어나기 위한 손쉽고도 단순한 방법은, 그것을 '나 아닌 것' 으로 명명하는 것, 다시 말해 그것을 나의 기원으로부터 삭제 또는 단절시키는 것이다. 어떤 오염과 분열이 있을지라도 그것은 일시적인 일탈이나 왜곡이었을 뿐, 순결하고 영원한 '나'—그것의 이름이 무엇이든, 예컨대 '민족', '민중', '겨레', '조국',

---

2) 2003년 평양에서는 해방 이후 처음으로 남북한의 역사학자들이 모여 회의를 하고 공동성명을 발표하였다. 이 역사적인 회의의 결과 남북한의 역사학자들은, 그들이 힘을 모아 함께 해야 할 사업의 하나로 "일본 제국주의가 한국의 원래 영문 명칭 'Corea' 를 'Korea' 로 바꾼 것을 바로잡는 일"이라고 발표하였다. 이 사람들을 과연 역사학자로 불러야 할지 의심스럽지만, 이 사례는 '일본' 이라는 '절대악' 이 한국 내셔널리스트들의 시야와 사고에 어떻게 작용하는가를 잘 보여주는 예이다.

3) 식민지 시대 민족저항운동의 최정점으로 널리 알려져 있는 '조선어학회' 의 '한글운동' 이 총독부 권력과의 긴밀한 협조 아래 수행되었던 사실, 1938년 이래 조선어가 존립의 위기에 처한 정세 속에서 조선어학회가 침묵을 지켰던 사실, 조선어학회의 기관지 『한글』이 전시체제하에서 전쟁협력 행위를 한 사실은 기억에서 지워졌다. 해방 후의 한글학회는 『한글』 지의 천황 찬양 기사 등을 깨끗이 삭제한 영인본을 발간하고 자신의 이력을 "악마의 마수로부터 민족의 얼을 지킨 무기 없는 전쟁"으로 묘사하였다. 이 사례야말로 '일본' 이라는 존재가 '실제의 나' 를 망각하고 '내가 보고 싶은 나' 를 만들어내는 데에 얼마나 효과적으로 기능하는가를 보여주는 전형적인 사례이다. 더 자세한 설명은 김철, 「'갱생' 의 도(道) 혹은 '미로'」, 『민족문학사연구』 28, 2005 참조.

'프롤레타리아트', '인민' 등등—가 존재하는 한, '나'는 분열되지 않을 것이다. 이렇듯 '나'의 연속성을 보증하기 위한 이름들이 호명되는 한편에서, '나'와의 단절을 선언하기 위한 '나 아닌 것'들이 동시에 불려나온다.[4)]

그러나 '나 아닌 것'으로 명명된 그것들은 과연 나 아닌 다른 것이었을까? 내셔널리즘의 집단기억에서 이러한 질문은 용납되지 않는다. 그 세계는 선명한 만큼 단순하고 단순한 만큼 강력한 이분법, 즉, '저항/굴종, 자주/사대, 민족/외세, 통합/분열, 절개/변절, 순결/오염, ……' 등으로 나뉜 세계이다. 전자는 연속을 보증하기 위해, 후자는 단절을 선언하기 위해 호출된다. 전자는 도덕의 표상이며 후자는 비도덕의 징표이다. 다른 세계란 없다. 다른 세계를 상상할 가능성이 원천적으로 차단됨으로써 여기서는 세계의 이러한 구조를 질문하는 것 자체가 이미 후자의 항목에 속하는 것이 된다.

그러나 '이것'이 아니면 '저것'만이 존재하는/존재한다고 가정되는 세계에서 사실상 '이것'과 '저것'의 차이는 생각보다 크지 않다. 심지어 그것들은 같은 것이기조차 하다. 그러나 이분법의 평면 위에서 이 사실은 인식되지 않는다. '나'로부터 삭제되고 배제된 '나 아닌 것'들이야말로 실은 움직일 수 없는 '나'의 일부라는 사실은 이 평면적 이분법의 세계에서는 인식되지도 용납되지도 않는다. 오로지 순결한 '나'를 구성하기 위해 끊임없이 '나 아닌 것'들이 생산되고 그 경계가 확정될 뿐

4) '친일파'야말로 '나 아닌 것'의 대표적인 존재이다. '친일 청산'에 대한 끝없는 욕망은 한국인들이 '오염된 과거'의 기억을 얼마나 단순하고 손쉬운 방법으로 지우려 하는지를 잘 보여준다. 그러나 자신의 혼종성을 정면으로 응시한다면, '청산'은 이론적으로나 실제적으로 불가능하다는 것을 알게 될 것이다. 해방 직후의 '친일 청산'의 실패가 그 이후 한국 사회의 모든 부정성의 핵심적 근원인 것처럼 말하는 몰역사적일 뿐 아니라 무책임하기 이를 데 없는 논리, 민족/반민족을 경계로 '민족정기 회복'을 위해 '친일 청산'을 외치는 어처구니없는 모순들이 '청산'되지 않으면, '청산'이라는 담론을 통해 '일제'에 의존하는 한국 내셔널리즘의 횡포는 계속될 것이다.

이다(그리고 이 '나 아닌 것' 들의 생산에 '일본' 이 얼마나 큰 기능을 하는 것인지는 더 이상 설명할 필요가 없을 것이다). 그러나 실은 아무 것도 생산하지 않고, 아무 것도 확정하지 않고, 아무 것도 말하지 않고, 아무 것도 넘어서지 않는 이 단순무한운동의 끝없는 반복이야말로 진정한 '차이' 를 무화시키고, 그럼으로써 어떤 변화도 불가능하게 만든다. 그러므로 내셔널리즘의 이 이분법적 세계야말로 제국주의의 가장 강력한 수호자이며 하루속히 '청산' 되어야 할 '식민지적 잔재' 인 것이다.

'일본' 에 전적으로 의존하고 있는 한국 내셔널리즘의 자기동일화 기제에서의 가장 큰 문제는 그것이 실제로는 어떠한 주체도 만들어내지 못할 뿐 아니라, 오히려 주체를 소거시킨다는 점이다. 내셔널리즘은 과거의 기억을 오로지 '민족(국민) 주체의 저항' 의 구도 안에서만 서술한다. 요컨대, 그 기억 안에서는 오로지 '민족으로서의 저항 주체' 만이 존재한다. 사실의 과장 여부를 떠나서, 무엇보다도 이것은 다른 수많은 주체의 가능성들을 억압함으로써 결국 주체를 지우거나 위축시키는 결과를 낳는다.

누구나 충분히 짐작할 수 있는 바와 같이, 인간은 '국민적(민족적) 주체' 만으로 살아가는 것은 아니며 그것은 식민지하에서도 마찬가지였다. 그럼에도 불구하고 내셔널리즘의 기억은 모든 개별적 삶과 죽음을 단일한 '민족(국민) 주체' 로 환원하고, 그 '민족(국민) 주체' 의 위치가 아닌 다른 위치에서의 발화는 부차화하거나 무시하는 것이다. 그러나 이 글의 서두에서 예로 들었던 조선 출신의 가미카제 특공대원들의 경우에서 보듯이, 내셔널리즘은 이만 명이 넘는 이 '동포' 들의 죽음을 어떤 식으로도 말하지 못한다. 대부분의 조선인들이 '민족으로서의 저항 주체' 로서보다는 '일본 국민으로서의 주체' (또는 그 둘이 뒤섞인 주체)로 살았다는 역사적 사실을 정면으로 사유할 가능성, 더 나아가,

그 사실로부터 식민주의와 제국주의를 넘어설 어떤 역사적 비전을 이끌어낼 가능성은 내셔널리즘의 세계인식 속에는 전혀 없다.

이 사유의 불가능성으로부터 '일본'과 관련된 집단적 기억과 망각의 변증법, 즉 자기가 보고 싶은 것만을 보고, 듣고 싶은 것만을 듣는 집단최면, 판단정지의 사태가 발생한다.[5] '민족(국민) 주체'로 환원되지 않는 주체의 삶과 죽음은 한국 사회에서 기억되거나 발화되지 못한다. 기억되기 위해서는 누구나 '민족(국민) 주체'로 거듭나야 한다. 발화의 위치와 주체를 '민족(국민)' 이외에는 허용치 않는 구조, 이것은 말할 것도 없이 폭력의 구조이며 무엇보다도 제국주의의 구조이다. '민족문학작가회의'라는 이른바 '진보적' 단체가 "친일파 당사자가 사과를 안 했다면 그 자손이라도 하게 만들어야 한다"는 성명서를 발표하고(2002년 3월), '친일 반민족행위 진상 규명에 관한 특별법'의 국회 통과 이후 '조상의 죄'를 '대신 사죄'하는 개인들의 '사죄문'이 줄을 잇는(2005년) 등의 폭력이 '민족의 이름'으로 자행되는 사회에서 '일본제국주의'가 '청산'될 가능성은, 단언컨대 0퍼센트다. '독도 문제'를 둘러싸고 사회 전체가 또다시 광적인 흥분상태에 빠졌을 때(2005년), (자칭, 타칭) 한

5) 가장 대표적인 사례는 지난해에 있었던 서울대 이영훈 교수의 사건일 것이다. 일본군 종군위안부 문제와 관련된 TV의 공개토론회에서 이 교수는 그것이 국가폭력의 가장 잔인한 형태임을 지적하고 그 범죄가 끝까지 추궁되고 규명되어야 할 것임을 강조했다. 나아가 그는 위안부의 모집과 위안소의 운영에 관련된 조선인들의 존재를 언급하였고, 국가기구나 군에 의한 여성의 성적 노예화가 해방 이후 지금까지 자행되고 있는 현실을 언급하였다. 그의 발언에 대한 동의 여부는 지금 이 글의 주제가 아니다. 토론이 끝나자 한 인터넷 매체가, "정신대는 공창이었다"라고 이 교수가 발언했다고 보도했다. 그러자 모든 언론매체가 그 뒤를 이었다. '정신대는 공창이었으며 강제 동원된 것이 아니라 자발적인 것이었다'고 이 교수가 발언했다는 보도와 함께, 숱한 인신공격과 매도가 줄을 이었고 국회의원들이 그의 교수직 사퇴를 학교 당국에 요구하는 지경에까지 이르렀다. 그런데 놀라운 사실은 그가 그런 발언이나 그렇게 해석될 어떤 종류의 발언도 하지 않았다는 것이다. 정신대와 종군위안부를 구별하지 못하는 기자의 무지는 그 한 사람의 경우가 아니므로 논외로 하더라도, 최소한 수백만 명이 보고 들은 내용이 이렇게 엉뚱하게 바뀌어 제시되는데도 그것이 '일본', 특히 위안부 문제와 관련된 것인 한, 사회 전체가 완전한 사유불능, 즉 듣고 싶은 대로 듣고, 보고 싶은 대로 보는 일종의 최면상태에 빠졌다는 데에 이 사태의 본질이 있다. 나는 이 사건이 1931년의 '만보산 사건' 보도 이래 한국 언론이 저지른 가장 악의적인 왜곡보도 및 인권유린 사건이라고 생각한다.

국을 대표한다는 소설가가 '독도에 미사일을 설치하고', '일본과 전쟁을 불사하자' 고 외치는 사회에서 식민주의의 문제를 진지하게 고민하는 지식인이 설 자리 역시 단언컨대, 어디에도 없다.

Ⅲ. 잊어버리자, 그러나 용서하지는 말자

요컨대, '일본' 은 가장 확실한 '공공의 적' 인 것이다. 조지 오웰(George Orwell)의 소설 『1984년』에서 사람들은 '증오 주간' 이 되면 일정한 장소에 모여 국가의 적을 향해 증오를 쏟아내는 의식을 치른다. 이 정기적인 의무적 행사를 통해 『1984년』의 사회는 통합되고 유지된다. 그 '적' 이 누구인가는 중요하지 않다. 사실은 어제까지 '동지' 였던 존재가 오늘은 '적' 으로 바뀌었지만, 아무도 그것을 문제 삼지 않는다. 중요한 것은 적이 존재하는 것이고 그 적을 향해 모두 증오를 쏟아냄으로써 사회적 동질성이 유지되는 것이다.

냉전시대에는 이 '공공의 적' 역할을 '공산주의자' (빨갱이)가 담당했다. 그것이 불과 십여 년 전쯤까지의 일이라는 것이 놀랍다. 세계 최대의 반공국가 한국에서 '빨갱이' 라는 기표가 사회적 통합(공포에 기인한 것이든, 자발성에 기인한 것이든)에 기여한 정도는 오웰의 소설적 상상력을 능가하고도 남는 것이다. 현재의 한국 사회에서 냉전적 사고와 행동이 완전히 사라졌다고는 말할 수 없지만, 그것이 예전만큼의 위력을 발휘하지 못하는 것만은 사실인 듯하다.

그러나 반공주의나 매카시즘은 사실상 '적' 의 얼굴을 '빨갱이' 에서 '친일파' 로 바꾸며 재탄생한 것으로 보인다.[6] 새로 등장한 '공공의 적' 은 '친일파' 이며, 모든 한국인은 일 년 내내 '증오 주간' 을 실행한다.

달라진 것이 있다면 구(舊)매카시즘이 주로 국가의 공권력을 바탕으로 수행되었던 것이라면 신(新)매카시즘은 거대한 포퓰리즘의 폭력으로 나타난다는 것이다.[7] '친일(파)'의 개념, 범주, '친일(파) 청산'의 목적과 방법 등에 관한 어떤 진지하고도 이성적인 논의를 한국 사회는 해방 이후 60년 동안 한 번도 하지 않았다. 그럼에도 불구하고 모든 한국인은 '친일(파)'은 의문의 여지가 없는 개념이며 그 '청산'은 법률과 국가권력의 위력으로 언제든지 가능한 실천인 것으로 생각한다.

그러나 '청산'을 통해 '정화'되거나 '회복'될 '민족정기'가 허구이듯이, '친일파'를 제거함으로써 도래할 '바른 사회' 역시 존재하지 않는다. 한국 사회의 부정성은 '친일파' 때문에 발생한 것도 아니고, 그 '잔재'를 청산하지 못했기 때문에 발생한 것도 아니다. 지젝(Slavoj Zizek)의 말을 빌면, 사회는 원래부터 적대적인 것이다. "사회가 완전한 동일성을 방해받는 것은" 어떤 특정한 부정적 대상 때문이 아니다. "사회는 고유의 적대적 본성, 사회 자체에 내재하는 방해에 의해서 완전한 동일성을 방해받는 것"[8]이며 이 내적 부정성을 어떤 특정한 대상, 예컨대 '빨갱이'나 '친일파', 또는 다른 어떤 '공공의 적'의 형상으로 투사하는 것일 뿐이다.

---

6) 그런 의미에서 나는 '민족정기 회복'을 위해 '친일(파) 청산'을 부르짖는 사람들이 스스로를 '진보'로 칭하는 것만큼 잔인한 농담은 없다고 생각한다.

7) 이렇게 쓰는 순간 나는 명백한 공포를 느낀다. 그것은 내가 1980년대에 사회주의나 민중주의에 대해 쓸 때마다 정보기관의 눈을 의식하고 느껴야 했던 공포와는 사뭇 다른 공포다. 80년대의 공포는 일종의 영웅적 비장미를 수반하는 공포였다. 설령 잘못되어 체포되거나 감옥에 가는 한이 있더라도 어떤 '정의'를 딛고 우리가 서 있다는 자부심과 궁극적 희망이 그 공포와 항상 결부되어 있었던 것이 80년대의 현실이었다. '친일(파) 청산' 담론의 허구성을 공박하는 말을 하거나 글을 쓸 때에 일어나는 공포는 영웅적 비장미가 깨끗이 사라진 완전한 공포다. 이영훈 교수의 사건이 잘 보여주듯, 이제 한국 사회에서 '일제'에 관해 무언가 다른 소리를 내고자 하는 사람들은 공권력의 탄압이 아니라 내셔널리즘을 교리로 하는 일종의 신정국가(神政國家)가 되어버린 한국 사회의 대중으로부터 온갖 수모와 모욕을 견딜 각오를 해야 한다. '친일(파)'에 관한 한, 21세기 현대 한국 사회에는 수백만 명의 매카시들이 있다.

8) 슬라보이 지젝(Slavoj Zizek), *The Sublime Object of Ideology*; 사카이 나오키(酒井直樹), 후지이 다케시 역, 『번역과 주체』, 이산, 2005, 244쪽에서 재인용.

이 오웰적 세계에서 존재하는 것은 오로지 '증오' 뿐이다. 과거에 대한 '성찰' 이나 '반성' 은 이 세계에 결코 존재하지 않는다. 그러나 증오만이 '적' 을 형용하는 유일한 언어가 될 때, '적' 의 모습은 결코 드러나지 않는다. 식민자에 대한 피식민자의 증오는 식민주의의 종식을 위해 어떠한 기능도 하지 못한다. 증오는 피식민자로 하여금 무엇이 진정한 적인지, 무엇이 의미 있는 저항인지에 대한 일체의 사고를 차단한다. 그뿐 아니라, 어떤 대상에 대한 깊은 증오는 필연코 그 대상에 대한 깊은 의존을 낳는다는 점에서 증오는 식민주의의 훌륭한 자양이다. 증오하면 할수록 증오의 대상은 '나' 의 존재이유가 될 수밖에 없기 때문이다. 결국 피식민자는 식민자에 대한 증오를 통해 그에게 의존하게 된다. 그러는 한 그는 결코 '적' 의 정체를 볼 수 없으며 따라서 어떤 저항도 할 수 없다. 식민자의 손을 벗어나기 위해 피식민자는 우선 증오를 넘어서는 법을 알아야 한다. 그러나, 증오를 말하고 증오를 가르친 것 이외에 탈식민지 사회의 한국 내셔널리즘이 한 일은 과연 무엇이었던가?

이 오웰적 세계 속에서 한국인들은 식민지 지배가 어떻게 작동하였는지, 제국주의의 본질이 무엇인지에 대한 모든 기억을 망각하고 오로지 증오만을 남겼다. 그들은 과거를 '기억' 하되 사람을 '용서' 하는 지혜 대신에, 과거는 '잊고' 사람은 '용서하지 않는' 길을 택한 것처럼 보인다. 그 길이 식민지의 유산을 청산하고 제국주의의 지배를 종식시키는 길이 되지 못할 것임은 분명하다. 어떻게 증오를 넘어서 식민주의를 종식시키는 길을 찾을 것인가?

해방 이후 반세기가 넘도록 남·북한사회는 식민주의의 흔적에서 여전히 자유롭지 못하다. 흔적을 지우고 '민족' 의 '순결' 을 복원하기 위한 수많은 정치적·문화적·사회적 시도들이 다양한 층위에서 진행되어 왔다. 그러나, 식민지는 이미 '민족' 이라는 이름 그 자체에 깊이 새겨져 있는 것임을 정직하게 응시하고 고뇌하면서 식민주의를 넘어서는 길을 모색하는 노력이 그 시도들 가운데 얼마나 있었던가를 생각하면, 식민주의의 극복은 아직 시작되지 않았다는 암담한 피로감을 마주하게 된다.

한일 간의 이해를 가로막는 정치적 무의식을 살피고 진정한 화해의 실마리를 모색하고자 하는 이 자리에서 우리가 말할 수 있는 것은, 우리는 우리 자신을 이룬 식민지를 '청산'과 '단죄'의 시선으로는 결코 '청산'할 수 없으며 어떤 '정기'도 회복할 수 없다는 것이다. '민족'은 그 기원에 비추어 본래 '식민지'이며, 그 혼종성에 비추어 원래부터 '외국'인 것이다. 정체성이 그럴진대, 그런 자신을 껴안고 동시에 그것을 넘어가는 것 외에 식민지 이후를 살아가는 다른 길은 없다. 달리 말하면, 그것은 '환상'을 버리고 '절망'과 마주서는 것이다. 다케우치 요시미(竹内好)는 루쉰(魯迅)에 관해 말하는 가운데 "구원하지 않는 것이 노예에게는 구원"이라고 말한 바 있다. 이 놀라운 반어는 노예의 '저항'과 '해방'에 대한 깊은 성찰의 실마리를 제공하고 있다.

> 깨우지 않는 것, 꿈을 꾸게 하는 것, 다시 말하면 구원하지 않는 것이 노예에게는 구원이다. …… 그러니까 이러한 노예가 깨어났다면 그는 '가야 할 길이 없는' '인생에서 가장 고통스러운' 상태, 즉 자기가 노예라는 자각을 체험해야 한다. 그리고 그 공포를 견뎌야 한다. 만일 공포를 견디지 않고 구원을 바란다면, 그는 자기가 노예라는 자각마저 버리지 않으면 안 된다. 다시 말하면, '가야 할 길이 없다'는 것은 꿈에서 깨어난 상태이기 때문에, 길이 있다는 것은 아직 꿈이 계속되고 있다는 증거인 것이다. 노예가 노예임을 거부하고, 동시에 해방의 환상을 거부하는 것, 자기가 노예라는 자각을 품은 노예라는 것, 그것이 '인생에서 가장 고통스러운', 꿈에서 깨어났을 때의 상태인 것이다. 갈 길은 없지만 가야만 하

> 는, 아니, 바로 갈 길이 없기 때문에 가야만 하는 상태인 것이다. …… 그것이 루쉰에 있어서의 절망의 의미이다. 절망은 길이 없는 길을 가는 저항에서 드러나며, 저항은 절망을 행동화하는 데에서 드러난다. 그것은 상태로 보면 절망이고 운동으로 보면 저항인 것이다.[9)]

노예의 각성은 노예에게 '길 없는 길을 가야 하는' '인생에서 가장 고통스러운' 공포를 안겨주는 것이다. 그 공포를 견디지 못하면 그는 자신이 노예라는 자각을 버리고 '해방'의 환상, 길이 있다는 꿈 속에서 살아가야 한다. 그 꿈에서 깨어나는 순간 그에게는 길은 사라지고 절망만이 나타난다. 이 절망을 행동화하는 것, 그것이 노예의 진정한 저항이다.

탈식민지 사회의 '국민화'야말로 피식민자(=노예)에게 해방의 환상을 주는 것, 그를 계속해서 꿈꾸게 하는 것이었다. 모든 삶과 죽음을 '국민', '민족', '국가'의 이름으로 발화하고 환원하는 내셔널리즘의 주체화(=노예화) 전략에 대한 저항은 이제 '길 없는 길'을 가야 하는 절망에 마주서지 않으면 안 된다. 수많은 다른 다양한 주체 형성의 가능성들을 무시하고 억압하면서 오로지 '국민(민족)적 주체'만을 강요하는 폭력에 저항하기, 증오를 증폭시키고 그것을 통해 자신을 유지하는 사회체제를 거부하기, 타자의 부정성을 유일한 자기정체성의 기반으로 삼는 '비주체적'인 '주체 형성'을 거부하기, '국가'가 아닌 다른 세계에 대한 상상력을 조직화하기—이 행동들의 어디에선가 '길 없는 길을 가는' '저항의 주체'들이 나타날 것이다. 그러면 우리는 아마 '한국'과 '일본'의 단일한 '국민 주체'로서가 아니라, 타자를 그 다양하고 복합적인 존재의 가능성들로 받아들이는 평등한 연대, 제국주의의 진정한 '청산'에

9) 竹內好, 「근대란 무엇인가(近代とは何か)」, (『竹內好全集』 4), 筑摩書房, 1980, 156~157쪽.

의 길을 찾아낼 수 있을 것이다. '내가 나를 향해 내미는 최초의 악수'(윤동주), 한국인들은 아직 그것을 시작하지 않았다. 그것이 언제가 될지, 어디에 있는지는 아무도 모른다. 다만 다시 한번 루쉰을 빌어 말한다면, "희망이란 본디 있다고도 없다고도 말할 수 없다. 그것은 지상의 길 같은 것이다. 본래 땅에는 길이 없다. 걷는 사람이 많아지면 그것이 길이 된다."

한일 간의 과거 극복은 어떻게 가능한가*

박유하 朴裕河

I. 우리 안의 불신

2005년에 이어 2006년에도 또다시 발생한 한일 '외교전쟁'은 한일 간 갈등이 왜 해방 후 60년이 지나도록 해소되지 못한 채로 제자리걸음인지를 명료하게 보여주고 있다. 일본이 독도 근방에서 해양조사를 하겠다고 통보한 것이 발단이 된 이 사건에서, 일본은 한국의 항의에 대해 한국 역시 같은 지역에서 과거에 여러 번 조사를 행했다는 사실을 강조하며 6월로 예정되어 있던 해양지명회의에서 한국이 한국명을 제안하려는 데에 대한 '대안'을 만들기 위한 것이고 영토 개념과는 상관없는 단순한 과학적 조사라고 설명했지만, 일본의 조사는 한국에서는 처음부터 독도를 노린 '침탈야욕'의 발로로만 받아들여졌다. 일본의 행동이 '질서에 대한 도전적 행위'이자 '국수주의'의 발로이며 '침략의 역사를 정당화'(2006년 4월, 대통령의 발언)하는 것이고, 따라서 '호전적'(『중앙일보』 2006년 4월 24일)인 성질을 드러낸 것으로 받아들여진 것은 그 연

* 본고는 『본질과 현상』 4호(태학사, 2006)에 실린 같은 제목의 논문을 수정·보완한 것이다.

장선상의 일이었다.

물론 이 문제는 EEZ 확정이 되어 있지 않은 상태가 야기시킨 문제이고, 그런 의미에서는 해양조사를 하겠다는 일본에 '독도' 라고 하는 섬에 대한 의식이 없었을 리는 없다. 그렇다고 하더라도 일본의 해양조사가 갑자기 독도를 되찾으려는 '음모' 하에 이루어진 것이었다고 단정할 만한 자료는 어디에도 없었다.

그럼에도 불구하고 정부와 언론과 식자들은 언제나처럼 한목소리로 일본의 '꼼수' 와 '치밀한 계략' 의 악질성을 확인하려 했고, 인터넷상에서는 곧바로 '전쟁' 을 상상/기대조차 하며 일본에 대한 승리와 패배의 가능성을 점치는 담론들이 난무했다. 전쟁에 관해서는 신중론을 펼치는 이들도 없지 않았지만, 이들 역시 '일본' 의 '독도 야욕' 을 전제로 하고 있다는 점에서는 대부분 대동소이했다.

그러나 이제 조금씩 알려지고 있는 것처럼, 일본은 실은 우리만큼이나 독도를 일본 영토로 믿고 있다.[1] 그 사실의 정당성 여부 이전에 그렇다는 사실을 제대로 인식하고 있기만 했더라도, 또 어떤 행동이건 영토에 관계되는 일본의 행동은 무조건 '침략' 욕망의 발로로 생각하는 식의 의구심으로부터 자유롭기만 했더라도, 사태는 단기간에 그렇게까지 심각해지지는 않았을 것이다. 그리고 그랬더라면 조금은 냉정하고도 평화로운 대화가 가능했을 터이다.

그런 의미에서는 사태를 악화시킨 것은 일본의 행동 자체보다도 우리 안에 잠재되어 있는 일본에 대한 '불신' 이었다.[2] 말하자면 "독도는

1) 이에 대해서는 박유하, 『화해를 위해서』(뿌리와이파리, 2005. 9) 참조.

2) 『중앙일보』 '대기자' 김영희는 고이즈미/아베/아소에 관해 그 선친들이 모두 제국주의의 첨병들이라고 말하면서 그들의 행동이 '국가주의적/민족주의적 유전자' 의 탓이라고 단정한다(『중앙일보』 2006년 4월 27일). 이러한 전형적인 본질주의적이자 비합리적인 사고가 '신문' 이라는 대중매체를 통해 유통되고 소비되고 있다는 사실은 심각한 사태가 아닐 수 없다.

의심할 여지 없는 한국 땅인데, 그런 독도를 일본 땅이라 말하는 것은 일본이 한국 땅임을 '알면서도' 욕심을 내는 것"이라고 생각하는 불신이야말로 한일관계를 어렵게 만들고 있는 주범인 것이다. 그러한 불신은 사태를 곧바로 '영토주권'의 문제로 단정하고 일본의 "독도 권리 주장은 한국 독립을 부정하는 것"이니 "세계여론에 일본 정부의 부당한 처사를 끊임없이 고발해나가겠다"고 한 대통령의 담화(2006년 4월 25일)에도 극명히 드러나고 있다.

분명, 일본은 독도를 다케시마라는 이름의 일본 땅이라고 생각하고 있고, 따라서 '독도 권리 주장'을 하고 있는 것도 사실이다. 그러나 그렇다고 해서 그 사실이 곧바로 일본이 '한국 독립을 부정'하는 것이라고 할 수 있는 근거가 되는 것은 아니다. 그럼에도 불구하고 불신은 대통령으로 하여금 그렇게 단정하도록 만들었던 것이다. 그리고 문제는 그런 식의 불신이 일본의 행동에 대한 충분한 이해가 없는 데서 오고 있다는 사실이다. 대통령은 사태가 일단락지어진 후에 행한 담화에서 "어떤 경제적인 이해관계도, 문화적인 교류도 이 벽을 녹이지는 못할 것"이라고 말했는데, 좀 더 정확히 말한다면 경제적/문화적인 교류가 '벽'을 녹이지 못하는 것이 아니라 그 어떤 돈독한 교류가 이루어진다 해도 '벽'을 녹지 않도록 만드는 불신이 우리 안에 있다고 해야 했을 사태였다.

물론 우리는 대부분 그 불신의 이유를 일본에서 찾는다. 우리는 웬만하면 받아들이려 하는데 일본이 좀처럼 과거에 대한 반성을 안 할 뿐 아니라 또다시 영토를 늘리려 하는 팽창주의적인 야욕을 갖고 있음을 끊임없이 확인시켜주고 있으니 어쩔 수 없는 일 아닌가, 라고. '사죄를 했으면 그에 상응하는 행동을 하라'는 대통령의 발언은 그런 생각을 대표하는 말이다.

그러나 일본에 대한 불신은 일차적으로는 일본에 대해 충분히 알지 못하는 데서 오는 경우가 대부분이다. 그런 상황에서 적지 않은 부분이 오해와 함께 '만들어' 지기도 한다.[3] 구체적으로는 패전 후 일본이 과거의 역사에 어떻게 대면해왔는지, 또 90년대 이후 역사 문제가 본격적으로 불거진 이후 일본이 어떻게 대처했는지에 대해 충분히 알지 못한 데서 기인한 부분이 적지 않다.[4] 말하자면 불신이 계속되는 이유는 우리 안에도 없지 않은 것이다. 교육과 언론과 정부와 일본을 충분히 안다고는 할 수 없는 식자들이 그 불신의 주역이자 전파자였다.

물론 불신의 근원은 과거에 일본이 우리를 식민지화=침략했다는 사실에 있다. 그리고 해방 이후 접해온, 과거를 정당화하는 일본의 발언과 행동들에 있다. 말하자면 과거=역사 자체와 그 역사에 대한 해석과 그에 따른 행동이 우리로 하여금 일본을 불신의 대상으로 만들어온 셈이다.

그러나 동시에 우리의 불신이, 일본이 우리를 식민지화했다는 사실 자체 이상으로 식민지화 후 우리의 쌀을 '수탈' 했으며 '강제징용' 하여 저임금 혹은 무임금으로 혹독한 노동을 시켰으며 나아가 '강제연행' 으로 위안부를 모집해 '성노예' 적인 생활을 강요했다고 배우는, 식민지화 이후의 내용 자체에서 야기되는 부분이 크다는 것은 분명하다. 말하자면 우리의 분노는 일본이 얼마만큼 혹독한 식민지 지배를 했는가 하는 '구체적' 사실에서 촉발되고 유지되는 부분이 없지 않은 것이다.

그런데 최근에는 이 식민지의 '실상' 에 대해 종전과는 다른 이해를 내놓는 연구들이 나오고 있다. 예를 들면 90년대 초반에 밝혀진 이후, "세계적으로 그 유례를 볼 수 없는" (정신대문제대책협의회 홈페이지) 것으로 질타되고 있는 위안부 문제에 관해서도, 조선의 처녀들이 위

3) 박유하, 『반일민족주의를 넘어서』, 사회평론, 2000. 8.
4) 박유하, 앞의 책(2005) 참조.

안부로 가게 된 배경에는 가부장제의 질곡으로부터의 해방을 꿈꾸는 측면이 없지 않았으며,[5] 20만 명이라고 알려진 위안부의 실제 숫자는 당시의 인구와 부녀자수에 근거해 산정해보면 5~6만 명 정도일 것이고, 이른바 글자 그대로의 의미로 '강제연행' 되었다는 자료는 아직 발견된 바 없으며,[6] 상해의 위안소를 경영한 이들에는 일본인뿐 아니라 당시 독립운동 명목으로 거주하던 조선인들도 포함되어 있었다는 연구[7]들이 그것이다. 나아가 식민지 시대의 경제가 결코 이제까지 이야기되어오던 것만큼 피폐한 것만은 아니어서 쌀은 수탈이라기보다는 수출의 측면이 있었으며, '강제징용' 당한 이들이 적지 않은 돈을 본국에 송금했고 그 돈으로 땅을 사들여 결과적으로 소작인과 지주라고 하는 전근대적 토지제도와 계급체제가 서서히 깨져갔다고 하는, 분명 근대적 경제체제가 구축되고 있었음을 말하는 지표들.[8] 이 역시 우리 안의 '상식' 에 대한 도전들이라고 해야 할 것이다. 그 밖에도 식민지 조선인들의 감정과 행동을 소설을 통해 분석하는 최근의 연구들[9]은 '핍박' 받고 '저항' 하는 식민지인의 일관된 이미지에 균열을 가하고 있다. 말하자면 우리의 그 동안의 '불신' 이 그 정당성을 의심받기에 이르고 있는 것이다.

---

5) 소정희, 「교육받고 자립된 자아실현을 열망했건만: 조선인 '위안부' 와 정신대에 관한 '개인 중심' 의 비판인류학적 고찰」, 『해방전후사의 재인식』, 책세상, 2006. 2.
6) 이영훈의 〈MBC 100분토론〉(2004년 9월) 발언. 다만, '사실' 을 말하는 일이 어떤 문맥에서 이루어져야 하는가에 관한 자각이 충분하지 않다는 점에 관해서는 이영훈의 의견에는 동의하기 어려운 부분이 없지 않다. 또한 숫자로 나타나는 '사실' 역시 기록 당시의 착각과 선별욕망으로부터 완전히 자유롭지 않다는 점도 인식되어야 할 것이다. 그럼에도 불구하고 역사에 대면하는 일은 하나의 '사실' 을 공유하는 작업에서 시작될 수밖에 없다는 의미에서는 그의 작업은 의미 있는 작업이 아닐 수 없다.
7) 후지나가 다케시, 「상하이의 일본군 위안소와 조선인」, 『해방전후사의 재인식』, 책세상, 2006. 2.
8) 이영훈·홍제환, 「戰時期 農村經濟의 動向: 小土地所有者의 增加趨勢」, 낙성대경제연구소 심포지엄 '일제의 전시체제와 조선인 동원—징병, 징용, 위안부', 2006. 3. 3.
9) 본서 제1부의 김철 논문 참조.

II. '역사'의 욕망과 강자로서의 피해자

해방 이후, 우리의 관심은 늘 과거에 일본에 의해 어떻게 고통을 받았는지를 말하는 일에 쏠려 있었다. 말하자면 우리의 관심은 오로지 '제국주의국으로서의 일본'에 집중되어 있었던 셈이다. 그 때문에 메이지 시대 이후의 일본에 관한 지식은 적잖이 축적되었지만 그 전(에도 시대)과 그 이후(패전 이후의 일본)에 대한 관심은 상대적으로 극히 빈약했다. 그리고 그 과정은, 일본에 대한 총체적인 이해보다는 '침략적이고 교활한 일본'의 이미지를 확대재생산하는 일로 이어졌다. 역사=학문뿐 아니라 문학이며 영상매체, 그리고 언론들이 모두 그 한 축을 담당하고 있었다고 해야 할 것이다.

물론 이미지란 아주 근거 없는 것은 아니다. 분명 일본은 과거에 한국을 '침략'했고 그것은, 독도 문제를 둘러싸고 곧잘 표현되는 것처럼 분명 자기의 소유가 아님을 '알면서도' 행한 것임이 분명하다. 그런 의미에서는 '침략자로서의 일본'이라는 이미지 자체에 문제가 있는 것은 아니다.

문제는 '침략자로서의 일본'이 어느샌가 '침략적인 일본'으로 굳어져간 데에 있다. 물론 이 역시 근거 없는 것은 아니어서 400년 전의 도요토미 히데요시(豊臣秀吉, 1537~1598)의 침공은 식민지화와 맞물리면서 침략행위의 '반복'의 기억을 만들었을 터이다. 문제는 그러한 기억화 작용이 늘 획일화와 단선적인 이해를 종용한다는 점이다. 그 결과, 하나의 사태가 가졌을 다양한 얼굴과 복잡성은 은폐되고 시간이 지나면서 그러한 은폐는 잊혀지는 사태가 발생한다. 그러면서 어느덧 우리는 우리의 과거=식민지 시대의 '실상'과 패전 이후의 현대 일본에 대해 알고자 하는 노력을 포기한 채 해방 이후의 60년을 살아온 것은 아니었을까.

사실을 말하는 것으로 알았던 '역사' 가 실은 선택되어지는 것이었고, 그 과정에서 수많은 은폐와 왜곡이 일어난다는 것이 밝혀지고 있는 현재의 시점에서라면, 우리가 알고 있는 '사실' 이 실은 발생한 '사실' 의 전부가 아니었을 것이라는 점을 우리는 유추할 수 있다. 말하자면 해방 이후의 우리 자신이 '필요로 한 사실' 들의 집적체가 오늘 우리 앞에 놓여 있는 '식민지 역사' 일 수 있는 것이다.

역사학은 최근까지 "국가 내지 국민을 주어로 해서 역사를 말해왔"[10)]다. 그런데 이제 국민국가의 내실이 그 기원으로 거슬러올라가 추궁되면서 "국민국가라는 틀 자체의 상대화가 모색"되고 있는 중이다. 말하자면 "근대의 사회관이나 세계상을 보편적인 척도로 하여 국민국가, 국민경제, 국민문화를 주어로 해온 역사를 그려온 근대 역사학의 좌표축"이 지금은 "재심의 도마 위에 올려"져 있는 상황이다.

그러면서 역사학은 단순히 과거의 역사/사실에 대한 인지와 이해라고 하는 의미를 떠나 '역사' 라고 하는 것이 근대 이후 어떻게 국민국가의 발생과 연관되면서 특권화되었고 그 과정에서 어떤 식으로 기록될 역사가 취사선택되었으며 그때 같은 '사실' 이 어떻게 달리 서술되었으며 그때 사람들이 어떻게 '사실' 과 '자료' 라는 이름으로 실증주의에 얽매여왔는가를 보고 있는 중이다. "역사 기술이 단순히 과거의 사실의 객관적인 재현이 아니라 일정한 잠정적 규칙에 의거해 성립되는 언어표현의 한 형태"라는 인식은, 현재의 우리 앞에 놓여 있는 식민지 시대 '역사' 역시 그러한 '취사선택' 이후의 결과물일 수 있을 가능성을 시사해준다.[11)] 그리고 그렇다고 한다면 우리는 이제 해방 이후의 역사서술=자

10) 上村忠男 외 편, 『역사는 어떻게 쓰이는가(歴史はいかに書かれるか)』, 岩波書店, 2004.

기언급들이 어떤 욕망을 갖고 있었는지, 그것은 어떤 문맥에서였는지를 보아야 할 필요가 있지 않을까.

90년대 이후 한일 양국이 이른바 '역사인식' 문제로 대두된 몇 가지 문제들에서 좀처럼 접점을 찾지 못하고 있는 이유는 그러한 우리의 '역사' 이해에 바탕한 부분이 적지 않다. 말하자면 오로지 '악'으로만 해석되면서 수십 년간에 걸쳐 쌓여온 일본에 대한 불신이 일본의 모든 행동을 부정적으로 보도록 만들면서 문제 해결을 어렵게 만들고 있는 측면이 없지 않은 것이다.

예를 들면 위안부 문제는 90년대 초반에 발생해 '사죄하지 않는 일본' 상을 현재까지도 우리 안에 새겨놓고 있는 문제지만, 실은 일본 정부는 '아시아여성국민기금'을 만들어 국민들과 함께 보상했고 수상의 편지를 함께 건네며 사죄하기도 했다. 그러나 수십 년 동안에 걸친 일본에 대한 불신은 한국에서는 부정적으로만 받아들여졌고 결코 그러한 행동을 진정성의 표현으로 받아들이지는 않았다.[12)]

교과서 문제 역시, 일본이 전전으로 회귀하는 황국사관을 담은 것으로 이해되면서 '변하지 않는 일본'이 지탄되었지만, 90년대 후반에 본격화된 우파들의 움직임은 그때까지의 교과서가 제국주의 시대 일본에 대해 반성적이라는 사실에 대한 불만과 90년대에 들어와 호소카와(細川護熙) 수상과 무라야마(村山富市) 수상 등이 과거의 전쟁을 침략전쟁으로 명확히 규정하고 사죄한 데 대한 반발에서 시작된 것이었다.

---

11) 2006년 봄에 상재되어 인문학술서로는 이례적으로 화제가 되었던 『해방전후사의 재인식』은 이러한 문제들에 대한 문제제기의 책이다. 역사에 대한 우리의 이해가 우리 손으로 '역사'가 씌어진 해방 이후의 역사에 의해 '만들어진' 부분이 있었다면 그 시점에서 어떤 일이 일어났는지를 보는 일이 시급하지 않을 수 없다.

12) 박유하, 앞의 책(2005) 참조. 그 연장선상에서 예컨대 '정대협'은 위안부 간의 분열을 초래했고 그에 관해서는 '세계평화 태평양무궁화회'의 발언이 그 일단을 보여주고 있다(「위안부를 두 번 울린 정대협은 문을 닫아라!」, http://cafe.naver.com/leesh.cafe).

전후 일본은 그 이전에도 우파들의 지속적인 저항과 반발을 살 만큼은 반성적 자세를 표명해오기도 했다. 야스쿠니 문제 역시 비판되어야 할 일이기는 하지만, 이 역시 좀 더 복합적으로 생각되어야 할 부분이 많은 문제다.

그럼에도 불구하고 일본에 관해서라면 무조건 '꼼수'와 '계략'과 '음모'를 전제하고 무조건 지탄해왔던 것이 그 동안의 우리의 모습이다. 물론 그 정당성에 대해 의심하는 사람은 없거나 혹은 있어도 목소리를 내지 않았다.

그러나 그러한 생각과 비난이 오해에서 야기된 부분이 없지 않았다고 한다면, 그 규탄들은 또 다른 모습의 폭력이었다고 해야 하지 않을까. 우리가 자신의 생각과 발언의 내용에 대해 한 치의 의심 없이 늘 당당하게 규탄할 수 있었던 이유는 '피해자'라는 입장이 담보해주는 정당성에 있었다고 말할 수도 있다. 그렇기 때문에 한편으로는 장애인에 대한 차별은 지탄되어도 가해자인 '일본'에 관해서라면 어떤 식으로 말해도 좋았던 것이 아닐까. 그것은 분명 '강자로서의 피해자'의 모습이었다.

그렇기 때문에 일본의 독도 영토 주장이 '침탈' 욕망임이 확인되지 않아도 우리는 그것을 '야욕'과 결부시키고, 위안부 문제에 대한 새로운 해석들이 나오고 있어도 여전히 "일본군 위안부 문제는 제2차 세계대전 때 일본제국주의가 아시아의 여성 10~20만 명을 국가제도로 입안 기획하여 조직적으로 강제연행해 일본군의 성노예로 만든 세계에서 유례를 찾아볼 수 없는 잔악한 범죄"('정대협' 홈페이지)라는 말은 아직 변하지 않는다. 그 연장선상에서 세계를 상대로 일본을 변하지 않는 '악인'으로 규탄하며 일본의 UN 상임이사국 진출 반대운동을 벌이고 있는 것이 오늘의 우리의 모습이다.

물론 우리의 비난 이상으로 일본의 이른바 '양심적' 일본인들은 일본 정부와 우파들의 문제적 발언과 행동에 대해 격렬하게 비판하고 있다. 그러나 설사 그들의 비난의 말이 전부 옳은 것이라 하더라도, 그것이 곧 우리 역시 똑같은 말로 비난해도 되는 이유가 되는 것은 아니다. 중요한 것은, 그들의 일본 비판은 반성과 책임의식에서 비롯된 자성 사관이 시키는 것이지만, 우리의 비난에는 그 어느 것도 동반되어 있지 않다는 점이다. 그리고 그 점에서 우리의 규탄과 시위는 서글픈 것이 아닐 수 없다.

물론, 일본에 문제가 없을 수는 없다. 그러나, 우리의 '불신'이 사태를 복잡하게 만들고 그 동안 화해 아닌 대립을 유지시켜온 것이라면, 그에 대한 책임을 우리는 우리 자신에게도 물어야 하지 않을까. 위안부들이 세상을 떠날 때마다 일본 정부를 비난하는 말이 새롭게 신문을 장식하지만, 우리의 불신이 위안부들로 하여금 '용서' 대신 '일본'에 대한 미움만 안고 이 세상을 떠나도록 한 것이라면 그 책임은 우리 자신에게도 없지 않다.

Ⅲ. 용서와 탈식민지화

일본에 대한 그 동안의 우리의 불신은 일본이 사죄를 하지 않는다고 하는 데 있었다. 혹은 사죄의 말을 배반하는 행동을 거듭한다는 인식에 있었다.

그러나 일본이 또 다른 모습의 사죄와 보상을 한다고 하면 우리는 일본을 받아들일까. 설사 일본이 사죄와 보상을 위한 법안을 만들어 충분한 '법적 보상'을 했다고 하면 우리는 일본을 용서하고 신뢰를 회복시킬 수 있을까.

아마도 지금까지 일본에 대한 규탄을 해왔던 이들이라면, 그들이 정말로 그렇게 믿어서건 혹은 정치적·경제적 이유에서건 혹은 단지 스스로의 정당성을 확보하기 위한 것이건, 그들은 일본이 단지 '돈으로' 해결하려 하는 것이라고 말할 것이다. 정말은 사죄하고 싶지 않은데 그저 국제사회의 눈을 의식해서 어쩔 수 없이 사죄하는 것이라고. 독일처럼 일본도 사과하는 모습을 보이라고 말했던 이들조차, 천황이 와서 독일 대통령처럼 국립묘지에서 무릎 꿇고 사죄한다고 해도 그건 그냥 '퍼포먼스' 일 뿐이라고 말할 수 있는 것이다.

그렇다고 한다면 결국 문제는 우리 안의 불신에 있다고 해야 할 것이다. 사죄를 사죄로 받아들이게 하는 것이 사죄하는 주체에 대한 신뢰라고 한다면, 일본에 대한 불신이 우리 안에 남아 있는 한 일본이 어떤 사죄를 하더라도 우리는 그 사죄를 받아들이지 않을 것이다. 불신은 의혹을 낳고 의혹에 휩싸여 있는 한 경계심은 늦춰지지 않을 것이다. 경계심은 미소조차 위선으로 보도록 할 것이며, 내밀어지는 보상금 역시 '돈으로 무마' 하려는 행위로 보이도록 할 것이다. 그 동안 의식적·무의식적으로 일본과의 불화를 조장해온 이들로서는, 그리고 그들이 현재까지 이 사회의 주류라는 점에서도 그들은 자신의 정당성을 훼손시키지 않기 위해 일본에 대한 의구심을 갖도록 만드는 담론을 지속적으로 생산해낼 것이다.

결국 사죄는 사죄하는 이와 상관없이 받아들이는 이에 의해 성립될 수밖에 없는 것이다. 그렇다고 한다면 우리는 일본을 위해서라기보다 우리 자신을 위해서 일본을 용서해야 하지 않을까.

용서란 어떻게 가능해지는 것일까. 일반적으로는 사죄가 먼저 있어야 하고 그것을 받아들이면서 용서가 이루어지는 것이라고 우리는 이해한다. 그러나, 데리다는 죄인이 용서를 구하지 않으니 용서할 수 없다는 논리에 대해, 그것은 "조건부의 교환논리"에 지나지 않는 "경제적 상거래"라고 말한다. 또한 문책하고 처벌하는 일과 용서하는 일은 별개의 것이어서 처벌하고도 용서하지 않을 수 있고 처벌하지 않고도 용서할 수도 있다고도 말한다. 그래서 "용서는 원칙적으로 법과는 이질적이어야 하고 법으로 환원되지 않아야" 하며 "법 앞에서는 가능한 고소나 추궁은 용서와 상관없이 가능하"고 이와는 반대로 "무죄방면한다고 해도 용서를 거부"할 수도 있다고도 말한다.[13)]

"무조건의 비경제적인 교환을 넘어선 속죄나 화해의 지평까지도 넘어선 가해자에 대해 '나는 너를 용서하겠다. 네가 용서를 구하고 있고 따라서 이미 변한 것이며 더 이상 이전과 같지 않다는 조건으로' 라고 말한다면 용서하는 일이 되는가?"라고 데리다는 묻는다. 그래서 데리다에게는 '특사' 조차도 '용서' 로 간주할 수는 없는 것이고 "용서는 교환 없는, 조건 없는, 은총적인 증여가 아니면 안 된다". 그 때문에 "법/권력을 초월하고 무력화하는 용서"가 성립되기 위해서는 "용서하는 힘"이 필요하며, "피해자가 죄인을 이해하는 순간" 화해의 무대는 이미 준비된 셈이고 보통 의미에서의 용서도 시작된다고 말한다. 용서를 위해서는 '이해' 할 수 있는 지적/정서적 '힘' 이 필요한 것이다.

일본이 어떤 형태로든 '사죄' 한 것은 사실이다. 그들의 사죄가 부족한 것이라 하더라도, 설혹 '사죄' 를 하지 않았다 하더라도, 그 사죄의 성립이 우리의 용서에 달려 있는 것이라고 한다면 우리가 먼저 그들을 용서하는 일이 필요하지 않을까. 무조건적인 용서가 불가능하다면 최소한 그들이 '왜' 그랬는지를 이해하는 일로, 또 우리 중 아무도 그러한 욕

---

13) 자크 데리다, 鵜飼哲 역, 「세기와 용서(世紀と許し)」, 『現代思想』 2000년 11월호. 인용문은 필자의 번역. 인터뷰 형식의 이 글에서 데리다는 "일본의 수상이 과거의 수많은 폭력에 대해 한국인과 중국인에 대해 '용서를 구한' 몇몇 장면을 떠올리며 발언하고 있다. 즉 그들에게는 일본은 사죄한 것으로 비쳐지고 있다는 사실 역시 우리는 인식해두어야 할 것이다.

망으로부터 자유롭지 않음을 인식한다면, 용서는 가능할 수 있다.

무엇보다도, 일본에 대한 용서가 필요한 이유는 우리 안의 딜레마인 친일파에 대한 용서를 가능케 하기 위해서다. 단지 자신의 영달과 안전을 위해서 일본에 협력한 이들을 잠시 제쳐놓는다면 사회의 중심에서 더 나은 자기와 사회를 이루기 위해 노력했던 엘리트들의, 혹은 가난에서 벗어나고 싶었던 주변부인들의 식민지 시대 속에서의 욕망을 이해한다면, 우리는 그들이 다름 아닌 우리 안에 존재한다는 사실을 받아들일 수 있을 것이다. 친일파를 '척결' 하려는 욕망은 우리 안의 불결한 존재를 배제하려는, 그에 따라 한 점의 오점 없이 '깨끗한' 우리 자신을 구축하고 싶은 욕망에 의한 것이지만, 이해가 없는 척결은 반복을 낳을 뿐이다. 일본을 위해서라기보다 우리 자신을 위해서, 우리 안의 불화를 화합으로 만들기 위해서, 이제 용서가 필요하다.

언젠가 통일되는 날이 온다면 북한과의 사이에서 과거청산 문제가 불거져나올 것이다. 그리고 그때, 해방 이후 곧바로 시작된 좌·우파 갈등으로 인해 빚어진 수많은 비극과 한국전쟁 당시 행해진 비극과 모순의 화살이 우리 자신으로 향해질 것이다. 과거에 '빨갱이 여자' 로 몰려 국군에게 강간당했던 여성들[14] 이 '보상' 하라고 외친다면, 그때 우리는 어떻게 할 것인가?

그때 우리 자신을 처벌하되 용서할 수 있기 위해서도 이제 우리는 일본을 용서할 필요가 있다. 처벌 여부보다 용서가 더 중요한 이유는 법에 의한 처벌이 미움/증오를 완전히 해소시켜준다는 보장은 없기 때문이다.

용서란 가해자보다도 피해자 자신을 위해서 더 필요한 것일 터이

14) 한국전쟁 당시 국군 역시 위안대를 운영했다. 김귀옥, 「납치 북한인을 공작원, 위안부로 이용했다」, 『월간 말』 174호, 2000. 12.

다. 필요 이상의 경계심과 의구심으로부터 자유로워지기 위해서, 혹은 그에 따른 폭력적 담론으로부터 자유로워지기 위해서. 나아가 그렇게 우리 자신을 언제까지고 놓아주지 않는 상처로 인해 황폐해진 우리 자신의 가슴을 따뜻하게 위무하기 위해서. 그리고 그때 용서는, 마음의 평온과 함께 역사의 끝이나 은폐가 아니라 앞으로 나아가기 위해 함께 과거의 진실을 보는 새로운 관계의 시작을 열어줄 것이다.

전쟁 때 참혹한 일을 저질렀던 일본군들 중 전후에 자신들이 저지른 일을 적극 고백하는 활동에 나선 이들은 대부분 중국에 억류되어 있던 기간 동안 중국의 관용에 접한 이들이었다. 남아프리카의 '화해와 진실 위원회' 역시 규탄과 처벌 대신 용서로 죄 지은 이들의 고백을 이끌어냄으로써 역사의 '진실'을 밝힐 수 있었다.

'일본군위안부 사이버 박물관' 홈페이지의 '어린이 역사교실'은, 위안부에 대한 질문에 옳고 그름을 골라내거나 몇 개의 답 중 하나를 골라내는 방식으로 구성되어 있다. 그러나, 위안부가 "자발적인 자원으로 구성된 조직이다"에 단지 "아니오"로만 대답하는 일은 위안부 문제를 단지 반만 이해시키는 일일 뿐이다. "일본군 위안부 제도는 세계에서 유례를 찾아볼 수 없는 잔인한 범죄다"라는 사이트 첫페이지의 말 역시 일본에 대한 증오감만을 키울 뿐이다. 그리고 그런 단선적인 이해와 증오의 가장 큰 문제는 위안부 문제의 복잡성을 알고자 하는 지적 호기심조차 원천적으로 차단한다는 데에 있다.

화합과 공존을 위해서는 불행한 역사를 하나의 시대적 비극으로 바라보는 시선이 필요하다. 물론 그렇게 바라보는 시각이 역사를 없었던 일로 하거나 무마시키는 일이 되는 것은 아니다. 중요한 것은 어떤 상황이 그들을 폭군으로 몰아갔는지=가해자로 만들었는지를 보는 일이고 그것을 후대에 전하는 일이다. 그때 역사교육은, 잘못을 저지른 이가 누구인가에만 초점을 맞추는 단답식 퀴즈 교육보다도 훨씬 풍요로워질 수 있다.

동북아시대의 필요성이 강조되는 가운데 한 기구는 실제로는 "동북아는 가장 통합력이 떨어지는 지역"으로 지목하고 있다. 이 기구는 그러므로 "실용적인 신뢰 구축과 제도 구축"이 필요하다면서 "자원의 적절한 보존"이 영토 문제가 해결되는 최선의 방법이라고 조언한다. 말하자면 "근해자원 공동관리를 위한 합의"가 필요하다는 것이다. 또한 "국가의 영광이나 수치가 아닌 전쟁희생자의 보편적인 고통에 초점을 맞춘 역사교육"이 필요하며 그렇지 않을 겨우 "동북아의 평화와 번영은 위협받을 것"이라고 경고하고 있기도 하다. 그리고 구체적으로는 "한국에 대해 독도(다케시마)의 중간수역에서 한일 어민들이 조업할 수 있도록" 할 것이며, "1965년 한일협정에 의해 보상을 받지 못한 피해자들을 위한 지원"기구를 창설할 것을 권고하고 있다(국제위기감시기구 ICG 보고서 「역사 문제를 외교와 분리시켜라」, 2006. 2. 12, '정대협' 홈페이지).

그런 의미에서는 일본에 대한 용서는 식민지국가로서의 모순을 바라본다는 의미에서도 필요하다. 그것만이 진정으로 과거를 극복하는 길이며 진정한 탈식민주의화로 이어지는 길일 수 있다. 그것이 불가능하다면, 또 다른 100년이 지난다 해도 한국과 일본은 오늘과 똑같은 갈등을 겪을 것이 분명하다. 불신을 벗어나 우리 자신의 욕망과 모순을 들여다보며 용서하는 일만이 우리에게 식민지 시대를 극복한 동북아시대를 여는 단초를 열어줄 것임에 틀림없다.

식민지주의에 대한 우리의 그 동안의 고찰과 고발은 식민주의를 벗어나기 위한 것이었다. 그러나 식민지주의에 대한 우리의 고발은 아직 식민지화된 이후의, 혹은 식민지에서 해방된 이후의 우리 자신의 심리를 고찰한 적이 한 번도 없었다. 그 내부의 욕망과 갈등과 모순을 아직 들여다본 적이 없는 것이다. 그 결과, 식민지화의 경험이 우리 자신을 어떤 식으로 왜곡시키면서 또 다른 모순을 만들었는지를 본 적도 없었다. 그러나 식민지 경험이 우리에게 상처이고 우리가 그 상처를 벗어나야 한다면, 중요한 것은 바로 그 왜곡의 결을 보는 일이 아닐까.

'식민지화된 나라'로서의 우리의 경험을 대상화시키는 일이 가능해진다면 그때 우리는 우리의 상처를 더 이상 아파하는 일 없이 껴안을 수 있을 것이다. 그리고 그때야말로 우리는 해방 후 60년 동안 한 번도 우리를 놓아준 일이 없었던 과거=역사로부터 처음으로 자유로워질 수 있을 것이다.

제 2 부

교과서 문제 재론

'새로운 역사 교과서를 만드는 모임'의 최근 동향*

다와라 요시후미 俵義文

I. '새로운 역사 교과서를 만드는 모임'의 2001년 '참패' 총괄

'새로운 역사 교과서를 만드는 모임'(이하 '만드는 모임')의 역사 교과서(扶桑社판)는 2001년의 채택에서 불과 532권(점유율 0.039%)이라는 결과로 끝났다(공민公民 교과서도 거의 마찬가지). 공립중학교의 542개 채택지구에서 '제로 채택'을 이끌어낸 것은 일본 국내의 시민운동과 한국·중국 등 아시아를 비롯한 국제적인 비판에 의한 것이었다. 그러나 이것으로 '만드는 모임'의 역사왜곡운동이 끝나지는 않았다.

'만드는 모임'은 2001년 참패의 원인이 역사왜곡에 대한 국내외의 비판에 의한 것이라는 사실은 인정하지 않고, "목표를 달성할 수 없었던 원인이 중국·한국을 개입시키고 매스컴을 동원하여 폭력적 수단까지 사용하며 압력을 가한 일본 국내의 좌익=자학파의 책동" 때문이

---

* 본고는 2004년 9월 18~19일, 중국 베이징에서 개최된 국제심포지엄 「戰爭遺留問題와 일중관계의 전망」에서 발표한 것과 같은 내용을, 2004년 11월 19일 한국언론재단에서 개최되었던 '한일, 연대 21' 발족기념 심포지엄 「한일, 새로운 미래구상을 위하여: 교과서 문제를 중심으로」에서 발표한 것이다.

라고 한다(「'만드는 모임' 제6회 총회 의안서」, 2003년 7월).

'만드는 모임'이 언급하지 않은 패인은 검정 중이었던 백색 표지본(검정 신청도서)이 나돌았기 때문에, '만드는 모임' 교과서가 검정 도중부터 국내외에서 비판을 받게 되었던 점, 그리고 검정 합격 후 곧바로 (이에 대해) 비판하는 책이 다수 출판되고, 잡지 등에서도 비판이 전개되었던 점이었다.

II. '만드는 모임'의 2005년 목표와 '전략'

'만드는 모임'은 다음 2005년의 채택에서는 10퍼센트(약 13만 권) 이상을 확실히 점하여 "복수하겠다"고 주장하며 다양한 책동을 계속하고 있다. '만드는 모임'은 "채택률 10퍼센트 획득"의 필요성에 대해서 다음과 같이 주장하고 있다.

"역사 교과서 개선운동이 10년 이내에 다수파로 될 것을 목표로 하고 있으며, 그 발판이 될 진지(陣地)를 다음번 채택에서 확보하지 않으면 안 된다." "동시에 '10퍼센트'는 운동을 계속하기 위한 필수조건이기도 하다."[1)]

'만드는 모임'은 2005년을 목표로 하여, 채택되지 않았던 원인을 제거하기 위한 다양한 책동을 계속해왔다. 즉, ① 중국·한국 등 아시아 여러 나라로부터의 비판을 정부·문부과학성이 배제시킬 것, ② 채택에 관한 시민운동을 문부과학성·경찰을 사용하여 배제시킬 것, ③ 검정 중에 자신들의 교과서에 대한 비판이 나오지 않도록 할 것, ④ 검정에서 난

1) 「'만드는 모임' 제6회 총회 의안서」, 2003년 7월.

징대학살 등 침략·가해의 사실이 쓰이지 않도록 검정제도를 개악할 것 등의 조건을 실현한다면 목표를 확보할 수 있다고 전망하고 있다. 이를 위해 정치가와 제휴한 문부과학성에 대한 공작, 심포지엄·강좌나 교과서 패널전시회·교과서 학습회의 개최, 2005년을 8만 명의 회원으로 싸우기 위한 회원배증(倍增)운동 등에 힘을 기울이고 있다.

'만드는 모임'과 자민당 의원의 공작으로 문부과학성은 검정제도를 개악하여 "조용하고 편안한 검정환경의 확보"라는 명분 아래, 검정 중에 백색 표지본이 일체 외부에 유출되지 않도록 교과서회사 등에 엄중한 관리를 지도, "조용하고 편안한 채택환경의 확보"라는 명분 아래 시민운동을 적대시하고, 시민운동의 교육위원회에 대한 공작에는 경찰과 제휴하여 대처하도록 도도부현(都道府縣) 교육위원회에 지시했다.

2004년까지 시행된 공립 중고일관교(一貫校)의 채택을 2005년 일제 선택의 전초전으로 간주하고, 중고일관교 대책본부(본부장은 후지오카 노부카쓰藤岡信勝 '만드는 모임' 부회장)를 설치하여 전국 동원에 의해 채택활동을 전개해갔다. 중고일관교의 채택은 2002년의 에히메(愛媛)에서 성공했지만, 시가(志賀), 히로시마(廣島), 후쿠오카(福岡) 등 다른 현에서는 저지당했다. 그러나 2004년 8월 26일에 이시하라 신타로(石原愼太郎) 도지사의 의향을 받아들인 도쿄도 교육위원회는 엄청난 반대의 목소리를 무시하고 도립 중고일관교에 '만드는 모임'의 교과서를 채택했다.

Ⅲ. '만드는 모임' 개정판 교과서의 특징

'만드는 모임'은 2004년 4월 13일에 공민 교과서 개정판, 4월 19일에 역사 교과서 신정판(新訂版)을 문부과학성의 검정에 신청했다. 역사 교과서의 개정에 대해서 '만드는 모임'은 "역사인식은 바꾸지 않는" 방침이어서, 역사왜곡의 본질은 변하지 않은 것으로 보인다. '만드는 모임'은 개정판 교과서에 대해서 "'난징대학살', '조선인 강제연행', '종군위안부 강제연행' 등"을 "일본을 규탄하기 위한 날조된 거짓말"로 단정하고, 자신들의 개정판 역사 교과서에는 이들 내용이 "전혀 쓰여 있지 않다. 옛 적국의 '선전'으로부터 완전히 자유롭게 쓰여 있다"고 소개하고 있다. 또한 지금까지의 교과서가 "아시아의 여러 나라와 일본의 전쟁과의 관계를 한결같이 부정적으로 받아들였"지만, 자신들의 교과서는 "대동아전쟁은 인도네시아, 미얀마, 인도, 말레이시아 등 여러 나라의 독립을 촉진시켰다는 명료한 인과관계를" "공평하게 묘사하고 있다"고 강조하고 있다.[2)]

'만드는 모임' 교과서는 2000년도의 검정에서 난징대학살을 기술하도록 요구받고 끝까지 저항했지만, 검정 합격을 위해 마지못해 딱 한 줄을, 그것도 괄호로 묶은 주(注)에 집어넣고, 본의 아니게 창씨개명 등의 식민지 지배 실태의 일부도 기술한 바 있었다. 개정판 역사 교과서는 현행본보다도 일본의 침략전쟁·가해의 사실을 한층 왜곡·정당화한 것이라고 한다. 또한 현행본과 마찬가지로 아시아태평양전쟁을 '대동아전쟁'이라고 기록하여 '긍정론'을 전개하고 있다.

신정판 공민 교과서는 "우리나라 역사의 시작과 함께 존재해온 천황·황실"이나 "히노마루(日の丸)·기미가요(君が代)", "가족" 등의 "전통문화"나 "국방의 의의"를 강조하고, "자위대는 우리나라의 방위에 불가결한 존재"라고 "아이들이 이해할 수 있도록" 하였다. 또한 메이지

2) '만드는 모임' 회보『史』2004년 7월호.

(明治)헌법과 현행헌법에 대해서는 우열(優劣)을 가리지 않고 현행헌법의 문제점을 지적하여 "헌법개정 문제에 대해서도 터부시하지 않고 아이들에게 알기 쉬운 형태로 (개헌)문제를 제기하고 있다". 그 위에 "'남녀 공동참여(共同參劃)'라는 이름 아래 '젠더 프리(Gender Free)'라는 특수한 사상을 담아서" "가족의 인연을 끊고, 일본의 문화나 전통을 근저로부터 뒤엎는" "사상과는 일선을 긋고" 있다고 강조하고 있다.[3)]

이와 같이 '만드는 모임'의 신판 교과서는 현대 일본의 전쟁을 긍정하기 위해 과거 일본의 전쟁을 정당화·미화하여, 역사왜곡에서 한 발 더 나아가 교육기본법 개악을 먼저 이루고 헌법 개악을 추진해서 '전쟁을 하는 나라'의 국민을 기르는 교과서인 것이다.

Ⅳ. '만드는 모임' 등의 검정 대책과 그에 영합하는 문부과학대신

교과서개선협의회(약칭 '개선협'. '만드는 모임' 교과서의 채택을 위한 활동을 펼치는 조직으로, 회장은 이시이 고이치로石井公一郎 일본회의日本會議 부회장)는 역사 교과서를 검정 출원하기 전날인 4월 12일에 가와무라 다케오(河村建夫) (당시)문부과학대신과 면담하여「인접한 여러 나라의 간섭으로부터 역사 교과서를 지킨다」라는 제목을 붙인 55만여 명의 서명을 제출했다. 이 서명은 ① "'사실에 반대되는 기술, 사실을 왜곡하는 기술'의 배제", ② "검정의 기준·원칙은「학습지도요령」에 있다는 점의 재확인과, 사실을 왜곡하는 일체의 정치적 배려의 철폐",

3) 앞의『史』.

③ "그 근본적 원인으로서의 교과서 검정기준 중의 '근린제국(近隣諸國) 조항'의 삭제"를 요구하는 것이다. ①은 모든 교과서로부터 난징대학살이나 '위안부', 식민지 지배의 사실을 검정에서 배제하라는 것이며, ②는 지난번과 같이 여러 외국을 '정치적으로 배려'한 검정으로 난징대학살이나 식민지 지배의 기술을 요구하지 말라는 것이다. 결국, 다른 회사의 교과서에서 침략·가해 기술을 검정에서 삭제하라, 역사를 더 한층 왜곡한 '만드는 모임' 교과서를 흠내지 말고 검정 합격시키라는 등의 요구이다. 이 회견에서 "가와무라 문부과학대신은 진지한 표정으로 이 신청을 들으면서, 교과서를 개선해가기 위해서도 교육기본법의 개정이 필요하다는 인식을 보였다"고 했다.[4] '만드는 모임' 등은 교육기본법을 '개정'한다면 모든 교과서를 '만드는 모임' 교과서와 똑같은 내용으로 바꿀 수 있다("개선할 수 있다")고 주장해왔는데, 가와무라 문부과학대신도 똑같은 인식을 보였던 것이다.

Ⅴ. '만드는 모임' 지원을 본격화한 자민당

6월 14일에 「올바른 역사교육을 아이들에게!」를 테마로 내건 자민당의 국회의원·지방의원 합동심포지엄이 개최되었다. 주최는 '만드는 모임'과 제휴한 자민당 '일본의 앞날과 역사교육을 생각하는 의원의 모임'(회장 후루야 게이지古屋圭司 중의원의원. 이하 '의원의 모임'으로 약칭)이며, 자민당 청년국·여성국이 협력하고 '개선협'이 후원한 행사였다. 국회의원 20명, 전국의 지방의원 180명, '만드는 모임' 및 '개선협' 회

4) '만드는 모임' 홈페이지.

원 500명 등 700여 명이 참가했다. '만드는 모임' 교과서의 검정·채택을 지원하는 이 집회에 대해서 아베 신조(安倍晋三) 당시 자민당 간사장은 "자민당으로서는 역사교육에 관하여 역사교육이 국가 장래의 근간에 관한 중요한 과제인 점, 역사교육에 사용하는 역사 교과서의 검정 및 채택은 의연한 검정작업과 공정한 채택이 이루어지는 것이 중요하다는 점, 역사교육의 문제는 헌법 개정, 교육기본법 개정의 문제와 표리일체를 이루는 중요 과제인 점", "중대한 국가적 과제에 대해서는 국가·지방이 일체가 되어 해결해나갈 필요가 있다"고 도도부현에 통지를 보내서 지방의원들의 참가를 촉구했다.

집회에서는 가와무라 당시 문부과학대신이 아베 당시 간사장과 함께 내빈에게 인사를 했다. 가와무라 문부과학대신은 "동지 여러분, 21세기를 담당할 아이들이 일본인으로서 자신감과 긍지를 갖는 데는 교과서가 가장 중요하다고 생각하고 계신 점에 대해 진심으로 감사드립니다", "지금 이대로라면, 다음 세대의 아이들이 자신감과 긍지를 잃어버리는 것은 아닐까 하는 여러분의 지적을 우리는 겸허히 받아들이지 않으면 안 됩니다"라고 말하고, "새로운 제언에 의해 새로운 교과서가 나온 것은 일보전진"이라고 '만드는 모임' 교과서를 평가했다. 가와무라 문부과학대신은 검정권을 가진 인물이다. '만드는 모임' 교과서의 검정 지원을 위한 집회에 나와서 이와 같은 발언을 한 것은 부정·위법적인 행위로서 절대로 허용될 수 없는 것이다. 집회에는 후지오카 노부카쓰 '만드는 모임' 부회장, 이시카와 미즈호(石川水穂) 산케이(産經)신문 논설위원 등과 함께 요코야마 요키치(横山洋吉) 도쿄도 교육장(教育長)이 패널리스트로 참가했다. 도 교육위원회 등은 채택권이 교육위원회에 있다고 주장하고 있는데, 그 책임자가 특정 교과서의 채택을 지원하는 집회에 참가하여 성원을 보내는 것도 중대한 부정·위법 행위이다.

집회에서는 니시카와 교코(西川京子) 자민당 여성국장이 "지난번에는 채택에 대한 인식이 너무 안이했다. 그것이 결과로 드러났다(사실상 '제로 채택')", 이번에는 "전국의 지방의회가 일체가 되어 ('만드는 모임' 교과서의 채택이라는) 공통의 의식을 공유해가지 않으면 안 된다"고 말하고, 후지오카 씨는 "지난번 채택에 대한 반성을 기초로 문부과학성은 경찰과 제휴하여 시민조직 등의 압력을 저지해나갈 필요가 있다"는 것 등을 주장했다. 앞에서 언급했듯이, 문부과학성은 2002년 8월에 '만드는 모임'의 요청을 받아서 채택 시기의 시민조직 등의 활동에 대해 경찰과 제휴하여 대처하도록 한다는 '통지'를 교육위원회에 내리고 있다.

이 집회의 다음날인 16일, 가와무라 당시 문부과학대신은 니시오 간지(西尾幹二) '만드는 모임' 명예회장과 면담하여 "교육위원회의 권한과 책임을 명확히 하기 위해 현 상태의 복잡하고 중층적인 채택 시스템을 발본적으로 정리할 것, 문부과학성은 교과서 연구의 기본을 밝히고 지도를 강화할 것, 외부로부터의 부당한 압력을 배제하기 위해 문부과학성 및 각 교육위원회는 필요한 방책을 취할 것"이라는 '교과서 채택 제도의 개선을 향한 제안'을 듣고 간담했다. 이 면담에는 히라누마 다케오(平沼赳夫) 일본회의국회의원간담회 회장, 에토 세이이치(衛藤晟一) '의원의 모임' 간사장이 동석했다.

이상과 같이 자민당은 거당적으로 '만드는 모임'을 지원하는 활동을 강화하고 있다. 또한 가와무라 문부과학대신을 선두로 정부·문부과학성도 '만드는 모임'에 동조하고 이것을 지원하는 움직임을 공공연히 추진하고 있다. 2005년의 교과서 채택 문제는 이미 시작된 것이다.

Ⅵ. '만드는 모임' 의 역사왜곡 교과서는 '전쟁을 하는 나라' 의 국민을 만드는 것

정부·자민당은 2005년 통상국회에서 교육기본법의 개악, 그리고 나아가 헌법 개악을 목표로 하고 있다. 교육기본법 개악의 한 가지 중점은 애국심을 (그 안에) 담는 것이다. 그리고 교육기본법의 개악에 앞서서 『마음의 노트』가 만들어지고,[5] '히노마루·기미가요' 의 강제, '애국심 통지표' 가 학교 현장에 도입되며, '젠더 프리' 교육이나 성교육에 대한 공격이 강해지고 있다. 이들은 '만드는 모임' 의 역사왜곡 교과서와 일체가 되어, '전쟁을 하는 나라' 의 국민 만들기를 지향하고 있는 것이다. 애국심·국가에 대한 충성심을 '함양' 하기 위해서는 일본은 훌륭한 국가, 일본의 역사는 '영광의 역사' 가 되지 않으면 안 된다. 이를 위해서는 난징대학살이나 '위안부', 식민지 지배 등 전쟁범죄나 잔학행위를 '날조' · '거짓말' 로 몰아세우고 교과서에서 배제하여, 일본의 역사에 애정을 가질 수 있도록 할 필요가 있는 것이다.

'만드는 모임' 은 자신들의 "『새로운 역사 교과서』는 내용에 감명을 받아 기쁜 마음으로 가르치는 교사, 그것을 감격하며 듣는 학생, 감사하며 받아들이는 부모 및 그 밖의 사람들에게 고루 미치지 않으면 안 된다"[6]고 주장하고 있다. 또한 교육기본법 '개정' 에 의한 위로부터의 '교육개혁' 과 동시에 신 교육기본법을 솔선하여 실천할 교사를 만들어

---

5) 〔역주〕 문부과학성이 2002년 4월에 발행한 『마음의 노트(心のノート)』는 소학교용 3권(저학년용·중학년용·고학년용), 중학교용 1권으로 이루어져 있다. "도덕교육의 충실에 도움이 되는 보조교재"라고 하여 전국의 국공사립 소중학생 전원에게 무상으로 배포되었다. 이를 사실상의 국정교과서로 간주하여, 제작에 거액의 세금이 쓰인 점 등의 비판이 가해지고 있다. 高橋哲哉 『'마음' 과 전쟁('心' と戦争)』(晶文社, 2003) 등의 다수의 비판서도 나와 있다.

6) 『史』 2004년 1월호.

7) 『史』 2004년 3월호.

낼 필요가 있다고도 주장하고 있다.[7)]

그러기에는 도쿄도의 '히노마루·기미가요' 강제도 "아직 미지근하다"고 하며, 도 교육위원회에 현재 이상의 강제를 요구하고 있다.

중앙교육심의회의 도리이 야스히코(鳥居泰彥) 회장이나 가와무라 문부과학대신은 영국 대처 정권의 88년 교육개혁법을 칭찬하면서, 그렇기 때문에 일본도 교육기본법의 '개정'이 필요하다고 역설하고 있다. '만드는 모임' 등도 대처의 교육개혁법에 의해 영국의 역사 교과서는 '자학사관'에서 해방되어 '영광의 역사'로 바뀌었다고 주장하고 있다. 일본에서도 교육기본법을 개악한다면 교과서에서 침략·가해 기술('자학사관')을 삭제하여, '만드는 모임' 교과서와 똑같은 '영광의 일본사' 교과서로 변할 수 있다는 것이다. 앞서 이야기한 가와무라 문부과학대신의 발언이나 아베 간사장의 통지에서 드러나듯이, 그들에게 "역사교육의 문제는 헌법 개정, 교육기본법 개정의 문제와 표리일체의 관계에 있는 중요 과제"인 것이다.

Ⅶ. 2005년에 다시 '만드는 모임' 교과서의 채택을 저지하기 위해서

우리는 '만드는 모임' 교과서의 채택을 다시 저지하기 위해 곧바로 활동을 전개할 필요가 있다. 교과서는 전국 600개에 가까운 채택지구마다 선정되므로, 그 모든 지역에서 "'만드는 모임' 교과서 NO!"라는 목소리를 높여갈 필요가 있다. 이를 위해 채택지구 모든 지역에서 학습회와 집회 등을 열어야 한다. 교과서 문제는 헌법·교육기본법 개악, '히노마루·기미가요' 강제, 『마음의 노트』, 성교육이나 '젠더 프리' 교육 공격

등의 문제와 한 몸을 이루고 있으므로, 그 집회 등에서는 이들 과제와 연결시켜 나가는 것이 중요하다. 교과서 문제는 지역에서부터 목소리를 조직해갈 필요가 있으며, 그것이 가능한 과제이기 때문에, 이 결합에 의해 '만드는 모임' 교과서의 채택에 반대하는 활동을 지역에서부터 넓혀 나감으로써 교육기본법·헌법 개악을 반대하는 여론을 더욱 더 높이고 강화해나가지 않으면 안 된다.

동시에 '만드는 모임' 교과서 저지의 활동은 한국·중국의 시민·시민운동이나 연구자와 함께하여 아시아의 평화로운 공동체를 만들기 위한 역사인식의 공유를 목표로 하는 활동과 결합하여 추진되어야 할 것이다.

Ⅷ. 중국·한국 등 아시아의 시민·연구자 등과의 연대

2005년은 청일전쟁 종결 110주년, 한국의 '패망' 을 강요한 제2차 한일 협약(을사조약, 보호조약) 100주년, 러일전쟁 종결 100주년, 중국에 대한 21개조 요구 90주년, 일본의 패전(한국의 독립, 중국의 승리) 60주년, 한일기본조약 40주년 등의 전기(轉機)가 되는 해다. 우리들은 일본·중국·한국에서 심포지엄 등 다양한 이벤트를 개최하여, '만드는 모임' 의 역사인식과는 다른, 과거의 극복과 동아시아의 평화를 지향하는 역사인식을 제시해가고자 한다.

그 동안 일본·중국·한국 3국에서 '역사인식과 동아시아의 평화 포럼' 을 개최해왔다. 제1회는 2002년 3월에 난징에서, 제2회는 2003년 2월에 도쿄에서, 제3회는 2004년 8월에 서울에서 개최되었다. 2005년에는 꼭 베이징에서의 개최를 성공시키고자 한다.

우리들은 여기서 단순히 '만드는 모임'의 역사왜곡 교과서 비판에 그치지 않고 아이들에게 어떤 역사를 가르치게 하고 싶은가를 제안해갈 필요가 있다. 일본·중국·한국의 연구자·교사·시민운동은 2002년 여름부터, 동아시아의 평화를 구축해가기 위해 필요한 공통의 역사인식을 세 나라의 아이들에게 길러줄 것을 목표로 하여, 내셔널리즘·일국주의·자국중심주의가 아닌 역사를 제시하기 위한 3국공통 역사부교재 만들기를 추진해왔다. 지금까지 8차례의 국제회의에서 논의를 심화하고 원고를 검토해왔는데, 2005년 5월에 세 나라에서 동시에 발간할 예정이다.[8)]

2004년 8월 11일에 서울에서 개최된 '역사인식과 동아시아의 평화 포럼 제3회 서울회의'에서 보고한 한국의 한 여고생은 "역사는 미래로 향한 창입니다. 창을 여는 것은 역사교육이라고 생각합니다"라고 말했다. 미래에 대해서 '만드는 모임'의 교과서는 전쟁과 타국민 억압의 창을 여는 것이므로, 역사의 진실을 배우고 평화와 공생의 창을 여는 우리들의 역사 교과서·교육의 역할은 극히 중대하다고 생각한다.

---

8) 〔역주〕 본서 제2부 나리타 류이치, 「'동아시아사'의 가능성: 한중일3국공동역사편찬위원회 『미래를 여는 역사』에 대하여」를 참조.

국사 교과서에 그려진 일제의 수탈상과 그 신화성*

이영훈 李榮薰

I. 문제제기

1910~1945년의 일제가 한국을 식민지로 지배한 기간에 관한 중 · 고등학교 국사 교과서의 서술을 한마디로 축약하라면 대개의 한국 사람들은 어렵지 않게 '수탈'이라는 단어를 생각해낼 것이다. 지난 50년간 한국의 국사 교과서가 그의 국민을 그렇게 가르쳐왔기 때문이다. 예컨대 2001년 발행의 고등학교 국사 교과서는 "일제는 세계사에서 그 유례를 찾아볼 수 없을 만큼 철저하고 악랄한 방법으로 우리 민족을 억압, 수탈하였다"고 쓰고 있다.[1] 이 글에서 나는 이 같은 국사 교과서의 식민지기 서술이 현재의 연구수준에서 볼 때 사실관계에 대한 정확하지 않은 이해에 기초한 경우가 많음을 지적하고자 한다.

주요 검토 대상은 일제의 토지와 식량의 수탈, 그리고 일본군위안부의 강제동원 문제로 국한된다. 아마도 이 세 가지는 한국 사람들에

---

* 본고는 2004년 11월 19일 한국언론재단에서 개최되었던 '한일, 연대 21' 발족 기념 심포지엄 「한일, 새로운 미래구상을 위하여: 교과서 문제를 중심으로」에서 발표된 것이다.

1) 국사편찬위원회, 『고등학교 국사』 하, 대한교과서주식회사, 2001, 129쪽.

게 일제의 수탈이라 하면 가장 대중적으로 연상되어온 분야일 것이다. 토지와 식량의 수탈 문제는 나의 전공인 경제사에 속하여 나로서는 쓰기에 부담이 별로 없지만, 일본군위안부 문제는 나로서는 직접 연구에 종사한 적이 없기 때문에 조심스럽다. 그렇지만 그에 관한 한국 사람들의 관심이 워낙 높기 때문에 약간의 만용을 부려서라도 지금까지의 전문적 연구를 참고하면서 교과서의 관련 서술을 검토하고자 한다. 이 글에서 검토한 자료는 1946년부터 2002년까지의 중학교와 고등학교 교과서로서 도합 59종이다.

내가 혹 한국 사람들에게 별로 인기가 없을지 모를 이 글을 쓰게 된 것은 잘못된 역사교육은 사회를 분열과 갈등으로 몰아넣을 위험성이 크다는 우려 때문이다. 현재 한국 사회가 집권당이 추구하고 있는 친일 진상규명 또는 과거청산을 둘러싸고 심각한 내홍(內訌)을 겪고 있는 것도 혹 그 때문일지 모른다. 이웃나라를 식민지로 강점하고 통치한 일제에 대한 비판과 그에 대한 일본의 마음 속 깊은 곳으로부터의 반성은 한일 간의 협조적 미래를 건설함에 빠질 수 없는 조건이다. 그렇지만 일제의 지배 내용을 오해하거나 심지어 왜곡까지 할 경우, 그것은 아무래도 한일 간의 우호적인 연대를 맺고 이어감에 도움이 되지 않을 것이다.

이 글의 문제의식은 역사쓰기 내지 역사교육과 관련된 역사가와 국민국가의 역할이라는 문제로까지 확장되어 있다. 국민국가가 그의 국민을 교육하고 또 동원하기 위해 쓰는 국사는 과거에 대한 국민의 집단기억에 토대를 두고 있는 듯이 보인다. 집단기억은 그것의 유구해 보임이나 집단 그 자체가 발하는 권위로 인해 역사가들의 역사쓰기를 제약한다. 그런데 유구한 집단기억이라 하지만 따지고 보면 그리 오래되지 않은 과거에 생겨난 경우가 많다. 그것도 몇몇 역사가들의 개인적이거나 임의적인 역사쓰기가 우리의 이성적 추론으로는 다 설명하기 힘든 어떤 미묘한 계기와 복잡한 경로를 통해 국민의 집단기억으로 승화한 형태가 많다. 그렇게 과학적 근거를 가지지 않은 채 생겨난 지 얼마 되지 않은 집단기억이 민족과 전통의 권위를 빌려 국사란 이름으로 국민을 동원하는 마성(魔性)과 같은 힘을 신화성이라고 정의하자. 이 글의 제목에 나오는 그 말의 뜻은 이와 같다.

II. 토지의 수탈

1910년 8월 한반도를 식민지로 장악한 일제는 이후 8년간 '토지조사사업'(이하 '사업'으로 약칭)을 실시하여 식민지 지배를 위한 제도적 기초를 정비한다. 국사 교과서는 일제가 이 '사업'을 통해 대량의 토지를, 구체적으로는 전국 농토의 40%를, 사기와 폭력으로 수탈하였다고 가르쳐 왔다. 그런데 해방 후의 국사 교과서가 처음부터 그러했던 것은 아니다. 우리는 이 점에 예의주목하지 않으면 안 된다.

국사 교과서가 '사업'에 관해 최초로 쓰기 시작한 것은, 살펴본 한에서 1956년 이병도(李丙燾)에 의해 집필된 고등학교 국사 교과서에서다. 해당 서술의 취지를 내 나름으로 요약하고 보충하면 다음과 같다.[2)]

> ① 구래의 토지제도는 국유제의 명목하에 사유권이 성립하지 않은 상태에서 양반은 수조권(收租權)을, 농민은 경작권을 가지고 있었다.
> ② 이러한 상태에서 일제는 신고의 방식으로 소유권을 조사하였다.

2) 이병도, 『고등학교 역사』, 一潮閣, 1956(1960 수정 발행), 185~186쪽.

③ 주로 소유권을 신고한 자는 수조권자인 양반으로서 그들은 대토지소유자가 되었다.

④ 그 결과 농민들은 경작권을 상실하고 소작농이 되었다.

⑤ 한편 궁원(宮院)과 관청의 토지는 정책적으로 국유지가 되었다.

⑥ 소유권이 애매한 부락의 공유지도 신고가 이루어지지 않아 국유지로 되었다.

⑦ 국유지로 된 토지는 동척(東拓)이나 일본인 농장의 토지로 집중되었다.

'사업'에 관한 이병도의 이 같은 서술은 1933년에 나온 박문규(朴文圭)의 논문에 크게 의존하고 있다.[3] '사업'에 관한 학술연구로서는 최초라 할 수 있는 박문규의 논문은 이후 1970년대까지 그 학술적 중요성을 조금도 잃지 않았다. 그 내용을 잠시 소개하면, '사업' 이전 조선의 토지제도는 국유제로서 양반은 수조권을, 농민은 경작권을 보유하였다. 일제가 소유권을 신고하게 하자 수조권자로서 세력 있는 양반이 소유권을 인정받고, 신고할 능력이 없는 농민들은 경작권을 상실하여 무권리의 소작농으로 전락하고 말았다. 바로 이 점이 '농촌사회의 근대적 분화의 기점'으로서 '사업'이 지닌 역사적 의의라는 것이 박문규 논문의 핵심이다. 박문규의 논문에서 일제가 국유지로 수탈한 토지는 전체의 1/40 정도로서 그렇게 차지해도 좋을 만한 구래의 궁원과 관청의 토지에 제한되어 있다. 박문규의 논문에서 일제는 토지의 수탈에 그리 관심을 둔 존재가 아니었다. 그의 논문에서 일제는 토지의 사유제를 창출함으로써 구래의 조선 사회를 자신의 영토로 영구히 편입시키기에 적합한 구조로 강력히 재편하고자 했던 외래권력일 뿐이었다.

3) 朴文圭, 「農村社會分化の起點としての土地調査事業に就いて」, 京城帝國大學法文學會 편, 『朝鮮社會經濟史硏究』, 1933.

이상과 같은 박문규의 논문을 이병도는 그의 국사 교과서에서 충실히 요약하고 있다. 그 역시 일제의 토지 수탈을 강조할 의도로 교과서를 쓰지는 않았다. 물론 그런 의도가 전혀 없지는 않았다. 앞서 소개한 대로 부락의 공유지에 관해 이병도는 그것이 국유지로 수탈되었다고 하였는데, 박문규의 논문에서 그것은 부락의 유세한 지주들이 차지한 것으로 되어 있다. 또 이병도는 국유지로 된 토지가 동척이나 일본인 농장으로 집중되었다고 했는데, 이런 지적도 박문규의 논문에서는 보이지 않는다. 이후 '사업'에 관한 본격적인 연구에서 밝혀진 바지만, 일제가 부락의 공유지를 국유지로 수탈하거나 국유지를 일본인 회사에 불하한 것은 사실이 아니다.[4] 그럼에도 그 같은 사실오인이 지금까지 국사 교과서에서 되풀이되어온 것은 이병도가 그 단초를 제공하였던 셈이다. 그 점에 관한 한 이병도 역시 해방 후 10여 년간 서서히 형성되어온 일제가 토지를 수탈하였다는 신화에 이미 일부 포섭된 상태였다고 할 수 있다.

1933년 박문규의 논문에서 일제의 토지 수탈에 관한 지적이 거의 이루어지지 않은 것은 오늘날의 국사의 입장에서 이해하기 힘든 일이다. 이 걸출했던 마르크스주의 경제학자의 관찰력이 부족해서 그러했던 것은 결코 아니다. 식민지기에 작성된 일제에 대한 가장 과격한 비판의 하나로서 신채호의 「조선혁명선언」을 들 수 있다. '사업' 직후인 1923년에 쓰인 이 선언은 "강도 일본이 우리의 국호를 없이 하며, 우리의 정권을 빼앗으며, 우리의 생존적 필요조건을 박탈하였다. 경제의 생명인 산림, 천택(川澤), 철도, 광산, 어장 …… 내지 소공업(小工業) 원료까지 다 빼앗아"라고 일제의 수탈상에 대한 격렬한 비판으로 시작하고 있는데, 기묘하게도 토지=농지에 대한 언급이 보이지 않는다. 나는 신채호처럼

4) 金鴻植 외, 『조선토지조사사업의 연구』, 민음사, 1997, 23~24쪽·528~530쪽.

'사업' 을 직접 경험하거나 목도한 당대인들에게 일제가 농지를 수탈했다는 의식은 없었다고 생각한다. 이병도 역시 그 시기를 유년기로 보낸 사람이었다. 1926년 이상화 시인이 "지금은 남의 땅, 빼앗긴 들에도 봄은 오는가"를 노래하였지만, 그것은 삼천리 강산 전체를 빼앗긴 시인의 슬픔이었지, 결코 문자 그대로 '들' 만을 가리키고자 했던 것은 아니다.

그렇지만 해방과 더불어 일제가 토지를 수탈했다는 이야기는 여러 사람들의 입에서 또는 글에서 심심찮게 언급되기 시작하였다.[5]

그 산발적인 이야기가 권위 있는 학술논문으로 집성된 것은 1955년 이재무(李在茂)에 의해서였다. 남로당원 출신의 이 젊은 혁명가는 일본 도쿄 대학으로 건너가 지금까지 '사업' 에 관한 국사쓰기에 가장 큰 영향력을 끼친 한 논문을 작성하였다. 거기서 그는 선배 박문규가 '사업' 의 수탈성을 고발하지 않은 것은 일제의 탄압 때문이라고 한 다음, 일제가 '사업' 에서 소유권 조사방식으로 채택한 신고가 실은 거대한 음모와 사기였다고 주장하였다. 당시 소유권 관념이 희박하고 까다로운 행정절차에 익숙하지 않은 많은 농민들이 신고기한을 놓쳤다. 그 광대한 토지는 총독부의 국유지로 몰수되거나 그것을 대리신고한 악덕 지주의 차지가 되었다.[6] 이재무가 이 파천황의 새로운 주장을 펼칠 때 더불어 제시한 합당한 사료나 사례는 하나도 없었다. 그는 '사업' 에 관한 일제의 공식 보고서에서 소유권이 신고된 대로 사정(査定)된 비중이 전 필지의 99.5%나 됨을 두고 대리신고가 얼마나 성행하였으면 그같이 높은 수치가 나왔겠는가라는 식으로, 말하자면 공식 보고서의 행간을 자의적으로 뒤집는 방식으로, 자신의 추론을 뒷받침하였을 뿐이다.

이 실증적 근거가 공소하기 짝이 없는 논문이 이후 한국 역사학자

---

5) 金鴻植 외, 위의 책, 22~26쪽.
6) 李在茂, 「朝鮮における '土地調査事業' の實體」, 『社會科學研究』 7-5, 1955.

들의 국사쓰기에 미친 커다란 영향은 그 무엇으로 설명되기 힘든 복잡하고 미묘한 면이 있다. 아이러니컬하게도 구 종주국이었던 일본의 도쿄 대학이 그 학술적 가치를 인정하였다는 점도 그 복잡미묘함의 한 가닥을 이루었을 터이다. 국사 교과서에 대한 이재무의 영향력이 명확히 관찰되는 것은 1962년 역사교육연구회에 의한 중등국사 교과서에서이다. 동 교과서의 '사업'에 관한 기술은 다음과 같다.[7]

> 일본은 한국에 손을 뻗치면서 가장 먼저 계획한 것이 토지를 일본인이 차지하자는 것이었다. 이조 시대 말기만 하여도 토지는 원래 나라에 속하는 것이 원칙이었고 일부의 상층 계급을 제외하고는 토지를 자기의 것이라고 생각하는 사람은 없었다. 일본은 이것을 이용하여 일정한 기한을 주고 자기의 토지를 신고하지 않으면 국가의 땅으로 만들어버리겠다는 법령을 발표하였다. 지금까지 토지를 사유한다는 것을 모르고 있던 농민들은 알지도 못하는 사이에 토지를 빼앗기었고 또한 이조 시대의 관청 소유의 토지도 국유지라고 하여 빼앗기게 되니 일제에 아부하는 일부 사람들을 제외하고는 대부분의 토지가 일본 총독의 지배하에 들어가고 융희 2년에 설치된 동양척식회사가 이것을 맡아서 운영하면서부터는 한국의 농민은 대부분이 소작인으로 떨어져버리고 말았다. 1914년의 통계를 보아도 한국인은 총 경작면적의 반밖에 차지하지 못하고 있었으며 따라서 많은 농작물이 일본인의 손으로 넘어가게 된 것이다.

여기서는 '사업'의 목적이 아예 토지의 수탈로 설정된 가운데 신고방식을 통해 우매한 농민을 속이고 뺏는 사기와 약탈이 총 경지의 절

7) 역사교육연구회, 『중등국사』, 정음사, 1962, 150쪽.

반에 달할 정도로 광범하였다고 기술되어 있다. 실제 식민지기에 걸쳐 일본인들이 취득한 경지는 전체의 10% 전후였다.[8] 그것도 러일전쟁 이후 1920년대까지 하구나 연안에 분포한 저습 미간지(未墾地)의 매집(買集)과 개간이 주류를 이루었다. 그런데 이 교과서는 실제 있지도 않은 어떤 통계에 근거하여 '사업'이 진행 중인 1914년에 이미 경지의 절반을 일본인이 차지하였다고 적고 있다.

이렇게 시작된 '사업'에 관한 신화성의 국사쓰기는 1967년 민영규(閔泳珪)와 정형우(鄭亨愚)에 의해 약간의 덧붙임과 수정을 본다. 이 두 역사가는 신고가 이루어지지 않은 데는 "내 나라 내 땅인데 그 소유권을 일본 사람에게 인정받아야 할 까닭이 무엇이냐?"고 하면서 신고를 거부한 민족주의자들이 있었음을 새롭게 추가하였다. 아울러 '사업'을 통해 총독부가 수탈한 토지가 "전국 국토의 40%"였다고 함으로써 앞의 역사교육연구회에서 '반'이라고 한 것을 약간 깎아내렸다.[9] 무슨 근거가 있어서였던 것은 아니고 그렇게 절반은 아니 되었다고 해두는 편이 더 적절하리라는 느낌이 있었던 모양이다. 어쨌든 그렇게 하여 이후 2001년까지 이어지는 40%수탈설의 신화가 출현하였다.

그럼에도 불구하고 1973년까지 '사업'에 관한 국사 교과서의 서술은 크게 문란하지 않았다. 여러 경로를 통해 새로운 신화가 출현하고 있었지만 그로부터 상대적으로 자유로운 이병도의 교과서가 교과서시장에서 큰 비중을 점하고 있었기 때문이다. 그의 마지막 교과서인 1973년도판을 보면 아무래도 17년 전에 비해 서술이 어지럽다. 그 역시 점차 강화되는 수탈의 신화로부터 완전히 자유롭지는 못했다. 그는 '사업'의 목적이 약탈이라고 명기하고 있으며, 민영규 등이 만든 신화를 채택하

8) 朝鮮銀行調査部, 『朝鮮經濟年報』, 1948, 1~29쪽.
9) 閔泳珪 · 鄭亨愚, 『人文系高等學校 最新國史』, 陽文社, 1967, 229쪽.

여 '민족적인 감정으로' 신고하지 않은 토지가 많았다고 적고 있다.[10] 그렇지만 이미 널리 유포된 신고음모설과 40%수탈설에 대해 이병도는 함구하고 있다. 그는 17년 전과 마찬가지로 수탈의 주요 대상을 관청과 부락의 공유지로 한정하고 있으며, 그러했던 한 서술의 일관성을 유지하면서 '사업'의 수탈 정도에 대해 끝까지 신중하였다고 말할 수 있다. 오늘날의 사람들은 흔히들 식민지기에 조선사편수회에 복무했던 이병도의 이력을 들어 그의 역사학을 폄하하고 있지만, 나는 그의 교과서에서 그의 실증사가로서의 의외로 완고했던 자세를 발견하고 새롭게 느낀다.

잘 알려진 대로 1974년부터 교과서 편찬제도는 종래의 검인정(檢認定)에서 국정(國定)으로 바뀌었다. 그 같은 제도 변화는 종래 여러 교과서에서 산발적으로 생성되어온 '사업'에 관한 신화를 단일의 교과서로 수렴하고 정형화하였다. 1974년 문교부가 편찬한 고등학교 교과서에서 '사업'은 다음과 같은 줄거리로 서술되고 있다.[11]

① '사업'이 소유권 조사를 위해 채택한 기한부 신고는 농민의 농토를 빼앗기 위한 수단에 지나지 않았다.
② '사업'의 결과 전국 토지의 40%가 총독부의 소유로 되었다.
③ 이들 토지는 일본인 회사나 이민에 헐값으로 불하되었다.
④ '사업'으로 종래 수조권자인 양반은 대지주가 된 반면, 농민들은 경작권을 상실하고 기한부 계약의 소작농으로 전락하였다.
⑤ 권리를 상실한 궁핍 농민은 화전민이 되거나 만주로 이주하였다.

이후 2001년까지 중 · 고등학교 국사 교과서의 '사업' 관련 서술

10) 이병도, 『고등학교 국사』, 일조각, 1973, 232쪽.
11) 문교부, 『인문계 고등학교 국사』, 한국교과서주식회사, 1974, 204쪽.

은, 정기적으로 개정될 때마다 약간씩 달라졌지만, 이 기본 줄거리를 벗어나지 않았다. 한 가지 변화가 있었다면, 반드시 일률적인 것은 아니지만, ④가 삭제되거나 부락의 공유지가 국유지로 수탈되었다는 원래 이병도의 이야기가 추가되거나 하였다는 점이다. 전술한 대로 ④는 박문규에 기원을 둔 것으로서 이재무에 기원을 둔 ①~③과는 수준이 다른 이야기이다. 이런 정도의 유동적인 변화를 동반하면서 1974년 이래 약 30년간 국사 교과서는 신고음모설과 40%수탈설로 상징되는 '사업'에 관한 신화를 그의 국민에게 널리 전파하였다.

해방 후의 한국 역사학계가 '사업'에 관한 학술연구에 착수하는 것은 매우 뒤늦은 1982년부터이다. 동년에 나온 신용하(愼鏞廈)의 '사업'에 관한 저서는 '사업'의 수탈성을 본격적인 학술로서 뒷받침했다는 평가를 받고 있다. 그런데 신용하가 강조한 '사업'의 수탈성은 이미 교과서를 통해 널리 퍼져 있는 신화와 다소 거리가 있었다. 신용하는 '사업' 이전의 조선시대에 사실상 토지사유제가 널리 성립했다고 보아, 신고방식의 폐해에 대해선 그다지 강조하지 않았다. 따지고 보면 신고음모설은 '사업' 이전의 조선 사회를 토지사유를 알지 못한 낮은 문명으로 설정함으로써, 일제의 침략상을 고발하려는 그 본의와는 무관하게 우리나라의 역사적 문명 수준을 비하하는 문제점을 안고 있었다. 그 대신 신용하는 '사업' 과정에서 벌어진 국유지분쟁의 수탈성을 강조하였다. 일제는 국유지가 실은 자신의 소유임을 주장하는 조선 농민의 분쟁을 죄다 무력으로 억압하였다. 이를 인상적으로 전파하기 위해 신용하는 일제가 "한 손에는 피스톨을 다른 한 손에는 측량기를 들고" '사업'을 강행하였다는 유명한 말을 만들어냈다.[12] 그렇지만 신용하가 이 말을 뒷받침할 사료나 사례를 제시한 것은 아니었다. 그 또한 이전의 이재무가 그러했던 것처럼 '사업'에 관한 공식 보고서를 뒤집어 읽은 방식으로 그러한 그림을 그렸을 뿐이다.[13] 그렇게 신용하의 피스톨설 역시 하나의 신화에 다름 아니었다.

'사업'에 관한 학술연구에 일대 전기가 마련되는 것은, 1984년 경상도 김해에서 '사업'에 관한 1차 자료들이 대량으로 발견되고 1986년부터 그 자료를 이용한 배영순(裵英淳)과 조석곤(趙錫坤)의 실증 연구가 제출되면서부터이다.[14] 뒤이어 1991년에는 일본인 미야지마 히로시(宮嶋博史)가 '사업'에 관한 새로운 저작을 출간하였다.[15] 필자도 이 흐름에 동참하여 1993년 '사업'의 수탈성에 관한 그때까지의 통설적 근거들을 꼼꼼히 검토하고 비판하는 논문을 작성하였다.[16] 이 새로운 연구들은 그 세부내용에 있어서 반드시 같지 않지만, 오랫동안 한국인들이 믿어 의심치 않았던 '사업'의 수탈성을 공통으로 부정하고 있다. 그들에 의하면 ① 19세기까지의 조선 사회에서 농민의 토지에 대한 사실상의 사유권은 높은 수준으로 발달해 있었고, ② 이에 양반을 수조권자로, 농민을 경작권자로 대치시키는 박문규의 고전 학설은 15~16세기에서나 타당한 것이며, ③ 다만 19세기 말까지 조선에서 결여된 것은 농민의 사유적 권리에 대한 국가적 증명제도와 공정한 조세제도였으며, ④ 이에 일제가 시행한 '사업'은 그 두 가지의 근대적 제도를 원시창출(原始創出)하는 과정에 다름 아니었으며, ⑤ 그 과정에서 총독부나 일부 특권층

12) 愼鏞廈, 『朝鮮土地調査事業硏究』, 知識産業社, 1982, 105쪽.
13) 김홍식 외, 앞의 책, 27~30쪽.
14) 裵英淳, 「韓末·日帝初期의 土地調査와 地稅改正에 關한 硏究」, 서울대학교 대학원 국사학과 박사학위논문, 1987; 趙錫坤, 「朝鮮土地調査事業에 있어서 所有權調査過程에 關한 한 연구」, 『經濟史學』 10, 1986; 趙錫坤, 「朝鮮土地調査事業에 있어서의 近代的 土地所有制度와 地稅制度의 確立」, 서울대학교 대학원 경제학과 박사학위논문, 1995; 趙錫坤, 『한국 근대 토지제도의 형성』, 해남, 2003.
15) 宮嶋博史, 『조선 토지조사사업사의 연구(朝鮮土地調査事業史の研究)』, 東京大學 東洋文化硏究所, 1991.
16) 李榮薰, 「토지조사사업의 수탈성 재검토」, 『역사비평』 22, 1993. 이후 개고하여 金鴻植 외, 앞의 책에 수록.

의 토지 수탈이 자행될 여지는 없었으며, ⑥ 국유지를 둘러싼 분쟁에는 민유지로 판정되어 조선 농민에 지급된 토지가 많으며, ⑦ 끝까지 남거나 새로 조사된 얼마 되지 않은 국유지는 1924년까지 일본인 회사나 이민이 아니라 조선인 연고 농민에게 유리한 조건으로 불하되었다고 한다. 이렇게 '사업'에 관한 새로운 연구는 '사업'에 관한 기존의 모든 학설과 국사쓰기를 거의 남김없이 부정하고 있다. 이처럼 과격하게 단절적으로 기존의 연구사가 부정되는 드라마를 다른 분야의 역사학에서 찾기란 쉽지 않을 터이다.

이처럼 새로운 학설이 제기되고 있었지만 국사 교과서의 신화체계는 지금까지 허물어지지 않고 있다. 그간에 두세 차례 국사 교과서의 개정이 있었지만, '사업'에 관한 서술에 달라진 내용은 없었다. 원래 신화란 그가 조작하거나 동원한 대중으로부터의 지지에 거꾸로 자신이 구속되는 소외성을 특질로 하기 때문에, 진실로부터의 도전을 맞을 때엔 완강히 저항하기 마련이다. 드디어 약간의 변화가 나타난 것은 2002년부터이다. 이 해부터 중 · 고등학교 국사 교과서 모두에서 40%수탈설의 신화가 사라졌다. 신화의 골격은 아직 그대로 남아 있지만, 그 중요한 축 하나가 빠진 것이다. 이러한 변화를 기뻐한다. 신화와 진실의 대결에서 승리하는 것은 결국 진실이리라. 인간이성에 대한 그러한 신뢰가 없다면 역사가는 무슨 근거로 사료와 사례를 찾아 헤매는 고된 순례를 이어가겠는가.

Ⅲ. 식량의 약탈

먼저 이 주제에 관심을 두게 된 계기랄까, 나의 개인적 체험을 소개한다. 7년 전인가 나는 내가 속한 학부의 교수세미나에서 식민지기의 경제 변동에 관한 논문을 발표한 적이 있다. 그때 어느 동료 교수가 내가 일본으로 쌀이 '수출' 되었다고 자꾸 하는 말을 듣더니 '공출' 이 되었다고 해야 옳지 않느냐고 물었다. 확인한 결과 그는 총독부가 농민들에게 조세를 쌀로 거두어 일본으로 가져간 것으로 알고 있었다. 필자는 식민지기에 조세는 쌀이 아니라 화폐로 징수되었으며, 일본으로 쌀이 건너간 것은 두 지역 간에 성립한 시장의 작용으로 쌀이 수출된 결과이며, 공출이란 것은 일제가 태평양전쟁기에 전시경제를 꾸려가기 위해 지주와 농민들로부터 일정량을 식량으로 남기고 나머지를 법정가격으로 강제매수한 통제정책을 가리킨다고 설명하였다. 그렇지만 그 교수는 끝내 납득하기 힘들다는 표정을 지었다.

이후 얼마 되지 않아 비슷한 사건이 다시 있었다. 이번에는 공개적인 학술회의의 자리였다. 나의 같은 주장에 전주의 모 대학에서 근무하는 어느 교수는 자기의 고향 군산에 일제 때 일본으로 쌀을 실어나르기 위해 지은 창고가 지금까지 남아 있는데 무슨 소리를 하느냐고 훈계조로 나무랐다. 나는 너무나 확신에 찬 그 교수의 주장에 아무런 대답도 할 수 없었다. 그 창고는 실은 수출에 필요한 저장과 검사 시설이었다. 지난 2000년 드디어 나는 이 반복되는 괴이한 체험의 원인을 캐고자 나의 강의를 듣는, 막 고등학교를 졸업한 59명의 대학생에게 설문지를 돌렸다. "식민지기 일본으로 건너간 쌀은 다음의 어느 경로를 통하였는가? ①조세 ②공출 ③수출" 대부분의 학생은 ② 아니면 ①을 지목했다. 유감스럽게도 정답을 맞힌 학생은 3명에 불과하였다. 그러니까 고등학교까지의 국사교육이 문제의 소재였다. 그리고 그 학생들은 이후 교수라는 전문직에 종사하기까지도 굳건하게 그가 받은 신화교육의 충직한 신도로 남아 있었던 것이다.

이제 그 국사 교과서의 검토로 넘어가자. 2001년 발행의 국사 교과서가 '식량의 수탈' 이란 제목으로 쓰고 있는 내용은 다음과 같다.[17)]

> 일제는 공업화 추진에 따라 부족한 식량을 우리나라에서 착취하려는, 이른바 산미증식계획을 세워, 이를 우리 농촌에 강요하였다. 1920년부터 15년 계획으로 추진된 산미증식계획은 920만 석 증산이라는 무리한 목표를 설정하였기 때문에 증산량을 달성하지는 못하였다. (……) 그러나 미곡 수탈만은 목표한 대로 수행함으로써 우리나라 농촌 경제를 파탄에 빠뜨리게 하였다. 증산량보다 훨씬 초과한 양의 미곡을 수탈당함으로써 우리 농민은 식량 사정이 극도로 악화되어 기아선상에 허덕이게 되었다. 이에 부족한 식량을 만주에서 생산되는 값싼 잡곡으로 충당하려 하였으나, 근본적인 해결책이 되지는 못하였다.

이 서술에 이어 '미곡 생산량과 일제의 수탈량' 이란 제목의 표를 통해 연도별 수탈량을 구체적 수치로 제시하고 있다. 그에 의하면 1927~31년에 총생산량의 42%인 660만 석이 일본으로 수탈되었다.

이 교과서 서술이 안고 있는 가장 큰 문제는 '착취' 내지 '수탈' 의 메커니즘이 명확히 제시되지 않아, 실제의 사실과 다른 방향으로 학생들을 오도할 가능성이 크다는 점이다. 수탈의 사전적 의미는 "강제로 빼앗는 것"(금성사판 『국어대사전』)을 의미한다. 어떤 강포한 외래권력이 쌀과 같이 생존에 필수적인 재화를 수탈했다고 하면, 대부분의 학생은 총독부가 총칼로 쌀을 거두어간 것으로 해석할 것이다. 조금이라도 분석적인 학생이라면 "이미 '사업' 을 통해 농지의 40%가 일본인의 수중

17) 국사편찬위원회, 앞의 책, 139~140쪽.

으로 넘어갔으니 쌀의 40%가 일본으로 건너간 것을 굳이 '수탈'이라고까지 할 필요가 있겠는가"라는 질문을 던질 것이다. 나는 필경 제기되기 마련인 이 질문에 국사 교실의 선생님들이 어떻게 대답하고 있는지 참으로 궁금하다. 내가 만약 그 자리에 있었더라면 나는 쌀이 일본에 넘어간 것은 쌀을 확보한 지주와 농민들이 그것을 일본으로 수출했기 때문이라고 대답할 것이다. 그렇다면 좀 더 영민한 학생은 "수출을 수탈이라 한 것을 보니 가격을 낮게 통제한 모양인데, 실제 그런 일이 있었습니까"라고 물을 것이다. 나는 "그런 가격통제는 전시기 이전에는 없었다"고 대답할 것이다. 그러면 그 학생은 "그렇다면 수출을 왜 수탈이라고 합니까"라고 되물을 것이다. 아마 그 질문에 대답할 수 있는 역사학자나 경제학자는 어디에서 쉽게 찾을 수 없을 것이다.

국사 교과서가 처음부터 그렇게 애매하게 가르친 것은 아니다. 그에 대해 최초로 자세하게 쓰고 있는 1956년도 이병도의 교과서를 보면 다음과 같다.[18)]

> 그들의 경제 정책은 조선이라는 식민지로부터 다량의 식량과 원료를 헐값으로 걷어가고 그 대신 공업품을 비싼 값으로 파는 것이었다. (……) 이 정책은 또한 전 생산 분야에 있어서의 생산증가율이 그렇게 올라가지 못한 데도 불구하고 일본에 수출하는 양은 급격히 증가한다는 결과를 가져오면서 일본의 약탈은 날로 심하게 되어갔던 것이다.

여기서는 쌀이 일본으로 넘어간 경로가 수출이었음이 명확히 지적되고 있다. "헐값으로 걷어가고"라고 했음에 쌀값을 통제한 듯한 오해

18) 李丙燾, 앞의 책, 1956, 186쪽.

의 소지가 없지 않으나, 원래 식민지의 쌀값이 일본에 비해 3할 정도 낮았음을 그렇게 표현했다고 보인다. '약탈'이란 극단적인 수사가 동원되고 있는데, 전후 문맥에서 쌀 자체를 빼앗았다는 뜻이 아니라 생산의 증가분 이상을 수출함으로써 결과적으로 우리 민족의 생존을 부정하였다는 뜻으로, 다시 말해 제국주의의 쌀 수출 그 자체에 깃든 반민족적 수탈성을 엄하게 비판한 취지로 해석된다. 나는 이병도의 이 같은 교과서 서술에서 사실이 호도되거나 왜곡되고 있음을 논리적으로 지적하기 어렵다. 동 시기 조좌호(曺佐鎬)가 쓴 교과서에서의 해당 서술은 다음과 같다.[19)]

> 일본 자본주의가 급격하게 발전하여 국내에 큰 식량문제를 일으키게 되자, 한층 더 조선의 쌀을 요구하게 되었다. 그러므로 일본은 1920년부터 조선의 산미 증식 15년 계획을 세워 920만 석의 산미를 증산시키려 하였다. 이것은 계획대로는 실현되지 않았으나 이에 의하여 조선은 완전히 일본의 식량기지가 되었던 것이다. 특히 주목되는 것은 조선의 산미는 계획대로 증산되지 않았음에도 불구하고 대일 수출은 격증한 점이니, 이는 증산된 분량보다 훨씬 더 많은 쌀이 일본에 수출된 것을 말하는 것이며, 따라서 한국 내의 쌀 소비량이 감소하였다는 것을 말하는 것이었다. 즉 한국인은 자기가 생산한 쌀은 먹지 못하고 만주에서 수입한 잡곡으로 배를 채우지 않으면 아니 되었던 것이다. 이리하여 한국의 경제는 쌀 중심으로 개편되어 완전히 일본 경제에 종속하는 식민지 경제가 되고 말았다.

여기서도 일본으로 쌀이 유출된 경로가 수출이었음이 명확히 지

---

19) 曺佐鎬, 『우리나라 문화사』, 英志文化社, 1960, 226쪽.

적되어 있을 뿐 아니라, 쌀 수출의 배경 및 그로 인한 식민지 경제의 구조적 개편이 분석적 개념으로 훌륭히 서술되고 있다. 나는 이 조좌호의 교과서만큼 사실의 소개와 해석에서 논리적이면서 감정이 적절히 통제된 글을 이후의 국사 교과서에서 보지 못했다.

'사업'에 관해서와 마찬가지로 식량의 수탈에 관한 교과서의 서술도 점점 그 질적 수준이 낮아지면서 애매해지거나 거칠어지고 있었다. 그러한 경향은 중·고등학교 국사 교과서에서 꽤나 일관된 추세로 확인되고 있다. 중학교 교과서에서의 예를 소개하면 다음과 같다. 1973년까지 검인정제도하에서는 이병도나 조좌호와 마찬가지로 대개의 교과서가 일본으로의 쌀 유출이 수출의 경로였음을 명확히 하고 있다. 변화가 생기기 시작한 것은 1974년 국정제도로 바뀐 뒤부터였다. 이후 수출이란 단어는 교과서에서 사라졌으며, 다시 쓰이지 않았다. 1979년까지는 수출을 대신하여 '반출'이란 애매한 말이 쓰였다. 그 이후 1980년대에 걸쳐서는 '가져갔다'라는 한층 애매한 말이 사용되었다. 그 다음부터 2001년까지는 앞서 인용, 소개한 대로 쌀의 유출 여부조차 명확히 하지 않은 채, '착취', '수탈' 또는 '약탈' 등의 거친 표현들이 횡행하였다. 그러다가 2002년부터는 '가져갔다'라는 1980년대의 용어가 다시 쓰이고 있다.

무엇 때문에 당신은 수출이란 두 글자에 그리 집착하느냐고 의아해하는 독자가 있을지 모르겠다. 나는 역사를 전공하는 연구자로서 우리가 어느 시대의 역사에 접근할 때 우선적으로 주목할 대상이 당해 시대의 법과 제도라고 생각하고 있다. 예컨대 조선시대의 역사를 연구하기 위해 가장 먼저 읽고 이해할 책은 『경국대전』이다. 다른 무엇도 이 법전을 우선할 수는 없다. 물론 법과 제도가 모든 것을 설명하는 것은 결코 아니다. 그렇지만 법과 제도를 제쳐놓고서 특정 시대를 산 인간들의 행동원리와 상호관계를 제대로 이해할 수 있다고 생각한다면 그만큼 한심한 주장도 없을 터이다. 그 점은 일제가 한반도를 식민지로 지배한 짧다면 짧은 35년간의 역사를 검토할 때도 어김없이 타당하다.

경제사 연구자의 입장에서 오늘날의 한국경제와 관련하여 식민지기가 갖는 역사적 의의를 찾자면, 바로 그 시대에 오늘날의 한국경제가 기반하고 있는 시장경제의 제도가 확립되었음을 지적하지 않을 수 없다. 시장경제의 확립에 필수적인 사유재산제도가 1910년대에 걸쳐 성립하였다. 시장경제의 주체가 되는 기업과 회사 제도가 식민지기에 걸쳐 몇 차례의 상법 개정을 통해 선진화하였다. 거래의 안정성을 높이고 거래의 비용을 줄이기 위한 금융 · 신탁 · 보험 등 각종 형태의 시장기구가 식민지기에 발달하였다. 첨단형태의 자본시장과 상품거래소도 식민지기에 문을 열었다. 일본으로 수출된 쌀은 가격변동의 위험을 회피하기 위한 선물시장에서 7~8차의 청산거래를 통함이 보통이었다. 이러한 시장경제의 인프라를 해방 후의 대한민국은 약간의 개량을 가하면서 대체로 계승하였다. 식민지기에 걸쳐 그 제도에 적응하고 훈련을 받음으로써 형성된 한국인들의 인적 자본이야말로 해방 후 대한민국이 경제발전을 성공적으로 이끌 때 최대의 공신으로 활약하였다. 비록 일제가 한반도를 자신의 영토로 영구병합하기 위한 기초공사의 일환으로 건설한 시장제도였지만, 역사의 신은 그것이 대한민국의 경제발전을 위한 밑거름으로 활용되도록 한 불가측의 변덕을 부렸던 셈이다.

요컨대 식민지기의 조선 사회는 근대적인 시장제도가 장착된 근대사회였다. 거기서 인간들의 경제적 선택과 상호작용은 그가 조선인이든 일본인이든, 또 양자의 관계가 아무리 폭압적인 외양을 취하든, 본질적으로 근대적인 법과 제도의 규범에 구속된다. 거기서는 한 인간이 다른 인간의 재산을 문자 그대로 약탈할 수는 없으며, 그것은 범죄행위로 규정된다. 이 근대사회의 기본 공리는 총독부 권력과 조선 농민의 관계에서도 마찬가지로 적용된다. 아무리 피지배민족으로부터의 대의제(代議制)적 동의가 결여되었다고는 하나, 총독부의 징세행위는 법률에 근거하였다. 그러니까 총독부가 농민들로부터 총칼로 쌀을 마구 빼앗아 일본으로 실어가는 일은 원리적으로 있을 수 없는 일이었다.

쌀이 일본으로 유출된 것은 절반 이상의 생산량을 소작료 수입으로 장악한 일본인과 조선인 지주들이 쌀값이 3할 정도 높은 일본으로 쌀을 수출하였기 때문이다. 값싼 양질의 조선 쌀이 일본에 유입되자 일본 농민들의 원망이 컸다. 마치 오늘날 한국 정부가 쌀시장을 개방하자 미국과 중국 쌀이 들어와 우리 쌀농사를 망치는 것과 조금도 다르지 않다. 그렇지만 일본 정부는 식민지에서 쌀이 들어오는 것을 막을 수 없었다. 당시 조선과 일본 사이는 관세가 폐지된 통합시장이기 때문이었다. 쌀을 수출한 지주들은 거대한 소득을 벌어들였다. 지주들에 축적된 거대 자본은 각종 회사나 공장이나 은행으로 출자되어 식민지의 경제를 발전시켰다. 그렇게 식민지라는 지역경제에서 농민, 가계, 지주, 기업 등 여러 경제주체 상호간의 재화와 소득의 흐름은 점점 커져갔다. 그 식민지적 경제순환에서 한국인의 분배분이 과연 커지고 있었는지는 앞으로의 연구과제이다. 마찬가지로 한국인의 몫이 작아지고 있었다는 이야기도 함부로 예단할 문제가 아닌 셈이다.

식민지기에 대한 경제사 연구자들의 이 같은 설명에 대해 많은 국사학자들은 동의하지 않고 있다. 심지어 그들은 격렬한 분노를 터뜨린다. 그들은 식민지기의 역사는 오로지 독립운동의 역사이며, 그 이외의 역사는 돌아볼 가치가 없다고 주장한다. 나는 그 말이 전적으로 틀렸다고는 생각하지 않는다. 그러나 이미 대다수의 인간들을 그 속에 포섭하고 있는 사회 및 경제의 기초 제도와 원리를 무시하고서는 독립운동이 불가능했을 것이며, 실제의 독립운동도 그러하지 않았다고 나는 믿고 있다. 나는 두 주장이 식민지기에 관한 상이한 차원의 이해이지, 불상용(不相容)의 모순관계에 있다고 생각하지 않는다. 식민지기의 역사를 총체적으로 이해하기 위해서는 정치와 경제를 분리하는 근대 사회과학의 기초적 방법론을 존중할 필요가 있다.

그렇지만 유감스럽게도 국사 교과서는 지난 30년간 식민지 지배하의 조선에 어떠한 형태의 법과 제도도 없었던 것처럼, 그것들로 대표되는 어떠한 수준의 문명도 결여되었던 것처럼 한국인들을 가르쳐왔다. 강도와 같이 침입해온 총독부 권력은 총칼을 휘두르면서 토지조사사업에서 또 산미증식계획에서 한국인들의 토지와 식량을 마음껏 유린하였다. 마치 근세 서유럽의 중상주의 시절에 악덕 모험상인들이 신대륙이나 미개지에 들어가 원주민을 속이고 약탈한 것과 조금도 다르지 않은 장면을 국사 교과서는 상정해왔다. 과연 전통 한국 사회의 문명이 그렇게 낮은 수준이었단 말인가. 국사 교과서는 일제를 비판하고자 했지만, 엉뚱하게도 자기 자신을 형편없는 문명으로 비하하는 균형 잡히지 못한 역사의식을 그의 국민에게 심었을 뿐이다.

Ⅳ. 일본군위안부의 강제동원

오늘날 대부분의 한국인들은 전시기(戰時期)의 일제가 정신대라는 이름으로 순결한 처녀들을 강제동원하여 일본군위안부(이하 '위안부'로 약칭)로 삼은 천인공노할 반인륜 범죄에 대해 분노를 금치 못하고 있다. 그 분노는 오늘날의 일본 정부가 위안부 생존자에 대한 공적 배상을 거부하고 있기 때문에 식을 줄 모르고 있다. 이 문제에 관한 한국인들의 공통된 시각과 일본 정부에 대한 요구는 매우 강고하며 전혀 흔들림이 없다. 위안부 문제를 둘러싸고 서로 다른 이해와 해결방식이 국내에서 공개적인 논쟁을 벌인 적은 지금까지 한 번도 없지 않았나 싶다. 그런데 언제부터 한국인들은 정신대 또는 위안부에 관해 그같이 확고한 인식과 입장을 취해왔던가. 역사가는 그의 직업윤리상 자칫 몰매를 맞을지도 모를 이 같은 질문을 던질 수밖에 없다.

국사 교과서에서 정신대에 관한 언급이 처음 나오는 것은 1952년 신석호(申奭鎬)가 쓴 교과서에서이다.[20]

> 노소 · 남녀를 물론하고 혹은 징용, 혹은 징병, 혹은 학병, 혹은 보국대, 혹은 정신대(挺身隊) 등으로 붙들어 가서 맘에 없는 과중한 노동을 시켰기 때문에 죽은 자가 심히 많았으며, 최후에는 소위 국민 의용대를 조직하여 전 민족을 전쟁에 몰살시키려 하였으며 (……)

정신대에 관한 신석호의 이 같은 서술은 1962년 발행의 그의 교과서에서까지 한 자구의 수정도 없이 그대로 이어지고 있다. 이후 1973년에 그가 쓴 교과서에서는 정신대에 관한 언급이 보이지 않는다. 그 사이 언제부터 정신대에 관한 기술이 생략되기 시작했는지 추후 확인할 필요가 있다. 무척 흥미로운 점은 위의 기술에서 정신대가 위안부의 뜻이 아니라는 사실이다. 징용, 징병, 학병, 보국대 등과 함께 열거된 다음, '과중한 노동'에 사역된 존재로 묘사되고 있기 때문이다. 위안부가 병사를 접대한 행위를 '과도한 노동'이라고 표현했다고 읽기는 한국인들의 일반적 언어감각에서 무리이다. 말하자면 신석호의 교과서에서 정

20) 申奭鎬, 『우리나라의 생활(국사 부분)』, 東國文化社, 1952, 213쪽.

신대는 공장 등에 동원된 여자들을 가리키는 말이었다.

정신대가 원래 그러한 것이었음에 대해서는 여러 연구자들이 의견을 같이하고 있다. 제2차 세계대전 당시 미국 · 영국 · 소련의 연합국이 여성노동을 군수공장에 동원하였음은 잘 알려진 일이다. 일제도 그에 자극을 받아 전장으로 끌려간 남자의 빈자리를 여자로 채우고자 했는데 바로 그것이 정신대이다. 정신대라는 말이 최초로 나온 것은 1943년 9월 일본 정부의 차관회의에서이며, 1944년 3월에는 내각에서 '여자정신대 강화방책 요강'이 결의되었다.[21] 그에 의하면 14세 이상의 미혼여성을 자발적으로 학교 · 지역 · 직장을 단위로 정신대로 조직하여 군수공장에서 노동하게 하였다. 그런데 이때까지는 어디까지나 자발적인 참여를 전제한 것이어서 볼 만한 실적을 거두지 못했다. 그러자 일제는 1944년 8월에 '여자정신근로령'을 발동하여 12~40세 미혼여성을 산업현장으로 강제동원한다. 그렇지만 이 법령은 일본인을 대상으로 하였지, 식민지 조선에서 공식적으로 발동되지는 않았다. 식민지에서 정신대가 조직된 최초의 사례는 1943년 11월 서울 시내의 접객업소에 종사한 남녀 가운데 3,349명(내 조선인 2,454명)의 여자들이었다고 알려져 있다. 이어 1944년 3월에는 여자정신대 제1대가 평양의 공장에, 4월에는 고녀생(高女生) 제1회 정신대가 인천의 조병창(造兵廠)에 투입되었다. 뒤이어 일본으로까지 건너가 군수공장에 투입된 정신대의 행렬이 이어졌다. 그 정확한 총수에 대해선 잘 알지 못한다.

이러한 전시기의 동원체제를 신석호는 나이 40에 목도하였다. 그러했던 그가 1952년에 그의 교과서에서 정신대라는 용어를 사용하였을 때 그 뜻이 애매할 수는 없었다. 앞서 해설한 대로 그것은 군수공장 등

---

21) 井上節子, 『여자정신대의 기록(女子挺身隊の記錄)』, 新評論, 1998, 7~14쪽.

에서 '과중한 노동'에 시달린 연약한 여성들을 가리켰다. 여기서 우리는 정신대 신화가 생겨난 과정과 관련하여 한 가지 중대한 전제를 발견한다. 말하자면 신석호가 국사 교과서에서 정신대라는 용어를 구사한 1960년대 전반까지만 하더라도 오늘날과 같이 정신대와 위안부를 동일시하는 한국인의 집단기억은 성립해 있지 않았다는 사실이다. 만약 그러한 집단기억이 강하게 성립해 있었다면, 신석호의 정신대 기술이 원래 위와 같은 형태일 수도 없거니와 그에 대한 대중의 분노와 항의가 그 같은 정신대 기술을 10년 이상 교과서에서 건재하도록 방치했을 리가 없기 때문이다. 달리 말해 정신대를 위안부와 동일시하는 오늘날 한국인의 집단기억은 1960년대 이후부터 생겨난 것임에 틀림없다.

잠시 위안부의 역사를 소개한다. 최초의 위안소는 1932년 상하이의 일본 해군기지의 주변에서 생겨났다. 현지 부대장의 재량으로 병사들의 성병을 예방하기 위해 기지 주변의 유흥업자들에게 병사 전용의 위안소를 설치하고 경영을 위탁한 것이다. 이후 1937년 중일전쟁이 발발하자, 일본군 수뇌는 중국 및 동남아 전역의 일본군 주둔지에서 대체로 병사 100명당 1명의 위안부를 충원하는 위안소를 설치하도록 훈령(訓令)을 내렸다. 그 중 최전선에 속하는 일부를 제외한 대개의 위안소가 민간업자들에 의하여 위탁경영되었다. 위안부는 주로 일본 · 중국 · 한국 세 민족으로 구성되었는데, 말기가 될수록 한국 여자의 비중이 커졌다. 그 정확한 숫자에 대해선 구구한 추측이 있다. 위안소 경영주 가운데는 한국인도 있었다. 위안부의 모집은 위안소 경영주나 그들의 대리인에 의해 이루어졌는데, 일본군과 총독부는 알선이나 도항증(渡航證)의 발급으로 그에 적극 협조하였다. 모집책에 의한 위안부의 모집에는 광범한 인신약취와 취업사기가 동반되었다. 생존 위안부 175명의 증언에 의하면, 62명이 협박 및 폭력에 의해, 82명이 취업사기에 의해 위안부가 되었다.[22] 위안부들은 위안소를 함부로 이탈할 수 없었으며, 그렇게 사실상의 구금상태에서 병사들의 위안을 강요받았다. 그들은 당시 국제법이 금하고 있는 성노예였으며, 일제는 노예제를 조직한 전쟁범죄를 저질렀다. 위안부들은 병사들을 접대한 대가로 군표(軍票) 형태로 소정의 보수를 받고 위안소 주인과 분배하였다. 그렇지만 축적에 성공한 위안부는 얼마 되지 않았다. 대부분의 위안부는 주인으로부터 받은 선대금 등을 이유로 빚에 시달렸으며, 전쟁 말기에는 금융망이 마비되어 군표를 현금화할 수 없었던 불쌍한 경우도 많았다.[23]

이상과 같이 정신대와 위안부는 그 역사적 경로에서 확연히 다른 두 존재였다. 그리고 전술한 대로 1960년대 전반까지만 해도 양자를 동일시하는 대중의 집단기억은 성립해 있지 않았다. 그런데도 어찌 해서 오늘날의 한국인들은 이 두 가지를 전혀 구분하고 있지 않을까. 지난 40년간 무슨 일이 있었기에 그렇게 되었나. 그 원인을 완벽하게 다 밝힐 수는 없다고 생각하지만, 몇 가지만큼은 쉽게 머리에 떠올릴 수 있다. 실제 1943~1945년에 정신대가 비록 자발적인 참여라고 하나 사실상 강제동원되다시피 할 때 민간에서는 큰 혼란이 있었다. 예컨대 학교에 다니는 딸을 중퇴시킨 다음 결혼시키는 소동이 적지 않았다. 필자의 집안에도 가까운 친척 여자의 결혼이 그러하였다. 저항 불능의 외래권력이 일찍이 없었던 여성노동을 동원한다고 했을 때, 식민지 민중의 정신적 공황이 얼마나 심각했을지는 짐작하기 어려운 일이 아니다. 더구나 위안소에 여자들을 데려가기 위한 모집책들의 사기와 약취가 극성에 달

22) 정진성, 『일본군 성노예제』, 서울대학교출판부, 2004, 66쪽.

23) 이상과 같은 위안부의 역사와 관련하여 주로 참고한 전문 연구서는, 한국정신대문제대책협의회 진상조사연구위원회 엮음, 『일본군 '위안부' 문제의 진상』, 역사비평사, 1997; 요시미 요시아키 지음, 이규태 옮김, 『일본군 군대위안부』, 小花, 1999; 尹明淑, 『일본의 군위안부 제도와 조선인 군대위안부(日本の軍隊慰安所制度と朝鮮人軍隊慰安婦)』, 明石書店, 2003; 정진성, 앞의 책, 2004 등이다. 개략적인 서술이기 때문에 예민한 논점과 관련하여 일일이 주기를 달지 않음을 양해해주기 바란다.

해 있던 시기이기도 하였다. 정신대에 가면 위안부가 된다는 소문이, 총독부의 입장에서는 악성의 유언비어가, 떠돌아다님은 누구도 막을 수 없는 일이었다. 실제 강조할 정도는 아니지만, 정신대로 공장에 간 여자들 가운데는 대오를 이탈하거나 공장이 미군의 공습으로 파괴되는 통에 위안부로 떨어진 여자들이 있었다. 생존 위안부 175명 가운데 8명이 그러했다는 증언이 채취되어 있다.[24)]

그러나 나는 이러한 산발적이거나 비체계적인 기억만으로는 대중의 집단기억이 형성되기 힘들다고 생각한다. 무언가 의도적이지는 않지만 지속적이며 체계적인 계기와 작용이 있어서, 이들 산발적이고 비체계적인 재료들을 잘 다듬어진 민족설화로 가공해낸 것이다. 그러한 문제의식에서 국사 교과서의 관련 서술을 유심히 추적해보자. 신석호의 교과서 이외에서 정신대에 관한 언급이 최초로 보이는 것은 1968년의 교과서에서다.[25)]

> 근로 보국대라는 이름으로 노동력을 착취하기 시작한 일제는 태평양 전쟁이 폭발된 후로 징용령을 실시하여 막대한 노동력을 공장, 광산, 군사기지로 끌어갔으며, 심지어 연약한 여성들까지도 여자정신대(女子挺身隊)라는 이름으로 강제 동원하였다. 이리하여 아시아 전역에서 비명에 죽고, 고초를 당한 우리 동포는 수백만이나 되었다.

여기서의 여자정신대는 그들이 강제동원되어 무슨 일을 했는지에 대한 직접적인 서술이 없어 그 실체가 매우 애매하다. 그렇지만 그녀들이 끌려간 곳 가운데 '군사기지'가 있어, 그녀들의 성이 일본군에 의해

24) 정진성, 앞의 책, 66쪽.
25) 문교부, 『국사』, 대한교과서주식회사, 1968, 173쪽.

착취되었음이 강하게 시사되고 있다. 간호부도 아닐진대 정신대란 이름의 여성이 '군사기지'에서 달리 무슨 일을 하였겠는가. 나는 이 1968년의 언저리에서 정신대를 위안부와 동일시하는 민족설화를 만들어내기 위한 망치질이 시작되었다고 생각한다. 공교롭게도 전술한 대로 일제가 토지의 40%를 수탈했다는 신화도 바로 이 언저리에서 생겨났다. 신화의 속성을 완전히 이해하기 위해서는 누가 위의 글을 썼으며, 그의 정신세계에서 어떠한 개인적 체험이나 정보가 상호작용을 일으켜 부지불식간에 양자를 오버랩시키게 했는지까지 파헤칠 필요가 있으나, 추후의 연구과제로 미룰 수밖에 없다.

그러나 위와 같은 1968년 교과서의 정신대 서술은 그리 오래가지 않았으며, 이후 1978년까지 교과서에서 정신대나 위안부에 관한 서술은 보이지 않는다. 그것이 다시 나타난 것은 1979년의 국정 교과서에서이며, 이후 지금까지 끊어지지 않고 있다. 중등 교과서를 중심으로 서술이 변해온 과정을 소개하면 다음과 같다.

> 1979~1982년: "(일제는) 학도 지원병제와 징병제를 실시하여 우리 학생과 청년들을 전선으로 끌어갔으며, 심지어는 젊은 여자들까지도 산업시설과 전선으로 강제로 끌어갔다."
>
> 1983~1996년: "(일제는) 우리 청장년을 강제로 징용하여 공장에서 노동을 시켰고 마침내는 학도 지원병제와 징병제를 실시하여, 우리 청년 학생들을 전선으로 끌어갔다. 뿐만 아니라 우리나라의 여자들까지도 침략 전쟁의 희생물로 만들었다."
>
> 1997~2001년: "일제는 (……) 강제 징병제와 학도 지원병 제도를 실시하였다. 이에 많은 한국의 청장년들이 각지의 전선에서 희생되었다. 이때 여성까지도 정신대라는 이름으로 끌려가 일본군의 위안부로 희생

되기도 하였다."

2002년~ : "일제는 여성들도 근로 보국대, 여자 근로 정신대 등의 이름으로 끌고 가 노동력을 착취하였다. 더욱이 많은 수의 여성을 강제로 동원하여, 일본군이 주둔하고 있는 아시아 각 지역으로 보내, 군대 위안부로 만들어 비인간적인 생활을 하게 하였다."

1979~1982년에는 젊은 여자가 끌려간 곳 가운데 '산업시설' 이 있어 원래의 정신대를 가리키는 취지가 엿보이나, 동시에 '전선' 에도 끌려갔다고 하여 곧 위안부로 되었음을 암시하고 있다. 1983~1996년의 14년간에는 "여자들까지도 침략 전쟁의 희생물로 만들었다"고 되어 있다. 실제 어떻게 희생되었는지에 대해서는 언급이 없지만, 여자가 희생되었다고 할 때 그 말의 뜻이 무엇인지 연상하지 못할 중학생은 별로 없다고 생각한다. 이렇게 오랜 기간의 망치질을 통해 드디어 작품이 완성되는 것은 1997년이다. 이후 2001년까지 중등 국사 교과서는 "여성까지도 정신대라는 이름으로 끌려가 일본군의 위안부로 희생되기도 하였다"고 그의 학생들을 가르쳤다. 여기에 이르러 정신대와 위안부를 등치시키는 한국인의 집단기억이 국사의 이름으로 훌륭히 공식화되었다.

정신대와 위안부를 등치시키는 집단기억의 성립에는 국사 교과서만이 유일한 공로자가 아니었다. 특히 언론의 부주의하고 심지어 선정적이기까지 한 보도자세가 한 몫을 하였다. 위안부 문제가 한국인의 국민적 관심사로 떠오른 것은 1992년이다. 그 해에 김학순(金學順) 할머니가 자신의 위안부 경력을 고백함으로써 성노예제를 조직한 구 일본군의 범죄행위를 국제사회에 고발하였다. 당시 신문과 방송에서 위안부에 관한 공식 호칭은 거의 정신대 일색이었다. 역사가라고도 할 수 없는 어느 교수는 1944년 8월의 '여자정신근로령' 을 낡은 법전에서 찾아낸 다음, 일제가 순결한 여학생들을 위안부로 대량 동원한 움직일 수 없는 증거가 나왔다고 소란을 떨었다. 그러자 가장 유력한 일간지의 하나가 그의 주장을 그대로 1면의 톱기사로 보도하였다.

1997년도 교과서의 극단적인 오류는 2002년에 이르러 수정되었다. 앞서 인용, 소개한 대로 2002년도 교과서는 정신대와 위안부를 구별하여 전자가 노동력의 착취임을, 후자가 성의 착취임을 명확히 하고 있다. 이 같은 수정은 역사를 사실에 근거하여 써야만 하는 역사가의 직업윤리에서 볼 때 크게 환영할 만한 일이다. 저간에 위안부 문제에 관한 국내의 높아진 연구수준 덕분이라고 생각한다. 그렇지만 고등학교 교과서를 보면 반드시 그렇지도 않다. 거기서는 아직 "젊은 여성들을 정신대라는 이름으로 강제 동원하여 군수 공장 등지에서 혹사시켰으며, 그 중 일부는 전선으로 끌고 가 일본군 위안부로 삼는 만행을 저질렀다"고 하여, 위안부를 일제가 동원한 정신대의 부분집합으로 설명하고 있다. 그렇게 한번 만들어진 민족설화를 극복하기란 쉽지 않은 일이다. 우리는 좀 더 많은 시간과 비용을 들이면서 기다리지 않으면 안 된다.

Ⅴ. 맺음말

오늘날 한국 사람들이 지난 20세기 전반의 식민지기와 관련하여 그 시대를 상징하는 사건으로 일반적으로 알고 있는 몇 가지들, 예컨대 일제가 대규모 토지를 수탈하였다거나 대량의 쌀을 약탈하여 실어날랐다든가 전시기에 여자정신대를 동원하여 일본군위안부로 삼았다든가 하는 대중적 이해는 역사가의 시각에서 지적하자면 정확한 사실이 아니다. 그러한 오해가 국민의 집단기억으로 성립한 것은 이 글에서 추적한 대로 한국의 국사 교과서가 그의 학생들을 그렇게 가르친 효과가 장기간 누적됨에 의해서이다. 해방 후부터 국사 교과서가 그러했던 것은 아니다. 1950년대까지만 해도 사실관계의 왜곡은 없었던 편이다. 신화가 만들어지는 조짐은 1960년대부터 조금씩 관찰되며, 1974년 이후 교과서 편찬제도가 국정으로 바뀌면서 전면화하였다고 이야기할 수 있다. 토지조사사업에 의해 토지의 40%가 수탈되었다는 이야기가, 식량의 절반이 수탈에 의해 일본으로 건너갔다는 이야기가 교과서에서 정설로 자리잡는 것은 1974년부터이다. 1932년부터 존재한 위안부를 1943~1945년의 정신대와 혼동하는 교과서의 서술은 1979년부터 1997년까지의 18년간에 걸쳐 서서히 완성되었다.

국민국가가 그의 국민을 고급스러운 문명인으로 교육하고자 하는 그 교과서에서 사실관계에 기초하지 않은 신화가 근 30년간이나 전파될 수 있었던 근본 원인이나 배경은 무엇일까. 이 글은 거기까지 충분히 추적하지 않았다. 그것은 장래의 연구과제이다. 한 가지 쉽게 생각할 수 있는 것은 교과서 집필자들의 질적 수준이다. 특히 국정제도로 바뀐 이후 그 문제가 심각하였다. 예컨대 토지의 40%수탈설의 경우 그 40%라는 수치가 어디에 근거한 것인지를 근 30년 동안 어느 누구도 진지하게 따진 적이 없음은 솔직히 말해 참으로 놀랄 만한 일이다.[26] 그것도 처음에는 '전국의 토지'라 했는데 언제부턴가 '전국의 농토'로 표현이 바뀌고 있다. 심지어 같은 해의 중등 교과서와 고등 교과서의 표현이 '토지'와 '농토'로 서로 다르다. 그 둘의 뜻이 같지 않음은 두 말할 필요가 없지만, 교과서 집필자들은 그에 대해 무신경하였다. 대개 그들은 전임자가 쓴 것을 저본으로 하여 기본 줄기는 그냥 답습하고, 나머지 가지 부분은 마치 수필을 쓰듯이 가벼운 마음으로 이리저리 표현을 고쳤던 것이다. 정신대와 위안부에 관한 각 연도의 기술도 집필자들이 정성을 다해 정확히 쓴 것이라기보다 기존의 교과서를 적절히 윤색하다가 우연히 양자를 등치시키는 그 곳에까지 다다랐던 것은 아닐까라는 생각이 들 정도이다. 그렇지만 교과서의 집필자들에게만 모든 책임을 돌릴 수 없다고 생각한다. 국민을 정치적으로 동원함에 신화를 필요로 하였던 정치인들, 신화를 기꺼이 수용하였던 국민 대중, 나아가 이들 모두를 포섭한 20세기 후반 한국 사회의 문명, 그 비교사적 수준과 구조적 특질, 이 모두가 신화 만들기의 주역과 조연으로서 앞으로 우리가 추적해야 할 대상들이다.

나는 이 글을 20세기 전반 한일 양국의 불행한 역사를 초래함에 중대한 책임이 있는 일본인들에게 그들의 식민지 지배가 생각했던 것보다 그리 나쁜 것은 아니었다는 안도감을 주기 위해 쓴 것은 결코 아니다. 솔직히 말해 그 점에 대해 우려가 없지 않지만, 그 점을 회피하기 위한 전략적 고려에서라면 기존의 통념을 뛰어넘는 어떠한 글도 쓸 수 없을 것이다. 나는 이 글이 일본인들에게 어떻게 읽힐지 개의치 않는다. 나는 역사가로서 역사의 신이 주관하는 법정에 선 증인과 같은 심정으로, 오직 진실만을 말하리라는 선서에 기초하여 말할 뿐이다. 그러니까 나는 이 글에 대해 한국인들이 어떻게 반응할지에 대해서도 개의치 않는다. 다만 한 가지 개의함이 있다면, 이 글이 한국인들이 그들의 역사를 정확히 이해하고 그로부터 주체적인 책임의식과 통합적인 성찰을 얻음에 약간의 도움이 되기를 바랄 뿐이다. 책임의식과 성찰이 배제된 역

26) 이 글에서 본격적으로 검토하지는 않았지만, 2002년 이후 국사 교육의 현장에 종사하고 있는 교사도 함께 집필진에 참가하고 있는 『한국근현대사』라는 교과서에서도 납득할 수 없는 숫자가 함부로 제시되고 있음을 지적할 수 있다. 예컨대 김한종 외 5인은 위안부로 동원된 수를 '수십만' 명으로, 한철호 외 5인은 위안부로 된 여자를 포함한 정신대의 수를 '수십만'으로 이야기하고 있다. 나는 '수십만'이란 숫자의 근거도 이해할 수 없지만, 설령 근거가 있다 하더라도 이렇게 서로 달리 인용되어서는 곤란하다고 생각한다. 김광남 외 4인은 일제가 강제동원한 조선인의 총수가 '650만'이라고 쓰고 있는데, 솔직히 말해 교과서에 이렇게 소설 쓰듯이 근거 없는 수치를 함부로 열거해도 되는지 필자는 참으로 회의적이다.

사의식은, 다시 말해 다른 민족과 다른 인간에 대한 비난과 분노만의 역사의식은, 국가 간에 또 사회구성원 간에 갈등과 대립만을 야기할 뿐이다. 거기서는 배려와 협동의 미덕을 상실한 인간들이 거칠게 충돌할 뿐이다. 나는 오늘날 한국 사회의 각 층위에서 전개되고 있는 갈등과 대립의 현장을 목도하면서, 우리 한국인들이 이미 그러한 충돌의 소용돌이에 깊숙이 빠진 것이 아닌가라는 두려움을 느낀다. 그 소용돌이의 원천에는 내가 이 글의 서두에서 정의한 신화의 마성이 작용하고 있다. 마지막으로 그 점을 다시 한번 경계해둔다.

일본 헌법·교육기본법 개악의 현 단계*

자폐적 내셔널리즘과 언론의 벽

고모리 요이치 小森陽一

2004년 6월 10일에 이노우에 히사시(井上ひさし) 씨, 우메하라 다케시(梅原猛) 씨, 오에 겐자부로(大江健三郎) 씨, 사와치 히사에(澤地久枝) 씨, 오쿠다이라 야스히로(奥平康弘) 씨, 오다 마코토(小田實) 씨, 가토 슈이치(加藤周一) 씨, 쓰루미 슌스케(鶴見俊輔) 씨, 미키 무쓰코(三木睦子) 씨, 이렇게 9명이 '9조의 모임' 호소문을 발표했다. 이 9명은 전후 일본의 민주주의를 짊어지고 온 문학자·평론가·철학자·헌법학자들이다.

왜 지금 '9조의 모임'을 결성했는가? 이에 대해 오에 겐자부로 씨는 "명문개헌이 현실적인 정치일정에 올라 있는 상황 속에서 행동을 시작한 것"이라고 분명히 밝히고 있다. 일본이라는 나라가 어떠한 상황에 처해 있는지 다시 한번 확인해둘 필요가 있다고 생각한다.

고이즈미 총리가 서미트(Sea Island Summit, 제30회 주요국 정상회의, 2004년 6월 8일부터 10일까지 미국 조지아 주 사바나에서 개최)에 가서 부시와 대담하면서 "자위대를 다국적군에 편입"시키기로 멋

---

* 본고는 2004년 11월 19일 한국언론재단에서 개최되었던 '한일, 연대 21' 발족 기념 심포지엄「한일, 새로운 미래구상을 위하여: 교과서 문제를 중심으로」에서 발표된 것이다.

대로 결정한 다음, 그것을 각의(閣議)의 결정만으로 추인했다. 국회에서 아무런 심의도 하지 않고, 헌법과 직결되는 사안을 국민들 사이에서 논의하는 과정도 전혀 거치지 않은 채, 상명하달(top-down)식으로 결정하는 형태로 사태가 진행되고 있다.

최고법규에 위배되는 명령을 총리대신이 내려도 그것을 체크할 수 있는 기구가 전혀 없는 것이 일본이라는 나라의 현재 상태라고 생각한다. 그런 의미에서 일본은 초법규적인 권력이 지배하는 나라가 되어 있다고 하지 않을 수 없다.

동시에, 바로 그렇기 때문에 유례없는 양상으로 정치상황이 유동화하고 있는 것도 사실이다. 예를 들어서 콜린 파웰(Colin L. Powell) 국무장관이 무심코 "헌법 9조를 바꾸면 UN 상임이사국에 들어갈 가능성이 있다"고 언급하여 이것이 보도된 직후, 중의원의장 고노 요헤이(河野洋平) 씨는 정면으로 이 발언에 대해 반응하여 '내정간섭'이라 비판하고, 전 자민당 간사장 노나카 히로무(野中廣務) 씨조차 현 고이즈미 정권의 초법규성을 엄중히 비판하고 있다.

그럼에도 불구하고 2004년 6월에 나온 자민당 헌법개정 프로젝트팀의 논점정리안에는, 헌법의 전문(前文)을 고쳐서 "이기주의적 풍조를 경계하고, 일국평화주의의 잘못을 바로잡아 국제평화를 추진한다. 우리나라의 역사, 전통문화를 이어받으며 건전한 애국심 등을 담는다"고 하고 있다.

물론 이 새로운 전문을 근거로 삼아서 ① 안전보장의 항목에서는 자위를 위한 전력 보유를 명시하고, ② 개별적·집단적 자위권의 행사를 포함하며, ③ 비상사태나 국제협력에 관한 (미국과 함께 전쟁을 하는) 사항을 명기한다는 식으로 서술하고 있다.

자민당의 논점정리안에서의 주장은 근대 입헌정체도 미련 없이

버리고 나가자는 것이다. 헌법 전문에서 국민의 의식이나 마음에 제한을 가하게 되면, 주권자인 개인으로서의 국민이 국가에 제한을 가하기 위한 최고법규가 거꾸로 국가에 의해 국민 한 사람 한 사람의 의식이나 마음까지 제한을 가하는 최고법규로 되어버린다.

이것은 이미 새로운 보수주의라거나 새로운 자유주의가 아니라, 새로운 절대주의, 새로운 전체주의 혹은 새로운 봉건주의라고 해도 과언이 아니라고 생각한다. 결국, 근대의 입헌정체 그 자체를 180도 전환한다는 의도 아래 행해지고 있다고 하지 않을 수 없다.

지금 고이즈미 개혁에 의해 추진되고 있는 신자유주의적 개혁과 신보수주의적 강압 아래서 수많은 사람들이 자신의 사회적 위상이나 경제적 조건들을 빼앗기고, 자신이 근거로 삼아온 바를 잃어버리는 상황에 처해 있다. 그 의식이나 마음을 넘겨짚는 식으로, 국가가 대역(代役)이 되어 마음을 채우려 할 것이다. 그렇게 헌법을 개악하려는 논점정리안이 제출되어 있는 것이다.

그것은 일본이 미국의 무모한 전쟁에 계속 전면적으로 협력해나가고 미국을 위해 목숨을 내던지는 체제에 들어가는 가운데, 그야말로 일본의, 일본인으로서의 아이덴티티가 실천적으로 삭제되는 상황에 처해 있기 때문이다.

2004년 7월 22일에 자민당의 국회대책위원장이 미국에 가서 리처드 아미티지 국무부장관과 일부러 만나, 미일안전보장조약이라는 이름의 미일동맹에서 "헌법 9조는 장애물이니 바꾸라"는 말을 듣는다.

『문예춘추』 3월호에 아미티지 씨의 인터뷰가 실려 있다. 제목 자체가 「미일 안전보장에 9조는 장애물이다」라는 것이다. 그런 것을 자민당 국회대책위원장이 지시를 받고 부랴부랴 '이런 말을 들었습니다' 하고 보고하고 있는 형국이다.

일본이 자위대를 다국적군에 편입시킨다는 것은 결국 자위대를 미군의 지휘하에 둔다는 것이다. 그 정도로 국가주권이 미국에게 이양되고 있다는 말이다. 그런 상황 속에서 일본을 '전쟁하는 나라'로 단숨에 전환시키는 법률이 일제히 통과되어나갔다. 1990년대 말부터 현재에 걸쳐서 만들어진 상황을 다시 한번 상기해둘 필요가 있다고 생각한다.

1999년의 국회에서는 '주변사태법(周邊事態法)'이 통과되었다. 주변사태법이란, 미국이 세계의 어딘가에서 전쟁을 시작하면 미일안전보장조약이라는 양국 간의 군사동맹에 근거하여 일본의 자위대가 그 후방지원을 하는 법률이다.

후방지원이라면 뭔가 뒤쪽에서 평화적인 활동을 하는 것처럼 생각할 수 있지만, 그 임무란 병참(兵站)이다. 결국 전선에서 전쟁을 하고 있는 곳에 인력과 무기·탄약, 물이나 식료품을 계속 보내주는 동시에 퇴로를 확보해둔다는 것이다. 이라크전쟁의 전반(前半)을 텔레비전에서 본 이라면 알겠지만, 미군과 영국군은 바스라 한 곳에서조차 이라크에 들어가지 못했다. 바그다드의 전선에서 전투를 하기 위해서는 모래폭풍 속으로 500킬로미터나 전차와 장갑차, 트럭을 계속 보내야만 했다. 전선과 병참은 결국 세트가 되어 있었던 것이다.

같은 국회(제145회 통상국회)에서, '기미가요, 히노마루'의 법제화가 결정되고 '교육 3법'이 통과되었다. 교육 3법 중 하나는 부적격교원을 적발하여 연수원에 보내기로 하고, 그것으로도 안 되면 결국 해고해버린다는 것이다. 히노마루·기미가요에 복종하지 않는 교사가 타깃이 되었다.

이때 국회의 논의에서는 결코 강제는 하지 않는다고 말했다. 그런데 실시율이 나빴던 히로시마와 도쿄 지역을 중심으로 강제조치가 행해졌다. 특히 도쿄도에서는 이시하라 신타로 행정 아래서 교육현장을 교장의 직무명령에 철저히 복종시키고 그 명령에 따르지 않으면 즉시 처분한다고 함으로써 학교가 교육의 장에서 감시와 처벌의 장으로 180도 전환하게 되었다. 나는 이것을 '공립학교의 유사화(有事化)' 라고 본다. 교육에 대한 공격과 '전쟁법' 은 연동(連動)하고 있다.

그런데 미국은 이 주변사태법으로는 만족하지 않았다. 주변사태법에 근거한 실천은 2001년의 9·11 이후 '테러대책특별조치법' 이 국회를 통과하게 되고, 이에 입각하여 해상자위대가 국민의 세금을 써가며 아프가니스탄 공격을 위해 인도양에 나가 있는 미군 함선에 연료를 계속해서 보급하고 있다. 그러나 2001년의 시점에서는 해상자위대밖에는 움직일 수 없었다. 그것은 '유사법제(有事法制)' 가 존재하지 않았기 때문이다.

일본 국토 위에서 자위대와 미군이 자유롭게 행동을 전개할 수 있도록 하는, 전시체제를 위한 법시스템이 존재하지 않았기 때문이다. 미국은 그것을 만들게끔 하여, 2000년에 현 부시 정권의 중추에 들어가 있는 아미티지 씨가 「아미티지 보고」(「미국과 일본: 성숙한 파트너십을 향하여」라는 제목의 사적 리포트)를 제출했다. 이 보고의 내용은 한마디로 말해서, 유럽에서 영국이 수행하고 있는 것과 똑같은 역할을 맡을 수 있도록 일본도 언제든지 양국간의 군사동맹에 근거하여 집단적 자위권을 행사할 수 있는 나라가 되어주길 바란다는 것이다. 그 실천판이 2003년의 '유사관련(有事關聯) 3법' 과 2004년의 '유사관련 7법' 이다.

2003년의 '유사관련 3법' 에 관해서는 보도도 다양하게 있었지만, 2004년 때에는 메이저 신문·텔레비전 보도에서 거의 다루어지지 않은 채 미군이 자위대와 함께 자유롭게 일본 국토 위에서 군사행동을 할 수 있게 되었다. 그리고 전시체제 아래서 국민의 기본적 인권을 빼앗는 법률을 '국민보호법' 이라고 이름붙인 유사관련 7법을 통과시켜버렸다.

2003년 3월 20일, 미국과 영국이 이라크에 공격을 개시한 바로 그 날에 교육기본법을 개악하는 중앙교육심의회의 최종 답신이 나왔다는 것은 공립학교를 '유사화' 하려는 것, 학교를 통해 국민의 말단까지 관리·통괄하고, 학교를 감시와 처벌의 공간으로 바꾸려고 하는 것이다. 그러나 대중의 투쟁에 의해서 현 시점에서는 법안을 국회에 상정시키지 못하고 있는 팽팽한 대치상태가 지속되고 있다.

아미티지 씨는 왜 일본을 영국과 똑같이 양국 간의 군사동맹에 근거하여 집단적 자위권을 발동할 수 있는 나라로 만들기 위해 9조를 바꾸게 하려는 것일까? 현재 UN의 국제분쟁 해결방법은 UN의 안전보장이사회라는 다수의 나라들이 참가하고 있는 장에서 의논을 하여 의안을 채택·결정하는 방식이다. 이것을 UN의 '다국간주의' 라고 한다.

이라크에 대해서는 지금도 미국이나 영국에서 큰 문제가 되고 있듯이, UN은 기본적으로는 대량파괴무기를 이라크가 갖고 있지 않다는 태도였다. 파월이 아무리 설득하려고 노력했지만 끝내 안보리는 이라크에 대한 무력공격을 용인하는 결의를 하지 않았다. 결국 UN의 다국간주의에 의하면 이라크에 대한 공격은 해서는 안 되고 사찰을 계속해야 한다는 것이었다.

현재 UN을 중심으로 한 국제법의 세계 속에서는 어떤 의미에서도 선제공격은 국제법 위반이다. 선제공격을 한다면 곧바로 제재를 받게 된다. 걸프전 때 이라크가 쿠웨이트에 선제공격을 감행했다가 제재를 받은 것은 이미 알고 있는 대로이다.

그렇다면 2003년 3월 20일부터 시작된 미국과 영국에 의한 이라크 공격, 어느 모로 보아도 선제공격에 불과한 그 공격은 왜 제재를 받지 않은 것일까? 여기에서 양국 간의 군사동맹에 근거한 집단적 자위권의 행사와, 지금 자민당이 일본의 헌법에 집어넣으려 하고 있는 집단적 자위권이 갖고 있는 극히 위험한 본질이 분명해지는 것이다.

이라크는 과연 대량파괴무기를 가지고 있었던 것인가? 이것에 대해서 정부는 정보조작을 하지 않았는가? 미국 의회에서도 영국 의회에서도 엄격한 조사가 행해졌다. 최종적으로는 부시와 블레어에게 책임을 지게 한다고까지는 하지 않았지만, 결국 이라크에는 대량파괴무기가 없었다는 조사보고로 매듭이 지어졌다. 영국의 경우는 어떤 특별한 문제가 일본의 신문에도 큰 활자로 보도되었다. 그것은 블레어 정권이 "이라크는 45분 이내에 영국을 공격할 능력을 갖추고 있다고 예측할 수 있다"고 말한 것은 명백히 지나친 말이 아니었는가 하는 것으로서, 이것이 최대의 문제가 되었다. 여기에 양자 간의 군사동맹에 근거한 집단적 자위권 행사의 계략이 있기 때문이다.

유럽은 미국과 영국이 양국 간의 군사동맹으로 군사적으로 제압하고 있다. 먼저 문제가 되는 것은 과연 이라크가 미국을 직접 공격할 수 있을까 하는 것이다. 미국 대륙은 대서양을 사이에 두고 지구의 반대편에 있다.

이것은 절대로 있을 수 없는 일이다. 그때까지의 UN 사찰에서도 대서양을 뛰어넘어서 미국 본토를 공격할 수 있는 대륙간 탄도미사일을 이라크가 가지고 있지 않다는 것은 명확히 하고 있다. 문제가 된 대량파괴무기라는 것은 결국 통상의 미사일에 생물화학병기를 탑재할 수 있는 능력이 있는가 하는 정도이다.

영국은 이라크로부터 미사일이 도달할 거리에 있다. 이 점이 핵심이다. UN의 다국간주의를 무시하고 독일이나 프랑스가 가맹해 있는 나토라는 군사동맹도 무시한 채, 세계 제1위의 군사력을 갖고 있으며 2위에서 15위까지를 합쳐도 대적할 수 없는 미국과 세계 제3위의 군사력을 가진 영국이 양국 간의 군사동맹으로 결속하여, 영국이 이라크에게 공격당할 것이 예측된다는 판단 아래 집단적 자위권을 행사한 결과가 3월 20일의 이라크 공격이었던 것이다.

남쪽으로 내려가보면, 중동에는 미국과 이스라엘 양국 간의 군사동맹이 있다. 이스라엘은 팔레스타인에 대해 그토록 무법적인 공격을 계속해오고 있음에도 불구하고 그것이 용인되고 있다. 미국 부시 정권의 네오콘(네오 콘서버티브=신보수주의)이라 불리는 사람들은, 이스라엘의 안전을 지키기 위해서는 주변의 아랍·이슬람 국가를 미국형 민주주의로 만들 필요가 있고, 이를 위해서는 무력행사조차 불사한다고 호언하고 있다.

유라시아 대륙의 서쪽은 미국과 영국, 미국과 이스라엘의 양국 간의 군사동맹에 기반하여 20세기 후반 줄곧 전화(戰火)가 몰아쳤던 지역이라고 할 수 있다. 그렇다면 동쪽은 어떤가? 러시아가 있고, 중국이 있으며, 한반도가 있고, 일본열도가 있고, 동남아시아가 있다.

부시 정권은 이란과 이라크, 북한을 '악의 축' 으로 지명해버렸다. 이란과 이라크가 위치하는 유라시아 대륙의 서쪽은 줄곧 전화로 인해 잿더미가 되고 있다. 같은 악의 축인 북한이 자리잡고 있는 동쪽은 어떠한가? 그럭저럭 6자회담이라는 평화적인 외교교섭 속에서 북한 핵 문제를 어떻게든 해결해나가려 하고 있다.

이 차이는 무엇인가? 무엇이 다른 것일까? 그것은 미국과 양국 간의 군사동맹을 맺고 있는 일본의 자위대가 군대가 아니기 때문이다. 따라서 집단적 자위권을 행사할 수 없기 때문이다. 헌법 9조가 전쟁에 제동을 걸고 있는 현 상황은 분명히 현실의 21세기 정치 속에서 전쟁이냐 평화냐라는 현실적인 갈림길이 되어 있는 것이다. 바로 여기에 9조가 지닌 억제력이 있는 것이다.

이를 삭제하게 만들어 일본이 언제든지 미국과 함께 전쟁을 할 수 있는 나라로 만든다는 것, 그것이 "헌법 9조가 장애물"이라고 말하는 미국의 가장 근본적인 의도인 것이다. 일본의 자위대는 장비면에서 본다면 세계 제2위의 군사력이라고 할 수 있다. 걸프전 이후 미국의 첨단 IT 병기를 가장 많이 구입해 들이고 있는 그런 군사조직이다. 그러므로 하드웨어로서의 자위대는 이미 완성되어 있고, 시스템으로서의 유사법제도 모두 실현되었다. 그러나 그 전쟁을 실제로 담당할 인간을 만들어내는 것만이 지체되고 있다. 이러한 상황을 타개하기 위해, 나카소네 야스히로(中曾根康弘)를 비롯한 교육기본법 개악을 노리는 사람들은 줄곧 '교육기본법'의 개악이야말로 헌법 개정의 뿌리가 될 것이라고 언급하고 있는 것이다.

지금까지는 풀뿌리운동에 의해서 교육기본법 개악을 실제로 상정시키지 못하도록 해왔다. 그러나 이제 2005년 통상국회에 법안이 상정될 것인가 말 것인가 하는 중요한 국면으로 접어들고 있다. 지금 국회의 역학관계로 보자면, 법안이 상정되어버리면 그대로 통과되고 만다. 2004년 가을에 절대로 교육기본법의 개악법안을 국회에 상정시키지 못하게 하는 역학관계를 만드는 것이 초미의 과제가 되어 있다고 생각한다.

이러한 대항관계 속에서, 올해(2004년) 2월 25일에 자민당·민주당의 초당파 의원들이 '교육기본법 개정촉진위원회'라는 의원연맹을 만들었다. 자민당에서는 모리 요시로(森喜郎) 전 총리, 민주당에서는 니시오카 다케오(西岡武夫) 중의원의원이 최고 고문에 취임했다. 그리고 니시무라 신고(西村眞悟) 의원은 다음과 같은 인사말을 남겼다.

> 나라를 위해 목숨을 던져도 개의치 않는 일본인을 만든다. 나라를 위해 목숨을 바친 사람이 있었기 때문에 지금 여기에 조국이 있다는 것을 아이들에게 가르친다. 이것으로 충분하다. 나라를 위해 목숨을 던지는 것

을 마다하지 않는 기구, 즉 국민의 군대가 명확히 의식되어야만 한다. 이런 가운데서 국민교육이 부활해나갈 것이다.

아이들을 전쟁을 담당하는 국가의 도구로 만들기 위한 것이 교육기본법의 개악이라는 점을 더 이상 숨길 수 없으며, 그것을 솔직하게 입 밖으로 끄집어내어 말하지 않을 수 없는 곳까지, 한편으로 그들은 몰리고 있는 것이다. 동시에 그것을 숫자의 힘으로 강인하게 추진하고 있다.

지금까지의 제동 중 하나는, 공명당이 자민당안(案)에 난색을 표하고 있었던 점에 있다. 그러나 6월 16일에 제출된 여당의 교육기본법 개정 중간보고에서는 '애국심' 교육을 위해 교육기본법을 바꾼다는 자민당의 노선에 편승한 합의가 형성되어버렸다.

교육기본법의 여당개정안은 현행의 제1조 "교육은 인격의 완성을 지향하며, 평화적인 국가 및 사회의 형성자로서, 진리와 정의를 사랑하고, 개인의 가치를 존중하며, 근로와 책임을 소중히 하고, 자주적 정신에 충만한 심신 공히 건강한 국민의 육성을 기(期)하여 행해지지 않으면 안 된다"를 "교육은 인격의 완성을 지향하여 심신 공히 건강한 국민의 육성을 힘쓴다"고 하고 있다. 무엇이 삭제되었는가? 이것이 현재 고이즈미 개혁의 내용이라는 것을 알 수 있을 것이다.

'평화적인 국가 및 사회'가 삭제되어 있다. 일본을 전쟁할 수 있는 나라로 만들어버리겠다는 것이다. '평화적인 국가 및 사회의 형성자'가 제거되어 있다. 왜냐하면 무법적인, 국제법을 무시한 미국의 전쟁에 가담하고 있기 때문이다. 국가를 위해 목숨을 내놓는다는 것이므로 '개인의 가치를 존중'한다는 내용도 삭제되어 있다. '근로와 책임을 소중히' 한다는 대목도, '더 이상 너희들이 일할 장소는 일본에는 없다. 일하고 싶으면 확실히 죽게 될 자위대에 들어가라'는 것으로 바뀌는 셈이 된다. 그리고 무엇보다도 '애국심' 을 갖게 하기 위해서는 자주적 정신에 차 있어서는 곤란하다.

헌법은 국가가 해서는 안 될 것을 규정한 최고법규이다. 그리고 교육기본법은 국가가 교육에 개입해서는 안 된다는, 여러 조항을 정한 교육의 최고법규이다. 이것을 다시 한번 확인하고자 한다. 교육기본법 제10조에는 "교육은 부당한 지배에 복종하지 않고, 국민 전체에 대해 직접 책임을 지고 행해야 하는 것이다"라고 씌어 있다. 공립학교의 유사화를 철저히 하기 위해서 나온 여당안은 이렇다. "교육행정은 부당한 지배에 복종하지 않고, 국가·지방공공단체 상호의 역할 분담을 제휴·협력의 기초로 행한다."

분명히 교육행정을 주어(主語)로 하여, 국가와 지방공공단체를 직결하고 있다. 결국 학교를, 국민을 관리·통치·지배하고, 감시하고 처벌하는 그런 장소로 바꾸려고 한다. 학교를 '의사(擬似)감옥화' 해가려고 하는 것이다.

'교육행정' 이 주어가 되기 때문에 도쿄도 교육위원회가 '새로운 역사 교과서를 만드는 모임' 의 교과서를 채택한 것에 대해 반대하는 것은 부당한 지배가 된다. 그리고 2004년 8월 26일에 도쿄도 교육위원회는 2005년 4월부터 개교하는 도립 중고일관교에서 '만드는 모임' 의 교과서를 채택했다. 그리고 이것을 2005년 8월의 교과서 채택의 돌파구로 삼으려 하고 있다.

일본에서 헌법과 교육기본법의 개악에 반대하는 운동을, 한국의 여러분들과의 연대 속에서 다시 한번 크게 넓혀 나가려면 과연 어떻게 하면 좋을까? 저는 오늘 회의에서 이 점을 분명히 해나갔으면 한다.

'동아시아사'의 가능성*

한중일3국공동역사편찬위원회 『미래를 여는 역사』에 대하여

나리타 류이치 成田龍一

I. 2005년의 동아시아

2005년에는 동아시아에서 역사인식의 온도차를 실감케 하는 사건들이 줄을 이었다. 예컨대 봄에 한국과 중국에서 발생한 시위에 대해 일본 언론은 '반일'이라는 딱지를 붙여서 보도했다. 일본의 외교정책과 외교자세에 반대한 시위였음에도 불구하고, 일본 언론은 일본 전체를 대상으로 한 시위인 양 보도하면서 비난을 가했던 것이다. 역사 교과서 문제와 야스쿠니 신사(靖國神社) 참배 문제에 대한 아시아의 비판에 관해서는 아시아 각국의 '반발'이라는 표현을 써서 보도하기도 했다. 이런 사례들은 전쟁에 대한 기억방식이나 오늘날의 동아시아와 세계를 어떻게 생각하는가와 관련된 문제를 그대로 일본에 대한 반발로 취급하는 자세이며, 거기에서 중국·한국과의 온도차를 좁히려는 모습은 찾아보기 힘들었다.

또 2005년은 일본 내에서는 '전후 60주년'으로서 강조되었다.

* 본고는 2005년 11월에 개최된 '한일, 연대 21' 기획포럼에서 발표한 「동아시아사의 가능성: 미래를 여는 역사」를 토대로 성고한 「'동아시아사'의 가능성: 한중일3국공동역사편찬위원회 『미래를 여는 역사』에 대하여」(『창작과 비평』 131, 2006, 임성모 역)를 전재한 것이다.

2005년은 이 밖에도 '해방 60주년', '을사조약 100주년', '한일조약 40주년', '베트남전쟁 종결 30주년' 등 여러 가지로 생각할 수 있지만, 오로지 전후 60주년에만 초점이 맞춰졌다. 게다가 실제로는 전후 60주년에 대한 논의조차 이루어지지 않은 채 노골적인 '국익' 론이 버젓이 통용되는 참담한 상황이었다. 전후 60주년이라는 인식 자체도 일국사적인 역사인식에 그치고 말았다. 사실 "'전후' 를 60주년으로 표현할 수 있는 나라가 아시아에 과연 얼마나 될까"[1] 하는 인식 자체가 희박했던 것이다.

이런 가운데 동아시아의 근현대사에 관한 텍스트 『미래를 여는 역사: 한중일이 함께 만든 동아시아 3국의 근현대사』(한겨레신문사, 2005)[2]가 간행되었다. 일본·한국·중국의 관계자들이 공동으로 편집하여 오랜 시간을 들여 준비한 책이 각국에서 동시에 출간된 것이다. 이 책은 교과서가 아니라 부교재를 표방하지만, 역사교육의 현장에서 사용될 것을 지향한 만큼 각종 제약과 곤란이 따랐음을 어렵지 않게 짐작할 수 있다. 역사교육은 각 '국가' 마다 제도의 차이가 있을 뿐만 아니라 '국민' 을 육성한다는 목적이 있는 만큼, 내셔널한 틀로 짙게 채색된다. 또 국가와 국민의 틀을 상대화하려 할 때도 각국의 역사교육이 안고 있는 과제의 차이를 무시할 수 없다. 이처럼 여러 제약과 곤란이 가로놓여 있는 가운데서도 『미래를 여는 역사』를 편찬·간행하는 데 힘쓴 분들께 먼저 경의를 표하고자 한다.

일본에서는 특히 1990년대 이후로 노골적인 내셔널리즘이 배회하고 있다. 역사교육의 현장에서도 '역사수정주의' 를 내세운 후소샤(扶

---

1) 目取眞俊, 『오키나와 '전후' 제로년(沖縄 '戰後' ゼロ年)』, NHK出版, 2005.
2) 〔역주〕 일본어판 제목은 『未來をひらく歷史: 日本·中國·韓國＝共同編集 東アジア3國の近現代史』, 高文硏, 2005이며, 중국어판 제목은 『東亞三國的近現代史』, 社會科學文獻出版社, 2005이다.

桑社)의 『새로운 역사 교과서』가 2000년에 등장했다. 『미래를 여는 역사』는 이 책의 출간을 계기로 해서 구상되었다고 한다. 『새로운 역사 교과서』에 대해서는 여러 각도에서 비판을 가할 필요가 있고, 한걸음 더 나아가 대안을 제시할 필요성도 요청되므로, 『미래를 여는 역사』의 간행은 매우 뜻 깊은 일이다.

그렇지만 역사교육을 둘러싼 이러한 상황과 운동이라는 관점을 견지하면서도, 이 책에서 제시된 역사상(像)과 역사서술에 대해서는 정확한 점검이 반드시 필요하다. 그저 운동의 과정에서 나온 산물로만 취급하고 책의 내용을 검토하지 않는 것은 『미래를 여는 역사』의 집필자들도 진정으로 원하는 바가 아닐 것이다. 『새로운 역사 교과서』에 대한 비판으로 어떠한 역사상이 제시되는가 하는 점은 운동의 측면에서도 중요하지 않을 수 없다. 이 글에서는 역사학적·사학사적 관점에서 『미래를 여는 역사』를 독해하고자 한다. 필자는 한국·중국과는 다른 역사적·문화적 배경을 갖고 있지만, 바로 그렇기 때문에 (그 사실을 자각하면서) 같은 텍스트를 읽고 언어를 실처럼 자아내어, 한국·중국 분들과 대화를 나눌 실마리를 만들어보고자 한다. 그것이 이 글의 목적이다.

『미래를 여는 역사』의 일본 측 집필자는 일본 역사학계에서는 '전후역사학' 이라 불리는 입장에 선 인사들이 주축을 이룬다. 전후역사학은 1945년 8월 이후의 '전후민주주의' 를 구현한 역사학으로서 사회경제사의 성과를 기반으로 역사를 묘사하며 일본제국의 군국주의적 행위를 비판적으로 고찰하는 역사학이다. 전후의 전개과정에서 일본 역사학의 패러다임은 오랫동안 이 전후역사학으로 집약되었고, 이에 맞서 역사수정주의가 대두함으로써 전후역사학과 역사수정주의가 상호 대립하는 시기가 이어졌다.

그러나 1990년 전후부터 이 두 파 외에 새로이 '사회사연구' 가 대두한 후로는 전후역사학, 역사수정주의, 사회사연구의 3파정립(鼎立) 상황이 출현한다. 사회사연구는 언어론적 전환의 논의를 의식하여 역사구성주의의 입장을 취하는데, 이런 면에서 실증주의, 즉 본질주의의 입장을 취하는 전후역사학과 대립관계를 이룬다. 그러나 사회사연구의 역사학자들도 역사수정주의에 대해서는 모두 반대 입장을 취하고 있다.

현재 실로 성가신 문제이지만 반드시 유념해야 할 것은, 『새로운 역사 교과서』로 대표되는 역사수정주의가 결코 예전처럼 단순하지 않다는 사실이다. 이들은 종래의 '대동아전쟁 긍정론' 같은 복고적인 역사관에만 의존하지 않고, 역사구성주의에 입각한 새로운 논점인 '이야기(narrative)로서의 역사론' 까지 내세우고 있다. 사학사적으로 볼 때, 『새로운 역사 교과서』는 새로운 역사수정주의로서 등장한 것이다.[3] 일본에서는 이처럼 새로운 논점과 대항관계가 대두한 3파정립 상황에서 『미래를 여는 역사』가 간행되었다.

II. 『미래를 여는 역사』에 대하여

일본과 동아시아 각국 사이에는 한국과의 교류를 비롯해서 국가 간, 단체 간의 각종 역사교육 교류가 진행되고 있다. 『미래를 여는 역사』는 '역사인식과 동아시아 평화 포럼' (일본과 한국은 민간 차원, 중국은 국가 차원)을 출발점으로 한 교류의 일환으로서, 2002년 3월에 열린 난징(南京) 포럼 이래 준비를 거듭해왔다고 한다. 같은 해 8월에 서울에서 부교재 작성을 위한 회의가 열린 뒤 일본에서 4회, 중국에서 4회, 한국에서 2

3) 이 점에 관해서는 졸고, 「역사를 교과서에 쓰는 것(歴史を教科書に書くこと)」, 『世界』 2001년 5월호 참조.

회의 회의가 개최되었고, 이들 회합의 성과를 토대로 『미래를 여는 역사』가 간행되었다. 일본 측 집필자와 관계자들에 따르면, 이 책은 2005년 3국에서 동시에 발매되어 일본에서 7만부, 중국에서 12만부, 한국에서는 3만부가 팔렸다고 한다.[4] 『미래를 여는 역사』는 '일본·중국·한국 공동편집' 형태를 취하여 각 절을 '담당국'이 집필했고, 책 말미에 집필 분담이 명시되어 있다.[5]

일본·중국·한국 3국 간의 교류는 지금까지 여러 차례 시도된 바 있다. 예컨대 일본을 무대로 해서는 1982년에 발족된 '비교사·비교역사교육연구회'가 있다. 이 연구회는 1984년 8월 「동아시아 역사교육 심포지엄: 자국사와 세계사」를 개최했다.[6] 이 시도 역시 1982년 일본의 역사 교과서 문제를 계기로 이루어진 것이었다. 그런데 1982년의 경우 3국 간의 주제가 (역사교육의) '비교'인 반면, 『미래를 여는 역사』에서는 '공통'(의 교재 작성)을 지향하고 있어서, 이 20년간의 추이와 경험의 축적을 엿볼 수 있다.

『미래를 여는 역사』의 일본 측 편집위원회는 주로 '어린이와 교과서 전국네트 21', '역사교육 아시아 네트워크 JAPAN' 등을 기반으로 하고 있다. 전후역사학의 성과를 받아들여 교과서 문제에 대처하는 '양식파' 혹은 '양심파' 그룹이 전후역사학에 입각해서 집필한 것이다. 많은 사람들은 이 책이 『새로운 역사 교과서』의 대안을 제시하리라 기대했고, 그것이 앞에서 본 높은 판매부수로 나타났다고 볼 수 있다.

---

4) 齊藤一晴, 「『미래를 여는 역사』 작성의 경과와 논점(『未來をひらく歴史』作成の經過と論點)」 上·下, 『季刊戰爭責任研究』 48·49, 2005.

5) 〔역주〕 일본어판에는 각국별 집필항목표가 붙어 있으나, 한국어판과 중국어판에는 각국별 집필자만 소개되어 있다.

6) 당시의 기록은 『자국사와 세계사(自國史と世界史)』(ほるぷ出版, 1985)로 간행되었으며, 제3회 회의도 同會 編 『흑선과 청일전쟁(黒船と日清戰爭)』(未來社, 1996)으로 간행되었다.

『미래를 여는 역사』를 공동으로 편집하고 출판하는 데 여러 제약이 있었던 것은 관계자들이 전하는 바와 같다. 또 집필자들 스스로 이 책은 아직 완전한 것이 아니라고 지적한다.[7] 현 상황에서는 사이토 가즈하루(齊藤一晴)의 말처럼 3국 관계자들이 역사교육을 놓고 '공통'의 교재를 작성하는 문제를 논의하기 위해 자리를 함께했다는 사실이 가장 중요할 것이다. 『새로운 역사 교과서』에 대한 비판으로서 무엇보다 3국에서 대안을 검토하고 제공했다는 점을 높이 평가해야 할 것이다.

하지만 그렇기 때문에 『미래를 여는 역사』는 꼼꼼히 검토되어야만 한다. 그럴 때에만 거기에 들어간 노력이 보상받을 수 있을 것이기 때문이다. 여기서 이 책을 검토하는 까닭은 이 책에 기울인 노력과 시도를 무위로 돌리지 않기 위해서이다.

『미래를 여는 역사』는 몇 가지 문제점을 안고 있다. 우선 전체 구성과 연관된 문제로서, 이 책의 구상과 서술, 즉 집필의 구성과 집필의 실제가 서로 어긋나 있다는 지적에서부터 시작하자.

『미래를 여는 역사』의 부제는 '동아시아 3국의 근현대사'로 되어 있다. 그러나 실제로는 일본·한국·중국에 의해 동아시아가 대표·대행되고 있을 뿐, 조선민주주의인민공화국, 타이완, 몽골, 또한 러시아, 베트남 등은 제외되어 있다. 물론 이들 나라가 전부 모여서 협의를 한다는 것은 현실적으로 불가능하다. 그렇지만 동아시아의 역사상을 재구성하면서도 3국으로만 한정했다는 자각은 반드시 필요하다. 이런 자각을 결여하고는 '동아시아'를 그려낼 수 없을 터이기 때문이다. 미국을 포함하는 개념으로서의 '서양'과 3국을 포함하는 '동아시아' 국가·민족들이 엮어내는 관계성의 다발로서 동아시아의 역사상을 그려낼 때, 일본·중

7) 齊藤一晴, 위의 논문.

국·한국으로 그 역사상을 제한하는 의미를 언급해야 할 것이다. 더욱이 이 책에서는 '3국'이라고 해서, 인식과 서술에서, 또 집필 분담에서도 현재의 국민국가를 단위로 삼고 있다. 국가를 형성하고 있지 않은 '민족'은 일단 『미래를 여는 역사』의 무대에는 등장할 수 없게 된다.

이 책은 근현대사를 대상으로 하고 있어서 통시적으로는 19세기 후반부터 20세기까지만을 다룬다. 처음 논의에서는 고대사부터 서술하자는 의견이 제기되었지만, 회의가 거듭되는 가운데 고대부터의 통사(通史)를 제공하는 것은 '현실적으로 불가능'하다고 해서 근현대사로 한정했다고 한다. 한편 『미래를 여는 역사』는 '통사'가 아니라 '주제별' 내용, 즉 '일본의 침략전쟁을 둘러싼 역사 사실을 3국이 공유하는' 시도라고 한다.[8] 동아시아의 근현대사를 고찰할 때 일본의 침략전쟁이 중심축이 되는 것이야 당연하겠지만, 과연 그 역사상을 일본의 침략전쟁으로만 수렴해도 좋은 것일까? 일본의 침략전쟁이 초래한 대항과 모순은 그냥 고스란히 21세기로 이전된 것이 아니다. 20세기 후반 냉전체제의 모순이 일본의 침략전쟁이 남긴 상흔에 상승작용을 가했기 때문에 그리 된 것이다. 이를 과연 어떻게 묘사할 것인가? 바로 이것이 동아시아 근현대사의 과제로 설정되어야 하지 않을까?

이상과 같은 인식에 입각해서 아래에서는 『미래를 여는 역사』의 주제 선택과 서술에 주목하면서 각 장별로 검토해보기로 한다.

서장 「개항 이전의 3국」에서는 17세기부터 19세기 중반까지를 다룬다. 여기서는 일본, 중국, 한국이라는 국가가 이미 존재하고 있음을 전제로 해서 서술이 이루어진다. 그러나 전근대의 역사상은 근대의 국민국가에 의해 정리된 것이라는 인식, 즉 근대 국민국가의 형성을 위해

8) 齊藤一晴, 앞의 논문.

역사가 이용된다는 인식이 필요할 것이다.

1장 「개항과 근대화」는 "서양 열강의 압력과 3국의 대응"을 서술한다. '아시아' 라는 인식 자체가 서양의 진출과정에서 형성되었을 터인데, 이 장에서는 '서양 열강' 에 대항하는 '3국의 대응' 으로 되어 있으며, 여기서도 현재의 국민국가가 이미 전제조건이다. 즉, 19세기까지 동아시아에 존재한 중국의 지배질서가 서양 열강에 의해서 변용된다는 시각이 아니라, 국가 차원에서 완결된 '대응' 이 서술되어 있는 것이다. '서양' 에 의해 '아시아' 가 자각되고, 이에 맞서 동아시아에 국민국가가 형성된다는 시각은 찾아볼 수 없다. 따라서 '3국의 분쟁', 즉 '조선을 둘러싼 일본과 청의 갈등' 도 '서양 열강' 에 의한 동아시아의 '근대화', 즉 국민국가 형성이 창출한 모순과 갈등·대항 속에서 파악되지 못하고 있다. 이처럼 국민국가로 완결해버리는 서술방식은 각국에 출현한 '개혁운동' 이 각국 정부와의 대항으로만 이해되고 있다는 점에서도 드러난다. 그러나 이들 개혁운동은 각각의 '근대' (동아시아의 근대)를 구상했으며 그렇기 때문에 각국 정부의 근대 구상과 항쟁했던 것이다.

이 장에서 '3국 민중의 생활과 문화' 라는 절은 심사숙고한 서술로 되어 있어 무척 흥미롭다. 사회사적 시각에서 철도, 역법과 시간, 매체와 교육 등을 다루고 있다. 다만 여기서도 근대의 '문화' 가 국민문화로서 전개되었다는 시각은 보이지 않는다.

2장 「일본제국주의의 확장과 한·중 양국의 저항」에서는 표제가 '양국' 으로 되어 있어서 국가를 단위로 한 저항으로 파악되고 있다. 여기서는 적어도 '민족' 이 되어야 하는 게 아닐까?

1장과 2장은 '일본의 침략' 과 '민중의 저항' 을 골격으로 삼고 있지만 국민국가체제를 제국-식민지주의의 체제로 보는 인식은 눈에 띄지 않으며, 신해혁명이 동아시아에서 갖는 의의에 관해서는 서술되지 않은 채로 끝난다. 그리고 일본의 식민지 지배에 대한 서술을 한국 측이 모두 담당하고 있다. 이런 분담방식에는 긍정적 측면과 부정적 측면이 동시에 존재한다. 즉 일본 식민지 지배의 가혹성을 분명히 드러내기는 하지만, 일본이 가해성을 얼마나 자각하고 있는가 하는 논점은 상실되고 말기 때문이다. 2장의 '사회와 문화의 변화' 라는 절에서는 각국 대도시의 대중문화를 서술하고 있는데, 이 부분도 흥미롭다. 다만 서술에서 '여성' 의 풍속이 강조되고 있는데, 여성에 초점이 맞춰지고 여성이 줄곧 논의의 대상이 되는 점에 대한 비평은 피해가고 있다.

3장 「침략전쟁과 민중의 피해」에서는 만주사변 이래 '일본의 침략' 과 '중국 민중에 대한 잔학행위' 가 묘사되는데, 이 부분은 모두 중국 측 담당으로 되어 있다. 전시의 식민지 지배에 관해서는 '한국의 전쟁기지화' 라는 파악에 근거해 설명하고 있는데, 이 부분도 한국이 모두 담당하고 있다. 여기서는 '일본의 침략' 에 의한 전쟁수행체제의 형성, 그리고 식민지 지배의 극한적 격화라는 인식이 드러나는데, 서술의 분담에서 이런 부분들을 일본이 쓰는 방식도 가능하지 않았을까?

이 장에서는 조선인민군, 대한민국 임시정부가 언급되고 '일본 민중의 가해와 피해' (오키나와 전투, 히로시마·나가사키 원폭, 〔도쿄 등지의〕 공습)가 거론되며 하세가와 데루(長谷川テル)나 일본군 반전(反戰)동맹 등도 기술되어[9] 폭넓은 시야에서 기술이 이루어지고 있다.

4장 「제2차 세계대전 후의 동아시아」에서는 패전 후 '3국의 새로운 출발' 이 그려진다. 여기서는 전시와 전후의 연속성에 대한 언급은 없고, '일본의 과거청산이 남긴 문제' 라는 절에서 일본의 전후처리가 현재

9) 〔역주〕 하세가와 데루(1912~47)는 좌익문화운동을 하다 퇴학당한 뒤 중국인 유학생과 결혼, 중일전쟁 직후 상하이에서 일본에 대한 반전방송에 투신했던 여성 활동가이다. 일본군 반전동맹은 일본의 전쟁을 제국주의전쟁으로 규정하고 일본군에게 투항과 전선이탈을 호소한 일본인 조직을 말한다.

시점에서 고찰된다. 하지만 이 장은 외교 차원의 주제를 중심으로 하고 있으며 종장과 마찬가지로 그리 많은 면수를 차지하지 못한다. 전쟁책임은 전후책임과 중첩되어 나타난다는 인식에 선다면, 이 부분의 서술은 더 풍부해도 좋지 않았을까?

동아시아의 '전후'에는 새로운 국경선이 그어지고 종래와 다른 경계가 설정되면서 각국이 재편성되는데, 그러한 역동성을 여기서의 서술로는 짚어내기 힘들다. 이 장에서 취급하는 사건들은 현재진행형의 정치·외교문제와 밀착되어 있다. 만일 여기에 역점을 두었더라면, 이 책이 원래 의도한 대로 일본의 침략전쟁과 전후의 대응관계가 분명해졌을 것이다. 따라서 전쟁이 결코 과거사가 아니라는 것, 현재의 국가관계-국제관계와 연동하고 있다는 것이 조금 더 잘 서술되었을 것이다. 그런데 이 장에서 한국전쟁의 서술을 일본이 담당한 것은 어떤 이유에서일까? 중국이나 한국이 맡을 경우 서술(관점)의 차이가 심해질 것이라는 우려에 따른 것이었다면, 오히려 역사인식의 차이를 그대로 드러내는 편이 낫지 않았을까?

종장 「동아시아의 평화로운 미래를 위하여」는 개인보상, 위안부, 역사 교과서, 야스쿠니 신사 문제와 전쟁에 관한 것이 주제의 대종을 이루지만, 전후에 형성된 새로운 모순, 즉 냉전에 관해서는 거의 서술되지 않았다.

Ⅲ. 텍스트로서의 『미래를 여는 역사』

『미래를 여는 역사』는 일본제국의 침략사로 이루어져 있다. 이 점은 동아시아의 근현대사로서는 어쩌면 당연한 일이다. 하지만 이 책을 하나의 텍스트로서 읽을 때, 몇 가지 문제점이 발견된다. 첫 번째 문제는 동아시아 지역의 역사적 주체에 관한 것이다. 『미래를 여는 역사』의 서술에서는 침략이라는 부정적 행위를 한 일본이 주체가 되고 한국과 중국은 일본의 행위 때문에 피해를 입고 저항했다는 식으로 되어 있다. 즉 한국과 중국은 일본의 행동에 대한 반작용에 의해서 비로소 행동하는 이차적인 주체라는 인상을 준다. 이런 의미에서 이 책은 일본제국의 역사로 되어 있어서, 한국과 중국은 일본제국의 종속변수로 서술될 뿐 독자적인 역할과 의미를 지닌 역사의 주체로서는 묘사되지 못한 듯하다.

두 번째 문제는 내셔널리즘에 관한 것이다. 한국과 중국의 주체성은 일본제국에 대한 저항으로서 서술되는데, 그럼으로써 한국·중국이 국가로서 발현하는 내셔널리즘은 온존된다. 이를 말해주듯이 2장의 표제는 앞서 본 것처럼 '일본제국주의의 확장과 한·중 양국의 저항' 으로 되어 있다. 일본에 관해서도 일본제국이 지닌 '확장' 하는 내셔널리즘은 비판의 대상이지만, 전후 형성된 일본의 내셔널리즘은 과녁에서 비껴나 있다. 바꿔 말해서 『미래를 여는 역사』에서는 동아시아라는 공간이 일본의 침략전쟁으로 환원되고, 이를 서술할 때 19세기 후반에 형성된 국민국가의 질서를 전제로 논의가 전개된다. 곧 제2차 세계대전 이후 오늘날의 국가질서를 전제로 소급해올라간 동아시아가 되는 셈이다.

그러나 그때그때의 과정에서 항쟁과 대항이 새로운 모순을 낳고 일본에 대한 대항이 주축이 되는 동시에 한국과 중국 사이에도 대립이 나타났다는 인식이 필요하다. 3국 사이에 대립만이 아니라 유착과 융합의 복잡한 관계가 있었음을 묘사해내는 작업이 요구되는 것이다. 이런 인식을 가질 때, 국경을 뛰어넘는 저항, 젠더에 의한 연대 같은 새로운 가능성의 추구도 비로소 설득력을 얻게 될 것이다. 그런 의미에서 이 책에서 유익했던 부분은 칼럼('역사 들여다보기')이다. 「친일파와 한간(漢

奸)」, 「멀었던 고국」 등 본문에서 언급되지 않은 화제들을 다루고 있다.

『미래를 여는 역사』의 주제 선택은 이러한 역사과정과 역사인식을 단축시키고 결락시킨다. 또 서양과의 대항관계에서 (동아시아의) 근대화라는 관점은 희박한 상태에서 그 주제를 넓은 의미의 아시아태평양전쟁으로 특화시킨다. 이와 관련해서 제2차 세계대전 후 동아시아에서의 미국의 점령에 대한 관심도 거의 보이지 않아, '동아시아 3국의 근현대사' 가 아니라 '일본제국의 형성과 침략의 근현대사' 가 되어 있다. 과제를 일본의 전쟁(책임)에 대한 추궁으로 제한해서 설정한 것이라면, 집필 배분에 좀 더 신경을 써야 했을 것이다.

게다가 '동아시아 3국의 근현대사' 라는 이 책의 의도에 비추어 보자면 식민지적 근대의 논의가 불가결했을 텐데, 이런 관점도 찾아볼 수 없다. 대만과 한국에서, 또 부분적으로는 중국에서도 일본과 서양에 의한 식민지 지배를 통해 근대가 도입되며, 이것이 각각의 역사를 규정하게 된다. 1장의 '3국 민중의 생활과 문화' 에서 다뤄진 철도, 역법과 시간, 매체와 교육, 또 2장의 '사회와 문화의 변화' 에서 다뤄진 도시화 등은 그런 논점을 고찰할 수 있는 중요한 소재이다. 1980년대 후반부터 세계적으로 활성화된 사회사연구는 문명화가 서양화인 동시에 제국화이며, 국민국가 형성에 대응하는 마음과 몸, 그리고 유대(紐帶)[10]의 근대적 규범을 만들어낸다는 것을 밝혀냈는데, 동아시아 지역에서는 더 나아가 식민지화에 의해 근대가 수행된다는 특징이 있다.

예컨대 대만의 '공통어' 제정, 한국·중국의 '위생' 제도와 '위생'

10) 〔역주〕 일본의 저명한 서양사회사 연구자 니노미야 히로유키(二宮宏之)의 '사회적 결합' (sociabilité)론에 사용된 개념이다. 니노미야는 사회적 결합의 두 측면을 유대(きずな)와 구속(しがらみ)에서 찾는다. 유대는 '자발적이고 수평적인 관계', 구속은 '타율적이고 수직적인 관계' 이다. 근대의 사회적 결합은 유대에서 구속으로 전환되면서 정치성을 드러내게 된다. 필자는 그 대표적 사례를 도시화 과정에서의 동향(同鄕) 조직에서 찾고 있다.

적 신체의 형성은 일본(그리고 서양)에 의한 식민지화 과정에서 수행된 것이다. 역법의 경우, 일본제국은 식민지에 태양력인 일본의 역법을 강제했다. 그러나 농업에는 이용되지 못했으며, 무엇보다도 종주국의 강제이기 때문에 한반도 사람들은 신역법 사용을 거부하였고 그것이 종주국에 대한 저항으로 나타났다. 또 전시에는 대동아공영권을 대상범위로 한 '대동아역법'의 구상도 생겨나, 역법은 일본제국과 식민지·점령지 간의 항쟁의 장이 된다.[11] 철도도 이런 관점에서 서술·분석할 수 있었을 테지만, 아쉽게도 이 같은 문제군은 『미래를 여는 역사』에서 거론되어 있지 않다.

요컨대 이 책은 제국주의와 민족주의의 대항이라는 단단한 틀에 입각해 서술할 뿐, 동아시아의 근현대란 어떤 시대였는가에 대한 전체상은 묘사하고 있지 않다. 『미래를 여는 역사』가 그 주요한 문제의식을 "일본의 침략전쟁을 둘러싼 역사사실을 3국에서 공유하는" 시도에만 한정한 것이 내포한 문제가 여기서 새삼스럽게 떠오른다.

아마도 이 책의 관계자들은 아시아태평양전쟁이 아직 역사화되지 못한 상황에서는 '일본의 침략전쟁'으로 주제를 '한정'할 필요가 있다는 인식에 도달했을 것이다. 일본의 전후보상도 불충분하고 역사인식이 여전히 외교문제가 되는 현 상황에서 일본의 침략전쟁을 전면화하고 이를 중심으로 한 역사상을 제공하는 것은 분명히 중요하다. 그러나 아시아태평양전쟁에 의해 형성된 모순과 대항은 지금까지 그대로 이어진 것이 아니라, '전후'의 '냉전'의 모순, 더 나아가 '전후후(戰後後)', '냉전후'의 모순과 중첩되어 현재에 이른 것이다. 이런 상황에서 『미래를 여는 역사』가 주제를 한정한 것은 아무래도 궁색했다.

11) 졸고, 「근대 일본의 '시간' 의식(近代日本の'とき'意識)」, 佐藤次高·福井憲彦 編, 『地域の世界史 6: ときの地域史』, 山川出版社, 1999.

이상은 주로 역사인식과 관련하여 드러나는 문제점이지만 서술, 즉 이야기의 차원에서 나타나는 문제점은 더 크다. 이 책에서는 주어, 즉 역사의 주체로서 국민국가가 자명한 존재로 간주된다. 또 역사적 사건에 대한 평가의 기준은 침략에 맞선 '저항'과 '독립'에 있을 뿐, 침략에 '협력'하면서 '저항'한 사례나 '저항·독립'의 틈새에서 생겨나는 갈등이나 모순에 대해서는 언급하지 않는다. 무엇보다 서술의 분담이 곧 국가를 대표해버리면서, 일본의 시책을 비판적으로 서술하고 한국과 중국의 저항을 민족·국가를 대표해서 묘사한다. 이 점은 책에서 국민국가를 주어로 한 '3국'이라는 표현이 자주 등장하는 것과도 관련이 있을 것이다.

'동아시아의 근현대사'라고 했을 때, 국가의 상위에 있을 터인 동아시아의 시점(즉, 평가의 축)이 이 책에서는 잘 드러나지 않는다. 또 '민족'의 개념에 대한 검토가 이루어지지 않으며 민족 간의 대립이나 항쟁에 대해서도 언급되지 않는다. 애당초 '동아시아'의 '근현대사'를 논할 때 시간과 공간의 문제, 즉 동아시아라는 공간은 언제, 어떻게, 어떤 범위까지, 어떤 근거로 일괄되어 거론되었는지를 『미래를 여는 역사』는 검토하고 있지 않다. 거듭 말하지만, 이 책은 오늘날 동아시아의 국민국가 질서를 전제로 해서 현존하는 국민국가를 주체(주어)로 삼는 데서 출발한다. 이런 점에서 『미래를 여는 역사』는 내셔널 히스토리(국사)를 넘어서지 못했으며 오히려 내셔널 히스토리를 강화하고 말았다고 볼 수 있다. 위생, 철도, 교육 같은 주제를 통해 제국과 식민지 관계의 복잡한 양상을 묘사하면서 국가를 기준으로 삼는 데서 벗어난 역사상을 그려낼 수 있지 않았을까?

이것은 곧 중층적이고 전이(轉移)하는 국민국가의 모순과 민족의 대항이라는 시점이 『미래를 여는 역사』에는 희박함을 뜻한다. 국민국가의 형성에는 각종 모순이 끼어들고 그것이 식민지주의로 전이해나간다. 이런 인식을 결여할 경우, 일본제국이 지닌 모순은 외재적 민족주의로 축소되어버리고 만다. 오키나와 연구는 (오키나와인이) '일본인이 되는 것'이 어떤 의미를 가졌는가에 대해서 최근 십년간 논의를 거듭해왔는데,[12] 이 책에는 이런 성과가 전혀 반영되지 못했다.

『미래를 여는 역사』에서는 제국주의와 민족주의의 대항관계가 서술된 것처럼 전후역사학의 성과는 충분히 활용되고 있다. 반면에 사회사연구의 성과는 단편적으로 소개될 뿐 사건이나 현상에 국한되어 있다. 사회사연구는 국민국가를 참조틀로 삼는 것을 비판하고 국민국가를 역사적 존재로 삼음으로써 내셔널 히스토리에서 벗어나고자 했다. 1990년대에 논의된 이 내셔널 히스토리 비판의 논점이 『미래를 여는 역사』에는 소거되어 있어서 사학사적으로 새로운 관점을 제공했다고 보기는 힘들다. 즉, 국민국가 형성시의 내부모순(민족, 변혁주체, 서양에 대한 대응)이 대외적인 모순을 만들어내는 것, 다시 말해 국내의 차이의 통합이 '국가'로서의 행위를 규정해나가는 것에 관한 논의가 이루어지지 않았다. 또 일본의 국민국가 형성은 동아시아의 질서(긴장) 속에서 서양과의 긴장관계에 의해 이루어진 것으로, 그렇기 때문에 새로운 긴장을 동아시아로 갖고 들어왔다는 것, 나아가서 마찬가지의 행위가 한국과 중국에서도 나타난 것에 대한 언급도 없다. 동아시아에서 국민국가 형성(체제)이 만들어낸 모순, 그것이 제국-식민지 관계로 연쇄되고 중첩되는 양상, 이런 점을 과제로 설정한 1990년대 역사학의 실천과 성과가 『미래를 여는 역사』에는 완전히 빠져 있다.

전후역사학과 사회사연구는 (인식론적 차원에서는) 대항관계에

---

12) [역주] 이 주제에 관해 국내에 소개된 대표적 성과로서 도미야마 이치로(富山一郎), 임성모 역, 『전장의 기억』, 이산, 2002를 참고할 수 있다.

있지만, 역사상의 제공에서는 각자 나름의 유효성과 유용성을 갖고 있다. 쌍방이 어떤 관계를 가질 때 역사의 리얼리티가 좀 더 잘 드러나게 될 것인가? 그리고 그런 협력이 '동아시아의 근현대사'를 대상으로 어떠한 서술의 가능성을 열게 될 것인가? 이 같은 질문에 대해 실천적으로 응답해나가는 일이야말로 사람들이 『미래를 여는 역사』에 기대하는 바가 아닐까? 바로 거기에서 새로운 역사수정주의에 대항하는 대안적 역사상을 제시할 방법적 근거를 찾을 수 있지 않을까?

IV. 동아시아사 혹은 '한중일 3국 공통 역사교재'의 가능성

지금까지 비판적인 언급만 많이 늘어놓았지만, 『미래를 여는 역사』에 대한 이 같은 검토작업은 결국 동아시아사를 구상할 수 있는가라는 고찰로 이어지게 된다. 이 문제를 네 가지 논점으로 나누어 살펴보자.

첫째는 동아시아사를 묘사할 때 "일본의 침략전쟁을 둘러싼 역사인식의 공유"(사이토)를 중심축으로 삼는 것이 과연 바람직한가 하는 점이다. 거듭해서 논점으로 지적했지만, 이 물음에 대해서는 '그렇다'와 '아니다'라는 답변을 동시에 할 수밖에 없다.

'그렇다'라는 답변은 일본에서 제국의식(식민지 소유를 했던 것)이 여전히 자각되지 못하고 있는 것, 또 '전전(戰前)'과는 다르다는 의미에서 '전후'의 가치를 조명하는 방식이 당연하게 여겨지는 가운데 전후의식이 제국의식을 소거해왔던 것을 배경으로 한다. 애초에 후자의 문제의식을 배경으로 그려질 전쟁상은 『미래를 여는 역사』의 서술과 다를 수밖에 없을 것이다. 그런 전쟁상을 제공하는 사례로는 현재 간행 중인 『이와나미 강좌 아시아태평양전쟁』[13]을 들 수 있겠다.

'아니다'라는 답변은 20세기 전반의 모순만이 강조되기 때문이다. 일본의 침략전쟁만으로는 이 모순 위에 새롭게 부가된 전후(냉전)의 모순이나, 나아가 그 후의 모순, 즉 '냉전후'나 '전후후'라고 할 1990년대 이후의 모순이 과소평가된다. 또한 동아시아 내부 각국 간의 상호모순과 그 중첩이 일원적·일방적으로 일본의 모순으로만 파악되어 단순화되고 만다.

이런 점을 염두에 둔 동아시아사는 서양에 대한 저항에 의해 한데 묶인 공간과 시간으로 구상되어야 한다. 공간적으로 동아시아는 국민국가체제(=제국체제)가 도입됨으로써 발생한 내부의 침략(즉 일본의 침략)과 피침략, 서양과의 유착과 대항의 공간이다. 시간적으로 동아시아사는 서양과의 긴장의 시기(19세기 후반), 내부의 침략이 가해진 시기(20세기 전반), 미국과의 긴장이 중심이 된 시기(20세기 후반)로 구분될 수 있다. 각 시기마다 서양에 대한 대응의 유형이 국민국가 형성을 지향한 각국에서 나타나는데, 그 공액성(共軛性)[14]이 동아시아로서의 특징을 만들어낼 것이다.

둘째는 동아시아에서 '공통 교과서'가 가능한가 하는 문제이다. 관계자들은 『미래를 여는 역사』가 앞으로 공통 역사교재가 되어 교육현장인 교실에서 사용되기를 희망하고 있다. 이 문제는 3국의 '공통'이라

13) [역주] 倉澤愛子·成田龍一 외 編, 『이와나미강좌 아시아태평양전쟁(岩波講座 アジア·太平洋戦争)』(전8권), 岩波書店, 2005~2006.(필자도 편집위원으로 참여하고 있는 이 시리즈는 2006년 1월 현재 3권까지 간행되었다. 권별 주제는 ①왜, 지금 아시아·태평양전쟁인가?, ②전쟁의 정치학, ③동원, 저항, 익찬(翼贊), ④제국의 전쟁경험, ⑤전장(戰場)의 제상(諸相), ⑥일상생활 속의 총력전, ⑦지배와 폭력, ⑧20세기 속의 아시아·태평양전쟁으로 구성되어 있다. 아시아·전체상을 주제별로 망라한 일본 최초의 학제적 시도로서 주목된다.)

14) [역주] 점, 선, 수 등을 서로 바꾸어놓아도 성질에 변화가 없을 경우, 그 쌍의 관계를 가리키는 수학용어. 켤레성이라도 한다.

는 차원, 그리고 '교과서' 라는 차원의 두 가지 내용을 갖는데, 나는 두 가지 모두 곤란하리라는 견해를 갖고 있다.

우선 '공통' 의 역사인식은 각 국민국가에서 기억의 양상이 다르기 때문에 공통의 것으로 만들기 어렵다. 오히려 3국의 관계자들이 '겹쳐쓰기' 를 함으로써 각자 기억의 존재방식을 자기점검하는 편이 유효하지 않을까? 또한 '교과서' 는 교육제도와 연관되어 있는데, 역사교육은 현상적으로는 '국민' 을 육성하는 제도가 될 수밖에 없고 교과서는 '통사', '통설', '종합사' 일 것을 요청받게 마련이다. 교과서에 요청되는 이들 요소는 모두 내셔널 히스토리의 강고한 거점이 되어 그 기반을 형성하고 있다. 3국 공통의 교과서는 현재로서는 내셔널 히스토리를 좀 더 강화한 것, 즉 각국의 내셔널리즘을 좀 더 강고하게 유지하는 것이 되고 말 공산이 크다.

셋째는 국민국가를 넘어선 가치기준이란 과연 무엇인가 하는 점이다. 그게 바로 아시아주의가 아니냐는 답변도 가능할 것이다. 이 물음에 대해서는 사회사연구나 식민지적 근대의 논의를 참조할 필요가 있다. 이들의 논의는 그 동안 국경이라는 경계, 국민이라는 규범에 의해 사람과 사람의 관계, 사람과 지역의 관계, 공동성의 창출방식과 교류의 방식이 변모하면서 '국가', '국민', '민족' 이 특권화되고 말았음을 밝혀왔다. 국민국가가 만들어낸 경계와 규범에 의해 은폐되어버렸던 관계성의 존재방식을 탐색하면서 역사적 의미를 부여하는 것이야말로 국민국가를 넘어선 가치기준의 내용이 될 것이다.

이럴 때 사학사 속에서 가능성을 도출하는 시도가 필요하지 않을까 생각한다. 그리고 안이한 생태사관(生態史觀)에 빠지지 않으면서, 동아시아에 공화제와 사회주의가 존재했던 것이 내포하는 역사적 의미를 추구할 필요가 있다. 또 국민국가에 대한 비판과 불신 때문에 편의적으로 아시아주의가 대두하고 있지만, 그것은 반미나 반서양의 감정에 불과하다는 것을 분명히 해둘 필요가 있다.

마지막으로는 근현대사의 역사상이 내셔널 히스토리에 빠지지 않기 위한 자각이 필요하다. 『미래를 여는 역사』는 말하자면 '좋은 내셔널리즘' 의 존재를 인정하는 입장에 서 있는 것으로 보인다. 그러나 역사상은 결코 내셔널리즘의 배분이 되어서는 안 된다. 그러려면 단일하고 균일한 역사상이 아니라 모든 '복수성(複數性)' 을 의식하는 일이 중요하다. 복수의 '일본', 복수의 '한국', 복수의 '중국' 이 서로 복수성으로 관계를 맺는 '복수의 동아시아' 라는 인식이 무엇보다 필요할 것이다.

따라서 역사의 코스도 결코 단선적이지 않고 복수로 존재했음을 인식하는 것이 역사수정주의에 대한 대안으로서 중요하리라 본다. 이 점과 관련해서 한홍구의 『대한민국사』의 서술은 내셔널 히스토리로 환원되지 않을 역사서술의 방법적 실천이라고 생각한다.[15] 또 역사나 역사학을 보는 방식도 시대에 따라 변이하는 복수성에 있는데, 백영서가 사학사에 초점을 맞추면서 사학사를 짜넣은 역사서술을 시도하고 있는 것이 시사점을 던진다.[16] 그런 가운데서 '인식' 과 '이야기' 쌍방을 의식하는 것, 즉 말을 실처럼 자아내는 일이 필요할 것이다. 아쉽게도 『미래를 여는 역사』는 이런 과제에 응답하고 있지 못하다. 하지만 서로 대면해서 이야기를 나누는 일이 소중하다는 것을 가르쳐주고 논의의 장을 넓혀나갈 계기는 제공했다고 생각한다.

문제점만 지적한 감이 있지만, 이상에서 언급한 문제들은 3국 간뿐만 아니라 각 국민국가 내부에도 존재하는 역사인식의 차이, 즉 온도

---

15) 졸고, 「한홍구 『한홍구의 한국현대사』, 혹은 '동시대사' 의 서술에 대하여(韓洪九『韓洪九の韓國現代史』, あるいは「同時代史」の敍述について)」, 『UP』, 2004. 11 참조.
16) 〔역주〕 백영서, 「'동양사학' 의 탄생과 쇠퇴」, 『창작과비평』 2004년 겨울호를 가리킴.

차를 어떻게 줄여나갈 것인가를 도모하기 위한 비판적 제언이었다.

나 자신도 중학교 역사 교과서를 집필하고 있다. 일본의 교과서는 학습지도요령에 따라 교과서회사의 논리(자본의 논리)와 긴장관계를 가지면서 원고를 쓰고, 다시 문부과학성의 검정(이번에는 국가의 논리)을 받고, 각급 교육위원회를 통해 채택이 결정되는 순서를 밟는다. 그렇기 때문에 수많은 제약이 있고 교과서에 개인적 견해를 집어넣기가 매우 힘들다. 이런 점을 익히 알면서도 내가 교과서 집필에 관여한 것은 후소샤판 『새로운 역사 교과서』의 대안을 모색하기 위해서이다. 『미래를 여는 역사』의 집필과 간행에서도 마찬가지의 의도를 찾을 수 있다. 또 그 과정에서 겪었을 수고도 엿보인다. 나의 비판을 그런 맥락에서 나온 비판으로 받아들여주었으면 한다.

아울러 이 글은 일본에서 역사학과 역사교육에 관여하고 있는 필자의 독해이다. 두 말할 필요도 없이, 이 독해에는 의식적·무의식적으로 필자에게 떠맡겨진 일본의 현상이 투영되어 있다. 여러 사람들이 복수의 배경에서 『미래를 여는 역사』를 논의할 때 분명히 풍성한 논점과 역사상이 제공될 것이다. 이 글도 그런 시도들 가운데 하나이다.

제 3 부

위안부 문제를 중심으로

아시아여성기금 문제와 지식인의 책임*

와다 하루키 和田春樹

I. 한일, 화해의 어려움

일본의 보수파·우익적 내셔널리스트들이 한일 간의 화해를 방해하고 있는 것은 말할 것도 없다. 그들은 화해를 원하지 않으며, 오히려 대립을 부추기는 일에 의의를 느끼고 있다. 한편 일본의 좌익은 일본의 국가와 국민을 비판하고 한국의 일본 비판에 동조하여, 비판적인 한일 연대를 만들려 하고 있다. 일본의 좌익은 소수파이지만, 한국에서 일본을 비판하는 사람은 국민 다수이다. 그러나 이러한 한일 연대로부터 한일 간의 화해를 이끌어내기는 어려운 일이다. 왜냐하면 일본의 중도적인 다수파와 미디어는 동요되고 혼란에 빠져, 자신감을 얻은 우익의 목소리에 이끌리고 있기 때문이다.

원래부터 일본과 한국, 양국관계의 과거는 극히 복잡하고 심각한 것이다. 자주 일본과 독일을 비교해서 말하지만, 일본의 조선 식민지 지배는 나치스 독일이 행한 유태인 학살과는 전혀 성격을 달리하는 역사

* 본고는 2005년 12월 2일 한국국제교류재단 문화센터에서 개최되었던 '한일, 연대 21' 제2회 심포지엄 「한일, 상호이해를 가로막는 요인들: 그 정치적 무의식의 구조」에서 발표된 것이다.

적 현상이며, 생각하기에 따라서는 훨씬 더 심각한 현상이다. 독일인과 유태인의 관계는 말살하는 자와 말살당하는 자의 관계이며, 양자 간에는 체포, 연행, 수송, 감금, 가스실에서의 학살과 같은 기계적·물리적 행위가 있었고, 심리적으로는 완전히 단절되어 있었다. 학살자에게 있어서는 열등한 유태인종은 말살되어야 한다는 논리 이외에는 아무런 논리도 존재하지 않는다. 이것이 완전한 범죄라는 것은 의심할 여지가 없으며, 독일인들의 이러한 역사는 전적으로 부정되어야 할 대상이며 정당화될 수 없다.

이에 비해 일본의 식민지 지배는 이웃나라를 병합하고 그 국토와 자원을 빼앗기는 했지만, 동시에 수천만의 국민을 일본국의 이등국민으로 편입시켜, 저항하는 자는 철저히 억압하고 나머지는 완전한 일본제국의 신민으로 만들겠다는 명목으로, 대동아전쟁을 위해 싸우는 일억 국민 속에 편입시킨 것이다. 동화시키고 협력하게 하는 것이 그 목적이었다. 솔선하여 일본제국 신민이 되려는 적극분자, 친일파를 만들어내는 것이 목적이었다. 이 시스템이 초래한 가장 심각한 결과는 조선 근대문학을 대표하는 최남선과 이광수라는 두 문학인을 모두 친일파로 만든 일이다. 이렇듯 일시동인(一視同仁)이라고 말하면서, 한편으로는 많은 조선인 여성들을 위안부로 만든 것은, 조선인을 천황의 신민으로 취급하겠다는 말이 결국 선전에 지나지 않았다는 사실을 나타낸다. 식민지 지배 36년 동안에 일본은 조선에 되돌릴 수 없는 변화를 남겼고, 일본인과 조선인 사이에는 언어·문화·사회·심리 면에서 복잡한 관계가 형성되었다.

조선인 측에서는 일본인을 적으로 하여 싸우는 것뿐 아니라, 3·1 독립선언에도 나타나는 것처럼 독립을 인정하는 것이 동아시아, 중일관계를 위한 것이기도 하다, 독립을 인정한다면 원한은 버리겠다고 일본인을 설득하려는 시도도 나타났다. 물론 일본은 그것을 무시하고 잔혹한 탄압을 가했다. 한편 일본 쪽에서는 저항자를 억압하고 간토(關東) 대지진 때와 같이 시민을 학살하는 한편, 만주침략 이후에는 조선인에게 협력을 요청하고, 일본인과 동등한 권리를 줄 것을 약속했다. 따라서 일본 안에는 식민지 지배를 여러 가지 이유로 정당화하려는 의견이 뿌리 깊게 재생산되는 토양이 있다. 거기까지 파고들어가서, 이것을 근본부터 해체할 필요가 있다.

또 한 가지 화해를 어렵게 해온 이유는, 식민지 지배가 끝났을 때의 양국의 성격의 커다란 차이이다. 독일과 비교하면, 일본의 패전의 성격은 확실하다. 나치스 독일은 끝까지 싸워서 부서졌다. 수도가 점령당했고, 국가원수는 관저 지하실에서 자결을 했다. 나치스 국가는 완전히 분쇄되었다. 독일은 분할점령되어 점령군의 군정하에 놓였다. 수년 후에는 스스로 헌법을 만들어 동서에 새로운 독일국가가 생겼다. 이에 비해, 천황의 조서로 전쟁을 시작한 일본은 본토결전(本土決戰)과 일억옥쇄(一億玉碎)를 회피하였고, 역시 천황의 조서로서 전쟁을 끝냈다. 일본 국가는 존속하여 미군의 단독점령하에 놓였고, 점령군의 지휘하에 새 헌법을 받아들여 전후개혁을 추진했다. 천황은 퇴위하지 않고, 평화국가 건설을 제창하며 제국군대의 통수자에서 평화국가의 상징으로 변신했다.

일본에서는 장군과 군인은 사라졌지만, 천황과 관료는 남았다. 대동아전쟁을 시작한 내각에서는 수상인 도조 히데키(東條英機), 외상인 도고 시게노리(東鄕茂德)는 A급전범이 되어, 한 사람은 처형되고 또 한 사람은 복역 중에 죽었다. 장상(藏相)인 가야 오키노리(賀屋興宣), 상공상(商工相)인 기시 노부스케(岸信介), 농상(農相)인 이노 히로야(井野碩哉), 대동아상(大東亞相)인 아오키 가즈오(青木一男)는 전범을 면하여 추방당했는데, 모두 전후 정치에 복귀하여 정권당의 의원이 되었다. 그 중의 한 사람은 수상이 되고(기시), 또 한 사람은 법무대신이 되었다(이노).

낡은 관념은 일본 사회 일부에 아무런 반성도 없이 그대로 살아남은 것이다. 일본에서는 전후 60년 중 50년간 보수정당이 정권을 독점해 왔지만, 그 정당의 주류는 쇼와(昭和)의 군국주의를 비판하고 영미와의 협조에 활로를 찾은 일부 관료들을 기초로 하고 있었고, 그 지류는 과거의 전쟁을 긍정하고 아시아를 일본에 종속시키는 것에 활로를 찾은 또 다른 일부 관료들을 기초로 하고 있었다. 주류와 지류의 타협 위에 정권당의 통치가 성립했기 때문에, 정권당은 전쟁도 식민지 지배도 명확하게 인식하지 못하고 과거의 역사에 대한 통일된 이미지를 가지지도 못한 채 말하자면 역사를 무시하는 통치를 계속하였다.

당연히 일본과 한국은 결정적으로 달랐다. 한국은 혁명적 변화의 나라이다. 식민지에서 독립국으로, 이승만 독재에서 학생혁명으로, 군사정권에서 민주화로, 그 과정에 무엇이 있든, 그 변화는 모두 혁명적이다. 구체제의 부정 위에 새로운 체제가 발전한다. 일본과는 전혀 다르다. 이렇게 서로 다른 나라가 마주보고 하나가 되어서 화해를 지향하는 것은 아주 힘든 일이다.

더욱이 문제가 되는 것은 화해란 어떤 과정인가 하는 문제이다. 나치스 독일의 경우, 유태인 학살 범죄의 단죄, 관계자의 처벌, 사죄와 보상이라는 행위가 독일 쪽에서 행해져, 유태인은 독일인을 용서하도록 노력한다는 식으로 진행되고 있다. 일본에 대해서도 마찬가지 과정이 위안부 문제에 요구되었다. 하지만 나는 한일의 화해는 또 다른 과정이라고 생각한다.

여기서 화해란 두 가지 내용으로 이루어진다고 봐야 한다. 우선 일본 정부와 국민이 식민지 지배는 조선 민족에게 강요된 것임을 인정하고, 그것이 초래한 손해와 고통에 대하여 반성하고 사죄한다. 이러한 원칙적인 확인이 화해의 최소한의 조건이며 토대이다. 둘째로 그러한 조건이 되었다면, 그것을 기초로 하여 양 국민이 서로 적극적으로 문제의 해결을 꾀하고 화해를 촉진하도록 한다는 것이다. 역사인식의 심화 발전, 공유화, 일본이 입힌 손해와 고통에 대한 보상 등 양국 간에 대립하는 문제 해결 등등이 함께 진행되어야 한다.

후자가 일본의 일방적인 노력만이 아닌, 한일 쌍방의 협력이어야 한다는 점에서는 일본 측의 책임회피라는 비판이 있을 수 있겠지만, 최소한의 조건도 한국 측의 비판과 협조 없이는 있을 수 없는 이상 그 내용의 진전은 한국의 협조, 비판, 협력 없이 일본의 일방적인 진전만으로는 불가능한 것이다.

아래에 과제의 어려움과 주체적인 조건이 너무도 다른 속에서 화해를 위한 조건이 어떻게 준비되어왔는지, 그 위에 보상의 시도가 어떻게 이루어졌는지를 검토해보겠다.

II. 전후 일본 국민의식의 궤적

공습과 함포사격 속에서 일본 국민은 군인들이 국외에서 진행했던 전쟁의 결과가 얼마나 무서운 것인가를 알았다. 일본군은 무적이라고 자랑했었지만, 후방 국민의 가정조차도 지킬 수가 없었다. 일본 전토가 전화로 허허벌판이 되었다. 도쿄에서도 하룻밤에 8만4천 명이 사망했다. 히로시마에서는 원자폭탄의 투하로 인해 즉사한 사람을 포함해 5개월 안에 약 15만 명이 사망했다. 여기에서 국민의 군대에 대한 불신이 생겨났다. 국민이 아무리 무지했다고 하더라도 이 군대에 대한 불신의 감정은 실질적이며 강열한 것이었다.

이 두려운 상황은 8월 15일의 천황의 옥음(玉音)방송으로 끝이 났다. 미군의 공습과 함포사격 속에서 공포의 나날을 보내온 국민들 사이에 안도의 감정이 펴져갔고, 그것은 천황에 대한 일정한 감사의 기분으로 발전했다. 국민의 반군(反軍)의식은 천황에 대한 감사의 의식과 이어져 있다. 그 의식이 전후 일본의 평화주의의 기초를 이루고 있다.

천황은 그 방송에서 "나는 어려움을 참고 만대를 위해 태평의 세상을 열 것을 희망한다"고 말했다. 그리고 항복문서에 조인한 이틀 후인 9월 4일 제국의회 개회에 임하여 칙어(勅語)를 발표하였는데, "나는 종전에 따르는 수많은 난고를 극복하고 국체의 정화(精華)를 발휘하여, 진의를 세계에 펴고 평화국가를 확립해서, 인류의 문화에 기여할 것을 희망하여 밤낮 마음을 쓸 것"이라고 하여, '평화국가'라는 목표를 제시했다. 국민은 '평화국가'란 비무장 국가라는 해설에 납득했다. 그러니까 천황을 국민통합의 상징으로 삼은 신헌법의 제1조를 받아들였고 또 전쟁을 포기하고 전력(戰力)을 갖지 않겠다는 제9조를 받아들인 것이다. 그것은 바로 자신들의 감정과 일치한 헌법이었다.

이러한 국민은 침략전쟁의 실상에 대해서 무지했다. 하지만 전후 일본에서 점차 밝혀진 것은 중국에 대한 침략전쟁의 실상이었다. 평론가 다케우치 요시미(竹內好)는 그것을 출발점으로 해서 그의 전후사상을 확립했다. 이와 반대로 식민지 지배의 문제성에 대해서는 국민들은 전후에도 계속 무지했다. 전후 일본 국민의 평화주의는 그러한 수준에서 출발한 것이었다.

조선 식민지 지배의 문제를 전후 일본에 제기한 사람은 공산당계의 지식인들이었다. 잡지 『세계(世界)』나 기독교인이자 평화주의자였던 야나이하라 다다오(矢内原忠雄)로부터는 어떠한 문제제기도 들을 수 없었다. 나는 공산당원이었던 역사가 이시모다 쇼(石母田正)의 문장에서 일본의 조선 식민지 지배에 대해 배웠다. 그렇지만 그것은 혁신계 중에서도 소수파의 입장이었다. 1965년의 한일조약 조인 때의 운동 중에서는 역사가들의 단체인 역사학연구회와 일본 조선연구소가 조약이 식민지 지배를 부정하는 정신으로 맺어진 것이 아님을 비판했지만, 그것도 일부 좌파의 움직임이었다.

식민지 지배의 문제를 일본 국민들이 널리 의식하게 된 것은, 1970년대 한국 민주화운동이 일본에 충격을 주게 된 뒤의 일이었다. 이러한 점에서 시인 김지하(金芝河)의 역할이 컸다. 일본인은 그때서야 비로소 한국인을 발견하고 그 마음을 알게 되었다. 그러자 순식간에 식민지 지배의 문제가 눈앞에 나타난 것이다. 그것은 미디어에도 침투해 갔다.

일본에 대한 아시아 근린제국으로부터의 압력도 베트남전 종결 후 해마다 강해지고 있었다. 1982년에는 교과서 왜곡의 움직임이 문제화되어, 한국과 중국으로부터 강한 비판이 일어났다. 일본 정부는 미야자와(宮澤喜一) 관방장관의 담화문을 내어 과거에 한국과 중국에 표명한 역사적 반성을 견지하겠다고 함으로써 교과서 기술의 개선을 약속하지 않을 수 없게 되었다. 우리들은 지식인 8명의 연명으로, 중국은 차치하고라도 한국에 대해서는 아무런 반성도 사죄도 없다, 식민지 지배를 사죄하는 정부선언을 발표해야 한다고 지적했다.

그리고 또 한국과의 사이에서는 1984년 전두환 대통령이 방일했을 때, 천황의 인사말이 문제가 되었다. 우리는 지식인과 기독교인 132명의 서명으로 국회가 다음과 같은 결의를 해서 한국 대통령 방일의 조건을 갖추고, 동시에 북한과의 정부간 교섭을 시작할 것을 요구했다.

> 일본 국민은 한일합병이 조선 민족의 의지에 반해서 강행된 것임을 인정하고, 일본이 식민지 통치 시대를 통해서 이 민족에게 헤아릴 수 없는 고통을 준 것을 반성하고 깊이 사죄한다.

대통령을 맞은 9월 6일의 궁중만찬회에서 천황은 "금세기의 한 시기에 양국 간에 불행한 과거가 존재한 것은 참으로 유감스럽게 생각하며, 다시 반복되어서는 안 될 일이라고 생각합니다"라고 말했다. 이것은 한일조약 임시조인 때의 시나(椎名悦三郎) 외상이 했던 "불행한 기간이 있었던 것은 참으로 유감한 일이며, 깊이 반성하겠다"는 말을 되풀이한 것이다. '유감'이란 '아쉽다'는 말이며, 사죄의 뜻을 지니지 않는다. 1980년대 말에는 식민지 지배 청산을 중핵으로 하여 북일교섭을 시작하라는 '조선정책의 개선을 요구하는 모임'의 운동이 야스에 료스케(安江良介), 스미타니 미키오(隅谷三喜男), 와다 하루키(和田春樹) 등에 의해 전개되었다. 조선 식민지 지배를 반성하는 국회결의 제안은 도이 다카코(土井たか子) 사회당위원장의 두 개의 조선 건국 40주년 기념 메시지에서 지지를 얻게 되었다. 쇼와 천황이 서거한 1989년에 우리들은 조선 식민지 지배 반성·사죄의 국회결의를 요구하는 서명운동을 펼쳤다.

이 움직임은 1990년의 가네마루(金丸信)·다나베(田邊誠) 방조단(訪朝團)의 형태로 현실정치로 이행되었다. 자민당의 실력자 가네마루 신은 평양에서 식민지 지배에 대해 사죄함으로써 국교정상화 교섭의 길을 열었다. 1991년에 북일교섭이 시작되었다. 자민당과 사회당의 첫 협력으로 실현된 두 나라 간의 진전에 대해 반대하는 사람은 없었으며, 국민적 지지가 있었다. 하지만 이 교섭은 핵 문제와 이은혜(李恩惠) 문제로 그 다음해에는 중단되었고, 가네마루 신은 부정사건으로 체포되어 정계에서 추방되었다.

하지만 곧이어 한국과의 사이에서 위안부 문제가 부상했다. 윤정옥(尹貞玉) 씨의 조사가 신문에 발표된 이후, '정신대문제대책협의회'가 결성되고, 91년 12월에는 김학순 할머니가 실명으로 고발해 충격을 주었다. 미야자와 내각은 위안부 문제의 조사를 시작하여, 93년 8월 고노 요헤이(河野洋平) 관방장관이 군의 관여를 인정하고 사죄하는 성명을 발표했다.

> 본건은 당시 군의 관여하에 많은 여성의 명예와 존엄을 깊이 손상시킨 문제이다. 정부는 이 기회에 다시 출신지 여하를 불문하고 이른바 종군위안부로서 온갖 고통을 겪으시고 심신에 지울 수 없는 상처를 입으신 모든 분들께 진심으로 사과와 반성의 뜻을 전한다.

이때도 국민은 조용히 대응했다. 정부의 행동을 지지했다고 볼 수 있다.

Ⅲ. 1995년의 결전

미야자와 내각의 퇴진과 함께 38년간 계속 되었던 자민당의 단독통치가 끝나고, 반자민 연립내각이 탄생했다. 호소카와 모리히로(細川護熙) 수상은 첫 기자회견에서 과거의 전쟁을 "잘못된 침략전쟁"이라고 말해 사람들을 놀라게 했다. 또 호소카와 수상은 한국을 방문해서 처음으로 식민지 지배를 "식민지 지배"라고 말해, 그 동안에 일본의 정책이 준 고통에 대해 사죄했다. 이것은 수상의 개인플레이였지만, 이에 이르러 우익세력의 위기의식은 결정적으로 높아져, 호소카와 발언을 용납하지 말자고 전국적으로 총궐기했다. 신사 본청(本廳) 등이 적극적으로 움직인 것과 북한과의 국교교섭에 반대해온 조선문제 전문가 사토 가쓰미(佐藤勝巳) 씨가 조선 식민지 지배의 사죄는 불필요하다고 하며, 호소카와 수상 비난캠페인의 일각에 등장한 것이 주목된다.

1994년에 자민·사회·사키가케의 삼당이 연립하여 무라야마(村山) 내각이 탄생하였다. '전후 50년의 국회결의'는 연립내각의 공동 정책목표 안에 들어 있었다. 사회당의 무라야마 도미이치 수상은 내각으로서 사죄와 보상 문제에 돌입하였다. 이번에는 지난 대전은 "자존자위(自存自衛)"와 "아시아해방"을 위한 전쟁이었다고 주장하며, 반성도 사죄의 말도 국회결의에 담아서는 안 된다는 '자민당 종전 50주년 국회의원연맹'(회장 오쿠노奧野誠亮, 사무국장 이타가키 다다시板垣正, 사무국 차장 아베 신조安倍晋三)이 조직되어, 거기에 자민당 국회의원의 2/3가 가입하는 위기적인 사태가 발생하였다. 그러한 속에서 삼당이 옥신각신하는 싸움이 벌어졌다. 위안부 문제에도 언급한 우리들 시민운동이 작성한 결의안은 사회당의 안으로서 협의의 장에 제출되었지만, 완전히 거부당했다.

전후 50년의 국회결의는 문장이 상당히 애매해졌다. 6월 9일 중의원에서 찬성 다수로 채택된 결의는, 근대에 있어서 침략적 행위와 식민지 지배가 횡행했는데 일본도 그러한 행위를 행하여 아시아 모든 국민에게 고통을 준 것을 반성한다는 내용이었다. 자민·사회·사키가케의 삼당이 찬성하고, 공산당은 반대, 신진당(新進黨)은 결석했다. 본회의에 결석한 우파 의원들은 결의의 채택을 인정하지 않을 것을 표명했다. 그 관계자들이 움직여서 참의원에서는 결의가 채택되지 않았다. 그런데도 나는 이 결의의 채택을 "플러스이며, 비참한 승리"라고 평한 문장을 잡지에 발표하려고 했지만, 그 글은 채택되지 않았다. 사회당의 이가라시(五十嵐廣三) 관방장관은 국회결의 외에 수상 담화와 시바 료타로(司馬遼太郎)가 강연하는 기념집회의 세 가지를 추진하였다. 국회결의의 결과가 불만족스러웠기 때문에 수상담화에 더 한층 노력이 가해졌다. 외무성이 협력해서 무라야마 담화가 각의결정에 의거해, 8월 15일에 발표되었다. 담화에서는 다음과 같이 말하고 있다.

> 일본은 멀지 않은 과거의 한 시기에 국책을 그르쳐 전쟁의 길을 걸음으로써, 국민을 존망의 위기에 빠뜨리고 식민지 지배와 침략에 의해 많은 나라, 특히 아시아 제국의 사람들에게 막대한 손해와 고통을 주었습니다. 나는 (……) 이 역사의 사실을 겸허하게 받아들여, 여기에 다시 통절한 반성의 뜻을 표하고 진심으로 사과의 뜻을 표명합니다.

국회결의와 무라야마 수상 담화는 전후 50년이 되어서 자민당과 사회당의 연립내각이 확립할 수 있었던 역사인식이며 중요한 성과였다. 여기서 처음으로 일본 국가는 그 전쟁과 식민지 지배에 대해 정식으로 반성과 사죄를 표명하는 입장에 선 것이다. 이로 인해 한일 화해의 최소한의 조건은 갖추어졌다고 본다. 이 담화에 대한 반발이나 비난은 없었지만, 담화가 강한 반대의 움직임을 누르고 가까스로 발표된 것임은 분명했다. 불만을 가진 자민당은 시바 료타로가 강연할 예정이었던 정부 주최 전후 50년 기념집회의 개최를 방해했다. 정부의 반성과 사죄 뒤에는 국민의 과반수의 지지가 있다고 볼 수 있지만, 분명히 나머지 반에 가까운 사람들은 반대했던 것이다.

Ⅳ. 위안부 문제와 '아시아여성기금'

위안부 문제를 위해 설립된 '아시아여성기금'은 최소한의 반성과 사죄가 이루어진 다음에 구체적으로 개시될 화해를 위한 노력이라고 평가할 수 있다. 그러므로 그것은 한일 양국의 협력이 문제되는 국면이었다고 생각된다. 1995년 7월 9일에 시작한 '아시아여성기금' 탄생의 경위는 다음과 같다. 사회당은 위안부로 인정된 사람들에게 정부예산에 의한 개인보상을 요구했다. 하지만 자민당과 관료는 도의적 책임을 인정해서 사죄하는 것에는 동의를 했지만, 예산을 지출하여 개인에게 보상하는 데에는 끝까지 반대했다. 이 때문에 사회당에서 나온 이가라시 관방장관은 정부가 '기금'을 만들고 국민으로부터 기금을 모아 그것을 원천으로 보상금을 내는 것으로 타협했는데, 아울러 정부자금으로 피해자에 대해 의료복지 원조를 제공한다는 안이 추가되었다. 이것이 삼당합의로 채택되었다.

일본 내부에서 식민지 지배 반성·사죄의 공식 성명을 요구하고 운동해온 사람들 사이에서 이 '기금'의 구상을 둘러싸고 분열이 생겼다. 나는 정부의 요청을 받아 '기금'의 발기인이 되었다. 내가 그 호소에 응한 가장 큰 동기는 국회결의를 둘러싸고 결집하는 우익의 강력함에 마음속으로부터 위협을 느꼈기 때문이다. 위안부 문제에 대해서 정부가 조치를 취하는 것이 어려워지는 것이 아닌가 생각했다. 발기인 역할을 맡았을 때, 내가 제시한 조건은 전국지에 전면광고를 내서 출발한다는 것이었다. 그것으로 정부의 자세가 후퇴하는 일이 없을 것이라는 보장을 받으려는 것이었다. 나와 같이 참가한 발기인이나 이사들이 '기금'에 들어간 것은 삼당합의의 범위 내에서 할 수 있는 최대한의 개선을 실현시키는 것이었다. 우리가 쟁취한 것은 ①기금의 명칭을 '평화우호기금'에서 '평화국민기금'으로 바꾼 것, ② 수상의 사죄 편지의 원안을 만들어, 채용되지는 않았지만, 정식 편지에 일정한 영향을 미쳤다는 것, ③ 국민으로부터의 모금에 의한 보상금을 200만 엔으로 한 것이다. 우리는 위안부 피해자가 있는 한 200만 엔을 지급하기로 결의했다. ④ 정부자금에 의한 의료복지 지원은 피해자를 위해 의료복지 지원을 행하는 단체에 '기금'이 정부자금을 공여하겠다는 것이 원안이었다. 이대로 실현된 것이 상대방 국가 정부가 의료복지 지원을 맡아준 필리핀의 케이스였다. 필리핀에서는 한 사람당 120만 엔 상당으로 정해졌다. 한국과 대만의 경우는 피해자의 요구를 물어본 후, 의료복지 지원을 개인에게 현금지급하는 것으로 전환시켜 정부에 의한 보상금에 근접시켰다. 액수는 300만 엔이다. 이것은 거의 국가보상에 가깝다.

일본 국내에서는 혁신계는 사회당계, 공산당, 신좌파도 모두 '아시아기금'에 부정적이었다. 『아사히신문(朝日新聞)』도 NHK도 비판적이었다. 잡지 『세계』의 전 편집국장이었던 야스에 료스케 씨는 한국민주화운동연대에서 활동하던 때부터의 동지였지만, '아시아여성기금'을 부정적으로 보았고 그런 면에서 우리의 대화는 불가능했다. 이런 사람들은 모두 국가보상을 요구하고 있었고, 정부의 애매한 태도에 화를 내고 있었다. 그런 식이어서는 한국 사람들에게 미안하다고 생각하고 있었다. 심정은 충분히 이해할 수 있다. 하지만 '아시아여성기금'을 부정해도 앞으로 분발해서 정부로 하여금 좀 더 바람직한 조치를 취하게 할 수 있다는 확신이 있다면 그것도 좋다. 그러나 운동을 해보아도 정부는 이제 새로운 조치를 취하지 않을 것이라고, 그 사람들도 내심 생각하고 있었다. 일본에 있으면 알 수 있는 일이었다. 그런데도 '아시아여성기금'을 부정한 것은 정부의 잘못된 전쟁정책을 수정한다고 하여 정부에 협력하고 전쟁추진의 입장으로 추락한 1930년대의 혁신파 지식인의 전락의 기억이 있고, 정부를 지지하고 정부에게 협력하는 것은 지식인이 해야 할 일이 아니라고 생각했기 때문이다. 야스에 씨와 함께 두 번에 걸쳐 '아시아여성기금' 반대의 성명을 낸 지식인들 사이에는 그러한 생각이 존재했다. 『세계』의 지면상에서 나는 그러한 전전의 혁신파 지식인의 잘못을 반복하는 존재라는 비판을 받았다. 전후 일본에서는 지식인은 헌법의 해석개헌에 따라 자위대를 창립한 보수당 정부에 대해, 헌법옹호의 입장에서 자위대와 일미안보조약은 헌법위반이며 반대한다고 계속 말해왔으며, 만년 야당인 사회당과 함께 애써왔다. 그것으로 인해 자위대의 팽창과 군대화를 막고, 전후 일본의 비군사적 발전을 지지해온 것이다. 그러나 그 의미 있는 절대야당주의는 벌써 의미를 잃고 있었다. 과거의 역사에 대한 반성과 사죄를 확립하고, 피해자에게 보상을 하겠다는 적극적인 행위를 실현시키기 위해서는 절대야당에 머물러 있어서는 어찌 해볼 도리가 없는 것이다. 이때 보수파의 정치가도 혁신적인 지식인도 일본 국가, 일본 정부, 일본 국민으로서의 사죄와 보상을 실현시켜야 할 공통의 책임을 지고 있었다. '아시아여성기금'을 절대부정하는 사람들은 명백히 그 책임을 회피한 셈이다.

내가 두 번의 지식인성명의 중심에 선 사람과 대화했을 때 "정부가 국가보상을 할 것이라고 생각합니까?"라고 묻자, 그 사람은 "아마 정부는 그렇게 안 할 것"이라고 말했으며, 내가 "그때는 어떻게 합니까?"라고 다시 묻자, "그렇게 되면 피해자에게 사죄를 하고 모금을 해서 얼마간의 돈을 내밀 수밖에 없다"고 대답했다. 그렇다면 '아시아여성기금'과 과연 어떤 차이가 있다는 것인가? 하지만 중요한 것은 이 사람들은 우익의 단결과 맹렬한 반격을 전혀 예상하지 않았다는 점이다. 결국 우리들의 분열은 우익의 공격을 허락하는 결과가 되었다고 하지 않을 수 없다.

한국의 김영삼 정부는 보상은 필요 없다, 할머니들은 한국 정부가 돌보겠다, 일본은 진상해명을 해달라고 주장했지만, '기금'이 시작되자 일본 정부의 입장을 존중한다는 태도를 보였다. 정권 내부의 관료들 중에는 자신들이 매월 지급되는 지원금을 상당히 노력해서 정했는데, 일본의 방식은 돈 액수를 올려서 처리하는 방식이라며 거세게 반발하는 사람들이 있었다. 결국 한국 정부의 입장도 바뀌었다. 한국의 운동단체가 '아시아여성기금'에게 불만을 느낀 것은 당연한 일이었다. 사람들은 '기금'에서 스스로의 책임을 회피하려는 일본 정부의 불성실한 태도를 본 것이다. '정신대문제대책협의회'는 '아시아여성기금'을 전적으로 부정하고, 일본 정부는 법적 책임을 인정하고 위안부 문제를 전쟁범죄로 다루어 사죄해야 하는데 그러지 않았으며 또 정부가 개인보상을 해야 하는데도 국민모금 뒤에 숨어 있다고 지적했다. 피해자인 할머니는 생활고 때문에 고생하고 있지만 대부분이 "법적 배상과 진실한 사죄가 없는 한" 돈을 받지 않겠다고 말하고 있다며, 현 시점에서 '기금' 이외의 조치가 불가능하다고 해도, 원칙대로 싸워나가는 것이 국제적으로도 의미가 있고·장기적으로는 일본도 변할 것이라고 생각했다. 그렇지만 할머니들 중에는 '아시아여성기금'을 받아들인다는 사람들이 분명히 존재했다. 하지만 그 사실을 공공연히 말하지 못하는 분위기가 사회를 휩싸고 있었다.

어쨌든 '아시아여성기금'은 국내에서도 불충분하다는 비판을 받았으며, 한국으로부터도 불성실하다는 비판을 받는 결과가 되었다. 일본의 국민은 무라야마 담화는 지지했지만, '아시아여성기금'에 대한 반응에는 분명히 동요했다.

Ⅴ. 우익의 반격

1995년에 국회결의, 무라야마 담화에서 완패한 세력은 반격할 기회를 노리고 있었다. 1996년 가을 우익세력은 태세를 갖추어 위안부 문제를 들어 활동을 재개했다. 그 해 검정이 끝난 중학교의 모든 사회 교과서에 '종군위안부'에 관한 기술이 나타난 것에 대한 항의운동을 시작한 것이다. 기술에는 애매함이 있었다는 것이 이용되었고, 중학교 교과서에 써도 괜찮은가 하는 의견도 있었다. 거기에서 시작하여 활발한 역사교육 비판을 하기 시작한 도쿄 대학 교육학부의 후지오카 노부카쓰(藤岡信勝) 씨가 정력적으로 발언하고, 오랜 우익 학자인 니시오 간지(西尾幹二), 새로운 국가주의 지식인 사카모토 다카오(坂本多加雄), 고바야시 요시노리 씨 등이 움직여 '위안부'의 강제연행은 없었다고 주장하고, 사죄도 보상도 필요 없다는 생각을 미디어를 동원해서 선전했다. 이 사람들은 교묘하게도 '아시아여성기금'을 공격하지 않고 무시했으며, '아시아여성기금' 반대파만을 공격했다. 의원 중에는 종전 50주년 국회의원연맹을 중심으로 만든 '밝은 일본' 국회의원연맹이 "자학적인 역사관이나 비굴한 사죄외교"에 반대하는 활동을 시작했으며, 위안부 문제에 대해서도 발언을 하기 시작했다. 그러자 젊은 자민당 의원들이 '일본의 전도와 역사교육을 생각하는 젊은 의원들의 모임'(대표 나카가와 쇼이치 中川昭一, 사무국장 아베 신조)을 조직하고 앞장서서 위안부에 관한 고노 담화를 집중적으로 공격했다. 무라야마 담화는 하시모토(橋本龍太郎) 내각으로 계승되어 고노 담화에 기초를 둔 하시모토 수상의 사과문이 필리핀에서 보상사업을 받아들인 최초의 피해자에게 전해졌지만, '아시아여성기금'은 이 논쟁 밖으로 내몰려 존재하지 않는 것처럼 취급되었다. 그리고 96년 12월에 앞에서 언급한 사람들은 자신들의 주장을 살린다고 '새로운 역사 교과서를 만드는 모임'(회장 니시오 간지, 호소인 고바야시 요시노리, 사카모토 다카오, 후지오카 노부카쓰)을 만들었다. 이것은 무라야마 담화에 제시된 역사인식에 대한 공공연한 도전의 움직임이었다.

1998년 김대중 대통령이 방일하여, 오부치(小渕恵三) 수상과 함께 한일공동성명을 냈다. 이것은 무라야마 담화를 한국에 적용한 내용을 포함한 것이며, 김대중 대통령이 그것을 받아들일 것을 표명한 것이다.

오부치 수상은 금세기의 한일관계를 회고하고, 일본이 과거의 한 시기에 한국 국민에게 식민지 지배에 의한 다대한 손해와 고통을 주었다는 역사적 사실을 겸허하게 받아들여, 이에 대해 절실한 반성과 마음에서 우러나는 사죄를 언급했다.

김대중 대통령은 이러한 오부치 수상의 역사인식 표명을 진지하게 받아들여 이것을 높이 평가함과 동시에, 양국이 과거의 불행한 역사를 넘어서 화해와 선린우호·협력에 기초를 둔 미래지향적 관계를 발전시키기 위해서 서로 노력하는 것이 시대의 요청이라는 의향을 표명했다.

무라야마 담화가 화해를 위한 최소한의 조건을 갖춘 것이 확인된 것이다. 하지만 그러한 확인을 한 김대중 정부가 '아시아여성기금'을 받지 않겠다고 서약하는 할머니에게는 300만 엔 이상을 지급하겠다는 방책을 '정신대문제대책협의회'의 진정에 따라 결정, 실시함으로써 큰 혼란이 야기되었다. 필리핀의 운동단체가 한 것처럼, '아시아여성기금'을 받고 싶다는 할머니가 나오면, '기금' 자체에 대해서는 끝까지 비판하더라도 고령의 할머니의 기금 수취는 지원하겠다는 방향으로 가는 길도 있었을 것이다. 그런데 조리에 맞지 않는 돈을 일본으로부터 안 받을 수 있도록 일본이 한국 정부에 내놓는 금액 가까운 돈을 지급하는 일은 정치적인 논쟁을 돈싸움으로 바꿀 수도 있는 일이었다.

화해의 최소한의 조건이 갖추어졌는데, 정치적으로는 한일 간에 혼란과 대립이 나타났다. 그 환경이야말로 '새로운 교과서를 만드는 모임'의 공세가 활성화되는 데 적합한 것이었다. '새로운 교과서를 만드는 모임'은 전국적으로 조직을 확대하여, 1999년에는 먼저 니시오 간지 씨가 쓴 『국민의 역사(國民の歷史)』(후소샤)를 대대적으로 출판해서 여론의 형성을 꾀한 후에, 자신들이 집필한 교과서를 2001년의 검정을 위해 제출했다. 그 백색 표지본(교과서 검정 전의 신청교과서)은 기본적으로 과거의 일본 역사를 전적으로 미화함으로써 일본인에게 그릇된 자부심을 주려고 하는 사상에 입각하고 있었다. 무라야마 담화에 표현된 일본 정부와 국민의 역사인식을 부정하려는 지향점이 전면적으로 관철되었다. 근린제국의 사람들과의 이해와 협력을 추진하기 위해 교과서가 지켜야 할 요건을 정한 교과서 검정의 '근린제국 조항'을 위반한 것도 분명했다.

이 백색 표지본 교과서에 대해 검정조사심의회는 대폭 수정을 명령하고, '새로운 교과서를 만드는 모임' 측은 그 모든 것을 받아들여야 했다. 한일병합이 "국제관계의 원칙에 따라 합법적으로 맺어졌다"는 기술은 삭제되었다. 이러한 수정을 하게 한 것은 무라야마 담화가 기본적으로 지켜진 것을 나타내고 있다. 그렇지만 후소샤의 교과서에는 여전히 과거를 미화하는 투의 기술이 많이 남아 있었다. 역사가들은 한층 더 비판을 가했고, 한국과 중국의 정부도 비판하는 문서를 일본 정부에 보냈다. 문부과학성은 한국과 중국으로부터의 비판에 대해 검토를 했지만, 대부분의 비판을 받아들이지 않는다는 결론을 내렸다.

후소샤의 교과서는 검정을 통과했지만 비판운동은 전국적으로 활발해졌고, 각지 교육위원회의 채택 결과는 '새로운 교과서를 만드는 모임'의 참패였다. 무라야마 담화는 정부의 견해이며, 국민 다수의 의견인 것이 확인되었다. 우익세력은 다시 패배했지만, 그 동안의 활동에 의해 '새로운 교과서를 만드는 모임' 은 국민에 대해 교과서 채택 결과를 넘는 영향력을 가졌다고 볼 수 있다. '새로운 교과서를 만드는 모임' 은 구식의 우익을 동원할 뿐 아니라 자신들의 나라에 대해 자신감을 가지고 싶어 하는 새로운 내셔널리스트도 모았다. 그리고 그 멤버들은 1997년부터 시작한 북한에 의한 납치피해자 구출운동의 멤버이기도 했다.

2002년 고이즈미(小泉純一郎) 수상이 방북하여, 김정일 국방위원장과 일북평양선언을 체결하고, 국교정상화를 촉진할 것을 합의했다. 그때 김정일 위원장이 납치 사실을 인정하여 사죄를 하고, 5명 생존, 8명 사망이라는 정보를 통지했다. 그때 조작되어서 분출한 납치실행국가 북한에 대한 국민의 울분은 대단한 것이었고, 모든 것을 씻어버리는 홍수가 되었다. 고이즈미 수상이 무라야마 담화의 선상에서 조선 식민지 지배에 대한 반성과 사죄의 말을 했지만, 그 일은 일거에 덮어지고 잊혀졌다. 북한이 가해자이며 일본은 피해자이다, 북한은 사죄하라, 진상규명하라는 소리가 신문이나 텔레비전을 차지했다. 이 조작된 국론 밑에서 무라야마 담화도 위안부 문제도 '아시아여성기금' 도 모든 것이 잊혀진 감이 든다. 이러한 국론의 조작에 관계한 것이 '납치피해자 구출운동 전국협의회' 회장인 사토 가쓰미(佐藤勝巳) 씨이다.

Ⅵ. 맺음말

한일관계는 문화면에서는 1998년의 한일공동선언 이후의 문화개방 조치 등의 영향으로 접근이 진행되었고, 2003년경부터 한류 붐이 일어났다. 하지만 북한에 대한 일본의 태도가 한국의 정계나 지적 세계의 반발을 삼으로써 2005년에는 반일 현상이 나타났다. 물론 고이즈미 수상의 변호의 여지가 없는 도발적인 야스쿠니 신사 참배의 영향도 있다.

따라서 한일의 화해를 위해서도, 일본인이 북일관계를 생각할 때에 무라야마 담화의 정신을 되살려 위안부 문제를 상기하는 것이 급선무이다. 그것에 의해 우익적·반북한적인 국론을 타파할 수 있을지 없을지가 관건이 된다. 그러한 국론을 타파하고 다시 화해를 위한 토대를 만들어야 한다. 결국 한일 간의 화해는 한국과 일본, 북한과 일본의 화해인 것이다.

이 일본인의 노력을 한국인들이 도와줄 것인지가 중요한 점이다. 일본 내부 사죄파의 분열과 한일 간의 대립이 일본 우익의 대두를 허용한 것이다. 화해를 위해서는 각각의 민족주의를 존중하고 그 동안의 연대를 통하여 국제주의적인 것을 찾아가는 일이 필요하다. 서로 상대방이 자기 스스로에게 긍지를 가지고 싶어 하는 것을 존중해야 한다. 그것은 일본인이 한국에 대해 반성과 사죄를 표명할 경우에도 필요하다.

아시아여성기금의 역사적 총괄*

우에노 지즈코 上野千鶴子

'무라야마 기금'이라고도 불린 평화를 위한 '아시아여성기금'이 설립 10주년을 맞아 2007년에는 해산하게 되었다. 설립 주최자이자 현 이사이기도 한 와다 하루키 씨가 「아시아여성기금 문제와 지식인의 책임」이란 타이틀로 이야기하시는 이 자리에서 나는 '기금'에 대해 비판적인 입장에서, '기금'의 역사적 총괄을 시도해보고 싶다. 왜냐하면 '기금' 평가를 둘러싸고는 아시다시피 찬성파와 반대파가 둘로 나뉘어 '기금'에 관여하는 것이 자신의 사상을 시험하는 듯한 상황을 낳았고 그 때문에 '기금'에 대해 논하는 것 자체가 금기시되는 듯한 상황이 계속되어왔기 때문이다. '기금'의 당사자인 와다 씨가 발언하실 곳에 '기금' 비판자가 없는 것은 이상한 일이고 또 한국 측에서 '기금'에 비판적인 입장에 있는 사람의 발언이 이곳에 있어야 한다고 생각한다. 그러한 대화의 장마저 없어져가고 있는 상황을 나는 매우 유감스럽게 생각하고 있다는 것을 먼저 말씀드리고 싶다.

'기금' 해산을 눈앞에 두고 '기금'의 관계자는 스스로의 역사적

---

* 본고는 2005년 12월 2일 한국국제교류재단 문화센터에서 개최되었던 '한일, 연대 21' 제2회 심포지엄 「한일, 상호이해를 가로막는 요인들: 그 정치적 무의식의 구조」에서 발표된 것이다.

총괄을 위해 금년 7월에 국제 심포지엄을 개최했다. 나는 그 자리에 초대받고 '기금'으로부터의 초대를 수락했다. 반대파 입장에 선 분들의 눈에는 출석하는 것만으로 '기금' 쪽에 치우친 사람이라고 보일 것을 각오한 선택이었다. 사실, 기금비판파 중에는 일단 초대를 받아놓고도 직전에 참가를 취소한 이도 있었다. 내가 '기금'의 초대를 수락한 것은 아래의 세 가지 이유 때문이다.

첫째, 설립한 지 10주년을 맞아 이 '기금'이 행한 역할을 역사적으로 평가할 만한 시간이 경과했다고 느꼈기 때문이다.

둘째, 내가 '기금'에 대해 공공연히 비판적인 입장을 고수해온 것을 전제로 초대받았기 때문이다. 그뿐 아니라 심포지엄에 출석한 멤버에는 나 이외에 여성이 한 명도 포함되어 있지 않아 내가 '기금'에 대해 비판적인 입장에서 발언하는 유일한 여성 참가자였다. 나는 기금비판파 분들에게도 비판받고 있다는 것을 알고 있지만, 그들로부터 대화의 장에 초대받은 적이 없다. 그 점에서 '기금' 측 주최자의 넓은 도량을 느꼈다. 비판이란 것은 상대에게 들리는 곳에서 해야 한다고 생각하기 때문이다.

셋째, '기금'에 대한 비판에도 불구하고 '기금'을 10년에 걸쳐 뒷받침해온 와다 교수를 비롯한 이사들에 대하여 내가 경의를 갖고 있기 때문이다. 이분들은 '전후 일본의 최상의 지성'이라 할 만한 분들이며, 평온했어야 할 노후의 10년간을 말로 다하기 힘든 고생을 하며 무상으로 일해왔다. 나의 의문은 이분들의 선의와 양심에 의해 뒷받침되어온 '기금'이 어째서 오늘날과 같은 왜곡된 결과를 초래해버렸는가 하는 데에 있다.

10년이나 지나면 정치적인 사업은 그에 대한 평가를 받아 당연하다. 어떠한 사회적 행위에도 의도의 논리와 결과의 논리가 있지만, 정치적인 행위에는 반드시 결과책임이 따른다. 그 중에는 의도한 결과도 있고, 의도하지 않은 결과도 있다. 그것을 염두에 두면서 아래의 세 가지에 걸쳐 '기금'의 역사적 평가를 해보고자 한다.

먼저 첫째, '기금' 설립 때의 정치적 판단에 대해서이다. 주지하는 바와 같이 '아시아여성기금'은 별칭 '국민기금', 또는 '무라야마 기금'이라고 불리고 있다. 무라야마 정권이 성립하여 아시아에 대한 침략과 가해를 인정하고 사과한 이른바 '무라야마 담화'가 발표된 전후 50주년의 시점에 '기금'은 시작되었다. '기금'은 그 설립 때부터 정부도 민간도 아닌 애매한 출발을 했기 때문에 국가보상을 면하기 위한 면죄부라 불리며 많은 사람들로부터 비판을 받았다. 어떤 때에는 정부의 얼굴을, 또 어떤 때에는 민간의 얼굴을 보이는 '기금'의 애매한 성격은 그 후로도 오래 이어지게 되었다. 그러나 설립에 관여한 많은 분들의 머릿속에는 연립정권, 그것도 사회당 당수가 내각총리대신인 때에 전후보상 문제의 일각을 해결하는 것은 천재일우의 기회라는 정치적 현실주의가 존재했음은 확실하다.

무라야마 정권이 행한 역사적 역할에 대해서는 역사가들이 이후에 제대로 된 평가를 내려야 할 것이라고 생각한다. 자민당 단독정권하에서는 성립의 가능성이 없었던 오랜 기간에 걸친 정책과제가 차례로 실현되었지만, 정당간 타협의 산물이었기 때문에 정책을 만든 것이 오히려 화근을 남기는 결과를 가져왔다. 예를 들어 전후 처음으로 피폭자보호법이 제정되어 재외 피폭자에게도 피폭자수첩이 교부되게 되었지만, 어정쩡한 보상액과 엄격한 선정기준이라는 문제를 남겼다. 미나마타 공해 보상에 관한 정치적 결단은 이루어졌지만, 그 결과 피해자들 사이에 분열을 초래해 가해책임을 애매하게 만들었다. 사회당은 자민당과의 연립정권에 합의했기 때문에 전후 반세기에 걸친 당의 방침을 변경하기에 이르러 일미안보조약과 자위대의 합헌을 인정하는 강령의 개정을 강행하였으며, 당명도 사회당에서 사민당으로 변경했다. 그 과정에서 사회당을 지지했던 사람들은 실망하여 떠나갔다. 그 결과 한때 정권정당이라는 위치까지 올랐던 사회당이, 지금은 의회에서 공산당의 의석수에도 미치지 못하는 소수야당으로 전락했으므로, 정치책임을 결과책임으로 묻는다면 무라야마 씨를 비롯한 사회당의 지도자들은 엄격히 책임을 추궁받아야 할 것이다.

'기금'에 관해서도 이와 같은 말을 할 수 있다. 무라야마 정권이 1995년이라는 전후 50주년, 그리고 UN 베이징여성회의 직전에 성립한 역사적 우연은 강조할 필요가 있다. 그보다 이전인 93년에 일본신당 당수 호소카와에 의한 연립정권하에서 총리대신의 이른바 '종전기념일 담화'에 '진출'을 '침략'으로 바꿔 말한 표현이 처음 등장했다. 95년, 전후 50주년의 '무라야마 담화'에서는 더 나아가 '식민지배와 침략'에 대한 '사죄의 마음'이 표명되었다. 그 이후 정권이 바뀌어도 역대 내각은 '무라야마 담화'를 답습한다고 표명해왔다. 취임 이래 야스쿠니 참배를 빼놓지 않는 고이즈미 총리마저도 공식 답변에서는 "무라야마 담화를 계승한다"고 언명하고 있다.

같은 해 'UN 여성 10년' 선포 이래의 제4차 세계여성회의가 베이징에서 개최되었다. 그 이전부터 한국 NGO의 노력으로 UN 인권위원회에서 '위안부' 문제가 거론되어 베이징회의의 쟁점 중 하나가 '위안부'가 되리라는 것은 예상된 일이었다. 각국 정부대표단 이외에 6천 명이 모인 NGO포럼에서도 '위안부'를 둘러싼 각국의 세션이나 심포지엄이 매일처럼 열렸고, 나 자신도 그 중 하나를 주최했다. '위안부' 문제의 피해자에 대해 일본 정부가 아무것도 하지 않는다는 국제사회의 비난에 대하여 무엇인가를 해야 한다는 외압은 높아져갔다. '기금'은 그 목소리에 답하듯이 베이징여성회의 직전인 7월에 아슬아슬하게 탄생한 것이다. '기금'은 UN 여성회의에 대한 일본 정부의 '선물'이라는 말도 있었는데, 국제적인 압력하에서라고는 하지만 최소한 '기금' 덕분에 '위안부' 문제에 대해 일본 정부는 아무것도 하지 않았다는 말을 듣지 않게 되었다.

이리하여 '기금'은 전후 50주년에, 베이징여성회의 직전에, 국제사회에 대한 일본의 정치적 퍼포먼스로서 만들어졌다. 그것은 자민당 단독정권하에서는 가능성이 전무했던 전후보상 문제를 '위안부' 문제를 계기로 돌파할 역사적인 호기였으며, '국가 차원의 보상은 하지 않는다(이미 끝났다)'는 그때까지의 자민당 정권의 틀을 유지하면서도 실리를 추구한 정치적 교섭의 산물이 '기금'이었다는 것은 여러분이 알고 있는 대로이다. 사실, '기금' 이사 중에는 전후보상 문제에 오랫동안 전념해온, 일본의 '양심적 지식인'이라 불리는 분들이 여러 분 있다.

10년이 지나 그 결과를 역사적으로 판정해보면, 첫째 매우 유감스럽게도 '기금' 관계자의 정치적 판단은 옳았다고 인정할 수밖에 없다. 연립정권의 수명은 짧았고 그 후 보수세력은 기세를 회복했다. 올해(2005년) 9월의 총선거에서는 자민당 단독으로 300의석 확보라는 압승이 일어나, 이제는 공명당과 연립을 하지 않아도 자민당 단독정권이 가능하다. 헌법 개정이 공론화되고 제2여당이라 불리는 민주당과 함께 개헌세력은 압도적 다수에 이르고 있다. 93년의 '고노 관방장관 담화' 이후 '위안부'라는 표현이 교과서에 실리게 된 것도 몇 해밖에 이어지지 않았고, '위안부'란 표현은 또다시 많은 교과서에서 사라지고 있다. 『새로운 역사 교과서』가 등장하고 4년마다 열리는 교과서 채택을 둘러싸고 각지의 지자체에서는 『새로운 역사 교과서』 채택를 막기 위한 싸움이 전국에서 일어나고 있다. 다행히 채택률은 압도적으로 낮아 일본 국민의

'양심' 은 보전되고 있지만, 그것은 반동적인 움직임을 되돌리는 풀뿌리 운동이 있었기 때문이다. 일본의 정치상황은 확실히 보수화되고 사태는 예전보다 악화되었다. 그때 당시 '기금' 을 만들지 않았더라면 그 후 만들어질 확률은 매우 낮았다고밖에 할 수 없다.

둘째로 그 정치적 성과에 관해서이다. 피해자 분들은 '사죄' 와 '보상' 을 원해왔지만, '사죄' 에 대해서는 도대체 정부는 공식 사과를 했는가가 계속 논점이 되어왔다. '기금' 의 큰 성과는 역대 총리대신이 서명한 '사죄의 편지' 이다. 이것은 무라야마 수상을 비롯하여 전 유족회 회장이었던 하시모토 류타로 씨까지 서명하고 있다. 이 점에서는 '기금' 의 이사들이 그 한계 속에서 최대한의 노력을 했다고 평가하고 싶다. '기금' 이사들이 정부를 상대로 얼마나 곤란한 교섭을 했는지에 관해서는 충분히 알려져 있다고 할 수 없다. '일본은 공식 사과를 하지 않고 있다' 는 비판을 받는다면 일본 정부는 총리의 서명이 들어간 편지를 더 선전해도 좋았겠지만, 그렇게는 하고 싶지 않은 사정이 있었을 것이다.

셋째는 '보상금' 의 성격에 관해서이다. 민간에서 모은 돈을 보상금으로서 전달한다는 방법은 공식 사과에 따른 보상을 회피하기 위한 방도라고 비난받았다. 나는 이것을 '관' 이 '민' 을 대신하려 한 월권행위라고 생각한다. 국가가 범한 죄는 국가가 배상해야 하며, 이것을 민간이 대신하여 '배상' 하는 것은 '일억 총참회' 와 마찬가지로 책임의 소재를 애매하게 하는 것이기 때문이다. 이 돈의 애매한 성격은 한국에서 피해자들을 분열시키는 매우 불행한 결과를 초래했다.

결과책임으로 말하자면, 한국에서의 이 불행한 사태는 관계자가 예상하지 못했던 것이며 의도하지 않은 결과라고는 하나, 그에 대해 '기금' 은 책임이 있다고 할 수 있다. 한국의 피해자 및 지원단체와 '기금' 사이에는 깊은 대립이 생겨버렸다. 사태는 경직된 채로 더욱 악화되고 있다. 더욱이 "살아 있는 동안에 해결을 보고 싶다"고 원해온 피해자들은 그 사이에도 고령으로 잇달아 세상을 떠나고 있다. 우리들은 지난 10년 사이에 이분들을 실의 속에서 돌아가시게 한 책임이 있다.

마지막으로 '기금'은 그 목적을 달성했는가 하는 물음이 있다. '기금'은 두 말할 필요 없이 '위안부'들에 대한 사죄와 보상을 위해 설립되었다. '기금'의 성패를 판단하는 이는 누구보다도 피해 당사자들이어야 한다. '기금' 이사인 와다 교수는 예전에 내가 동석한 회의에서 "정책은 51점 이상의 합격점을 받아야 한다"고 발언한 적이 있다. 그 자리에서 나는 "그것은 누가 판단하는 것입니까?"라고 질문했던 기억이 있는데, 그 주어에는 당연히 피해자들이 들어갔어야 한다. 피해자들이 처한 상황은 나라에 따라 큰 차이가 있고 인도네시아와 필리핀에서는 합격점을 받을 수 있었다는 것 같지만, 그 중에서도 제일 중요한 피해국인 한국에서 피해자의 반수 이상이 수취를 거부하는 결과를 가져왔다. 피해자가 원하는 것에 대하여 그와 다른 것을 건넸기 때문이다. 그것을 받지 않았다고 해서 아무도 피해자를 탓할 수는 없다. 여기에서도 결과책임으로서, '기금'은 정치적 책임을 추궁당하고 있다.

그렇다면, '기금'을 비판한다면 어떤 대안이 가능했을까. 그 점을 생각해보고자 한다. 일본 정부가 본래 했어야 할 일은 강제노동을 포함한 전시보상에 대해 특별법을 제정하여 정식 사죄와 국가보상을 하는 것 이외에는 없다. 그러나 현재의 정치상황에서 그것을 바랄 수는 없을 것이다. 또 '기금'은 진짜 NGO에 의한 민간기금으로 대체했어야 했는데도, 그것을 실현해내지 못한 일본 여성운동의 무력함을 나는 대단히 안타깝게 생각한다.

사죄와 보상이 세트가 되는 것은 피해자들이 생활보장과 정의와 존엄의 회복 모두를 원하고 있기 때문이다. 나는 여기서 민간 여성에 의

한 달성에 대해 언급하고자 한다. 그것은 2000년에 개최된 '여성국제전범법정'이다. 그것은 VAWW-NET(Violence Against Women in War Network)라는 여성의 국제연대에 의한 민간법정으로, 전후 처음으로 히로히토 천황의 유죄가 선고되어 피해자는 '정의의 회복'을 기뻐했다. 나는 VAWW-NET의 주변 멤버에 지나지 않지만, 국가를 대신하여 정의를 회복하는 이런 방법도 있구나 하고 감동한 것을 기억하고 있다.

이 위대한 민간법정에 대한 미디어의 보도는 크지 않았다. 게다가 NHK의 보도방송이 정부여당 관계자의 정치개입에 의해 개편되었다는 의혹에 관해서는 주지하는 바와 같이 금년 들어 NHK와 아사히신문 사이에서 대립이 계속되고 있다. 최근 일본에서의 네오내셔널리즘의 부흥이나 정치적 보수화의 경향은 특히 '위안부' 문제나 여성운동을 표적으로 삼고 있어 사태를 낙관할 수 없다. '기금'은 설립 당시로부터 우파, 좌파 양쪽의 비판을 받아왔지만, '기금'이 설립된 10년 전에 비해 현재가 더 보수화되어 있다면 이제까지 우리들이 비판해온 '기금'조차 보수세력으로부터 지켜야 한다는 사태가 생기고 있다. '위안부' 문제는 끝나지 않았다. 특히 중국과 북한이라는 큰 과제가 남겨진 채로 있는 오늘날, '기금'의 역사적 평가를 바탕으로 다음 단계를 생각해야 할 시기에 이르렀음에도 불구하고 '기금'은 해산을 맞으려 하고 있다.

마지막으로 '위안부' 문제가 가져온 국제적인 성과에 대해 다음 세 가지를 들고 싶다.

첫째, 무력분쟁하에서의 여성에 대한 성폭력이 범죄라는 인식이 확립된 점이다. 성폭력은 피해자의 수치가 아닌 가해자의 죄라는 인식은 피해자의 자기신고와 권리부여를 초래했다. 또 성피해의 금기를 뒤엎는 아시아로부터의 발신이 보스니아나 르완다 등 다른 지역으로도 파급되기에 이른 귀중한 사례가 되었다.

둘째, 소송에 있어서의 개인배상의 이념이 국제법에 새로운 전개를 가져올 가능성이다. 일본 정부는 국가간 배상 문제는 끝났다고 주장해왔지만, 개인보상의 이념은 개인의 이익을 국가가 대변하지 않는다는 주장이다. 그것은 동시에 여성의 신체와 섹슈얼리티가 국가에 속하지 않는다는 주장이기도 하다.

셋째는 NGO에 의한 국제연대가 여러 차원에서 성립한 것이다. 국제, 즉 나라와 나라 간의 관계라기보다 시민과 시민의 연대에 의한 민제(民際) 네트워크가 아시아와 세계의 내일에 있어 큰 힘이 될 것이다. 이러한 민간의 네트워크는 아무리 많아도 결코 과하지 않다. 이 '한일, 연대 21'의 움직임도 그 중 하나이다. 그러한 곳에서 발언할 기회가 주어진 것에 대해 주최자 여러분께 감사드린다.

한일 사회 내 일본군 '위안부' 문제와 초국적 여성연대의 가능성

'2000년 여성국제법정'을 중심으로

강가람

I. 들어가며

2007년 1월 『요코 이야기』라는 소설이 한국에서 판매중지되었다. 『요코 이야기』는 요코 가와시마 왓킨즈라는 일본 여성이 1986년 발표한 소설로, 한국에서는 2005년 출간되었다. 이 소설은 나이 어린 소녀의 전쟁 체험이 잘 녹아든 반전소설로 평가되어, 미국에서는 큰 반향을 일으키며 중등학교의 읽기 교재로 채택되었다. 만주에 주재하는 군인이었던 아버지 때문에 조선 땅에 살던 일본인 소녀가 조선의 해방 이후 일본으로 귀국하기까지의 힘겨운 여정이 소설의 내용이다. 소설 속에는 한국인이 일본 여성들을 강간하는 장면들이 등장하고 귀국길에 오른 일본인들에 대한 한국인들의 위협이 표현되어, 식민지 지배 시절의 역사적 맥락이 생략된 채 단순한 가해자 '한국'과 피해자 '일본'의 왜곡된 도식이 드러나 있다는 지적을 받고 있다. 미국 한인 사회의 학부모들은 이 소설

* 본고는 이화여대 여성학과 석사논문 「2000년 여성국제법정을 통해 본 초국적 여성연대의 가능성: 한일 사회 내 일본군 '위안부' 문제를 중심으로」를 수정·요약한 것이다.

이 미국의 청소년 및 한인 사회의 청소년들에게 왜곡된 역사인식 체계를 심어줄 수 있다며 '읽기교재 채택 반대운동'을 진행했다. 이 운동이 한국 사회에 보도되자 『요코 이야기』를 둘러싼 논란이 크게 확대되었다. 이 사태를 계기로 출판사는 소설 판매를 중단했다.[1)]

『요코 이야기』를 둘러싼 한국 사회의 반응은 집단적인 민족감정의 표출이라는 측면에서 스테레오타입화된 것이었다. 한국에서 이 소설이 출간된 것은 2년 전이지만, 『요코 이야기』의 독자층에 '미국'이 포함되어 있었다는 사실이 국내에 알려지면서 이 문제가 중요한 민족적 자존심을 건드리는 이슈로 부각된 것이다. 국제무대에서 식민지 지배 책임을 부인하는 일본의 도덕성을 문제 삼고 있는 한국 측으로서는 이 소설이 미국 학교교육에서 사용된다는 점에 분개하게 되었다. 이로 인해 출간 당시 '피해/가해' 구도를 벗어난 색다른 시도라고 소개했던 매체들은 언제 우리가 그랬냐는 듯 작가의 소설 속 묘사 중 왜곡된 역사적 사실을 일제히 보도했다. 이 과정에서 작가가 일본군 '위안부' 문제를 잘 알지 못했다고 발언한 것도 알려지면서, 작가의 역사의식 없음이 지적되었다. 한국의 네티즌들은 『요코 이야기』의 작가를 원색적으로 비난하고, 그 역사적 왜곡 사실, 그리고 일본인들의 희생자 의식을 성토했다.[2)] 이러한 일련의 사태에 대해, 한국의 민족주의에 대해서 성찰해온 학계 일각에서는 민족주의적이고 피식민국가의 과도한 피해의식이 뭉쳐진 집단기억이 이 사태를 주도하고 있는 것은 아닌가 하는 지적도 제기되

1) 출간 당시에는 한국 내에서 불편함을 줄 수 있음을 알고 있었지만 반전소설로의 의미가 있다고 생각해 출판을 진행했던 출판사가 판매중지를 결정한 것은, 작가가 만주에서 군인으로 근무했다는 부친에 대한 기억을 의도적으로 침묵, 혹은 왜곡한 채 소설적 변용의 한계를 넘었다는 의혹을 풀어야 한다는 이유였다.
2) 인터넷신문 『프로메테우스』 2007. 2. 22, 임세환 기자, 「문학동네 "분명한 계기라면 『요코 이야기』 재판매」, http://www.prometheus.co.kr/articles/102/20070222/20070222165100.html; 『미디어 오늘』, 2007. 1. 25. 안경숙 기자, 「요코 이야기, 언론 '뒷북' 꼴불견」, http://www.mediatoday.co.kr/news/articleView.html?idxno=53875.

고 있다.

나는 이 사태를 접하고 나서 소설을 읽어보게 되었다. 요코는 귀국길에 성폭력을 당할 위협에 처하기도 하고 성폭력 사건을 목도하기도 한다. 전시하의 성폭력에 대한 공포에 공감하면서도 소설 속 서사에 왠지 모를 불편한 감정이 느껴졌다. 소설 속 등장인물은 조선인이냐 일본인이냐에 따라서 그 선악이 나뉘어 있지도 않으며, 분명 작가는 전쟁을 반대하는 메시지를 직접적으로 이야기하고 있다. 그렇지만 소설을 읽고 난 후 역사적 맥락이 잘 드러나지 않는 폭력에 대한 증언이 불러올 효과가 어떤 것일지 의문스러워졌다.

피식민지에서 받은 억압을 표출하는 조선 남성들의 보복적인 성폭력은 요코에게 공포였다. 분쟁, 전시하의 여성의 성은 '적'을 모욕하기 위한 전쟁의 도구로 이용된다. 분명 나는 요코가 역사적 맥락을 설명하든 하지 않든 간에, 피식민지 남성의 '여성에 대한 폭력'이 정당화되지는 않는다는 것을 이미 알고 있었다. 그런데도 그 맥락이 설명되지 않았다는 것에 대해서 아쉬움을 느껴버린 것이다. 작가의 일본 국가의 구성원으로서의 책무에 대한 성찰과 일본 국가가 식민지 조선에 행한 억압의 맥락을 설명하기를 바라는 나는 요코의 피해에 공감한 것이 맞을까. 여성주의자로서 여성 폭력에 대한 공감과 그 여성 폭력에 대한 발화로 인해 빚어질 역사적 맥락이 사라져버리는 것에 대한 우려의 감정이 동시에 부딪히고 있었다. 결국 나는 일제의 식민지 지배를 당한 집단의 고통과 개인의 고통의 무게를 저울질하고 있었던 셈은 아닐까.

'피해'를 발화하는 사람은 그 사람이 속한 집단 간에 가해와 피해의 역사가 뒤엉켜 있을 때 자신의 위치성에 대해서 성찰하기를 요구받는다. 분명 집단 간의 역사를 떠난 진공상태에서의 폭력이라는 것이 존재하기 어렵기 때문에, 그 집단 간 가해와 피해의 구도를 넘어서려는 시도는 조심스러울 수밖에 없다. 그래서 더욱 가해집단에 속한 피해자는 그 피해를 발화하기 어렵다. 물론 각각의 피해는 실체가 있기 때문에, 위치성을 설명하는 것이 피해를 무화시키는 쪽으로 연결되어서는 곤란하다. 그렇기 때문에 역사적 맥락을 벗어나지 않으면서도 서로의 피해에 대해서 공감한다는 것은 어려운 일인 것 같다.

작가가 쓴 소설과 일본군 '위안부' 문제를 해결하기 위한 연대활동은 층위가 다르지만, 『요코 이야기』를 통해 다른 민족적 경험과 국가정체성을 갖고 있는 여성들이 만나는 '연대'의 과정은 과연 어떻게 이루어질 수 있는가를 다시금 생각해보게 되었다. 한국과 일본처럼 식민지 지배국과 피식민 국가의 구성원인 여성들이 '연대'하고자 할 때, 그 '연대'의 내용은 무엇이고, 어떻게 맥락화되는 것일까. 일본군 '위안부' 문제를 해결하기 위해 '같은 여성'으로서 피해의 내용에 공감하면서 또한 자기가 속한 민족과 국가 정체성에 완전히 포섭되지 않으면서, 억압의 맥락을 부정하지 않아도 되는 '연대'를 만들어낸다는 것이 쉽지 않은 일이라는 것을 다시 한번 상상하게 되었다.

II. 초국적 연대의 실험, '2000년 법정'

2000년 일본군성노예제 전범 여성국제법정(이하 '2000년 법정')은 일본군 '위안부' 문제를 해결하는 새로운 전환점을 만들어내기 위한 초국가적 연대운동의 일환이었다. 이 법정은 일본 천황 히로히토에게 유죄판결을 내리고, 일본 정부의 국가적 책임과 개개인의 전쟁범죄 책임을 규명하는 등 일본군 '위안부' 문제의 책임소재를 명확히 한 획기적인 민중법정이었다. 이 법정은 일본군 '위안부' 문제를 해결하기 위한 15년간의 운동 역사에서 매우 중요한 전환점이었다고 평가된다. 피해국 운동단체인 '한국정신대문제대책협의회(이하 정대협)'[3]뿐만 아니라 가해국 일본의 여성운동단체인 '바우넷 재팬(VAWW-NET JAPAN, 이하 바우넷)'[4]은 물론, 아시아 국가 및 국제적인 여성 네트워크가 주체적으로 참가함으로써 국가 중심의 해결방식을 넘어서 가해국과 피해국이 여성의 입장에서 이 문제를 함께 고민하고 연대할 가능성을 얻었다고 평가된다.

이 민간법정의 판결은 이제까지 주변인 여성들의 사건이었던 일본군 '위안부' 문제를 '인과성을 지닌 공식적인 역사' 속으로 편입시켰다.[5] '공식적 역사'로서 법정이 의미화된다는 것은 이 연대의 움직임이 그 이후에 어떠한 변화를 일으키는지와 관련된다. 따라서 법정이 만들어낸 변화가 일회성 사건에서 그치지 않고 공식적 역사로서 편입되기 위해서는 새로운 실천이 필요하다. 여기서 주요 개최국이었던 일본과 한국이 이러한 초국적 연대의 평가와 역사적 실천을 어떠한 방식으로 이루어내고 있는가의 문제가 중요해진다.

이 글은 위와 같은 관점에서, '2000년 법정'이라는 공간 속에서 여성들은 초국적 연대의 실험에서 어떤 부분에서 갈등했는지를 살펴보고자 한다. 그리고 법정의 평가와 의의를 바탕으로 국경을 넘어선 '연대

---

3) '한국정신대문제대책협의회'는 1990년 11월 여성단체연합을 비롯한 37개 여성단체와 개인이 모여 결성되었다. 일본군 '위안부' 피해여성들의 명예와 인권 회복을 요구하는 수요시위를 매주 개최하고 있으며(1992년 1월 시작, 2006년 7월 5일 현재 716차까지 진행), 생존자 복지활동 및 대(對)한국정부·대일본정부 활동과 국제인권기구와의 연대 등을 16년간 진행해왔다. '2000년 일본군성노예 전범 여성국제법정'을 주최하였고, 최근에는 '전쟁과 여성인권 박물관' 건립에 힘쓰고 있다(http://www.womenandwar.net).

4) 1997년 가을 도쿄에서 개최된 「전쟁과 여성에 대한 폭력」 국제회의를 계기로 '전시·무력분쟁하의 여성에 대한 폭력을 없애기 위한 여성의 인권의 시점에서 평화를 만드는 역할을 담당하고, 세계의 비군사화'를 목표로 하여 전쟁과 여성에 대한 폭력에 반대하는 네트워크(Violence Against Women in War Network)가 창립되었다. 1998년 6월에 일본네트워크가 창설되는데, 이 일본네트워크가 VAWW-NET Japan이다. 2000년 12월 일본군성노예제도를 심판하는 여성국제전범법정을 제안하고 법정 개최에 힘썼다(http://www1.jca.apc.org/vaww-net-japan).

5) 김은실, 「초국가적 경계에서 일어나는 지식/언설의 정치학을 생각하며」, 『당대비평』 14호, 삼인, 2001.

의 장' 을 한일 양 국가의 운동 주체들이 어떻게 인식하고 있으며, '2000년 법정' 이후 한일 양 국가의 일본군 '위안부' 운동의 상황이 어떻게 되고 있는지도 살펴보았다. 연구과정 속에서 각 국가의 운동 주체들을 인터뷰할 필요성이 있다고 판단하고, 법정에 관여한 관계자, 일본군 '위안부' 관련 활동가 등을 위주로 인터뷰를 진행했다.

Ⅲ. '2000년 법정' 공간 속 연대 주체의 입장

1. 식민지 지배 책임에 대한 입장 차이

'2000년 법정' 에 중심적으로 참가했던 한일 양국 운동단체의 이후 운동의 양상은 조금 차이가 있었다. 일본이 '2000년 법정' 의 기억을 중심으로 전시관을 만드는 등의 운동을 한 것에 비해서, '2000년 법정' 자체를 환기시키는 움직임이 한국 사회 내에서 활발했던 것은 아니다. 일본 바우넷 측은 '2000년 법정' 을 취재한 NHK가 일본군 '위안부' 피해자의 명예에 관련된 왜곡보도를 하면서 이에 대한 소송을 제기하였고, 그에 따라 '2000년 법정' 의 의미화가 절실해졌다. 법정의 의미화에 대한 연구 역시 한국보다 일본 측에서 많이 이루어졌다. 반면, 정대협의 경우에는 여전히 강고한 한국 사회의 민족담론과 변하지 않는 정치적 현실 사이에서 힘겨운 줄타기를 하면서 운동을 지속시켜야 했다. 이러한 과정 속에서 결국 법정의 판결문은 2007년이 되어서야 한국어 번역본이 나올 수 있었다. 이에 '2000년 법정' 에 참가했던 일본 측 참가 주체들은 한국 운동 주체들에게 '2000년 법정' 이 그 가치를 제대로 인정받고 있지 못한 것은 아니냐는 의문을 제기하였다. 그렇다면 법정 자체에 대한 한국 측의 평가는 어떠했던 것일까.

법정이라는 연대의 장에서 한국 측은 책임자 처벌 이슈를 중점적으로 내세웠던 만큼 일본이라는 제국주의국가가 저지른 범죄의 성격 역시 규명되는 것이 중요했다. 따라서 '2000년 법정'의 중요한 의의들을 인정하지 않는 것은 아니었으나 한국 측 법정 참가자들 중에서는 법정 속에서 일본의 식민지 지배 책임이 잘 다뤄지지 못했다는 평가가 나왔다. 이러한 한국 측의 반응에 일본 측은 당혹스러움을 드러냈다. 원래 일본 측에서 법정의 목표로 정한 것은 극동아시아 전범재판에서 결락되었던 '천황의 면책', '식민지 책임에 대한 결락', '성폭력 불처벌' 등의 세 가지였기 때문이다.[6] '일본군성노예제'의 식민지 지배 책임에 관한 논의에서 식민과 피식민 경험의 역사적 맥락 속에 위치한 양국 여성의 입장 차이가 드러난 것이다. 이러한 차이는 각 연대 주체들이 법정을 어떻게 평가하는가와 연결되었다.

한국 측은 식민지 범죄의 속성을 지니고 있는 일본군 '위안부' 문제가 '여성'에 대한 '보편적인' 범죄로만 구성되는 것에 대한 문제제기를 법정 속에서 해내려 했다. 그러나 식민지 범죄에 대한 국제법적 언어가 없는 상황에서 이를 법리 구성하는 것은 어려운 일이었고, 실제 기소장은 '식민지'라는 언어 대신에 '강점forcible'이라는 표현으로 구성되었다. 이는 '강제점령'이라는 표현이 일제 침략의 강제성과 불법성을 부각시킬 수 있으며, 전쟁범죄로서 식민지 시기의 범죄를 물을 수 있다는 법리 구성상의 이유가 있었다. 그러나 '식민지 지배'를 다른 언어로 표현하게 된 것은 판결문에서 식민지 지배 책임을 명시하지 못하게 된 원인으로 지적된다. 즉 다른 아시아 강점 국가와 한국과의 차이를 판독하

6) 김부자 「'위안부' 문제를 둘러싼 페미니즘과 내셔널리즘의 지평: 마쓰이 씨와 식민지 지배 책임」(『VAWW-NET Japan』 1·2월호, 2004)에서 재인용.

기 어렵게 만드는 일이 된 것이다.

그러나 기소장에 따른 표면적인 판결문의 결과만을 보고 법정에서 식민지 지배 책임이 잘 다루어지지 않았다고 한국 측이 평가하는 것은 아니라고 본다. 즉 국제법적 법리 구성에서의 식민지 지배 책임을 다루기 어렵다는 근본적인 문제제기일 수도 있고, 식민지 조선의 특수성을 피해의 맥락에서 삭제하지 않으려는 노력이 민족주의적인 것으로 받아들여지는 것에 대한 문제제기일 수도 있다. 검사단이었던 한 참가자는 인터뷰에서, 젠더적 범죄와 식민지적 범죄라는 속성이 동시에 들어가야 하지만 국제법상으로도 식민지 범죄라는 것이 성립되어 있지 않기 때문에 그 법리를 구성하고 논의하는 것이 남북공동검사단 측에서는 중요했는데, 그것을 민족주의적으로만 문제를 본다고 볼 수는 없다고 지적했다.

2. 국제공청회 속 초국적 연대 주체의 위치

한편 '2000년 법정'을 전 세계적인 연대의 모임으로 만들어가기 위해서는 문제의 특정 성격을 부각시킬 필요가 있었다. 즉 '위안부' 문제의 원인으로 지적되고 있는 전시하 혹은 식민지 지배하의 여성에 대한 폭력은 어디에서 기인하고 있는 것인가를 동시대의 여성들과 공감해야 했다. 법정 기간 중에 '현대의 분쟁하의 여성에 대한 범죄 국제공청회'가 열림으로써 많은 국제단체가 개입하여 이 법정에 대한 공감대를 찾을 수 있었다. 민족간 분쟁, 혹은 식민주의 문제에서 여성은 언제나 쟁점이 되고 있으므로 법정의 과정 속에서 '필연성'이 지적될 만큼 '여성' 간의 연대는 법정의 핵심적 사안의 하나였고, 공청회는 필수적 단계가 된 셈이다.

이 공청회에서는 세계 각 분쟁지역에서 온 여성들뿐만 아니라 오키나와의 여성도 자신의 피해를 증언했다. 이 공청회는 아시아의 피해국과 연대해왔던 일본 여성들의 입장에서 자신들 역시 국가폭력의 피해자일 수 있다는 사실을 깨달을 수 있는 장이었다. 그간의 연대과정 속에서 국가와 자신을 동일시하면서 피해자에게 사죄하는 연대를 하는 것이 아니라, '여성' 이라면 누구라도 당할 수 있는 전시하 성폭력의 공포에 공감하게 되었다. 일본인 '위안부' 피해의 공소 역시 그런 맥락에서 이해할 수 있다.

그런데 한국 측의 경우 이러한 법정이라는 큰 연대의 장에서 '공청회' 가 일본군 '위안부' 문제의 초점을 흐리게 만든 것이 아닌가 하는 평가도 있었다. 일본군 '위안부' 제도의 성격을 파악하는 하나의 축으로서 '식민지 지배' 는 간과될 수 없는 부분이라고 판단했기 때문이다. 그러나 이러한 '공청회' 에 대한 한국 측의 문제제기가 단순하게 자민족 중심의 시선을 견지했다고만 평가할 수 없는 측면이 존재한다. 왜냐하면 국제공청회가 일본군 '위안부' 문제의 피해의 한 성격을 드러내주고는 있지만, 피해자 자신들의 문제제기가 충분하다고 느끼는가에 대한 질문에 답을 해주고 있지 못하기 때문이다. 공청회에서 일본군 '위안부' 문제가 국제 여성주의의 쟁점으로 이동하면서 지구적 문제의 하나의 사례로서 위치지워졌다[7]는 평가를 바탕으로, 이 공청회의 연대 주체의 문제를 어떻게 볼 수 있는가라는 질문을 할 수 있다. 즉 위안부 문제를 현재적이고 국제적인 관심사의 이슈로 만들어가는 연대의 주체가 한국이나 일본이 아니라 서구의 운동단체라는 점에서 초국적 연대의 이슈를 만들어내는 '소재' 로서 '위안부' 이슈가 다루어지는 측면이 있다는 것이다. 이렇듯 국제공청회라는 '연대' 의 장 속에서 각 국가의 연대 주체의 입장에

7) 김은실, 앞의 논문(2001).

따라서 그 평가가 달라지는 것은 '2000년 법정'의 전체적인 평가와도 연관이 있다.

분명 일본군 '위안부' 문제를 민족주의적으로 파악하는 것과 일본군 '위안부' 문제의 원인 중에 민족차별 문제가 있다는 것을 보는 것과는 차이가 있다. 그러나 초국적 연대의 장에서 민족 자체의 피해가 아니라 민족의 정체성을 지닌 여성의 피해의 맥락을 재현하는 것은, '언어'의 부족과 자칫 '민족주의자'로서만 비춰질 수 있다는 점 때문에 한국 측 주체들에게 어려운 작업이었다. 반면, 일본 측 활동가들에게는 일본 국가가 저지른 국가폭력의 피해자 정체성과 또한 제국주의 '가해국'의 국민 성원으로서 책임을 질 필요성이 있는 정체성이 부딪치는 어려움이 존재한다. 일본 여성은 '가해국' 국민 성원으로서의 책임을 직시하면서 오히려 일본 국가의 국민화에 다시금 복무하게 되는 것은 아닌가 하는 딜레마에 빠지게 된다. 따라서 이러한 둘의 입장 차이는 결국 '초국적 연대의 가능성'을 '보편적 여성의 이해'에 머물게끔 만든 측면이 존재한다.

Ⅳ. 한일 양 국가의 내셔널리즘과 '2000년 법정'의 가시화의 어려움

'2000년 법정'이 양 국가에서 다르게 맥락화된 다른 주요한 원인으로는 양 국가 내부의 사회배경에 따른 운동상황이 지적될 수 있다. 즉 각각의 정치·사회·역사적 배경 자체가 다르기 때문에 '2000년 법정'의 의의를 살려나가는 방식도 각각 달라졌다. 한국의 경우에는 한국 정부가 이 문제를 더 이상 외교적 차원에서 다루지 않고자 하는 방침을 고수하고 있어 운동에 걸림돌이 되고 있다. 이러한 상황에서 일본군 '위안부' 누드집 사건[8], 이영훈 교수 사건[9] 등에서 보이는 일본군 '위안부' 문제를 바라보는 한국 사회 내부의 민족주의적 담론은 이 문제를 해결하는 데 도움이 된다기보다 오히려 일본의 민족주의와 대립항을 이루어 양국의 적대적 경계[10]를 유지시키는 데 도움이 되고 있다. 또한 해방 후 몇십 년간 '위안부' 피해여성들의 증언을 어렵게 하고 소외를 시켜왔던 한국 사회의 가부장적 문화가 변했다고 보기도 힘들다. 최근 독립운동가 유가족모임인 '광복회'는 서울 서대문 독립공원 내에 '전쟁과 여성인권 박물관'이 세워지는 것을 반대하고 있다. 독립운동의 성지에 일본군위안부 '피해자'의 박물관이 들어서는 것은 독립운동의 순수성을 훼손한다는 것이다. 일본군 '위안부' 피해를 집단적 피해 혹은 민족의 상처로 소환하는 움직임과, 민족의 '치욕'이 감히 독립운동과 동일선상에서 기억되는 것을 참을 수 없어 하는 '광복회'의 움직임, 이 둘의 인식의 기저는 별다른 차이가 없어 보인다.

8) 2004년에 일어난 이 사건은 한국의 유명한 인터넷 회사가 지원하고 유명 여배우가 그 누드집을 촬영하여 사회적 반향이 컸다. 당시 여론의 주요 반응은 "우리나라의 가장 치욕스러운 부분을 상업적으로 이용했다", "할머니들의 아픔을 이용했다" 등이었다. 이 사건에 대한 담론들은 일본군 '위안부' 피해여성의 피해에는 '민족의 아픔'을 이유로 민감하게 반응하면서 실질적으로 사건의 본질일 수도 있는 여성의 성에 대한 한국 사회 내부의 인식에는 그 문제의식을 드러내지 못했다. 이는 한국 사회가 여전히 전시하 성폭력 피해여성의 피해를 민족의 피해로 환원시키고 있음을 보여준다(정희진, 『페미니즘의 도전』, 교양인, 2005, 82쪽).

9) 2004년 9월 방영된 MBC TV 프로그램 〈MBC 100분토론〉 '과거사 진상 규명 논란' 편에서 서울대 이영훈 교수가 '군위안부' 관련 발언으로 여론의 집중 공격을 받았다. 그는 기생관광, 기지촌 성매매와 전시하 성폭력 문제의 원인이 연장선상에 있다며 한국 사회 내부의 성찰을 주장했다. 그러나 토론의 과정에서 그의 논지는 일본 우익의 논지와 유사하다는 식으로 결론지어지면서 이영훈 교수는 많은 비난에 시달리게 되었다. 결국 이영훈 교수가 일본군 '위안부' 피해여성에게 사과하는 것으로 사건이 마무리되었다. 당시 정대협은 이영훈 교수를 비난하는 성명서를 냈는데, 이에 대해 정대협은 피해여성의 목소리를 대변할 수밖에 없었다고 밝혔다. 정대협은 피해여성들이 미디어를 통해 "동두천 여자와 자신을 동일시하지 말라"는 의견을 내놓은 것에 대하여 피해여성이 왜 그러한 '발화'를 하는지를 해석하는 방식으로 담론을 형성하지 못하고, 피해여성들의 의견을 수렴하는 방식으로 대처했다. 본 연구의 인터뷰 과정에서 정대협 활동가는 이영훈 교수의 의견이 잘 전달되지 못했고, 당시 피해여성의 인터뷰가 언론에 나오면서 이러한 대응을 할 수밖에 없었다고 토로했다. 이는 피해자의 언어를 발견하고 해석해야 하는 활동가의 어려움을 드러내준다.

10) 임지현, 『적대적 공범자들』, 소나무, 2004.

이러한 일련의 사건들은 한국 사회의 일본군 '위안부' 문제에 대한 인식이 아직도 운동이 시작될 당시의 인식에서 맴돌고 있다는 것을 보여주는 단면이다. 이 문제가 한국 사회에서 이슈화되기 시작하면서 민족 간 경계를 공고하게 만들 수 있는 '민족의 아픔'으로 재현되는 일본군 '위안부' 문제에 대해서 많은 여성학자들이 비판을 해왔다.[11] 그간 한국 내 민족담론이 민족과 여성의 범주를 구분하고 민족/여성의 위계를 나누어 기본적으로 여성을 종속적이고 부차적인 국민국가 성원으로 보고 있다는 것이다. 이러한 논의가 진행되었음에도 불구하고 여전히 한국 사회는 일본군 '위안부' 여성피해자를 민족의 대표로 구성하여, 가해/피해 구도를 강화하는 피해자화의 정치 속에서 구성하고 재현한다. 거다 러너는 민족, 인종, 계급은 분리된 채 존재하는 것이 아니라 이미 그것들이 성별화되어 구성되어 있음을 지적했다.[12] 같은 여성이지만, 동시에 다른 맥락, 다층적 위치에 존재하기 때문에 각기 다른 경험을 한다는 것이다. 따라서 그 구성원인 여성은 다르게 구성된 존재, 즉 성별화된 민족의 구성원일 수밖에 없다는 시점에서 이 문제를 바라볼 필요성은 절실해진다.

그러나 일본군 '위안부' 운동을 주도해온 정대협의 운동은 일본군 '위안부' 문제의 해결을 위해 앞장서왔고 많은 성과도 이루었지만, 한국 내 가부장적 민족주의에 균열을 내는 데는 성공적이지 못했다고 볼 수 있다. 또한 '2000년 법정' 이후 정대협은 이 문제의 성격을 전시하 여성폭력에 초점을 맞추어 운동을 가져가면서 변화의 움직임[13]이 있음에도

11) 김은실, 「민족담론과 여성: 문화, 권력, 주체에 관한 비판적 읽기를 위하여」, 『한국여성학』 10, 한국여성학회, 1994; 야마시타 영애, 「한국의 '위안부' 문제 해결운동의 과제: 성적 피해라는 시각에서」, 강덕상·정진성 외 저, 『근·현대 한일관계와 재일동포』, 서울대학교출판부, 1999; 김은실, 「지구화, 국민국가, 그리고 여성의 섹슈얼리티」, 『여성학논집』 19, 이대 한국여성연구원, 2002 등.

12) 거다 러너, 강정하 역, 『왜 여성사인가』, 푸른역사, 2006.

불구하고 대사회적으로 위안부 문제를 담론화할 때는 그 운동의 변화가 잘 드러나지는 않는다.

이러한 문제의 원인으로 한 정대협 활동가는 점점 더 우경화되는 일본의 현실 앞에서는 현재의 운동방식의 대안을 찾기 어렵다는 점을 지적했다. 현재 한일관계는 독도 영유권 문제와 야스쿠니 참배 등 일본의 움직임에 의해 많은 영향을 받고 있다. 현실적으로 현재의 정치적 동향의 구성 속에서 각 국가에 속한 여성의 정체성 역시 영향을 받는다. 문제는 '식민' 이라는 과거의 시공간을 한일 양국의 현실 속에서 재맥락화하는 헤게모니를 누가 쥐고 있는가 하는 것이다. 국가관계 속에서 초국적인 시도들은 국가중심체제 속에서 '좌절' 되었다고 평가되기 쉬운 측면을 가지고 있다. 민족담론을 전유하여 강력한 국민국가를 만들어내는 틀 안에서 타자는 배제되기 쉽고, 따라서 '초국적 연대' 의 과정 역시 지난할 수밖에 없다. 이는 역설적으로 민족담론 속에 포섭되지 않으면서 피해의 민족적 특수성을 밝혀내는 것이 얼마나 어려운지를 보여준다.

이러한 한국 사회의 문제점과 더불어 실질적으로 일본의 '공식 사죄와 배상' 이 이루어진 것은 아니기 때문에 '법정' 이후에도 피해자의 지원을 하면서 동시에 지속적으로 다양한 운동을 개발하고 진행해야 하는 어려움도 있다. 정대협의 '피해자 지원' 은 의료사업에서부터 시작하여 피해치유 프로그램을 마련하는 등의 여러 활동이 존재한다. 또한 정대협은 이 '법정' 의 의미를 피해여성의 실존과 요구에 어떻게 결합시킬 것인가라는 과제를 안고 있었다. 생존자와 함께 이 문제를 풀어간다는 것은 '2000년 법정' 이 지닌 추상적 의미가 아니라 실질적 성과를 피해

---

13) 현재의 전쟁과 여성인권 박물관 건립을 위한 활동은 민족담론에 기댄 것이 아닌 전쟁과 여성의 인권을 다루는 새로운 이슈로서 정대협이 도전하고 있는 운동이다. 또한 『여성의 눈으로 본 한일 근현대사』와 같은 일본 여성운동계와의 공동 역사교재 만들기 작업 또한 새로운 연대를 만들어내려는 움직임이었다고 평가할 수 있다.

자와 나누어야 한다는 것을 의미한다. '2000년 법정' 이 피해여성들의 치유에 도움을 준 것은 사실이지만, 이후 피해여성들에게 공식 사죄와 법적 배상이라는 부분이 해결된 것은 아니다. 따라서 운동 속에서 피해여성들에게 '2000년 법정' 이 과연 어떤 의미였는가에 대한 성찰 역시 필요했다. 여기서는 일본 측 활동가들에게 있어서 실질적으로 '2000년 법정' 에 대한 의미부여의 맥락에 '피해자의 목소리' 가 들어 있지 않은 것은 아닌가 하는 물음도 제기할 수 있다.

그간 운동이 진행되어오면서 많은 성과가 있었지만, 공식적인 사죄와 배상이라는 피해자의 염원은 아직 해결된 것이 아니다. 따라서 그것에 대한 피해자의 심리표출[14]은 활동가에게 많은 고민을 안겨줌과 동시에, 이는 한국 내 활동가들의 활동 중 실질적으로 피해자가 인정하는 것이 어떠한 것인가의 문제로 귀결되었다. 결국 이러한 평가의 지점을 안고서, 국내 운동단체는 피해여성들과 함께하는 지원사업과 더불어 일본군 '위안부' 운동의 동력을 좀 더 만들어내야 하는 어려움에 봉착해 있다. 이러한 현실은 일본군 '위안부' 문제를 해결하기 위한 여성운동이 한일 국제연대를 해나가는 데 있어서 어떤 식으로 변화해 나아가야 하는가에 대한 지속적인 물음을 던진다.

14) "히로히토에게 유죄(판결)를 내렸을 때, 1층에서 3층까지 다 일어나서 5분 이상 박수를 쳤다고, 굉장했지. 그리고 (돌아)왔지. 얼마 후 할머니들이 항의하는 거야. 이겼는데 왜 돈이 안 나오느냐고, 히로히토가 유죄판결 받았는데 왜 돈이 안 나오냐고 하는 거야."(김수진 정리, 『여성과 사회』가 만난 사람, "애들 어떻게 됐나? 내 나이 스물, 딱 고 나이라고." 정신대문제대책협의회 전 공동대표 윤정옥 대담 중)
"이제 와서 수요집회 갈 때도 할머니들이 힘들다고. ○○○할머니가 나한테 한 말이 뭐냐면. 계속 했는데 아무것도 해결 못 했다. 너그들이 자기를 이용하는 것이 아니냐. 그렇게 말할 때 있었어. 거 이해가 가잖아. 자기는 주변에 있는 사람들을 믿고 신뢰감 가지면서 계속 같이 활동했는데 아무것도 얻은 게 없다. 그건 뭐야, 라는 거야."(인터뷰 사례)
'2000년 법정' 이 분명 피해자들의 인권을 회복하는 데 도움이 되었고 피해자들 개인이 자신의 정당성을 지지받아 트라우마를 치유하는 데 도움이 된 것은 사실이나, 운동이 진행되는 과정에서 목표했던 사죄와 배상이 운동의 결과로 나오지 않은 데 대한 위와 같은 피해자들의 반응은 활동가들을 곤혹스럽게 했다. 이는 일본군 '위안부' 운동에 있어서 피해자와 그 피해자를 대변하는 활동가의 문제뿐만 아니라 특정한 사안의 피해여성을 지원하는 대부분의 활동가들의 고민이기도 하다.

한편 일본 측은 일본 내부의 네오내셔널리즘을 기반으로 한 정치적 우경화와 더불어 일본군 '위안부' 지원운동 자체가 급격히 고립화하는 과정이 발생했다. 이 상황 속에서 우익 정치권과 일본 사회의 미디어의 유착관계가 의심되는 '2000년 법정'의 NHK 왜곡방송을 둘러싸고 바우넷은 NHK를 상대로 소송을 제기하였다. 이러한 상황에 일본 측은 '2000년 법정'의 당위성을 많은 사람들에게 알려내는 것이 중요 과제가 되었다. 따라서 역사인식투쟁이라는 측면에서 이 법정의 의의를 살리기 위해서 법정의 권고안을 중심으로 자료관을 건립하는 등의 활동을 전개했다. 이렇듯 가해국 국민으로서의 국가의 책임을 외면하지 않고 천황의 책임을 공론화한 것은 일본 사회 내부에서 많은 어려움을 겪을 수밖에 없는 것이었다. 이 NHK 소송은 바우넷이 승리하지만, 이 승소의 의미가 한국 사회에 잘 알려졌다고는 보기 어렵다.

'2000년 법정' 이전의 일본 시민운동단체에서는 가해자 처벌에 대해서 부정적인 인식을 가지는 등 피해자의 요구에 응답하는 것을 주저해왔다. 특히 "천황이 관련되는 처벌 문제는 힘들다, 처벌은 일본의 풍토가 아니"[15]라는 반응도 있었다. 그런 만큼 일본에서 가해자 처벌에 대한 담론을 형성하기는 어려운 일이었을 것이다. 그러나 그 지난한 과정에 한 걸음 나아간 것이 '2000년 법정'이라고 볼 수 있을 것이다. 전후 일본 페미니즘은 '국가=천황'이라는 천황제에 대한 전면적인 문제제기에 어려움을 겪었다. 물론 그 묵인을 깨는 것은 매우 어려운 일이었다. 그 사회적 묵인에 균열을 내기 위해서는 일본 '국민'이라는 범주 자체에 문제제기를 해야 하기 때문이다. 따라서 '2000년 법정'에서 일본 여성들이 천황의 전쟁책임을 물었다는 것은 '국민'과 '여성'의 경험이

15) 松井やより, 『사랑과 분노, 투쟁하는 용기(愛と怒り 闘う勇氣: 女性ジャーナリスト いのちの記録』, 岩波書店, 2003, 197쪽.

분리되면서 여성의 눈으로 '일본 국민이 된다는 것'의 남성중심성을 볼 수 있게 되었다는 차원에서 중요한 의미를 지닌다. 그러나 일본 사회 내부에서 '천황'의 책임을 논한다는 것의 어려움에 대한 한국 사회의 이해 부족은 '2000년 법정'을 한일 양국이 왜 다르게 받아들일 수밖에 없는지를 보여준다.

Ⅴ. '2000년 법정'의 교훈과 초국적 연대의 과제

위에서 살펴본 것처럼 일본군 '위안부' 문제라는 동일한 이슈를 가지고 만난 한일 양국의 여성 주체들은 '2000년 법정'이라는 초국적 연대의 성과를 각각의 사회적 맥락에 따라 다르게 의미화하면서 자신이 속한 사회를 비판해내는 활동을 진행하고 있다. 양국의 이러한 '입장의 차이'와 그 이후의 활동은 각 국가의 역사·정치·사회적 맥락에 따라 다르게 구성되었다. 이는 일본군 '위안부' 문제의 속성이 여러 가지 중첩된 사회적 모순에 의해서 일어났음을 역설해주기도 한다. 결국 위안부 문제의 속성상 어느 한 문제만 놓고 이야기할 수 없기 때문에 '입장'의 차이는 당연하지만, '법정' 이후의 운동상황을 통해 볼 때 '법정'의 성과가 일국적인 차원의 사건으로 머물게 된 것은 아닌지 고민할 필요가 있다. 중요한 것은 '2000년 법정'의 '성과'를 '동일하게 인식하고 평가해야 한다'는 것이 아니라, 이러한 입장의 '차이'가 '어디에서 기인하는가'에 대한 상호간의 논의가 필요하다는 것이다.

국경을 넘어서 이룬 연대를 의미화하기 위해서는 '동일한 이슈'에 '동일한 입장'에서 이루어진 연대가 아니라 '입장의 차이'에 기반을 둔 연대였다고 평가하는 것이 중요하다. 초국적 연대는 '성과에 대한 인식의 차이'를 문제화함으로써, '인식의 차이'로 인한 '활동방식의 차이'가 서로를 지지하고 운동의 동력이 되어야 한다고 본다. 동일성만을 기반으로 한 연대가 이루어진다면 운동방식과 상황에 대한 몰이해가 지속되어 각 운동을 서로 보조하는 것이 아니라 고립화시킬 위험이 있다.

여성들 간의 '입장의 차이'를 사유하는 과정은 한 '문제'의 원인을 단일하게 파악해서는 이루어지기 힘들다. 민족국가들은 다양한 국제정치의 역학 속에서 경합하고 있으며, 그 현장에서 다시 여성의 입장들이 생겨난다. 현재처럼 전 지구적 상황에서 국경을 넘으려는 여성들이 민족을 초월하는 데 어려움을 겪는 것은, 각 정치사회적 맥락이 끊임없이 여성의 정체성을 구성하기 때문이다. 따라서 국경을 넘어 연대를 실현하고자 하는 여성들에게 있어서 여전히 민족, 국가, 인종 등 다양한 정체성이 어떠한 방식으로 경합하며 그 관계를 맺게 되는지를 성찰할 필요성이 있다.[16]

한 활동가는 결국 '국민 정체성'에 대한 인식 없이는 이 문제가 해결되기 어렵다는 의견을 피력했다.[17] 공식적 해결을 목표로 하는 이상, 그 국가를 움직일 수 있는 것은 외부에 있지 않고 그 내부에 있다는 것이다. 초국적 연대의 움직임이 좀 더 그 가능성을 보이려면, 그 국민

16) 거다 러너의 앞의 책은 인종적·계급적·성적 억압이 서로를 구성하고 지원하며 강화한다고 말한다. 즉 이런 체제를 분리해서 다루게 된다면 여성의 종속 문제가 필경 주변으로 밀려나고 말아서, 체제의 다른 측면과 맺는 핵심적 관계에서 다뤄지지 못하게 된다는 것이다. 이러한 분석은 현실 정치에서 중요한 의미를 지니는데, 즉 그들이 지닌 '차이'로 인해, 분리된 여성들 사이에서 연대를 수립하려는 새로운 시대는 비록 서로가 이해가 맞아떨어지는 부분적인 목표에 바탕을 두고 동맹이 형성된다고 할지라도, 만약 차이를 인정하고 존중한다면 성공할 것이라는 것이다.

17) "결국 일본 정부를 못 바꾸면 이 문제를 해결 못 하겠다는 것도 사실이에요. 지금 상황이라면 계속. 그렇다면 한국 쪽에서 할 수 있는 것은 한계가 있다는 거죠. 한국 사람들이 일본 정부 바꿀 수 있어? 선거권 없잖아요? 아무리 정치인들이랑 친하게 지내도 일본 정부 결국엔 누가 선택해. (……) 일본 국민이나 일본 활동가들이 그 사실을 어느 정도 인식하고 있는지 그거를 좀 알고 싶어. 아까도 말했지만 이제 책임이 있는 게 일본 정부가 아니고 일본 보수파나 우익이 아니고 그 위에 일본 국민들이지. 일반 사람까지 들어가서. 활동가의식 가진 사람만이 아니고. 일반 사람들까지 일본 국민들이 지금 어떻게 하고 있는지. 그냥 무시해서 하는 것도 선택의 하나고, 적극적으로 하는 것도 선택의 하나지."(인터뷰 사례)

주체들과의 견고한 연대가 더욱 필요하다는 것이다. 국민국가를 재구성해내는 '국민 정체성'에 동조하는 것은 아니지만, '국민'이 아닌 '시민' 정체성으로는 국가의 책임에 정면으로 맞서기 어렵다. 따라서 한국과 일본이 연대해 나아갈 때, 각 상황 속에서 자신의 책임에 정면으로 맞서는 것이 아닌 보편론적 시민 주체와의 만남은 각기 처해 있는 상황을 정확하게 직시하기보다는 회피하게 될 우려가 있다는 것이다. 물론 이러한 국가 구성원으로서의 권리가 자신의 '국가'의 내셔널리즘을 강고하게 만들면서 타자를 배제시킬 위험도 존재한다.

중요한 것은 이처럼 국가의 동원체계에 휘말리지 않고 개인이 정치적인 책임을 다하는 방식은 과연 어떻게 가능한가에 대한 논의를 시작하는 것이다. 이는 국민국가 내부에서 부차적 성원으로 취급되는 여성이 정치적 책임을 다하는 것이 어떻게 가능한가에 대한 질문으로도 연결된다. 이러한 맥락에서 초국적 여성연대라는 것은 '여성의 이해'만을 기반으로 가능해지는 것이 아니라고 본다.

유발 데이비스가 제안한 '횡단의 정치(transversal politics)'는, 각각 다른 배경에 있는 여성들을 동화시키는 것이 아니라 민족성의 다양성과 입장의 차이들로 인한 의제들이 인정되고 존중되어야 함을 주장한다.[18] 여기서 자신의 뿌리와 가치를 버리지 않고 타자를 동질화하지 않는 '대화'가 핵심인데, 이는 '2000년 법정'의 한계를 극복하는 방식으로 지속가능한 초국적 연대를 사고할 때 유효한 방식이라고 볼 수 있다. 이러한 의미에서 일본군 '위안부' 문제를 다룰 때, 각각의 여성들이 지니고 있는 민족/국민 정체성은 여전히 연대의 장에서 주요하게 고려되어야 하며 분석해야 할 사안이다. 그러나 이 의미체계가 여성을 그 국

18) Nira Yuval-Davis, *Gender and Nation*, Sage Publications Ltd., 1997.

가의 성원이라는 고정된 정체성으로 환원시키지는 않아야 할 것이다.

그리고 연대의 장에서 나타나는 갈등은 각 사회의 맥락에서 이해되어야 하며, 각국의 상황에 대한 이해는 그 사회를 비판해내는 동력으로 작용할 수 있다. '횡단'의 '대화'에서는 각자의 특수성을 유지하되, 보편적인 의제로 뭉칠 때 발견하는 정치적 힘에 대한 신뢰 역시 여전히 여성주의적 연대에서 중요하다. 국민국가의 국민화 과정 속의 타자화를 여성들이 스스로 극복하는 것과 그러한 각각의 정체성 자체를 무화시키는 '보편적 연대'는 다른 층위에서의 논의이기 때문이다. 이러한 문제는 민족/국민 범주[19] 속에서 성별화된 존재인 한국과 일본 여성이 연대하기 위해 만났을 때, 혹은 과거 국가간 힘의 관계에서 파생하는 역사적 문제를 해당 국가의 여성들이 국민국가의 경계를 넘어서 해결할 때 지속적으로 부딪히게 될 과제라고 본다.[20]

---

18) 국가의 '국민화' 과정은 가족, 학교, 종교 등을 통해 창출하는 것이며, '국민'은 개인이나 사회적 조건을 초월하여 정체성의 기원, 문화 또한 관심을 갖고 있는 것처럼 과거나 미래에 걸쳐 표상된다(강상중, 『오리엔탈리즘을 넘어서』, 이산, 1997). 니시카와는 국민화 과정을 통해 '국민'이 사고와 언어·습관 등이 바뀌는 별종으로 탄생된다고 지적한다(니시카와 나가오, 『국민이라는 괴물』, 소명출판, 2002). 이러한 '국민화' 과정을 통한 국민국가로의 귀속이 여성의 해방을 가져다주는 것은 아니며, 외려 여성을 억압하고 있는 것은 사실이다. 그러나 세계체제하에서 민족의 이해가 국민국가라는 형태를 통해 추구되고 실현된다는 것을 바탕으로 하였을 때, 여성의 구체적 현실은 그가 속한 공동체, 국민국가의 특수성의 영향력과 떨어질 수 없는 관계에 있다. 또한 전 지구적 자본주의체제하에서 공동체의 이익을 대변하는 행위의 주체는 국가로 규정지어지고 있다(임우경, 「페미니즘의 동아시아적 시좌(視座): 일제하 조선의 '여성 국민화' 문제를 중심으로」, 『여/성이론』 5, 도서출판 여이연, 2001). 본 연구에서의 민족/국민 정체성은 "주체로서의 개인의 의지를 중단"하는 고정된 정체성이 아니라 여성을 구성하는 정체성으로 파악한다. 임우경의 논문은 '국가' 없는 식민지 조선의 역사에서 조선의 여성에게 '국민화'란 존재할 수 없었지만, 민족주의에 포섭되는 양면성을 가진다고 파악한다. 따라서 한일 여성이 만날 때의 경합하는 민족/국민 정체성은 이러한 한일의 역사적 맥락을 포함한다.

20) 우에노 지즈코는 피해자가 피해와 가해의 구도를 피하려고 할 때 그것은 덕이 되지만 가해자가 그것을 피하려고 할 때는 오만이 된다고 지적하면서 가해국 여성으로서 일본군 '위안부' 문제를 논의한다는 것의 어려움을 토로한다(우에노 지즈코·조한혜정, 『경계에서 말한다』, 생각의 나무, 2004).

제 4 부

야스쿠니를 다시 묻는다

천황과 야스쿠니*

다카하시 데쓰야 高橋哲哉

'천황과 야스쿠니'라는 테마를 내걸었지만, 한정된 범위 내에서 천황과 야스쿠니의 관계를 전면적으로 논할 수는 없다. 본고에서는 최근에 일본에서 새롭게 부상하기 시작한 천황과 야스쿠니를 둘러싼 새로운 움직임에 대해서 소개하면서 비평적인 의견을 더하고자 한다.

『니혼케이자이신문(日本經濟新聞)』 2006년 7월 20일자 조간 제1면 톱기사에 대형 특종기사가 실렸다. 1988년에 당시 궁내청(宮內廳) 장관이었던 도미타 아사히코(富田朝彦) 씨가 쇼와(昭和) 천황의 발언을 메모한 기록이 남아 있는데, 그 중에 당시 쇼와 천황이 야스쿠니 신사에 이른바 'A급전범'이 합사된 것에 '불쾌감'을 느껴서 야스쿠니 신사에 참배하는 것을 중지했다고 하는 천황 자신의 언급이 기록되어 있다는 기사였다. 쇼와 천황은 패전 전에는 물론 패전 후에도 자주 야스쿠니 신사에 참배했는데, 1975년의 전후 여덟 번째 참배를 마지막으로 야스쿠니 신사에 참배를 하지 않게 되었다. 그 이유에 대해서 다양한 억측이 있었는데, A급전범의 합사가 이유가 아닐까라는 주장도 있었지만 확증

---

* 본고는 2006년 9월 16일 출판문화회관에서 개최되었던 '한일, 연대 21' 제3회 심포지엄 「야스쿠니를 다시 묻는다」에서 발표된 원고를 수정·보완한 것이다.

이 없었다. 그래서 이 메모가 쇼와 천황이 야스쿠니 신사에 참배하지 않게 되었던 이유를 나타내는 결정적인 증거로서 제시되었던 것이다. 일본의 '야스쿠니파' 사람들은 이 메모의 증거능력을 낮추려고 하여 꾸며낸 것이 아닐까라는 둥 다양한 주장을 펼쳤지만, 이 메모가 실제 쇼와 천황의 생각을 전하고 있다는 것은 거의 틀림이 없을 것이다. 일본에서 이 메모는 2006년 8월 15일에 앞서서 고이즈미 수상의 참배를 둘러싸고 다양한 논의가 진행되는 와중에 야스쿠니 보도를 일거에 가열시키는 촉매와 같은 역할을 수행했다. 재빨리 이 보도에 달려든 것이 고이즈미 수상의 참배에 반대하는 일본의 미디어나 정치가인데, 그들은 쇼와 천황조차도 A급전범이 합사되어 있는 야스쿠니 신사에는 참배하지 않겠다고 했으니 당연히 고이즈미 수상도 8월 15일의 참배를 하지 않아야 한다고 주장했다. 그러나 나는 그러한 일본의 논조에는 커다란 의문을 느꼈다. 그 의문의 중심에는 크게 나누어 세 개의 포인트가 있는데, 그것에 대해서 논하고자 한다. 그 중에 특히 중요한 것은 두 번째, 그리고 무엇보다도 세 번째이다.

우선, 첫 번째로 일본의 헌법에는 정교분리 원칙이 규정되어 있다. 이것은 정확히 인용하면 이렇다. "국가 및 그 기관은 종교교육, 기타 어떠한 종교적 활동도 해서는 안 된다." 국가와 그 관계기관에 모든 종교적 활동을 금지한 조문이다. 대한민국 헌법에도 마찬가지로 20조에 종교의 자유와 함께 정교분리 원칙이 규정되어 있는데, 일본에서는 어떠한 종교적 활동도 금지한 헌법조문이 존재하는 것이다. 나는 적어도 일본 국민의 문제로서는 야스쿠니 신사에 대한 수상의 참배를 비판하는 가장 첫 번째 원칙은 헌법의 정교분리 원칙이 아니면 안 된다고 생각하고 계속 주장해왔다. 일본의 법원에 제기된 수상의 참배에 대한 헌법위반 확인을 요구하는 소송에서도 종종 위헌판단, 위헌판결이 내려지고 있다. 물론 이것은 헌법에 정해져 있다는 사실만으로 그 중요성이 담보되는 것이지만, 왜 정교분리 원칙이 일본국 헌법에 들어갔는가를 생각하면, 그 커다란 이유는 바로 야스쿠니 신사에 있었다고 할 수 있다. '대일본제국' 이라고 자칭한 시대에 일본에서는 야스쿠니 신사를 하나의 중심으로 하는 '국가신도(神道)' 의 시스템이 존재하여 국민이나 식민지 사람들의 사상·양심과 신교의 자유 등을 크게 손상시켰다, 그리고 침략전쟁, 식민지 지배를 정당화하는 역할을 했기 때문에, 전후의 민주화에 있어서는 국가로부터 신도, 신사를 분리시키는 것이 절실히 필요했다. 국가신도, 국가의 신사, 그 중심의 하나에는 전쟁신사로서의 야스쿠니 신사가 있었던 것이다. 따라서 헌법의 정교분리 원칙은 그야말로 야스쿠니 신사와 국가의 관계가 부활하지 않도록, 국가신도가 부활하지 않도록 정해졌다고 할 수 있는 것으로, 이 헌법이 있는 이상 우선은 이 원칙에 따라서 수상의 참배를 비판해야 한다고 나는 생각한다. 하지만, 지금 일본의 이른바 양심적인 미디어나 자유주의적인 정치가들은 헌법의 원칙이 아니라 천황의 이 말, 천황의 메모를 근거로 하여 수상의 참배를 비판하는 움직임으로 나아가고 있는데, 나는 일본의 미디어가 민주주의의 미디어로서는 실격이라고 하지 않을 수 없다고 생각한다.

그러나 더욱 중요한 문제로서 두 번째로, 이러한 형태로 수상의 참배를 비판하는 논의는 이른바 A급전범 분사(分祀)론과 그 약점을 공유하게 된다. 이것은 전쟁책임 및 역사인식의 문제인데, 나는 이른바 'A급전범 분사론' 은 전쟁책임론, 역사인식론의 왜소화로 이어진다고 주장해왔다. A급전범 분사론이란 야스쿠니 신사에 합사되어 있는 14명의 A급전범을 야스쿠니 신사에서 뺀다, '분사' 라는 말은 오해를 사기 쉬우므로 확실히 뺀다, 제외한다고 하는 편이 좋은 것 같은데, 야스쿠니 신사에서 A급전범을 제외함으로써 특히 중국, 한국으로부터의 비판을 회피하고자 하는 생각이다. 이것은 그러나 중국, 한국 정부의 항의 이유로서는 이해할 수 있지만, 일견 전쟁책임을 중시하고 있는 것처럼 보이면서도 전쟁책임론의 중요한 논점의 대부분을 역으로 빠뜨리기 쉬운 점이 있다. 그 최대의 논점은 천황의 전쟁책임이다. 『니혼케이자이 신문』의 보도에서는 쇼와 천황이 A급전범에 대하여 불쾌감을 가지고 있어서 A급전범이 합사되어 있는 야스쿠니 신사 참배를 중지했다고 하는데, A급전범들을 신하로 하여 전쟁을 발동한 것은 당시의 국가원수이자 군의 최고사령관인 대원수(大元帥)였던 쇼와 천황 자신이다. 이 보도는 마치 쇼와 천황 자신은 전혀 책임이 없는 결백한 존재이며, 모든 것은 A급전범의 잘못이라고 주장하는 것처럼 들린다. 또한 그러한 인상을 강화하는 것으로 이어지게 되는데, 그 결과로서 천황의 전쟁책임, 그리고 또한 천황제라는 시스템의 전쟁책임 문제를 완전히 망각하게 하는 역할을 수행하는 것은 아닐까. 천황의 전쟁책임뿐만이 아니다. 일본의 국민 각층의 전쟁책임, 그리고 그러한 보도를 하고 있는 매스미디어의 전쟁책임, 그리고 또한 야스쿠니 자신의 전쟁책임이 망각되어간다. 분사하면 이미 수상에게도 천황에게도 야스쿠니에게도 문제가 없는 것이 되므로, 전쟁책임론을 왜소화시키게 되는 것이다.

더욱이 '전쟁책임'과 구별하여 '역사인식'이라고 내가 말하고 싶은 것은, 전쟁책임이라고 했을 때 도대체 그 '전쟁'이란 무엇을 의미하는 것일까, 이것이 실은 애매하기 때문이다. 전후 일본에서 '전쟁책임'이라는 말은 가장 좁은 의미로는 미국에 패배한 책임, 미국에 대한 패전책임이라는 의미로 사용되었던 적도 있다. A급전범이 문제가 된다는 것은 극동국제군사재판, 도쿄 재판이 문제가 된다는 것이며, A급전범이란 극동군사재판에서 연합국에 의하여 일본의 전쟁지도자로서 재판받은 사람들이다. 하지만, 이 극동국제군사재판이 문제로 삼은 것은 정확하게 말하면, 1928년 1월 이후의 일본의 침략에 관련된 책임으로, 사실상 만주사변의 계획에서부터 수행 이후의 중국 침략전쟁과 그 후의 태평양 전쟁, 이것들을 아우르는 것에 지나지 않는다. 역으로 말하면, 1928년 1월 이전의 일본의 침략에 대해서는 A급전범이라는 카테고리로는 전혀 문제를 삼을 수 없는 것은 자명하다. 1928년의 단계에서는 말할 것도 없이 이미 일본은 조선·타이완을 포함한 많은 식민지를 소유한 식민지 제국이었다. 그 식민지제국을 확립하기 위하여 일본군은 아시아를 침략해갔던 것이다. 이 아시아 침략, 조선 침략의 과정에서 투입된 일본군 군인·군속의 전사자들이 야스쿠니 신사에 합사되어왔던 것이므로, 야스쿠니의 역사를 묻고 야스쿠니의 역사인식을 다시 문제 삼게 되면 당연히 일본군이 아시아 침략을 시작한 19세기로까지 소급하지 않으면 안 된다. 그러한 의미에서 A급전범 분사론은 역사인식 문제의 왜소화로 이어지는 것이며, 이 천황 메모에 대한 보도는 바로 이러한 구도를 새로이 보강하는 것이 되고 만다. 문제는 A급전범이다, 따라서 중국 침략 이후의 일본의 침략전쟁이 문제라는 논의로 되는데, 식민지주의의 문제가 거기에서는 결락되어버리는 것이다. 이상이 전쟁책임, 역사인식과 관련된 문제이다.

세 번째로 이 메모의 보도가 최근에 부상하기 시작한 새로운 움직임과 합류하였는데, 나는 지금 야스쿠니를 둘러싼 가장 위험한 시나리오가 일본에 등장하게 되었다고 생각하고 있다. 이 쇼와 천황의 메모에 관한 보도는 일단 8월 15일 고이즈미 수상의 야스쿠니 신사 참배를 비판하기 위해서 사용되었다. 그러나 단기적으로는 그렇게 사용되었지만, 중기적 혹은 장기적으로는 이 메모는 아래에 소개하는 새로운 움직임과 합류하여 야스쿠니를 둘러싼 가장 위험한 시나리오로 치닫는 효과를 가지고 있다고 나는 생각한다. 그것은 국영화된 야스쿠니 신사에 수상뿐만 아니라 천황이 참배를 계속한다. 그리고 그럼으로써 새로운 일본의 군사행동을 뒷받침하는 장치로 야스쿠니 신사가 기능한다는 시나리오이다. 야스쿠니 신사에 대한 천황 참배의 중요성은 자주 강조되어왔다. 그리고 일본의 이른바 야스쿠니파 사람들이나 우익세력에게 최종 목표는 수상의 참배가 아니라 천황의 참배 실현이라는 것도 지적되고 있다. 옳은 지적이라고 생각하는데, 그것이 종종 과거로의 회귀 시나리오로 파악되는 데는 이의가 있다. 확실히 그러한 면도 있지만, 나는 오히려 그 이상으로 이것은 21세기의 새로운 일본의 전쟁을 뒷받침하기 위한 움직임이라고 이해할 필요가 있다고 생각한다. 그간 야스쿠니 문제는 일본과 한국, 일본과 중국 사이에서 주로 수상의 참배를 둘러싸고 논의되어왔다. 한국의 경우에는 그 외에도 합사되어 있는 한반도 출신의 예전의 일본군 병사들의 합사 취하의 문제도 있다. 이것도 대단히 중요한 문제이지만, 정치적으로 또한 미디어 차원에서는 오로지 A급전범이 합사되어 있는 야스쿠니 신사에 수상이 참배하는 것의 문제성만이 중시되어왔다고 할 수 있겠다. 그러나 2006년 여름 이후에 일본의 유력 정치가 중에 이제 이러한 상황은 끝내고 싶다고 언급하는 새로운 움직임이 보이지 시작했다. 요컨대 수상이 참배하고 그것에 대해 한국이나 중국의 정부에서 항의가 제기되고 외교관계가 정체되면 그것에 대하여 일본정부가 무언가 하지 않으면 안 되는데, 그렇다고 A급전범을 분사하려고 해도 그것은 불가능하다는 논의의 반복이 고이즈미 수상의 참배 내내 계속되었다. 그러나 이러한 논의는 이제 끝내지 않으면 안 되며, 야스쿠니의 위치를 근본적으로 재고하여 수상뿐만 아니라 천황의 참배를 실현시키고 싶은데, 그러기 위해서 무엇을 하지 않으면 안 되는가를 생각해야 한다고 하는 논의가 유력 정치가 사이에서 나온 것이다.

예를 들면 고가 마코토(古賀誠) 중의원의원이 그런 사람인데, 이 사람은 현재 일본유족회의 회장이다. 일본유족회는 유족 중에서도 보수적인 입장을 대표하는 일본 최대의 유족회로 야스쿠니 신사에 대한 수상 참배나 천황 참배를 지금까지도 요구해왔는데, 그 회장이자 중의원 위원인 고가 마코토 씨가 야스쿠니 신사를 '국가호지(護持)' 할 것을 주장하기 시작한 것이다. '국가호지' 란 요컨대 국영화를 의미한다. 야스쿠니 신사는 구 일본제국하에서는 군의 신사였으며, 따라서 국가의 기관이기도 했다. 국가신도의 하나의 기관이었던 것이다. 그러나 앞에서 언급한 바와 같이 전쟁이나 식민지 지배와의 관계를 추궁당했기 때문에 전후에는 국가에서 분리되어 민간의 일개 종교법인으로서 기독교의 교회나 불교의 사원과 같은 민간의 단체라는 형태로만 존재해왔던 것이다. 실제로는 야스쿠니로의 전몰자 합사에 후생성(厚生省)이 협력하거나 혹은 수상이 참배하거나 하여 국가와의 관계가 계속되었고 또 그것이 문제가 되었지만, 야스쿠니 신사의 법적 지위는 어디까지나 민간의 종교법인이다. 그러나 이른바 야스쿠니파 사람들, 그리고 보수 정치가의 하나의 목표는 야스쿠니 신사를 예전처럼 국영 신사로 만드는 것이다. 다만, 그것은 지금까지는 논의로서 표면에 나오지 않았다. 1960년부터 70년대 초에 걸쳐 자민당이 '야스쿠니 신사 국가호지법안' 이라는 것을 국회에 여러 번 제출한 적이 있다. 이것은 야스쿠니 신사를 예전과 같은 국영 신사로 되돌리려는 안건이었는데, 당시의 야당세력이나 종교계 등이 반발했다. 이것은 군국주의의 부활로 이어진다는 비판이 강했기 때문에, 이 법안은 최종적으로 폐기되었다. 그 단계에서 야스쿠니파 사람들, 자민당 등의 보수세력은 국가호지를 일단 단념하고 수상의 야스쿠니 참배 정착화 노선으로 전환했다고 논해져왔다. 그러므로 야스쿠니 신사 국가호지라는 논의는 거의 근 30년간 표면으로 나온 적이 없었다.

그런데 그것이 최근에 일본유족회 회장인 국회의원의 입에서 당당히 나온 것이다. 고가 의원에 따르면, 현 상태로는 천황의 참배를 실현할 수 없지만 이것을 이루지 못하면 유족은 만족하지 못할 것이며 야스쿠니 신사 측한테도 비정상적인 지위이다. 그러나 천황의 참배를 실현시키기 위해서는 수상의 참배조차도 비판을 계속하고 있는 한국이나 중국의 이해를 구하지 않으면 안 된다. 그래서 A급전범을 제외하지 않으면 안 되지만, A급전범을 빼는 것은 지금으로서는 불가능하다. 왜냐하면 야스쿠니 신사가 A급전범을 제외시키는 것은 신도의 교의상 불가능하다고 해서 거부하고 있다. 그래서 이 야스쿠니 신사를 일단 종교법인이 아니라 국가의 기관으로 한 후에 국가의 판단으로 A급전범을 빼는 수밖에 달리 방책이 없다. 종교법인이면 신교의 자유를 존중하여 야스쿠니가 주장하는 대로 A급전범을 뺄 수 없으며, 정부가 억지로 강제해서 제외시킬 수는 없다. 그러나 야스쿠니 신사가 종교법인이 아니라 국가의 기관이 되면 누구를 모실지는 국가가 정하면 되므로 A급전범을 제외하여 한국이나 중국으로부터의 비판을 없앤 후에 수상, 그리고 무엇보다도 천황의 참배를 실현시키고 싶다, 대략 이와 같은 논의이다. 고가 의원만이 아니다. 나카가와 히데나오(中川秀直) 중의원의원은 당시의 자민당 정조회장(政調會長)이자 지금은 자민당 간사장인 유력 정치가인데, 이 사람도 야스쿠니 신사의 비종교법인화 법안을 준비하고자 한다고 발언했다. 고이즈미 내각의 행정개혁담당장관을 역임한 주마 고키(中馬弘毅) 의원도 동일한 발언을 했다. 그리고 이 논의들의 이른바 집대성으로서 현직 외무대신인 아소 다로(麻生太郎) 씨가 야스쿠니 신사 국영화를 향한 비교적 상세한 안을 공표했다. 아소 다로 씨는 한국에서는 창씨개명에 관한 발언으로 잘 알려져 있을 것이다. 식민지하의 창씨개명은 조선 사람들 스스로가 희망한 것이라는 '망언'을 해서 문제가 된 적이 있는데, 그 사람이 지금 외무대신이며, 그가 야스쿠니 국영화를 위한 구체적인 안을 정리해서 발표한 것이다. 아소 씨는 포스트 고이즈미를 정하는 자민당 총재 선거에서 아베 신조(安倍晋三) 현 수상과 경합하였으며, 지금은 포스트 아베의 수상후보로도 거론되는 유력 정치가인데, 이 사람도 기본적으로 고가 의원과 동일한 야스쿠니 신사 국영화론을 발표한 것이다. 이와 같이 새로이 부상하기 시작한 국영화론에 동기를 부여하고 있는 것은, 첫 번째는 한국이나 중국의 비판에 종지부를 찍고 싶다고 하는 생각인데, 그뿐 아니라 그 근저에 있는 것은 수상의 참배와 함께 천황의 참배를 실현하고자 하는 동기이다. 아소 씨는 작년에 외무대신으로서 이미 다음과 같은 취지의 발언을 했다. 야스쿠니 신사에 모셔진 영령의 눈으로 보면, '총리대신 만세!' 하고 죽은 사람은 없다, 모두 '천황 폐하 만세!' 하고 죽었기 때문에 천황의 참배를 실현하는 것이 첫 번째라고.

그런데 그렇다면 야스쿠니에게 천황 참배의 결정적인 중요성은 어디에 있는 것일까. 예를 들면, 패전 전의 일본에서 나온 『동맹그래프(同盟グラフ)』라는 사진잡지의 1942년 12월호에 흥미로운 사진이 게재되어 있다. 1942년 가을에 야스쿠니 신사의 임시대제(臨時大祭)가 거행되었을 때의 모습을 찍은 사진이다. 야스쿠니 신사에서는 봄과 가을의 예대제(例大祭)가 지금도 해마다 행해지고 있는데, 예대제에서는 일반적으로 천황의 참배가 없고 황실에서 칙사가 야스쿠니 신사로 파견된다. 예전에 천황의 참배가 반드시 거행된 것은 임시대제에서였다. 임시대제란 전사한 병사를 새로이 야스쿠니 신사에 신으로 모시는 의식이다. 중일전쟁에서 태평양전쟁에 걸친 시기에는 임시대제에 수천 명에서 만 명 이상의 단위로 전사한 병사가 합사되었는데, 이 1942년 가을 임시대제에서도 15,021명의 전사한 병사가 일거에 야스쿠니 신사에 신으로 모셔졌다고 씌어 있다. 그리고 이 임시대제의 특징은 그와 같이 새로이 합사

된 전사자의 유족이 전국에서 초대되어 참가한다는 것이다. 전국에서 전사자의 유족을 초대해서 임시대제를 거행하고 거기에 천황이 참배한다는 것이 실은 일본의 전쟁을 뒷받침한 야스쿠니 신앙을 만들어냈다고 할 수 있지 않을까. 이 잡지의 사진에 있듯이, 야스쿠니 신사에서 참배가 끝난 천황·황후를 실은 수레가 나간다. 경비병의 모습도 보이지만, 연도의 양쪽에 많은 유족이 전국에서 초대되어 열석하고 있다. 당시의 도조 히데키 수상, 시마다 시게타로(嶋田繁太郎) 해군대신의 모습도 보인다. 둘 다 A급전범으로 소추되었는데, 도조 히데키 수상은 교수형, 시마다 해군대신은 유죄였지만 사형은 아니었다. 따라서 지금 야스쿠니 신사에 합사되어 있는 것은 도조 히데키 수상 쪽이다. 이처럼 임시대제에는 수상이나 육해군대신뿐만 아니라 천황의 참배가 있었던 것이다. 그리고 유족의 사진이 대단히 상징적이다. 남편이 전사해서 지금 막 야스쿠니에 합사된 '야스쿠니의 아내'로 일컬어지는 사람들, 또는 자식이 전사해서 지금 막 야스쿠니에 합사된 '야스쿠니의 어머니'로 일컬어지는 사람들이 참석하여 손을 모아 빌고 있다. 이 사람들은 무엇에 손을 모아 빌고 있는 것일까. 이 사진에는 "감격의 눈물을 흘리며 천황의 행차를 맞이하는 유족들"이라는 설명이 붙어 있다. 요컨대 이 사람들은 자신들의 눈앞으로 지나가는 천황의 수레를 향해서 "얼마나 고마운 일인가, 얼마나 기쁜 일인가, 얼마나 황송한 일인가"라고 하며, 손을 모아 기도하고 있는 것이다. 나는 한국어판도 출판된 『야스쿠니 문제(靖國問題)』(筑摩書房, 2005)라는 저서[1] 속에서 '감정의 연금술'에 대해서 언급했다. '감정의 연금술'이란 무엇인가 하면, 임시대제에서의 천황의 참배가 유족의 감정을 전혀 반대의 것으로 바꿔버려 전사자를 낸 슬픔에

---

1) 한국어판은 현대송 역, 『(결코 피할 수 없는) 야스쿠니 문제』, 역사비평사, 2005.

서 명예의 감정, 기쁨의 감정으로 180도 전환시켜버린다고 하는 의미이다. 물론 실제의 유족이 모두 그렇게 말끔히 감정을 바꿔버린 것은 아니라고 생각하지만, 그러나 여기에 유족들이 "감격의 눈물이 솟구쳤다"고 씌어 있듯이, 남편이나 자식이 야스쿠니 신사에 신으로 모셔지고 거기에 천황이 참배한다는 것은 유족에게는 이 이상 없는 명예로운 것으로, 전사를 슬퍼하는 것이 아니라 오히려 그것을 기쁨으로 느껴야 하는 것으로 받아들였던 것이다. 이것이 유족에 대해서 전사를 받아들이게끔 하고 또한 전쟁을 긍정하게 만들어가는 커다란 역할을 했다. 만약 전사자의 유족이 그 슬픔, 아픔 혹은 분노를 전쟁을 수행하고 있는 국가, 정부 쪽으로 돌린다면 위정자로서는 전쟁을 수행하기가 어려워지는데, 행여나 그런 일이 없도록 유족을 위무하는 데에서 야스쿠니 신사와 그곳으로의 천황의 참배는 결정적인 의미를 가졌다고 생각된다. 당시의 임시대제의 자료를 보면 유족들이 기념사진에 찍혀 있는데, 그 중에는 조선의 유족의 모습도 보인다. 더욱이 이 잡지에는 야스쿠니 신사에 참배하는 일본군 병사의 사진이 게재되어 있다. 야스쿠니 신사의 배전(拜殿) 앞에 정렬하는 육군부대와 신사 입구에서 배전 쪽으로 들어가는 해군부대가 찍혀 있다. 야스쿠니 신사는 물론 전사자의 유족에게 감정의 연금술을 작동시키기 이전에, 먼저 육해군 장병에 대해서 그들의 사기를 진작시키는 역할을 다했던 것이다. 전장에서 적과 '죽일지 죽임을 당할지'의 상황에 내몰리는 병사들, 불안과 공포를 품은 병사들에게 오히려 용감히 싸워 전사하면 야스쿠니 신사에 신으로 모셔지고 천황이 거기에 참배하여 국민으로부터 최고의 모범으로서 존경받는다는 메시지를 야스쿠니 신사가 발했기 때문에 병사들은 전사를 꺼리지 않았다고 생각되는 것이다. 더욱이 야스쿠니는 유족 이외의 일반 국민에 대해서도 큰 영향력을 행사했다. 임시대제 때에 야스쿠니의 영령에 대해서 묵도를 올리는 긴자(銀座: 도쿄의 번화가) 가두의 국민의 모습이 사진에 찍혀 있다. 행인들도 모자를 벗고 야스쿠니 신사를 향해서 묵도하고 있다. 상하이 신사의 사진에서는 상하이에 있는 일본인이 같은 시각에 야스쿠니 신사를 향해서 묵도를 올리고 있다. 당시 조선에 만들어진 신사나 그 외의 식민지의 신사, 점령지의 신사에서도 동일한 일이 벌어졌으리라 생각된다. 이와 같이 야스쿠니 신사는 유족 이외의 일반 국민, 식민지 사람들에 대해서도 야스쿠니의 영령을 존경하고 천황의 신하로서 유사시에 자신들도 영령을 본받아 국가를 위해서 또한 천황을 위해서 목숨을 버릴 각오를 가져야 한다는 메시지를 발한 것이다. 이와 같이 야스쿠니 신사는 전쟁이나 식민지 지배를 뒷받침하는 역할을 다해왔는데, 그 핵심에 천황의 참배가 있었다는 것을 이해할 수 있다.

또 다른 자료에서도 천황 참배의 의미를 확인할 수 있다. 잡지 『주부의 벗(主婦の友)』 1944년 1월호에 게재된 기사이다. 「군국의 어머니를 찾아서: 네 아들을 모두 육해장병으로 키워내, 세 아들이 순국하는 명예에 빛나는 쓰쓰이 마쓰(筒井松) 부인」이라는 표제가 붙어 있다. 이 쓰쓰이 마쓰라는 사람은 고치(高知) 현 산간의 한촌으로 시집간 여성인데, 몹시 가난하여 산일, 밭일, 그 외의 육체노동을 하면서 네 아들을 길렀다. 그 사이 남편도 폐렴으로 급사하여 혹독한 시련 속에서 네 아들을 키웠던 것이다. 그런데 이 네 아들이 모두 육해군 군인이 되어, 그 중 세 사람이 전사를 해서 야스쿠니 신사에 모셔졌다. 이 쓰쓰이 부인은 그 공적을 기려 '군국의 어머니'로 현창되었다. 당시 '주부의 벗사(主婦の友社)' 등이 주최하여 전국에서 '군국의 어머니'에 걸맞은 사람을 모집하여 선정된 사람을 표창했다. 쓰쓰이 부인은 이 해에 뽑혀 표창되었던 것이다. 이 자료를 보면, 대략 다음과 같은 것이 씌어 있다. 쓰쓰이 마쓰 부인은 장남이 전사했을 때는 뽕나무밭에서 일하고 있었다. 전사 소식

을 듣고 충격을 받아 망연히 밭에 주저앉아 하루종일 날이 저물 때까지 일어설 수 없었다. 다음으로 차남의 전사가 알려졌을 때는, 이런 끔찍한 일이, 이런 슬픈 일이, 하며 훌쩍훌쩍 울었다고 한다. 그런데 결정적인 전환이 찾아온다. "정말로 내 아들이 장한 일을 해냈구나 하고 느낀 것은 둘의 합사제에 야스쿠니 신사로 참배 갔을 때부터였습니다." 즉 쓰쓰이 부인도 두 자식이 전사하여 야스쿠니로 합사될 때 그 임시대제에 초대되어 참렬했던 것이다. 그때 그녀는 어떻게 느꼈는지가 다음과 같이 씌어 있다.

> 황송하게도 천황 폐하가 그 사전(社殿)에 친히 참배하시는 모습을 엎드려 보았을 때, 우리 같은 천한 산골 출신 아이들은 설령 칠팔십까지 살았더라도, 병 따위로 죽어도, 산속의 너구리도 울어주지 않는데 나라를 위해 죽은 탓에 천황 폐하까지 참배해주시는 것을 보고 감전된 것처럼 기쁘고 고마운 일이란 것을 깨달았다. 그 후로는 괴로운 마음은 완전히 사라지고 자식들은 영원히 살아 있다는 생각이 들어 기분이 밝아졌다.

그야말로 '감정의 연금술'의 전형적인 케이스이다. 유족이 이처럼 "감전된 것처럼" 슬픔에서 기쁨으로 감정을 변환시켜버린다. 천황의 참배가 얼마나 중요한 의미를 가졌는지가 확인된다. 이처럼 야스쿠니 신사에 전사자가 신으로 모셔지고 거기에 천황이 참배하는 것의 의미는 전사의 슬픔이 사라져가는 데에 그치지 않는다. 그것으로 인해서 전쟁이 긍정된다. 즉, '명예의 전사'라고 하여 전쟁에 대한 의문이나 비판, 전사자를 낸 책임에 대한 추궁이 완전히 봉인되어간다. 이것이 야스쿠니 신사의 역할에 다름 아니다.

그렇다면 현재의 문제로 돌아가자. 지금 일본의 유력 정치가는 야스쿠니 신사 국영화 시나리오를 그리기 시작했다. 그리고 그것은 국영화함으로써 A급전범을 제외하여 한국이나 중국으로부터의 비판을 회피할 뿐만 아니라 수상, 그리고 무엇보다 천황의 참배를 실현시키고자 하는 동기에서 기인한다. 내 생각에는 『니혼케이자이신문』이 보도한 도미타 메모도 이러한 흐름에 합류해갈 것이다. 왜냐하면, 이 보도에 따르면 쇼와 천황은 A급전범이 합사되어 있는 야스쿠니 신사에는 참배하지 않겠다고 결의했다. 그렇다면, 현 천황도 현 상태의 야스쿠니 신사에는 이제 참배하는 것이 곤란하다. 다음 천황도, 그 다음 천황도 A급전범이 합사되어 있는 한 야스쿠니 신사에 참배할 수는 없게 되면, 야스쿠니 신사로서는 그 역할을 충분히 발휘할 수 없어진다. 그래서 이 보도도 중기적·장기적으로는 오히려 'A급전범을 어떻게든 제외하지 않으면 안 된다. 그래서 천황의 참배를 실현해야 한다'는 움직임을 강화하는 효과를 갖게 되지 않을까 하는 것이다. 2006년 여름의 유력 정치가의 발언과 도미타 메모가 전체적으로 지금 일본에서의 야스쿠니 신사에 대한 논의를 새로운 단계로 기동시키고 있다. 그것은 야스쿠니 신사 국영화, 천황 참배의 부활 실현이라는 시나리오이다. 이것은 왜 단순한 과거로의 회귀가 아니라 오히려 미래로 향한 움직임인가? 작년에 일본 자민당은 현 헌법의 전면개정안, 신헌법 초안을 발표했다. 물론 최대의 쟁점은 헌법 9조의 개정이며, 현재의 자위대, 정식으로는 군대로 인정되고 있지 않은 자위대를 군으로 인정하여, 자위를 위해서 혹은 국제평화를 유지하기 위한다는 이유로 이것에 군사행위를 인정해가려고 하는 안으로 되어 있다. 헌법 9조를 바꾸어 자위대를 정식으로 군으로서 군사행위를 인정해가려고 하는 헌법 개정의 흐름이 강화되고 있으며, 아베 신조 수상도 자신의 임기 중의 헌법 개정을 내걸고 있다. 자위대가 군대가 되면, 이것은 새로운 '일본군' 이외의 아무것도 아니다. 새로운 일본군이 미군과 함께 예를 들면 중동에서, 혹은 타이완 해협에서, 그리고 절대로 있어서는 안 되는 일이지만 한반도에서 군사력을 행사한다는 것이 지금 일본의 정치의 흐름으로 상정되어 있다고 하지 않을 수 없다. 그렇게 되었을 때는 상대방은 물론 일본군 중에도 전사자가 나온다. 그때에 만약 야스쿠니 신사가 국영화되어 있다면 어떻게 될까. 틀림없이 전사자는 야스쿠니 신사에 합사된다. 그리고 수상, 천황이 참배하게 될 것이다.

일본의 육상자위대가 이라크에 파견되었다가 이미 돌아왔다. 그러나 육상자위대가 이라크에 파견되는 것이 결정된 후, 2003년 8월에 육상자위대의 내부에서 만약 이라크에서 자위대 중에 사망자가 나오면 이것을 전사로 간주하여 야스쿠니 신사에 합사할 수 있을지의 여부를 검토했다고 하는 것이 최근 밝혀졌다. 검토 결과, 현 헌법하에서는 조직적으로 합사를 행하는 것은 곤란하다고 하는 결론에 이른 것 같은데, 헌법 9조 개정의 흐름과 야스쿠니 신사 국영화 논의가 결합되면 새로운 사태가 생길 것이다. 19세기에 메이지 유신을 단행한 당시의 일본 정부는 일본군을 만들고, 동시에 국영 야스쿠니 신사를 만들었다. 지금 21세기의 일본 정부는 헌법 9조를 바꾸어 새로운 일본군을 기동시키려고 하고 있다. 이것과 국영 야스쿠니 신사, 야스쿠니 신사의 국영화가 연동하면, 제2차 국영 야스쿠니 신사가 된다. 새로운 일본군과 제2차 국영 야스쿠니 신사가 결합되어 21세기의 일본의 전쟁을 뒷받침하는 시스템이 갖추어져간다. 나는 이것이 현재 일본의 야스쿠니 문제와 관련된 가장 위험한 시나리오가 아닐까 생각하고 있는 것이다.

기념의 정치학[*]

동작동 국립묘지의 형성과 그 문화·정치적 의미

김종엽 金鐘曄

I. 들어가는 말

우리는 TV를 통해서 노태우 씨가 6·29선언을 발표한 후 동작동 국립묘지[1]에 참배하는 것을 보았다. 그 후 김영삼 씨가 민자당대표 시절 총선 패배 후 그것의 원인이 자신에게 정치적 힘을 실어주지 않은 때문이라고 하며 동작동 국립묘지를 참배하고는 거제도로 내려가 선산에 참배하는 것을 보았다. 전두환 씨는 소위 '골목성명' 을 발표한 후, 역시 동작동 국립묘지를 참배하고는 고향에 내려가 선산에 참배하였다. 대통령선거 무렵이면 대통령후보들은 동작동 국립묘지에 참배한다. 그리고 이런 일이 있을 때마다 매스미디어는 동작동 국립묘지에 참배하는 이들의 모습을 전국에 중계하였다. 이런 일련의 정치인들의 모습을 보는 우리가 딱

* 본고는 『인문과학』 86(연세대 인문과학연구소, 2005)에 발표된 같은 제목의 원고를 전재한 것이다. 아울러 본고와 관련된 필자의 기발표 논문에 「현대성과 죽음」(『문학동네』 4, 1995)이 있다.

1) 현재 우리나라에는 국립묘지가 두 종류가 있다. 하나는 동작동 국립묘지와 대전에 있는 국립묘지 분원이다. 이것은 '국립묘지령' (대통령령 제15543호)에 입각하여 설립되었으며, 국방부장관의 소속하에 있다. 셋째는 수유리에 있는 국립 4·19 묘지로, 이것은 '국립 4·19묘지령' (대통령 제15486호, 국가유공자 등 예우 및 지원에 관한 법률 시행령)에 따라 설립되었으며, 국가보훈처장 관할하에 있다. 여기서는 동작동 국립묘지만을 분석대상으로 하고자 한다.

히 의례적 숙연함을 느끼는 것은 아니다. 심지어 그렇게 하는 정치인들이 국립묘지에 분향하면서 그 향내만큼의 숙연함을 품었을지도 의문스러운 데가 있다. 하지만 그럼에도 불구하고 우리는 그런 의례를 보며 국립묘지가 그런 정치적 드래머터지(dramaturgy)가 행해질 만한 장소라고 하는 것에 의문을 제기하는 일은 별로 없다. 의례적 진지성에 대해서는 의문의 여지가 있다고 하더라도 의례의 정당성에 대해서는 의문이 잘 제기되지 않는 것이다. 요컨대 국립묘지가 자임하고 있는 '민족적 정통성의 보루' 또는 '호국의 영령들이 잠들어 있는 민족의 성지'라는 표상은 별다른 이데올로기적 장애 없이 통용되고 있다.

그러나 지난 대선에서는 이런 관행에 대해 (내가 아는 한) 최초의 도전이라고 할 만한 일이 벌어졌다. 1997년 대선에 즈음하여 권영길 후보가 다른 후보들이 동작동 국립묘지를 참배했던 것과 달리 국립 4·19 묘지에 참배한 것이다. 그것은 비록 파급력은 적었지만 주요한 정치적 미디어 이벤트에서 동작동 국립묘지가 선택되지 않은 거의 유일한 사례인 것 같다. 그는 이런 행위를 통해서 국립묘지의 정당성에, 적어도 그것의 '배타적' 정당성에 의문을 제기했다. 그럼으로써 그는 묘지가 이데올로기적 투쟁의 장소이며, 우파에게든 좌파에게든 사자 숭배와 민족적 상징 및 의례가 자신의 정통성을 길어올리는 젖줄이라는 것을 드러냈다.

이 글은 국립묘지라는 소재를 통해서 우리 사회에서는 아직 충분히 발전되지 않은 상징과 의례의 정치사회학적 탐구를 시도해보고자 하는 동시에, 그 안에 깃들인 전통과 현대성의 교차 양상을 검토하고자 한다.[2] 국립묘지는 이런 정치적이고 이론적인 문맥을 논외로 한다고 하더라도 한번쯤은 성찰과 토론의 대상이 될 필요가 있다. 우리가 한 민족의

---

2) 죽음에 대한 현대적 재현 양식과 사유방식에 대한 개략적 논의는 졸고(1995)를 참조할 것.

성원으로 산다는 것은 필연적이라 하더라도 그 민족이 어떤 민족이어야 하며, 어떤 국가를 이룰 것인가는 선택의 문제이기 때문이다. 따라서 민족국가의 유기적 구성부분인 국립묘지에 대해서 성찰한다는 것은 바로 우리의 민족적 정체성을 가다듬는 차원에서도 필요한 일이다. 그리하여 여러 질문이 떠오른다. 미완의 민족국가에서 국립묘지란 무엇인가? 그것은 어떻게 구성되었으며, 어떻게 재구성될 수 있는가? 이런 모든 질문에 대해 여기서 답할 수는 없을 것이다. 여기서는 단지 그것의 형성과정과 문화·정치적 의미, 그리고 그 안에 깃들인 모순들을 검토할 것이다.

II. 전몰자 숭배와 국립묘지 형성 배경

베네딕트 앤더슨은 『상상된 공동체』 제2장을 다음과 같은 말로 시작하고 있다.

> 근대 민족주의의 문화적 상징으로 무명용사의 기념비나 무덤보다 더 인상적인 것은 없다. 일부러 비워놓았거나 누가 그 안에 누워 있는지 모른다는 바로 그 이유 때문에 무명용사의 기념비와 무덤에 공식적으로 의례적 경의를 표한다는 것은 일찍이 그 전례가 없었던 일이다. 이 근대성의 힘을 실감하기 위해서는 무명용사의 이름을 '발견'하거나 기념비를 진짜 유골로 채우는 것을 고집하는 사람들에게 대해 일반의 반응은 어떨 것인가를 상상해보면 된다. 이야말로 이상한 현대적인 종류의 신성모독일 것이다. 그러나 주인을 알아볼 수 있는 유물이나 불멸의 영혼은 없어도 이 무덤들은 기괴한 민족적 상징물들로 가득 차 있다.[3)]

앤더슨의 말대로 군인묘지 또는 국립묘지의 체계적인 발전은 현대 민족국가의 산물이라고 할 수 있다. 민족국가는 이전의 왕조국가와 달리 국민개병제를 실시했으며, 시민권과 병역의무를 서로 연계하기 때문이라고 할 수 있다. 기든스에 따르면, "민족국가와 국민군대는 일정한 영토 개념을 바탕으로 한 민족국가 내의 시민권의 구체적인 징표였다." 이런 경향이 뚜렷했던 "프랑스에서 처음 실시된 국민총동원제는 국민들에게 민족에 대한 충성심을 기르는 주요한 수단으로 기능하였으며, 국가의 절박한 위기상황에 국민이 직접 참여하게 되었던 특별한 조처였다. 당시의 징병제도는 군사적 편의를 위한 것이지만 또한 사회정책적인 면도 고려되었다. 병역의무는 시민권의 한 징표로 등장했으며, 시민권은 정치적 민주주의의 보증으로 인정되었다."[4]

시민권과 병역의무의 연계가 전쟁과 관련하여 가지는 의미는 민족국가란 바로 우리들에게 목숨을 요구할 수 있으며, 동시에 살인을 명령할 수 있는 체제라는 것이다.[5] 그러나 그렇게 민족국가가 요구한 희생이 발생할 때, 국가는 그런 죽음에 대한 상징적 죽음의 형식을 부여할 필요가 있다.[6] 왜냐하면 그렇지 않을 경우, 전사(戰死)는 무의미한 희생의 나락으로 떨어질 위험이 있기 때문이다. 앤더슨이 바로 보았듯이 무명용사의 무덤이 인상적인 것은 그것이 국가가 부여하는 상징적 죽음의

---

3) 베네딕트 앤더슨, 윤형숙 역, 『민족주의의 기원과 전파』, 나남, 1991, 25쪽.
4) 안쏘니 기든스, 진덕규 역, 『민족국가와 폭력』, 삼지원, 1991, 274쪽.
5) 〈라이언 일병 구하기〉라는 영화는 국가가 우리에게 요구하는 희생이 어디까지일 수 있는가와 관련하여 매우 시사적이다. 한 가족의 4형제 중 세 사람이 비슷한 시기에 전사하자 국방부는 현재 전장에 있는 막내는 귀향조치하고자 한다. 영화는 이런 국방부의 결정에 따라 일개 분대 정도의 군인들이 적진 가운데 고립되어 있는 라이언 일병을 구하기 위해 파견되어 대부분이 희생되면서 그를 구하는 이야기이다. 이런 영화의 줄거리는 국가가 가족 내지 시민에 대해서 요구할 수 있는 무제한적 희생에 대해 국가 스스로가 머뭇거리는 모습을 보여준다는 점에서 희생의 한계라는 흥미로운 테마를 부각시킨다. 그러나 이 영화가 이데올로기적인 것은 국가의 망설임을 라이언 일병, 즉 시민의 희생정신으로 보완하여 민족국가의 이데올로기적 우주를 봉합한다는 점이다.

순수형태를 보여주기 때문일 것이다. 무명용사의 묘는 전사자와 상징적 연계 외에는 아무런 물질적 연관도 가지고 있지 않기 때문이다.

그러나 이런 과정은 국가가 요구한 희생에 대한 국가의 위무라는 성격만을 가진 것은 아니다. 전몰자들을 한 곳에 모아놓고, 그들을 기념하는 전몰자 숭배를 조직함으로써 국가는 국가의 토대가 바로 군대이며 희생이라는 이데올로기 주장을 전파하고, 그렇게 함으로써 계속해서 요구될 동원과 희생을 정당화할 수 있는 상징적 지배를 이룩한다. 그런 의미에서 전몰자는 죽음에도 불구하고 자연인으로 돌아가지 못하고 계속해서 군인으로 국가에 동원되어 있다고 할 수 있다.

군인묘지 또는 전몰자 숭배의 조직화와 민족국가 간에는 이렇게 내면적인 연계가 존재한다. 물론 전몰자 숭배가 민족국가의 수립과 더불어 곧장 이룩되었던 것은 아니다. 예를 들어 프랑스 대혁명기에 형성된 팡테옹은 민족적·애국적 죽음을 기리는 장소가 되기는 했다. 하지만 민족주의의 시대였던 19세기에도 전반기 2/3의 기간 동안은 묘지의 집

---

6) 전몰자들에 대한 '적합한' (또는 상대적으로 안정적인) 상징적 죽음의 형식을 부여하지 못함으로써 야기되는 국민적 정체성의 분열의 사례로는 일본을 들 수 있다. 가토 노리히로는 일본이 과거사에 대해서 사죄와 망언을 되풀이하게 되는 한 가지 이유를 다음과 같이 설명한다.

"전후 일본의 이러한(사죄와 망언을 되풀이하는-필자) 존재양식은 어디서 비롯된 것일까? 바로 전후 일본의 혁신파와 보수파의 대립이, 일본이라는 한 인격 대신 지킬 박사와 하이드 씨로 분열된 이중인격을 일본사회에 불러온 구조라 하겠다. 이 분열의 근원에는 전후 일본에서의 죽은 자들의 분열이 있다. 전후 일본의 혁신파는 제2차 세계대전의 침략에 대한 반성으로 지금까지 아시아를 중심으로 약 2천만 타국의 사망자들에 대한 사죄 논리를 만들어왔지만, 그런 논리 가운데 약 300만의 자국 사망자들은 여전히 그늘 속에 숨겨진 존재들이다. 어째서 전후 일본에는 자국의 전쟁을 정당화하고 타국에 대한 사죄를 곱게 보지 못하는 보수반동적 주장이 끈질기게 남아 있는 것일까? 그 원인의 뿌리 가운데 하나가 바로 여기 있다. 요컨대 보수파는 이러한 혁신파의 논리에 위기감만 쌓여가고 그런 까닭에 자국의 사망자들을 애도하기 위하여 반쯤은 거짓인 줄 알면서도 짐짓 자국의 전쟁이 의로운 싸움이었다고 억지를 부린다. 하지만 그러한 논리는, 말하자면 자국의 사망자들을 '영령'으로 추모하기 위해 날조된 논리일 뿐이기 때문에 이번에는 거꾸로 약 2천만이나 되는 타국의 사망자들을 그 속에 자리매김할 수 없게 된다. 혁신파의 논리는 국외에서는 통하지만 국내에서는 반드시 반대주장을 만들게 된다. 보수파의 논리는 국내에서야 물론 뿌리 깊은 자국 사망자들에 대한 애도 요구에 부응하겠지만, 타국에 통용될 만한 보편성과 정당성을 지니지 못한다."(가토 노리히로, 서은혜 역, 『사죄와 망언 사이에서』, 창작과비평사, 1998, 13쪽.)

합적 기능보다는 "묘지의 사적인 측면이 (……) 지배적이었다."[7] 그리고 나폴레옹 3세 시절에도 "그들(전몰자)의 운명은 안타까운 것이 아니었다." 장교들의 유해는 전장에서 가까운 교회에 묻혔거나 가족예배당으로 송환되었으며, 그들의 영웅적 면모는 긴 비문을 통해서 기념되었다." 하지만 부대 병사들의 경우에는 "옷을 벗기고 휴대품을 제거한 후 죽은 장소에 묻었다. 사람들이 모인 가운데 이루어지는 겉치레뿐인 종교적 사면만이 그들이 쓰레기더미가 아니라는 것을 보여주는 행사였다."[8] 보불전쟁기에 병사들의 시신은 구체제의 공동묘지에 묻힌 사람들과 마찬가지로 무관심하게 다루어졌으며, 따라서 가족이나 전우들이 처리해주지 않은 시신들은 18세기 말 파리의 공동묘지 생 인노상에서 풍겨오는 부패한 공기에 대한 두려움을 다시 불러일으켰다. 따라서 전투지였던 벨기에 정부는 화학자를 시켜 무덤을 파내고는 거기에 타르와 등유를 부어 모든 것을 태워버렸을 정도였다.[9]

진정한 의미에서 전몰자 숭배가 형성되기 위해서는 특정한 역사적 계기가 필요했는데, 그것은 제1차 세계대전이었다. 제1차 세계대전은 현대적인 의미에서 전쟁이 무엇인지를 극명하게 보여주었으며, 그로 인해 유럽인들은 커다란 충격을 받았다. 우선 그 전쟁 발발 시에는 누구도 그것이 그렇게 길고 전 세계적인 전쟁이 되리라고 생각지 않았다. 백

---

7) P. Ariés, *The Hour of Our Death*. tr. by H. Weaver, N.Y., Vintage, 1982, p.547.
8) ibid.
9) 모스의 다음과 같은 진술도 참고하라.
"전사자의 신체는 무시되었다. 나폴레옹의 패배 직후 워털루를 방문한 월터 스콧 경은 다음과 같이 썼다. '대학살의 무시무시한 징표들이 전혀 제거되지 않았다. 사람들과 말의 몸뚱이는 태워지거나 매장되고 있었다.' 프러시아가 나폴레옹을 격퇴한 1813년 승전지인 라이프치히에서 한 독일 의사는 학교 마당에서 까마귀와 개에게 뜯기고 있는, 이른바 전몰영웅들의 벌거벗은 시신을 보았다. 분명 시와 산문에서 찬양되던 영웅주의는 아직 전몰자의 매장에는 영향을 주지 않았던 것이다. 그리고 연대(regiments)는 연대와 장교들을 찬미하는 기념비를 전장에 세우기는 했지만 사병들은 모두 잊혀질 뿐이었다. 전몰장병들은 여전히 집합체로 다루어졌고, 대량 무덤(mass graves)에 묻힐 뿐이었다." (Geroge L. Mosse, *Fallen Soldier: Reshaping the Memory of the World Wars*, N.Y.: Oxford U. Pr., 1990, p.45.

년 평화 속에서 살아왔던 유럽인들은 어떤 의미에서 전쟁을 권태롭고 병든 부르주아 문화를 청산하는 즐거운 사건으로 여긴 측면마저 있었다. 그러나 막상 전쟁이 시작되자 그것은 총력전의 시대였으며, 1,300만이라는 전사자를 야기한 유례 없는 전쟁으로 판명되었다.[10] 엄청난 사상자로 인해 자식을 잃지 않은 가족이 거의 없을 지경이었으며, 전쟁터에서의 경험 또한 이전의 전쟁과는 달리 참혹한 것이었다. 참호 구축에 의한 진지전이라는 새로운 전투형태는 불쾌한 참호생활과 죽은 전우를 총받침대로 쓰거나 그들의 신발을 벗겨 신어야 하는 고통스러운 경험을 야기했다.[11] 따라서 국가는 이런 전쟁이 야기한 커다란 환멸 그리고 공포에 대한 시민들의 기억을 지우고, 그 대신 전쟁을 의미 있는 것이자 영광스러운 것으로 만들 필요성이 있었으며, 그것이 제1차 세계대전 후에 서구 각국이 국립묘지에 대한 체계적인 정책을 편 이유였다. 따라서 "1915년 12월 29일 프랑스는 법을 통해 전몰자 각각에 대해서 영원한 안식처를 마련할 것을 명했고, 다른 나라들은 곧 이 전례를 따랐다."[12]

Ⅲ. 동작동 국립묘지의 형성

이런 서구에서의 경험은 우리 사회에서도 그대로 적용된다. 왜냐하면 동작동 국립묘지의 형성 배경은 바로 6·25 전쟁이기 때문이다. 6·25

10) 총력전의 양상에 대한 더 상세한 설명은 에릭 홉스봄, 이용우 역, 『극단의 시대: 20세기 역사(上)』, 까치, 1997, 37~81쪽 참조.

11) Mosse, 1990, p.5.

12) ibid.: 46. 하지만 이런 국가의 시도에도 불구하고 프랑스 시골 곳곳에 자생적으로 수립된 전몰자 기념비에는 전쟁을 일으키고 수많은 사람들을 죽음으로 몰아간 정치지도자와 장군들에 대한 민중의 원한 감정이 서려 있었다. 이 점에 대한 더 상세한 분석은 M. P. Henry, *Monumental Accusation: The monuments aux morts as Expression of Popular Resentment*, N.Y.: Peter Lang, 1996 참조.

전쟁은 한국 군대가 동원된 최초의 전쟁이며, 그 규모에 있어서도 100만 명 이상이 사망한 20세기 4대 전쟁에 속하며,[13] 한국군의 사망자만 70,655명, 부상 189,608명, 실종 169,631명에 이르는 전쟁이었다.[14] 따라서 이런 전쟁의 참혹한 결과는 국가로 하여금 그것을 위무해야 할 필요성을 제기한다.

처음에 한국군 사망자들은 부산의 금정사와 범어사에 안치되었다. 그러나 전몰자의 증가로 인해 육군에서는 육군묘지 설치 문제를 논의했고, 육군본부 인사참모부 주관 아래 묘지 후보지 답사반을 구성하여 답사에 들어갔다. 1952년 5월 6일 국방부 국장급 회의에서 육군묘지 설치 문제가 논의되었고, 육군에서 추진 중이었던 육군묘지를 설치하게 되면 타군에서도 각각 군 묘지를 만들어 관리상 많은 예산과 인원이 소요되고 영현 관리의 통일성을 기할 수 없다는 판단에 따라서 3군 종합묘지 설치가 추진되었으며, 묘지의 명칭을 국군묘지로 할 것을 결의하였다. 1952년 5월 26일 국방부 주관으로 묘지 후보지를 선정할 3군합동답사반이 편성되어 답사에 들어갔다. 그리고 10여 개의 후보지를 답사한 결과 동작동 현 위치가 국군묘지로 선정되어 1953년 9월 29일 이승만 대통령의 재가를 받아 국군묘지 부지가 확정되었다.[15] 이렇게 확정된 부지에 1954년부터 육군 공병대에 의한 3년간의 공사를 거쳐 72,000평의 묘역이 조성되었으며, 1956년에 무명용사의 묘를 시작으로 안장이 이루어졌다. 그리고 그 후에는 외주공사를 통해 지속적으로 묘역을 확장 조성하였다.

---

13) 홉스봄, 위의 책, 1997, 41쪽.

14) 전쟁기념사업회, 『한국전쟁사 제6권: 한국전쟁의 영향』, 행림출판, 1992. 아울러 한국전쟁으로 인한 남한 군인의 인적 피해에 대한 기록은 남북이 상이하다. 북한 사회과학원 력사연구소 『조선전사 27: 현대편 조국해방전쟁사 3』에 따르면 한국군의 사망, 부상, 실종을 합하여 1,130,965명이다. 이런 수치는 북한이 자신의 전과를 과장하는 경향이 있기 때문으로 보인다.

동작동 국립묘지에서 흥미로운 것은 그것이 1965년에 박정희 씨에 의해 국군묘지에서 국립묘지로 승격되었다는 것이다. 국무회의 의결로 알려져 있는 박정희 씨에 의한 이 결정이 어떤 필요에 의해서 어떤 과정을 거쳐서 이루어졌는지는 전혀 알려져 있지 않으며, 결정 과정에는 물론 결정이 이루어지고 난 다음에도 시민사회는 어떤 종류의 반응도 보이지 않았다.[16] 그리고 군인묘지의 승격이 이루어진 직후 이승만 씨가 하와이에서 별세했으며, 미망인 프란체스카 여사가 이승만 씨를 국립묘지에 묻히게 해줄 것을 정부에 공식적으로 요청하였다는 것이다. 그 결과 그를 국립묘지로 안장할 것이 결정된다. 그의 장례는 가족장이었음에도 불구하고 거의 국장이나 다름 없을 정도로 세간의 관심을 불러일으켰다. 수십만의 구경꾼을 동반한 거대한 행렬을 만들어내었다. 이화장에서 시작되어 정동교회의 장례식을 거쳐 도보행진의 운구 끝에 1965년 7월 27일 저녁에 그는 동작동 국립묘지에 묻혔다. 국립묘지로의 승격이 결국 쫓겨난 독재자를 위한 일이 되어버린 것이다. 그러나 그 과정을 통해서 국립묘지의 존재가 극적으로 대중에게 각인된 것은 사실이다.

동작동 군인묘지를 국립묘지로 승격한 박정희 씨의 의도 또는 그

---

15) 국방부 국립묘지관리소, 『민족의 얼』 제3집, 1994, 11~13쪽. 이런 절차에 대한 공식적인 설명 이외에 동작동 군인묘지가 조성된 것에 대한 대안적인 설명이 있다. 이승만 씨가 동작동 묘지에 묻힌 1965년에 『조선일보』는 다음과 같이 적고 있다.
"이 박사가 지금은 스스로의 유택이 된 동작동 묘지를 선정케 된 경위는 이러했다. 6·25 수복 후 전장의 이슬로 사라진 국군장병의 영혼을 달래줄 성역으로서 워싱턴의 알링턴 국립묘지와 같은 것이 있어야겠다고 주장한 것은 당시 이 대통령이었다. 묘지선정위원들이 후보지로 정한 남산, 우이동, 부여, 대구, 경주 등 30여 군데 모두 마음에 안 들어 당시 유엔군사령관 테일러 장군과 함께 헬리콥터로 전국의 요소를 공중물색했다. 이렇게 점지한 동작동에 묘지선정위원들을 데리고 나와 "이곳이 어떤가?"고 다짐하더라고"(『조선일보』 1965년 7월 27일). 이런 『조선일보』 기사를 믿는다면 국방부 묘지관리소의 설명과 달리 묘지 선정과정에서 이승만 씨의 개입은 포괄적인 것이었다고 할 수 있다.
16) 1965년 3월 30일의 이 결정에 대해서 당시의 신문들은 단지 사실보도만을 할 뿐, 어떤 종류의 심층기사도 쓰지 않고 있으며, 『사상계』 같은 잡지에도 전혀 그 문제에 대해 언급되지 않고 있다. 국립묘지 형성에 대해 전체 사회의 이런 침묵은 서구의 경우와는 매우 다르다고 할 수 있다.

당시 그 문제가 국무회의에 상정된 경위는 어떠하든지 간에, 그 결정은 이승만 씨의 안장이라는 역사적 아이러니를 생산했을 뿐 아니라 그것에 이어지는 역사 속에서 우리의 국립묘지를 매우 이질적인 공간으로 만들어버렸다. 국군묘지가 국립묘지로 승격됨에 따라 안장 범위가 확대되어 새롭게 애국지사 묘역과 경찰 묘역이 조성되었으며, 국가원수들도 여기에 묻힐 수 있게 된다. 이로 인해 국립묘지에는 군인(한국전쟁 사망자와 월남전 사망자), 임정 요인, 국가유공자, 외국인 중에 우리나라를 위해 큰 공을 세운 사람들이 모두 묻힐 수 있게 되었으며, 이승만 씨의 안장을 결정한 박정희 씨도 묻히게 된다.

그 결과 국립묘지 전체는 마치 한국에서의 민족국가 수립과정의 이질성, 정치사의 우여곡절이 모두 집결해 있는 공간이 되어버렸으며, 그리하여 도저히 함께 누울 수 없는 것처럼 보이는 사람들이 나란히 영면하게 되어버렸다.[17] 그러나 그 모든 것은 국립묘지의 이데올로기적 자장을 넓혀나가는 것으로 기능했다고 할 수 있다. 민족국가, 국가에 대한 충성, 그리고 그것을 승인하는 국립묘지는 내용이 비워진 기표가 되어버렸고, 따라서 국립묘지는 모든 것을 끌어안을 수 있는 팽창적인 것으로 변해버린다. 구체적 구성에 대한 시민사회의 질문이 전혀 없는 가운데 국가적으로 조직된 의례의 중심지이자 죽음의 두터운 무게로 덮여 있는 국립묘지는 이데올로기적 풍부성을 더할 수 있었다.

17) 그것을 잘 보여주는 것이 최후의 임정요인 백강 조경한 선생이 1993년 10월 7일 타계하며 남긴 다음과 같은 말이다. "독립유공자로 둔갑한 친일파가 함께 묻혀 있는 국립묘지 애국자 묘역에는 절대 가지 않겠다." 국립묘지에 묻힌 친일파에 대한 논의로는 기록문학회, 『부끄러운 문화유산 답사기』, 실천문학사, 1997, 31~47쪽과 『서울신문』 1998년 8월 21일자 참조.

Ⅳ. 동작동 국립묘지의 묘지 양식

동작동 국립묘지는 우리나라 묘지의 역사에 매우 획기적인 것이다. 그것은 다가올 현대적 묘지 양식인 공원묘지 양식을 선취하고 있다. 어떤 의미에서 동작동 국립묘지는 오늘날은 상당히 일반화된 공원묘지의 최초 형태라고 할 수 있다. 이 점에서 동작동 국립묘지는 서구에서의 국립묘지 형성과는 다른 길을 걸었다고 할 수 있다.

서구에서 공원묘지가 처음 형성된 것은 프랑스이다. 서구에서 전통적인 묘지는 교회묘지(churchyard)였으며, 부유하고 권세 있는 사람들은 교회 마당에, 가난하고 힘없는 사람들은 교회 외곽에 묘지를 마련했다.[18] 이런 형태의 묘지는 도시가 확장됨에 따라서 점차 부적절한 것으로 여겨졌으며, 1760년대 초 프랑스 파리에서는 도시 내의 공동묘지로부터 뿜어나오는 악취가 질병의 원인이라는 갑작스러운 공포가 유포되었다. 그때부터 묘지를 교외로 이전하려는 움직임이 계속되었는데, 그것이 실현된 것은 19세기 초였다.[19]

이렇게 묘지가 교외로 이전되어 공원묘지가 된다는 것은 묘지와 교회의 연관이 깨지는 것을 뜻하는데, 그것이 가능했던 이유는 사회 전반의 세속화 때문이었다. 19세기가 되면 서구인들은 더 이상 죽음에서 커다란 낫을 든 죽음의 신이나 심판의 이미지를 떠올리지 않고 자연 속으로 돌아가 편안히 영면하고 있는 이미지를 떠올리게 되었기 때문이다.[20] 또한 잔디와 벤치가 있고 산책도 할 만한 공원묘지 형태가 일반화

18) ad sactum이라고 불리는 이런 묘지 양식이 발전한 이유는 서구에서 교회가 세워진 것은 대개 순교자나 성자가 묻힌 곳이었으며, 따라서 그런 카리스마가 깃든 곳 근처에 묻히면 구원을 얻을 수 있다는 관념 때문이었다. 필리프 아리에스, 이종민 역, 『죽음의 역사』, 동문선, 1998, 20~35쪽 참조.
19) P. Ariés, 1982, pp.479~513.
20) Mosse, 1990, p.80.

된 데는 가족관계의 성격 변화가 한 몫을 했다. 아리에스가 잘 분석하고 있듯이 19세기는 애정적 가족이 발흥했던 시대였다. 사람들은 죽은 가족에 대해서 깊은 그리움을 가졌고, 그로 인해 죽은 친지의 묘지를 방문하기를 즐겼다.[21] 이런 욕구를 충족시키기 위해서는 묘지 또한 죽음의 음습한 분위기를 풍기는 곳이 아니라 편안한 자연경관을 갖추어야 할 필요가 있었다.

서구에서의 국립묘지는 이미 형성되어 있었던 공원묘지 양식을 수용했으며, 그렇게 된 데는 양자 간에 선택적 친화력이 있었기 때문이다. 우선 국립묘지는 단순히 전몰자를 안장하고 있는 장소에 그치는 것이 아니라 전몰자에 대한 숭배를 조직하고 그렇게 함으로써 민족국가에 대한 숭배를 조직화하는 장소이다. 그곳은 방문되어야 하고, 의례가 거행되어야 하는 장소이다. 따라서 전몰자들이 비록 전쟁 속에서 비참하게 죽었다고 할지라도, 그들이 묻힌 묘지는 단정하고 깨끗하고 방문할 만한 곳이 되어야 한다. 그리고 그것에 공원묘지 양식이 매우 적합했기 때문이다.

다른 또 하나의 이유는 민족국가 자체의 속성에 있다. 민족국가는 분명 두드러지게 현대적인 현상임에도 불구하고 자신을 현대적이라고 주장하지 않는다. 그리고 그 점에서 항상 자신을 새로운 것으로 주장하는 여타 현대적 현상과 전혀 다르다. 민족국가는 그것의 유구함을 주장하며, 그로 인해 "모든 민족국가는 자신의 토착적인 풍경을 자기재현의 수단으로 삼"으며, "자연 자체가 (그것을 위한) 살아 있는 기념비로서 봉사한다."[22] 공원묘지 안에 구현된 자연적 풍경은 이런 민족국가의 속성을 실현하는 데 매우 도움이 되며, 그것이 공원묘지가 국립묘지의

21) 필리프 아리에스, 앞의 책, 1998, 52~69쪽.
22) Mosse, 1990, pp.86~87.

양식으로 채택된 이유라고 할 수 있다.[23)]

그러나 동작동 국립묘지가 공원묘지 형태를 취한 것은 서구와 달리 사회에 앞선 것이라고 할 수 있다. 그 이유는, 만일 앞서 인용한 『조선일보』의 보도대로 이승만 씨가 동작동 국립묘지 형성에 깊이 관여했으며 미국 생활문화에 익숙한 그가 미국의 수도 워싱턴 D.C.의 앨링턴 국립묘지를 염두에 두었던 것이라면, 동작동 국립묘지는 공원묘지 형태를 취하고 있는 미국의 앨링턴 국립묘지를 모델로 했다고 볼 수 있기 때문이다. 그러나 그 경위야 어떻든 동작동 국립묘지는 최초의 공원묘지로서 현대적 묘지 양식을 우리 사회에 도입하고 또 그것에 친숙하게 만드는 데 큰 기여를 했다고 할 수 있다.

그러나 이렇게 동작동 국립묘지가 두드러지게 죽음과 무덤 양식에 있어서 복사된 현대성만을 성취하고 있는 것은 아니다. 그 안에는 분명 죽음과 음택에 대한 전통적 사고들이 깊이 스며들어 있다. 국방부 국립묘지관리소에서 발간한 『민족의 얼』은 동작동 국립묘지를 다음과 같이 묘사하고 있다.

> 국립묘지는 한강과 과천 사이 넓은 벌판에 우뚝 솟은 관악산 공작봉 기슭에 위치해 있다. 공작봉은 관악산을 중심으로 양쪽으로 뻗어내려 불끈 솟아올랐다가는 엎드리는 듯 줄기와 봉우리가 만나고 헤어지면서 늠름한 군사들이 여러 겹으로 호위하는 양으로 기운이 뭉쳐 있다. 사방의 산은 군인들이 모여 아침 조회를 하는 것처럼 보이고 지하의 여러 갈래 물줄기가 교류하여 생기가 넘치는 명당자리라 볼 수 있다. 또한 전체의 형

23) 자연 풍경이 민족을 상징하는 예는 우리들 주변에서도 흔히 볼 수 있다. 예를 들어 관공서나 학교에 걸려 있는 백두산 천지 사진, 한라산 백록담 사진, 금강산이나 설악산 풍경 따위는 그 자체로서 민족적인 것의 상징이며, 그것의 유구함과 장엄함을 민족의 속성으로 인식하도록 하는 것이다.

국은 공작이 아름다운 날개를 쭉 펴고 있는 모습(孔雀長翼形)이며, 장군이 군사를 거느리고 있는 듯한 장군대좌형(將軍對座形)이다.[24]

이런 묘사에서 두드러지는 것은 명백히 풍수지리적 언어이며, 그것은 동작동 국립묘지가 풍수지리적 관념에 입각하여 찾아진 명당자리라는 것을 분명히 보여준다.[25] 이런 식의 묘지 선택은 그것이 1950년대에 이루어진 일이기 때문만은 아니다. 1976년에 장소가 결정된 대전 국립묘지 분원에 대해서도 국립묘지관리소는 다음과 같이 묘사하고 있다.

> 대전 국립묘지의 주산은 문필봉과 옥녀봉으로 명산인 계룡산을 태조산으로 하고 있다. 계룡산은 지리산에서 발주하여 덕유산과 국사봉을 이루어놓고 계룡산 산봉을 이루었다. 택리지에 의하면, 삼각산, 오대산, 구월산과 더불어 우리나라 4대의 역량 있는 큰 터라고 한다.
> 문필봉은 계룡산으로부터 동북쪽으로 뻗어내린 영봉으로 붓끝같이 되어 있어 유래한 이름이며, 우뚝 빼어난 봉우리는 화난 채로 불길이 이는 듯하고, 이 불빛이 성역을 두루 비치고 있다. 이 문필봉에서 다시 솟구치어 이룬 용모 단정한 영봉인 옥녀봉은 마치 옥녀가 금반을 들고 있는 형상

---

24) 국방부 국립묘지관리소, 앞의 책, p.21.

25) 이 점은 이승만 씨의 국립묘지 안장과 관련된 『조선일보』 기사에서도 알 수 있다. 『조선일보』는 '스스로 發案·選定한 國立墓地에 地官으로서도 識見 높은 李博士 (……) 10年前에 明堂 골라둬' 라는 제하의 기사에 이렇게 말한다.
"54년 3월에 정식 공사가 시작되면서 이 박사는 수십 번이나 이곳에 나와 직접 감독도 했었는데, 그때마다 발걸음을 멈추고 유심히 바라본 곳이 지금의 공작봉……. 이종태 묘지관리소장은 지난 58년의 어느날 경무대 비서관이 찾아와 대통령께서 그의 묘소를 공작봉으로 지정하셨으니 '유념하라' 고 말한 일이 있었다고 했다. 지난 2월 프란체스카 여사의 진정을 정부가 받아들여 이 박사의 묘지선정 문제가 표면화했을 때도 '이 박사가 지정한 장소가 있음' 을 이 소장이 알려 이인수 씨, 종친회, 지관들의 합의를 보게 됐고, 3월 초부터 일부 공사를 준비했었다. 43만 평 중의 공작봉 허리 3백 평. 이곳을 두고 지관 지창룡(44세) 씨는 '구름 속의 선인이 은하를 굽어보는 휴식처요, 항상 괴어 있는 푸른 물을 내려다보는 명당자리' 라고 하여 이 박사가 지관으로서도 식견이 높음을 칭찬했다." (『조선일보』 1965년 7월 27일)

> 으로 옥녀봉반형이다.
>
> 또한 안산을 바라보면 이름도 왕가봉으로 마치 군왕이 옥녀가 받드는 금반을 대하는 형상으로 주객이 서로 대함에 다정다감한 형국으로 솟아 있다. 이처럼 국립묘지 지형은 명산인 계룡산의 맥을 이어받은 문필봉을 조종산으로 하고 이 지역 내의 주산인 옥녀봉을 정점으로 좌우능선이 좌청룡 우백호이며, 중앙에 혈이 있어 그 앞이 명당이고, 내수구로부터 외수구로 소하천이 합수되어 서로 동류하며, 좌향은 동남향으로 가장 이상적인 명당자리라 하겠다.[26)]

이런 묘사는 국립묘지가 공원묘지라는 양식의 측면에서는 매우 현대적인 반면, 그것의 장소 선택이라는 측면에서는 지극히 전통적 사고에 입각하고 있다는 것을 보여준다.

Ⅴ. 무덤의 불평등

서구에서 국립묘지가 출현하게 된 계기에는 앞서 지적하였듯이 대량학살이 야기된 제1차 세계대전이라는 엄청난 트라우마가 있다. 그러나 그 트라우마를 어떻게 의례적인 상징체계를 통해 흡수할 것인가는 열려 있는 문제이다. 죽은 병사들을 한 곳에 모으고, 그들 하나하나의 이름을 새긴 묘비를 세우고, 그곳에 세워지는 기념비에도 그들의 이름을 하나하나 새기는 제1차 세계대전 이후의 국립묘지에는 확실히 민주주의적 감수성이 투사되어 있다고 할 수 있다. 그리고 그것은 앞서 지적하였듯

26) 국방부 국립묘지관리소, 앞의 책, pp.201~202.

이 민족국가가 징병제도와 시민권을 연계하고 있다는 점에 비추어 볼 때도 구조적으로 필연적이다.[27] 국가를 위해 희생당한 사람의 목숨은 지위와 무관하게 고귀하며 동등한 대우를 받아야 하기 때문이다. 그리고 이 점과 관련하여 동작동 국립묘지는 사병들이나 하급 장교들의 시신과 이름 하나하나가 기념비에 새겨져 있다는 점에서 일정한 평등주의를 실현하고 있다.

그러나 동작동 국립묘지의 평등주의는 매우 제한된 것이며, 목숨의 등가성보다는 엄밀한 위계구조가 관철되고 있으며, 그것은 동작동 국립묘지가 구현하는 현대성이 매우 기형적인 것이라는 점을 보여준다. 사병 묘역을 돌아본 사람이라면 국립묘지의 무덤 양식의 특수성을 쉽게 눈치챌 수 있다. 거기엔 봉분이 없고 비석만이 있을 뿐인데, 이 점에서 국립묘지의 무덤 양식은 대단히 획기적인 것이다. 그러나 묘역의 여기저기를 둘러보면 봉분이 있는 무덤들이 있다. 국가원수 묘역이나 장군 묘역 그리고 애국지사 묘역은 봉분을 가지고 있다. 이것은 봉분을 없앤 것이 무덤 양식에 대한 새로운 태도의 출현을 표시하는 것이 아니라 묘지의 안장능력을 제고하기 위한 것이었으며, 따라서 봉분을 가진다는 것은 권력과 위신의 표현이라는 것을 알 수 있다.

무덤의 크기에 있어서 불평등은 납득할 수 없을 정도로 극심하다. '국립묘지령' 제6조의 2는 묘당 면적을 다음과 같이 규정하고 있다. "1. 국가원수의 묘: 264평방미터, 2. 애국지사, 국가유공자(외국인을 포함한다), 장관급 장교 및 이와 동등 이상의 대우를 받는 자의 묘: 26.4평방미터, 3. 영관급 이하의 군인·군무원 및 이와 동등한 대우를 받는 자의

27) 이런 최초의 시도는 나폴레옹이 했으며, 이후 독일도 그렇게 했다. 그러나 독일은 나폴레옹의 시도와는 달리 개별 군인의 이름을 기념비에 새기지는 않았다. 독일에서 개별 군인의 이름이 새겨진 예는 1866년 프러시아-오스트리아 전쟁 이후이다(Mosse, 1990, p.47).

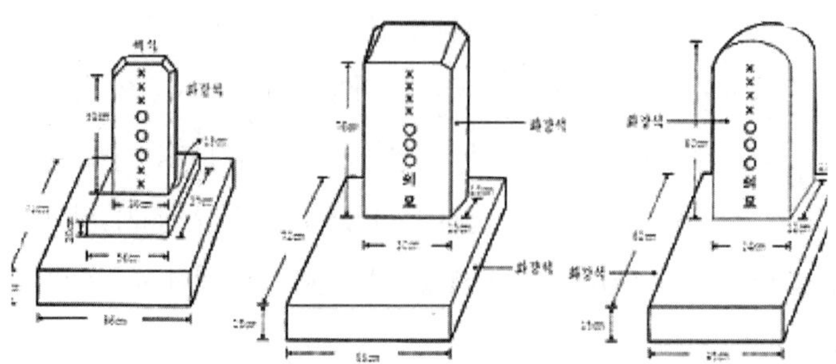

〈그림 1〉 국립묘지의 묘비 규정(자료: 국방부국립묘지관리소, 앞의 책, 297~298쪽)

묘: 3.3평방미터." 국가원수는 애국지사나 장군의 묘보다 10배나 크며, 애국지사나 장군의 묘는 영관급 이하의 군인 묘의 8배이다. 국립묘지에 묻힌 자들의 목숨의 크기가 다르지 않다는 점에서 이것은 분명 엄청난 불평등이다. 물론 그들의 목숨의 크기는 같다 하더라도 그들이 세운 공훈의 크기는 분명 다를 것이다. 그 점을 십분 감안한다고 하더라도 이승만 씨의 묘역이 임시정부의 대통령을 지낸 박은식보다 10배나 커야 한다는 것은 분명 납득할 수 없는 일이다.

그러나 불평등은 그것에 그치지 않는다. 묘비의 크기 또한 아주 심한 위계구조를 보이고 있다.

〈그림 1〉에서 보듯이 장군급 묘지는 묘비의 높이가 91센티미터이고, 영관급 이하 장교는 76센티미터, 사병은 62센티미터이다. 묘두름돌도 장군급은 2단으로 쌓는 데 비해 영관급 이하 군인들은 한 단만 쌓는다. 여기서 우리가 알 수 있는 것은 같은 평장을 하고 있는 영관급 이하 군인들 사이에서도 장교와 사병을 구별하려는 노력이 묘비의 높이와 모양과 묘두름돌의 크기의 차이를 통해서 이루어지고 있다는 것이다.[28] 이

28) 현충탑 아래의 위패봉안관에서도 장교의 위패는 봉안관 중앙을 차지하고 사병의 위패는 주변에 배치되어 있다.

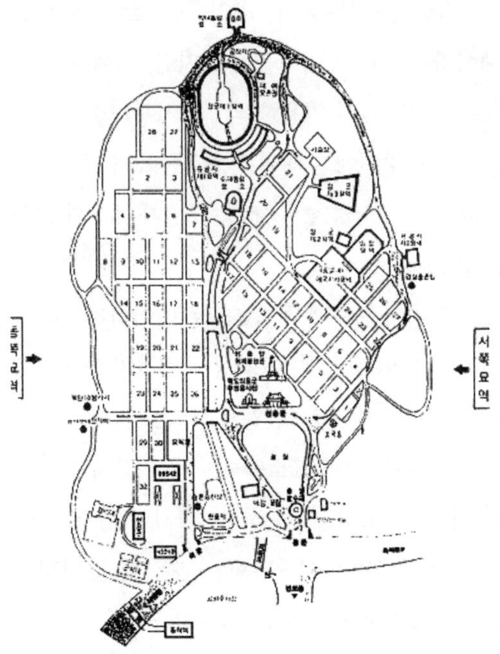

〈그림 2〉 동작동 국립묘지 약도

쯤 되면 동작동 국립묘지를 채우고 있는 것은 매우 전통적인 서열의식이지 민족국가와 시민권과 병역의무의 연계로부터 나오는 민주주의적 감수성이 아니라는 것을 알 수 있다.

이 외에도 불평등의 요소는 더 있다. 앞서 국립묘지의 묘지 선정 과정에서 전통적인 풍수지리 관념의 개입에 대해서 논하였다. 그런 명당의 추구는 어떤 의미에서 국가를 위해 목숨을 바친 자에 대한 예우의 일종이며, 그런 한에서 그것이 전통적인 관념이라는 이유로 폄하될 이유는 없다. 그러나 묘지 전체의 구성을 보게 되면 이 명당의 추구가 단지 그런 예우의 차원에서 고려된 것이 아니라 특권의 추구라는 것을 알 수 있다.

직접 국립묘지에 가보지 않고 약도만으로 묘지 배분에 깃들인 불평등성을 헤아리기는 다소 어려움이 있지만, 위에 제시된 약도를 통해서 살펴보도록 하자. 앞서 인용한 국립묘지관리소의 설명대로 동작동 국립묘지는 관악산 줄기에서 내려온 공작봉을 주산으로 하여 좌청룡우백호를 이루고 있다. 그리고 그 공작봉 줄기가 내려와 혈을 이루는 자리는 바로 박정희 씨의 묘지, 장군 제1묘역, 이승만 씨의 묘지이다. 약도에서 보면 국립묘지의 북쪽에서 남쪽으로 이어지는 중앙선이 그것이며, 그 자리는 명당이라 일컬어지는 동작동 국립묘지 안에서도 그야말로 명당자리이다. 앞서 인용했던 『조선일보』(1965년 7월 27일)의 보도가 맞는다면, 이승만 씨는 현재의 묘소를 이미 국립묘지 선정 당시부터 자신의 묘자리로 점찍어두었다. 또한 장군 제1묘역 상단 1,000평은 국립묘지 조성을 위한 육군 공병대의 공사 당시부터였다. 박정희 씨가 군인묘지를 국립묘지로 승격시키면서 국가원수의 묘역을 무려 264평방미터로 설정했으며 결국 이승만 씨와 장군 제1묘역 윗자리에서 국립묘지 전체를 굽어보는 자리에 묻힌 것은, 그들이 유택에 대한 전통적 관념 속에서 자신과 가족에 대한 이익을 추구했다는 것을 보여준다. 이런 사실을 통해서 우리는 국립묘지가 근본적으로 위계와 특권을 통해 구조화되어 있다는 것을 알 수 있다.

Ⅵ. 동작동 국립묘지의 기념비들

국립묘지는 국가적인 의례를 조직화하는 곳이다. 그러한 의례는 그것을 위한 초점을 필요로 한다. 단순히 늘어서 있는 묘석들은 그런 역할을 할 수 없다. 물론 시선 가득히 펼쳐져 있는 묘석은 그 자체로서도 이미 숭고하다. 그럼에도 불구하고 그것들은 의례의 초점이 될 수 없는 것이다. 또한 그것은 역동성을 결여하고 있다. 묘석만으로는 국립묘지에 안장된 사람들이 생전에 국가에 대해서 어떻게 충성했는지 그 모습을 감동적으로 드러낼 수 없다. 이런 이중의 필요성을 충족시켜주는 것이 바로 기념비들이다.

그러나 기념비는 어떤 형태가 되어야 하는가? 어떤 형태, 어떤 크기가 적합한 것인가? 그것은 얼마나 구체적이어야 하며, 또 얼마나 추상적이어야 하는가? 이런 모든 문제는 사실 열려 있는 문제이다.[29] 그러나 그것은 완전히 열려 있는 문제는 아니다. 결국 거기에는 살아남은 자들, 그리고 국립묘지를 구성해나갈 지위와 힘을 가진 자들이 조국, 충성, 희생 등에 대해서 가지고 있는 표상들이 투사되기 마련이기 때문이다.

동작동 국립묘지에서 가장 대표적인 기념비는 현충탑이다. 30미터 높이의 오벨리스크 형태를 취하고 있는 현충비는 동작동 국립묘지를 상징하는 기념비이며, 그 하단부 탑 내부에는 시신을 찾지 못한 전사자를 위한 위패봉안관이 있다. 그런 점에서도 현충비는 동작동 국립묘지에서 거행되는 의례의 중심지가 될 만하다. 탑의 하단부에는 향로와 향합대가 제단의 모습을 취하고 있다. 그리고 이 제단을 중심으로 좌우로 펼쳐진 석벽이 있으며, 그것에는 민족의 수난사를 그리고 있는 부조가 새겨져 있다. 그리고 석벽의 양 끝에는 애국투사상이라는 군상과 호국영웅상이라는 군상이 세워져 있다. 후에 이 현충탑(1967년 준공)으로 가는 길 앞에는 여말선초의 사당전과 극락전 형태를 모방한 현충문

29) 왜냐하면 그것이 어떤 형태가 되느냐에 따라서 그 기념비와 체험적으로 연관된 사람들이 그 속에서 어떤 자신의 삶의 재현을 볼 수도 있고, 자신의 삶의 왜곡과 억압을 볼 수도 있기 때문이다. 이 점과 관련하여 미국에서 베트남전 기념비가 현재의 형태가 되기까지 있었던 다양한 논쟁과정에 대한 Robin Wagner-Pacifici & Barry Schwartz, *The Vietnam Veterans Memorial: Commemorating a Difficult Past in AJS*, v. 9, n. 2. pp. 376~420, 1991을 참조하라.

〈사진 1〉 현충탑(원경)

(1969년)이 세워졌으며, 현충문의 양편에는 호랑이상이 세워져 있다. 이런 양식적 형태들은 일단 현충탑과 관련해서만 본다면 충분히 성공적이지 않다. 무엇보다 현충탑과 현충문은 매우 부조화스러운 것으로 나타난다. 왜냐하면 30미터에 이르는 현충탑이 의도하는 것은 그것의 높이가 가진 양적 숭고미이다.[30] 그러나 현충문은 그것의 웅장함으로 인해 원경에서 볼 때, 현충탑의 숭고미를 지워버린다. 그것은 수평과 수직의 부조화로 나타나는 것이다. 그리고 형식적 간결함과 추상성을 내포한 오벨리스크와 전통적 양식의 차용이 양식적으로 충돌하는 것이다.

그러나 이런 현충탑과 현충문의 모순과 충돌은 민족국가의 재현에 있어 쉽게 등장할 수 있는 양식적 혼융의 귀결이며, 이 점에서 현충탑은 더욱 흥미롭다. 왜냐하면 그것에는 동작동 국립묘지에 존재하는 다양한 기념비들의 양식적 특성들이 모두 구현되어 있으며, 양식 선택에 내포된 이데올로기가 구체화되어 있기 때문이다.

이 점을 하나하나 살펴보자. 우선 현충문에서 두드러지는 전통양

30) 크기와 부피감이 야기하는 숭고미에 대해서는 임마누엘 칸트, 이석윤 역, 『판단력 비판』, 박영사, 1989, 116~123쪽 참조.

식의 채용에 대해서 생각해보자. 앞서 지적했듯이 민족국가는 두드러지게 현대적인 현상임에도 불구하고 항상 자신을 유구하며 불변하는 것으로 주장한다. 따라서 민족국가는 항상 자신의 정통성을 과거로부터 길어올리며, 허구적으로 투사된 민족사 속에서 자신의 정체성을 구성한다. 그리고 바로 이런 점에서 동작동 국립묘지 또한 예외가 아니다. 현충문이 여말선초의 건축양식을 채용하고, 양편에 호랑이상을 두는 것은 그것의 전형적 예이며, 이런 동물문양이나 동물상은 전통적 양식 중에서도 동작동 국립묘지의 기념비들에서 반복해서 나타난다. 전투성이 강한 형태의 호랑이상이나 사자상이 특히 선호되며(경찰충혼비 좌우의 호랑이상, 무명용사기념비 입구의 사자상, 재일학도의용군전몰용사 추념비 등), 때로는 용 문양도 사용된다(충성분수대 하단부의 용부조). 하지만 전통적 양식의 채용은 반드시 군사적 용맹을 상징하기 좋은 것에 한정되는 것만은 아니다. 각종 기념비 하단의 향로들이나 무후선열제단의 선녀도 문양이나 십장생 문양, 그리고 위패봉안관 천장의 선녀도 부조 등은 전통적 양식들이 매우 포괄적으로 활용된다는 것을 보여준다. 뿐만 아니라 동작동 국립묘지 곳곳에 있는 휴식처들이 대개 정자 양식을 택하고 있는 것도 그런 것의 한 예이다.[31] 이런 상들이나 건축물들은 엄밀한 양식적 역사성 속에 있지 않고, 단지 포괄적인 의미에서 유서 깊음과 역사적 깊이의 분위기만을 생산하고자 할 뿐이다.

이 외에도 양식적 전통이 지극히 불분명한 것들이 있다. 대개 반라의 건장한 신체로 다분히 그리스적 조각 양식을 모사한 듯한 의사고전주의 양식들의 건축물들이 꽤 있으며, 충혼승천상은 그 대표적인 형태라고 할 수 있다. 이것은 전통적 양식을 의식적으로 선택하지 않을

31) 이런 것들 중에는 다분히 불교적인 양식으로 만들어진 위패봉안관 안의 수호신상도 들 수 있을 것이다. 하지만 그것은 불교적이라는 인상을 줄 뿐 어떤 충분한 상징성을 가지고 있지 않다.

〈사진 2〉 무후선열제단

때, 민족국가의 유구함을 자연적 신체에 투사하는 양식이라고 할 수 있다. 자연성은 앞서 지적했듯이 그 자체로 불변성을 지시하기 때문이다. 충혼승천상의 의사고전주의 양식은 다른 것과 무관하게 그 자체로만 본다면 상당히 훌륭하게 형상화된 것이라고 할 수 있다.

그러나 경찰충혼탑의 의사고전주의 양식은 독립적으로 본다고 하더라도 실패한 것이라고 할 수 있다. 경찰충혼탑 중앙의 세 사람의 인물상은 반라의 신체, 그리고 들고 있는 무기도 전통시대의 무기라는 점에서 분명 충혼승천탑처럼 의사고전주의적 양식을 따르고 있다. 그러나 '경찰' 충혼탑으로서의 지위는 불분명하다. 왜냐하면 군인을 기념하는 비들이 군인을 리얼리즘적으로 재현하지 않는다 하더라도 그것이 군인과 연관된 것이라는 사실을 인식하는 것이 그리 어렵지 않은 데 비해, 경찰충혼탑은 경찰성을 재현할 필요성이 크기 때문이다. 동작동 국립묘지는 분명 군인묘지를 넘어서는 포괄성을 가지고 있다고는 하지만, 그 안에서 경찰의 위상이란 확실히 약한 것이다. 결국 의사고전주의적 양

〈사진 3〉 충혼승천상(좌)과 경찰충혼탑(우)의 의사고전주의

식 채택이 경찰충혼탑에는 부합되지 않는다고 할 수 있다. 그러나 일단 그것이 양식으로 채택된 한, 그런 조건 속에서 경찰성의 재현이 이루어져야 하며, 그 결과 채택된 것이 바로 반라의 신체에 현대식 경찰 바지를 입힌 것이다. 그 결과 경찰충혼탑은 경찰 집단의 가치, 이데올로기, 헌신을 선명하게 표현하지 못하고, 그것을 보는 사람들을 양식적 혼동 상태로 이끈다.

다른 한편 동작동 국립묘지에는 추상적 양식과 리얼리즘 양식도 서로 모순적으로 병존한다. 추상적 양식의 강점은 그것이 바라보는 사람들에게 다양한 감정을 투사할 수 있는 여지를 남긴다는 점에 있다. 그러나 분명한 이데올로기나 감정을 가진 사람들에게 추상적 양식은 불만족스러운 것이며, 그런 입장에서는 리얼리즘이 선호된다. 현충탑의 하단부 양 끝에 있는 애국투사상과 호국영웅상이 그런 경우이다. 전자는 민간인 유격대나 의용군의 모습의 군상이고, 후자는 각 군을 상징하는 군복을 입은 인물들의 군상이다. 양자는 모두 두드러지게 리얼리즘적이며, 양자의 인물들은 현대적 무기를 들고 있고, 매우 역동적인 자세를 취하고 있다. 두 상은 그래서 마치 오벨리스크 모양의 현충탑의 추상성이 야기하는 불만족을 보완하고자 하는 것처럼 보인다. 그러나 특이하게도 동작동 국립묘지에서의 기념비는 전반적으로 리얼리즘을 선호하고 있지는 않다. 무명용사탑(1954년 준공), 육사7기특별동기생추념탑(1963년 준공), 50년도현지임관전사자추념비(1971년 준공), 포병장교충혼비(1964년), 유격부대전적위령비(1977년 준공) 등이 모두 추상적 형태를 취하고 있으며, 총(유격부대전적위령비)이나 철모(육사7기특별동기생추념탑 등은 엠블럼)가 없다면 원경에서는 그것이 군사적 기념비라는 것을 쉽게 알 수조차 없는 것도 많다. 그렇게 된 이유는 아마도 이런 기념비들이 무명용사탑을 제외하고는 기념해야 할 사건으로부터 10년 이상의 세월이 흐른 뒤에야 사건 관련자들의 모금으로 건립되었고, 그래서 사건으로부터의 시간적 거리가 리얼리즘적인 재현에 대한 욕구를 감소시킨 때문으로 보인다.[32)]

동작동 국립묘지에 소재한 기념비들은 양식적 혼융에도 불구하고 일정한 일관성을 보이고 있다. 우선 애국지사 묘역의 제단이나 무후선열제단처럼 제단이나 사당 기능을 하는 것이나 작은 기념비들을 제외하고는, 동작동 국립묘지의 기념비나 건축물들은 추상성이 강하든 리얼리즘적 지향이 강하든 대체로 수직성을 지배적인 모티브로 하고 있다. 이것은 군사적 기념비에 가장 일반적인 양식으로 초월성과 숭고미를 보증하는 기본 양식이며, 그 점에서 우리의 동작동 국립묘지도 다르지 않다.

또한 동작동 국립묘지의 인물상들은 그것이 벽의 부조이든 석상이든 모두 군상의 형태를 취하고 있다. 이것은 민족이나 군대라는 집합

---

32) 양식 선택의 문제와 관련해서는 사실 각 기념비의 제작 추진자들과 그것을 제작한 예술가들에 대한 심층 인터뷰가 있어야 좀 더 분명한 결론을 내릴 수 있을 것이다. 이 점에서 이 글은 한계를 가지고 있다.

〈사진 4〉 위패봉안관 내 승천상(세부)

체를 표현하기 위한 것, 더 나아가서 그들 간의 연대 내지 전우애를 표현하기 위한 것이라고 할 수 있다. 가장 전형적인 형태는 앞서 언급되었던 15인으로 구성된 충혼승천상이다. 그러나 이런 형태가 아니라 하더라도 다양한 형태로 부조들은 더 큰 규모의 군상을 그려내고 있다. 그리고 그 중 최대의 것은 역시 현충탑 하단의 좌우 벽에 새겨진 군상이다.

일반적으로 이런 군상들은 군인들로만 구성되거나(호국영웅상) 군인들로 여겨지는 반라의 남성들로 구성되기도 하지만(충혼승천상), 일반적으로 군상은 군인과 민간인들이 혼재해 있는 경우가 많다. 이런 군상 속에는 기념비 제작자들이 생각하는 군민관계가 투사되어 있다. 그것을 가장 전형적으로 보여주는 것은 동작동 국립묘지 입구에 자리잡은 충성분수대이다. 충성분수대는 중앙에 한복을 입고 앉아 있는 중년의 남녀, 그리고 그들 뒤에 서서 각각 횃불과 월계수 잎을 들고 있는 청춘남녀를 각 군을 상징하는 군인들이 무기를 들고 호위하고 있는 형상이다. 이런 모습은 민간인을 보호하는 군대라는 이미지를 구현하고 있다. 이것은 매우 정상적인 발상이라고 할 수 있다. 그러나 거기에는 군대의 강한 자기주장이 깃들여 있기도 하다. 현충탑의 좌우 벽의 군상 부조는 민족의 수난사를 그리고 있는데, 여기에 이르면 군대 없는 국가의 비운이 그려짐으로써 군대의 자기주장은 강화된다.

여기에서 흥미로운 것은 여성의 재현이다. 여성은 일반적으로 이런 수난의 고통을 보여주는 존재로 나타난다. 그러나 여성은 그런 기능에 한정되는 것은 아니다. 여성은 위패봉안관 내의 승천상에서 보듯이 상처 입은 군인들을 보듬어 안는 존재이기도 하다. 이런 재현은 한편으로는 여성이 조국을 상징하는 것을 뜻한다. 그러나 다른 한편 그것은 군인과 민간인, 남성과 여성 간의 역할 분리를 표상하는 것이기도 하다. 즉 군인/남성은 민간인/여성을 보호하며, 민간인/여성은 군인/남성의 영웅적 행동과 죽음을 위무한다는 분리인 것이다. 그것에는 강한 군인/남성의 자기주장이 투사되어 있는 것이다.

Ⅶ. 맺음말

국립묘지에 묻힌 자들에게는 국립묘지의 문화정치적 의미에 대해서 탐문하고 더 나아가서 그것이 민족적 정체성을 형성하는 공간으로서 적합한지에 대해서 되묻는 것 자체가 불경한 것으로 여겨질지 모른다. 거기에 묻힌 자들은 그들에 대한 엄격한 역사연구에 의한 평가가 어떠하든간에 모두 자신의 생명이 민족국가를 위해서 바쳐진 것으로 인식되기를 원할 것이기 때문이다. 사실 민족국가는 그 시민들에게 목숨까지 요구한다. 그리고 무엇인가에 자신의 생명까지 걸어야 하는 자는 그것을 사랑하고 그것에 의해 의미를 부여받기를 바라는 자생적 감정을 가지지 않을 수 없다. 로티의 표현을 원용한다면, 민족국가의 시대는 그 시민들에게 민족을 일종의 '마지막 어휘(final vocabulary)'로 만든다.[33] 그리고 어떤 이를 국립묘지에 안장한다는 것은 그의 마지막 어휘를 민족으로 만드는 행위이며, 묻힌 자의 입장에서 보면 그렇게 되는 것은 그가 자신의 마지막 어휘와 함께 죽어 있다는 것을 뜻한다. 그런 이들에게 국립묘지가 모순적이고 불평등으로 가득 차 있으며, 그 기념비는 양식적 갈등과 군대의 거만한 자기주장으로 차 있다고 재서술하는 것에는 어떤 잔인함이 스며 있다. 그것은 타자의 마지막 어휘를 위협하는 행위이며, 그의 정체성을 박탈하고자 하는 시도이기 때문이다.

물론 이 글에서 지적한 국립묘지의 모순적 측면들은 거기에 묻힌 자들 스스로가 받아야 할 적합한 상징형식이 성취되지 않았음을 지적하고자 한 것이며, 그런 한에서 그것은 거기에 묻힌 자들 가운데서 동의를 구할 수 있는 측면이 있다고 볼 수 있다. 하지만 나는 국립묘지에 대한 이 연구를 포함하여 앞으로 있을 연구가 국립묘지에 대한 재서술이 야기할지도 모르는 잔인성을 두려워할 이유가 없다고 생각한다. 그 이유는 국가를 위한 죽음이라는 트라우마를 상징적으로 보상하는 이 공간이 동시에 살아 있는 우리들에게도 트라우마가 되기 때문이다. 예컨대 우리는 동작동 국립묘지 동쪽 29묘역의 장교 묘지에서 다음과 같은 비문을 발견한다. "1980년 5월 22일 광주에서 전사." 그것이 무엇을 말하는지는 자명하다. 그리고 그 묘비 옆 꽃병에 유가족이 꽂아놓은 꽃다발이

33) 로티는 마지막 어휘를 다음과 같이 정의한다.
"모든 인간존재는 그들의 행위, 그들의 신념, 그들의 인생을 정당화하기 위해 채용하는 일련의 낱말을 갖고 있다. (……) 나는 그런 낱말들을 '마지막 어휘'라고 부르겠다. 그것이 '마지막'이라는 것은, 만일에 그러한 낱말들의 값어치를 의심한다면 그 낱말의 사용자는 의존할 비순환적인 논변을 전혀 갖지 못한다는 뜻이다. 그 낱말들은 사용자가 언어와 더불어 끝까지 함께하는 것이며, 그것들 너머에는 오직 어찌할 수 없는 피동성, 혹은 힘에의 호소만이 있을 따름이다."(리처드 로티, 김동식·이유선 역, 『우연성, 아이러니, 연대성』, 민음사, 1996, 145쪽)

무엇을 의미하는지도 자명하다. 또한 그것이 얼마나 모순적이고 많은 사람들에게 얼마나 트라우마적인가도 분명하다. 우리는 망월동 묘지를 국립묘지로 승격하고자 하는 운동이 있다는 것을 알고 있다. 만일 망월동 묘지가 국립묘지가 된다면, 그것은 한편으로 국립묘지들 간의 모순의 심화를 의미하는 것일 터이다. 이런 사실은 많은 의문을 야기한다. 과연 민주화를 위해서 죽었고, 국가에 대해 투쟁하고 일시적이지만 국가 없는 공동체를 형성했던 운동[34]의 희생자들 또한 그 상징적 죽음의 형식에 있어 민족국가로 귀환하는 것은 상징적으로 올바른 해결인가? 혹은 그것이 상징적·물질적 이해관계로 인해 상당한 정도 불가피하다면, 국립묘지들 간의 상징적 정합성은 어떻게 추구되어야 하는가? 만일 후자의 길이 선택된다면, 아마 적어도 앞서 지적한 묘비명은 새롭게 새겨져야 할 것이다.[35] 어떻든 간에 이런 문제들은 무언가 국립묘지에 대해 새로운 논의와 실천이 필요하다는 것을 보여준다.

---

34) 최정운, 「폭력과 사랑의 변증법: 5·18 민중항쟁과 절대공동체의 등장」, 한국정치학회·한국사회학회 편, 『광주민주화운동 18주년 기념 세미나 자료집』, 1998.

35) 1998년 12월 11일 국회 보건복지위원회는 묘지 면적을 개인묘지 9평, 집단묘지는 3평 이내로 제한하는 내용의 '매장 및 묘지 등에 관한 법률' 개정안을 통과시켰다. 이 법안은 본회의 의결을 거쳐 이르면 내년 말부터 시행될 예정이다. 흥미로운 것은 이 개정안이 당초 국립묘지 등 국가가 설치·운영하는 묘지에 대해서는 이 법의 적용을 받지 않도록 한 정부안의 예외규정을 삭제하여 모든 묘지에 일괄 적용키로 했다는 점이다. 또 개인묘지 및 집단묘지의 기본 사용기간을 15년 이내로 규정하고 15년씩 최고 3회까지 연장, 최장 60년까지 사용한 뒤 의무적으로 개장하도록 했다. 이런 새 개정안은 묘지의 급진적 현대화(modernization)를 추구하고 있다고 할 수 있으며, 그것의 함의는 지금까지의 논의와 관련하여 매우 의미심장하다. 그것은 국립묘지의 급진적 재구성을 가능케 하는 법안이기 때문이다. 무덤의 불평등은 일거에 해소될 것이며, 예를 들어 이승만 씨나 박정희 씨의 묘가 이제 각각 2025년에는 2039년에는 개장되어 국립묘지에서 사라지게 된다는 것을 의미한다. 그러나 그 과정에서 예컨대 박은식의 묘도 개장될 것이다. 이런 과정은 한편으로 국립묘지의 재구조화가 역사적 평가나 시민적 합의에 의해서 이루어지지 않고 국립묘지와 간접적으로 관련된 법에 의해서 이루어진다는 것을 의미하며, 이런 과정 자체가 일정한 문제를 내포하고 있다. 그러나 그와 무관하게, 국립묘지가 형성되고 안장자가 결정될 때 시민사회는 침묵하였지만, 이제 그것의 재구조화를 불가피하게 하는 법의 제정과정은 반드시 시민사회의 여러 조직들의 저항에 직면할 것으로 예상된다. 왜냐하면 이미 국립묘지에 묻힌 자들과 그 유가족들은 그것과 관련된 물질적·상징적 이해관계를 가지고 있으며, 그것을 수호하기 위한 조직을 형성하고 있기 때문이다. 따라서 우리 사회는 '국립묘지 문제'에 직면할 것이며, 그것은 다시 우리들의 정치적 정체성의 문제로 비화될 것이다.

국립묘지에 내재해 있는 긴장과 모순은 거기서 끝나지 않는다. 예컨대 만일 통일이 된다면(그것이 어떤 형식의 통일이든) 북한의 애국열사릉과 동작동 국립묘지는 각각의 정통성을 대변하며 경쟁상태로 들어가게 될 것이다. 그리고 그것은 그 나름의 말 못 할 잔인함을 야기할 수도 있으며, 그렇게까지 가지 않는다고 하더라도 그것은 매우 심각한 논란을 야기할 것이며, 죽은 자의 문제가 앞서 지적한 일본의 사례와 다름 없이 우리들 속에서도 여전히 끝나지 않은 긴장 어린 문제라는 것을 보여준다. 단지 우리와 일본의 차이가 있다면, 일본의 정체성은 끊임없이 외국의 탐문 대상이 되고 그로 인해 그 분열된 모습이 표면화되었지만, 우리들의 경우 그것은 내부의 문제이며 그 내부의 문제조차 냉전과 분단이 야기한 자욱한 이데올로기적 안개 속에서 숨겨져왔을 뿐이라는 점이다.

조선 청년 엘리트의 황국신민 아이덴티티 수행*

아시아태평양전쟁기 조선인 학병에 관한 노트

황종연 黃鍾淵

1943년 10월 20일, 조선총독부는 전문학교와 그 상급 학교에 재학 중인 조선인들을 대상으로 '육군특별지원병 채용규칙'을 공포했다. 일본인 학생에게 주어지던 징집연기 특전을 유예시키는 조치가 취해짐과 동시에, 그리고 이미 예고된 조선에서의 징병제 실시를 약 한 달 반 앞두고 발표된 병역 규칙이었다. 조선과 일본에서 수학하고 있던 조선인들은 돌연히 학업을 중단당하고 원치 않는 참전(參戰)의 압력을 받게 되었다. 마지못해 고향의 가족에게로 돌아온 학생들은 1944년 1월 20일로 정해진 입대일이 다가올수록 더욱 깊은 낙담과 고민에 사로잡혔다. 명목상으로는 지원이었으나 이른바 내선일체의 구호 아래 조선인의 황민화 정책이 조직적으로 펼치고 있었던, 그리고 조선인의 병무자원화(兵務資源化)가 황민화의 주요 지표로 강조되고 있었던 식민지 조선에서 그것은 강제와 크게 다를 바가 없었다. 엘리트 계층 조선 청년의 학병 지원이 시행을 앞둔 징병제에 대해 가지는 효과를 충분히 알고 있었던 식민지 당국은 지원 성적을 높이기 위해 대대적인 홍보와 공작을 펼쳤다. 내선

---

* 본고는 2006년 9월 16일 출판문화회관에서 개최되었던 '한일, 연대 21' 제3회 심포지엄 「야스쿠니를 다시 묻는다」에서 발표된 원고를 수정·보완한 것이다.

일제 정책에 협력하고 있었던 조선 사회 각계의 유력 인사들을 동원하여 학병 지원이란 조선 청년이 황군(皇軍)의 특권을 일본 청년과 동등하게 가지게 되는 기회이며 지원자에게는 예비훈련 과정을 거치지 않고 곧바로 입영되고 간부장교로까지 승진하는 특혜가 주어진다고 선전하는가 하면, 학병 해당자가 거주하고 있는 조선 및 일본 각지의 가정이나 숙소로 교관, 순사, 그 밖의 관리들을 보내 학생은 물론 그의 가족들에게까지 홍보, 권유, 협박을 하게 했다. 그 총독부의 학병 동원 운동은 수많은 학생들로 하여금 그들 자신의 의사에 반하는 결정을 내리도록 만들었다. 학병을 피해 어디론가 망명한 한 학생조차 지원을 하지 않을 경우 자신과 가족이 당하게 되는 온갖 굴욕과 고난을 두려워한 나머지 지원서를 작성해서 경찰서 현관까지 갔다가 발길을 돌린 적이 있을 정도였다.[1] 1944년 1월 20일 아침, 수많은 조선 청년이 '센닌바리(千人針)' 조끼를 품속에 입고 일장기와 '축 입영(祝入營)'의 노보리가 물결치고 만세의 함성이 곳곳에서 터져나오는 거리를 따라 병영으로 들어갔다. 그 수는 총 4,385명이다. 이것은 한 통계에 의하면 총독부에서 학병 해당자로 집계한 6,203명의 약 70%에 해당한다.[2]

학병 모집이 진행될 무렵 병역 지원은 조선의 젊은이들 사이에서 시간이 갈수록 두드러진 현상이었다. 1938년 조선인 대상 육군지원병제를 시행한 이후 38년에는 2,946명, 39년에는 12,528명, 40년에는 84,443명, 41년에는 144,743명, 42년에는 254,273명, 43년에는 303,294명이 지원했다.[3] 지원병제 실시 첫해에 3천 명 정도였던 지원자 수가 6년차에 이르러 30만 명을 넘어섰으니 엄청난 증가율이다. 이러한

1) 許壕, 「志願 當時의 苦悶」, 『學兵』 1, 1946, 89쪽.
2) 1·20同志會 편, 『1·20 學兵史記』 1, 1987, p.97.
3) 內務省 作製, 『太平洋戰爭下の朝鮮及び臺灣』, 13쪽; 宮田節子, 李熒娘 역, 『朝鮮民衆과 '皇民化' 政策』, 一潮閣, 1997, 42쪽에서 재인용.

군지원자 증가의 원인은 한두 가지로 말하기가 어렵지만, 군인이라는 직업이 군국주의체제하의 조선의 청년들에게 가지는 매력을 그 주요 원인의 하나로 거론할 만하다. 일본제국의 질서에 순응하는 조선 청년의 경우, 일본 군대의 사병이 된다는 것은 식민지 관리가 되는 것과 함께 조선인인 까닭에 겪어야 하는 차별에서 벗어나 사회적 특권에 접근하는 길이다. 특히 육군병사의 자격은 문벌이나 학력을 요구하지 않기 때문에 하층계급의 청년들에게 그것의 유혹은 더욱 크다. 사실, 미야타 세쓰코(宮田節子)를 비롯한 연구자들이 밝혀준 바와 같이 육군지원병제가 실시된 이후 입대를 지원한 조선인들은 대체로 가난한 농민의 자제들이었다. 궁핍과 모욕에 시달리는 하층계급의 조선 청년들이 풍부한 병역 자원이라는 것은 누구보다도 식민지 당국에서 잘 알고 있었다. 1939년 7월 충북 옥천의 빈농의 아들 이인석(李仁錫)이 지원병 중 최초로 전사했다는 소식이 전해진 이후 총독부 통제하의 신문들은 그가 전사함으로써 그와 그의 가족이 얻은 영광의 일화를 지원병 장려에 즐겨 이용했다. 1943년 11월 학병 지원을 강제하는 선무공작이 한창이던 시기 『매일신보』에 발표한 시에서 김동환은 이렇게 노래했다.

> 이인석군은 우리에게 뵈여주지 안엇든가
> 그도 兵되어 生死를 나라에 바치지 안엇던들
> 지금쯤은 충청도 두메의 일홈없는 農軍이 되어
> 베옷에 조밥에 한평생 뭇겨 지내엇겟지
> 웬걸, 知事, 郡守가 그 무덤에 절하겟나
> 웬걸, 幣帛과 勳章이 그 祭床에 내렷겟나.[4)]

1944년 1월 20일에 입영한 학생들에게 군직(軍職)을 통한 입신

양명이 얼마나 매력적인 진로였는지는 가늠하기 어렵다. 그들 중에는 굳이 죽을 위험을 무릅쓰면서까지 경제적·사회적 성공을 구하지 않아도 좋을 정도로 부유하고 문벌 좋은 계층의 사람도 있었던 것으로 보인다. 그러나 전문학교 이상의 학력을 쌓으며 미래 조선 사회의 지도자를 자임하고 있었던 그들에게 국가와 민족을 위한 공훈은 간단히 무시해도 좋은 허명은 아니었다. 그들은 공공의 세계에 대한 봉사를 특권으로 여기는 유교문화의 전통 속에서, 그리고 조국을 위한 희생을 신성화하는 일본의 신정일치(神政一致)적 문화의 영향 아래서 성장한 사람들이다. 아시아태평양전쟁이 아시아 십억 민중의 해방을 위한 성전(聖戰)이라고 칭송되고 민족의 운명이 청년학도의 거취에 달려 있다고 선전되고 있었던 당시, 조선 청년들은 참전이 그들에게 가져다줄지 모를 명예에 대한 환상과, 지원을 회피할 경우 그들 자신은 물론 가족과 동족에게까지 미칠 치욕에 대한 예감 사이에서 흔들리고 있었다. 중추원 참의를 지낸 친일파 조병상의 둘째 아들로 학병 제1호로 알려진 조문환(曺文煥)은 학생의 입장에서 학병 지원을 촉구한 글에서 당시 청년학생들이 가지고 있었을 명예 욕구에 강하게 호소하고 있다. "우리는 먼저 인간이 되지 않으면 안 된다. 양심을 가진 인간이……. 우리보다 앞서 야스쿠니의 영령이 된 선진들에게 늦으나마 우리의 행동으로써 그 뜻을 계승하지 않으면 안 된다. 동아 십억의 천년의 운명을 쌍견(雙肩)에 걸고 역사의 차륜(車輪)을 힘껏 우리의 손으로 이끌어보자. 삼천리 강산에 진군(進軍)의 나팔을 높이 울리자. 거기에 참으로 약동하는 민족의 호흡을 느낄 것이다."[5] 조문환은 학병 지원을 기피하는 청년을 양심 없는 인간으로

---

4) 白山青樹(金東煥), 「勸君 '就天命'」, 『每日申報』 1943.11.6; 鄭雲鉉 편, 『學徒여 聖傳에 나서라!』, 없어지지 않는 이야기, 1997, 123쪽. 이인석의 죽음은 그것에 관한 기사가 1939년 7월 11일자 『京城日報』와 『每日申報』에 나온 이후 조선인들의 병역을 미화하는 수단으로 때때로 이용되었다.

취급하고 있지만, 그러한 힐난은 당시의 항간에서는 차별의 경험을 공유하고 있었던 조선인에게는 끔찍할 수밖에 없는 오명으로 변주되고 있었다. 지원병 기피자에게는 '비국민', '반역아', '스파이' 등의 낙인이 기다리고 있었다.

학병 출신들의 회고록을 비롯한 종래의 논의에서는 조선 청년들이 학병에 지원한 이유를 식민지 당국의 경찰력을 동원한 강요에서 찾는 것이 일반적이다. 그러나 지원을 거부한 학병 해당자가 30%에 이른다는 사실은 학병 모집에 응한 학생들 쪽의 심리를 고려하지 않을 수 없게 한다. 조선인 학병의 출현은 특별지원병제의 공포 이후 가해진 식민지 당국의 압력과 함께 피식민의 경험이라는 좀 더 넓은 맥락 속에서 조선인이 가지고 있었던 욕망을 감안하여 이해하는 편이 바람직하다. 그 욕망이란 무엇보다도 인정(認定)에 대한 욕망을 가리킨다. 타인으로부터 자기의 아이덴티티에 대한 인정을 받음으로써 자기의 존엄성을 확보하고자 하는 욕망은, 알다시피, 인간에게 근본적인 것이지만 그것이야말로 일본의 식민지 지배하의 조선인에게 좀처럼 충족되지 않고 있었던 욕망이다. 일본의 식민주의자들은 조선인에 대한 본질주의적이고 오리엔탈리즘적인 담론 생산을 통해서, 조선인을 차별하고 배제하는 정책의 일관된 입안과 집행을 통해서 조선인이라는 아이덴티티를 조선인 개개인으로 하여금 수치스러운 것, 해악적인 것, 억압적인 것으로 체험하도록 만들었다. 조선인이 일본제국의 질서하에서 다른 모든 개인과 동등한 가치를 가지는 개인으로 인정을 받으려면 그 제국 권력에 의해 구성된 국민의 아이덴티티를 자기의 것으로 삼는 수밖에 없었다. 문화적으로 일본인을 모방하는 것, 어떤 경우 일본인보다 더욱 일본인처럼 처신

5) 夏山正義(曺文煥), 「국가 있고 개인도 있다」, 『每日申報』 1943.11.6; 鄭雲鉉 편, 앞의 책, 53쪽.

하는 것은 국민 되기 위한 조선인의 욕망 충족에 불가피한 아이덴티티의 수행(遂行)이었던 것이다. 그것이 현실적으로는 총독부의 내선일체 정책에 대한 순응을 수반하는 행위였음은 말할 것도 없다. 군국주의 일본이 총력전 체제에 돌입한 상황에서 조선인이 국민이라는 인정을 받기 위해 실행한 수행은 그 대가가 컸다. 그 치명적인 수행 중 하나가 학병의 퍼포먼스이다. 그것은 국가에 목숨을 헌납함으로써 국민의 자격과 명예를 얻는 방식, 국민 속으로 자기를 소멸시키는 방식이었다.

학병이라고 하면 일제에 의한 조선 '민족 말살'을 떠올리는 것이 한국인 사이에서는 거의 자동화된 반응이지만, 그 제도를 지지한 조선의 지식인들이나 거기에 지원한 청년학생들 사이에서 그것은 반드시 조선인이라는 아이덴티티의 상실을 뜻하지는 않았다. 그들의 발언 중에는 비록 수행 같은 개념은 가지고 있지 않았을지라도 학병의 수행적 성격에 대한 자각과 통하는 학병 해석이 종종 눈에 띈다. 그 대표적인 예 중의 하나가 1943년 11월 14일 메이지 대학에서 열린 '반도 출신 출정학생 궐기대회'에 연사로 나선 최남선이 강당을 가득 메운 조선인 학생들 앞에서 행한 강연이다. 지원 권유 선전에 대한 일본 유학생 출신 학병들의 회상 중에 유독 자주 언급되고 있고 '역사적 순간'으로까지 명명되고 있는 것으로 미루어 보건대[6] 상당히 인상적이었던 듯한 그 대회에서, 최남선은 당시의 전쟁을 인류 역사의 새로운 시대를 여는 성전이며 조선 청년에게 주어진 참전 기회가 천재일우(千載一遇)의 영광이라는 상투적인 발언과 함께, 조선인 병사의 출현이 조선 민족의 역사에서 가지는 의의에 대한 주장을 하고 있다. 그는 고대 신라의 화랑 삼형제 부과(夫果),

6) 「歸還學兵眞相報告 座談會」, 『新天地』 1, 1946, 75쪽; 辛永敦, 「8·15와 請願休暇」, 『學兵』 1, 1946, 78~79쪽; 辛金玉, 「名士와 학병궐기대회」, 같은 책, 90쪽; 尹鍾鉉, 「東京 昌平館에서의 최남선 씨와 이광수 씨와의 토론」, 『1·20 學兵史記』 1, 1987.

취도(驟徒), 핍실(逼實)이 구국(救國)을 위해 잇따라 전장(戰場)에 나가 목숨을 바친 이야기를 들려주면서 조선인의 심장 속에 뛰고 있는 저 순국(殉國)의 혼, 조선인의 혈관 속에 물결치는 저 충의(忠義)의 피를 살려내야 한다고 역설하고 있다. 최남선에게 조선 청년의 참전은 황도(皇道)의 선양(宣揚)이라는 일본 국민의 의무를 다하는 일일 뿐만 아니라 조선인의 민족적 아이덴티티를 가장 원형적이고 자랑스러운 형태로 회복하는 일이다. 그래서 그는 "대동아 건설의 진두(陳頭)"에 서는 것은 "우리들이 잃어버린 '마음의 고향'을 발견하는 것이요, 잠자는 혼을 깨우쳐 우리들 본연의 자태로 돌아가는 길"이라고 말하고 있다. 그의 관점에서 조선인의 출전(出戰)은 조선인임을 스스로 부정하는 것이 아니라 조선 민족-일본 국민의 이중(二重) 아이덴티티를 확고히 하는 것이다. 이것은 제국이라는 다민족 국민국가체제에서 조선 민족에게 이론상으로 가능한, 일본이라는 타자에게 인정을 요구하는 논리이다.[7)]

이렇게 아이덴티티의 수행이라는 관점에서 조선인 학병을 고려하기로 한다면 국민이라는 범주 못지않게 중요한 것이 남성이라는 범주이다. 식민지 사회의 조선 남성들은 전통적으로 남성에게 고유한 권리이자 의무로 간주되었던 활동영역, 즉 정치와 군사 바로 그 영역으로부터 차단되어 있었다. 조선인에 대한 차별이란 조선인 남성들의 측면에서 보면 그들의 남성성에 대한 불인정을 의미한다. 양반 유교문화의 유습

---

7) 崔南善, 「나가자 청년학도야」, 『每日申報』 1943.11.20; 鄭雲鉉 편, 앞의 책, 228~229쪽. 최남선을 비롯한 우파 민족주의 인사들이 학병 지원 촉구에 나선 동기 중 하나가 조선인이 병역의 의무를 짊어짐으로써 일본제국 내에서 국민의 지위를 확실하게 얻게 되리라는 기대였다는 사실은 여기서 상기할 필요가 있다. 김성수(金性洙)는 그의 학병 지원 권유문에서 "제군이 [병역]의 의무를 다할 때 비로소 제군은 이 땅에 살아 있을 것이고 제국의 1분자로서 내지와 조금도 다름 없는 빛나는 대우, 즉 권리를 얻을 수 있는 것"이라고 말하고 있다 (『매일신보』 1943.11.6). 조선인의 국민적 권리에 대한 기대는 조금 구체적으로는 조선인의 자치권 또는 참정권 승인에 대한 기대를 의미한다. 당시 우파 민족주의 인사들은 징병제에 응한 대가로 참정권을 얻을 수 있으리라 믿고 있었다. 징병제 지지와 참정권 요구의 관계에 대해서는 崔由利, 『일제 말기 식민지 지배 정책 연구』, 國學資料院, 1997, 215~251쪽 참조.

을 이어받고 일본 군사문화의 영향 아래 성장한 그들은 경륜, 도의, 무용 등의 남성적인 미덕을 실천함으로써 누리는 명예와 특혜를 익히 알고 있었지만 그들에게 공식적으로 허여된 남성의 역할은 그러한 미덕의 체현과 거리가 멀었다. 정치와 군사의 영역으로부터 소외되어 있는 까닭에 조선인 남성이 느끼고 있었던 좌절감과 무력감은 매우 컸던 것으로 보인다. 총독부의 육군지원병제 실시와 무관하게, 그로부터 6년 전인 1932년, 『동아일보』에 연재되어 상당한 인기를 모은 장편소설 「흙」에서 이광수는 일본인 병사들이 군중의 송영(送迎)을 받으며 군용열차에 오르는 경성역 역두(驛頭)의 광경을 주인공 허숭이 바라보는 장면에서 이렇게 쓰고 있다.

> 열차가 들어올 때 송영 나온 군중은 깃발을 두르며 '반자이'를 부르고 중국 사람의 것과 비슷한 털모자를 쓴 장졸들은 차창으로 머리를 내밀고 화답하였다. 송영하는 군중이나 송영 받는 장졸이나 다 피가 끓는 듯하였다. 이 긴장한 애국심의 극적 광경에 숭은 남모르게 눈물을 흘렸다. 고향과 사랑하는 사람을 두고 나라를 위해 죽음의 싸움터로 가는 젊은이들, 그들을 맞고 보내며 열광하는 이들, 거기에는 평시에 보지 못할 애국, 희생, 용감, 통쾌, 눈물겨움이 있었다. 감격이 있었다. 숭은 모든 조선 사람에게 이러한 감격의 기회를 주고 싶다고 생각하였다. 전장에 싸우러 나가는, 이러한 용장(勇壯)한 기회를 못 가진 제 신세가 지극히 힘없고 영광 없는 것같이도 생각하였다."[8]

허숭은 만주의 전장으로 나가는 일본인 병사들과 그들을 열렬히

---

8) 이광수, 『흙』, 동아출판사, 1995, 333~334쪽.

송영하는 인파 앞에서 감격의 눈물을 흘리고 문득 "힘없고 영광 없는 것 같"은 자신을 의식한다. 그가 식민지 조선인들 사이에서는 희귀하고 권세 있는 변호사라는 직업을 가지고 있음에도 자기 신세가 무력하고 초라하다고 느끼는 것은 자기 국가와 민족에 헌신함으로써 얻는 명예에 대한 남성으로서의 욕망이 충족되지 않고 있기 때문이다. 「흙」에 그려진 조선 사회의 특징 중 하나는 바로 허숭이 속해 있고자 하는 바와 같은 종류의 남성 젠더 문화가 위축되고 왜곡되어 있는 상태이다. 허숭의 아내를 유혹하여 부정(不貞)에 빠뜨린 김갑진을 비롯한 상류계급 남자들의 엽색행각은 그렇게 변질된 조선인 남성문화의 한 극단을 예시한다. 작품 중에는 조선인 남자의 초라한 젠더에 대한 언급과 풍자가 여성인물이나 남성인물의 입을 통해 번번이 나온다. 총명하고 열정적인 기생 산월(山月)은 "참과 사랑과 용기와 의기—이것은 조선서는 부랑자와 주정꾼에게서밖에는 얻어 볼 수 없는 것 같"다고 말하면서 조선의 유산계층과 유식계층 남자들의 도덕적 타락을 꼬집고, 호걸풍의 강(姜) 변호사는 "남들은 국제연맹이니 군비축소니 무에니 무에니 하고 떠들지마는 우리네야 술이나 먹지 무어 할 일이 있나. 남아가 한번, 제길 아깝구나" 라고 탄식한다.

1944년 1월의 학병들이 「흙」에 제시된 바와 같은 영웅주의로부터 얼마나 영향을 받고 있었는지는 알기가 어렵다. 다만 분명한 것은 그들이 당시 사회에서 가장 영예로운 형태의 남성문화였던 군사문화에 입영 이전부터 노출되어 있었다는 사실이다. 그들은 일본인 무관들이 10년 이상 조선에 군림하고 있던 시점에 출생하여 가마쿠라 사무라이와 신라 화랑의 충의담과 무훈담이 교육과 흥미의 재료로 널리 유포된 환경에서 성장했다. 특히 국체명징(國體明徵), 내선일체, 인고단련(忍苦鍛鍊) 3대 교육강령을 내세운 개정된 교육령이 1938년 3월에 발포되었으니, 그들은 고등학교 재학 시절에 강도 높은 군대식 훈육을 받은 최초의 세대에 속한다. 국가나 민족에 자신을 일치시키는 남성적인 행위, '멸사봉공'이나 '진충보국(盡忠報國)'이라는 구호로 표시되는 남성 젠더의 덕목은 조선 청년들이 품고 있었던 자아 이상의 주요 속성이었음에 틀림없다. 그 유력한 증거의 하나가 청년학생들의 남성적 자의식을 표적으로 삼은 학병 지원 선동 발언들이다. 현상윤(玄相允)은 자기 목숨에 연연해하는 학생을 향해 구스노키 마사시게(楠木正成)가 일본 민족의 대의와 함께 누리고 있다는 영생을 이야기하는 한편, 가정의 안녕에 집착하는 학생을 향해서는 "비굴한 청년"이라고 매도하고 있으며, 조만식(曺晩植)은 "반도 청년학도 제군. 그대들은 어리석은 사나이일 것인가, 비겁한 남아일 것인가. 나는 어느 누구보다도 그렇지 않음을 굳게 믿고 있다"며 학생들의 용단을 촉구하고 있다. 당시 지원병제의 성공에 최대의 장애라고 여겨지던 조선 가정, 특히 어머니들을 대상으로 삼은 선전선동의 지면에서도 남자의 책무에 대한 언급은 빠지지 않는다. 지원병의 어머니들을 참석시킨 한 좌담회에서 박인덕(朴仁德)은 "전에도 후에도 없는 이 귀한 시기에 귀한 생명을 내놓는 것이 남자로서 마땅히 취할 도리이며 부모로서도 적극적으로 내밀어야 할 것"이라고 주장하고 있다.[9] 이러한 발언들에서 조선 청년들의 병사로서의 훈련과 출전은 그들의 남성다움을 가장 훌륭한 형태로 육성하고 입증하는 이례적인 기회가 된다.

1943년 특별육군지원병제 공포는 총독부가 조선인에게 행한 가혹한 인력동원 사례의 하나이다. 징병제의 전면적 실시를 앞두고 학업 이수 중이던 젊은 학생들을 사지(死地)로 내몬 그것은 황민화 정책이 지

9) 현상윤, 「士는 國元之氣」, 『每日申報』 1943.11.9; 조만식, 〔無題〕, 『每日申報』 1943.11.16; 「學徒出陣激勵 어머니 좌담회」, 『每日申報』, 1943.11.14; 鄭雲鉉 편, 앞의 책, 28~29·35·229·193쪽.

니고 있었던 폭압적 본성을 단적으로 말해준다. 하지만 그것은 또한 학병에 지원한 조선인 일부에게는 좌절되고 감추어진 욕망이 충족을 얻는 계기이기도 했다. 안재홍(安在鴻)의 표현을 빌리면 조선의 청년이 "위대한 역사적 무대에 황국신민의 일분자(一分子)로 스스로 총검을 들고 나서게" 되었다는 것은, 일본제국의 권위를 승인하는 입장에서는 그들이 당대에 보편적으로 통하는 국민-남성의 아이덴티티를 획득하기 시작했다는 것을 의미한다. 국가를 위한 총검은 그들이 마음속 깊은 곳으로부터 소망하고 있었던 자아정체성의 한 상징일지 모른다. 그래서 윤치호(尹致昊)가 학병 지원자들을 가리켜 "새 인간"이라고 말하고 있는 것은 의례적인 수사로만 들리지는 않는다.[10] 그러나 그 '순충봉공(殉忠奉公)'의 새로운 남성은 조선인 엘리트가 일본인이라는 대타자의 거울에 비쳐 발견한 자기 이미지이다. 아시아-태평양 지역 각지의 전선에 배치된 학병들이 군대의 야만성과 무기의 낙후성을 알게 되고 일본의 패전이 임박했음을 느낀 순간, 그 남성-국민 아이덴티티의 수행이 허망한 노릇이라는 회의는 금하기 어려웠다. 학병의 일부는 주어진 특전대로 간부후보생에 지원하고 장교로 승진했지만, 다른 일부는 병영에서 탈출하거나 반란을 일으켰다. 그럼에도 그들이 습득한 국민-남성 아이덴티티는 식민지의 차별적인 사회가 그들에게 심어준 인정에 대한 깊은 욕망과 뒤엉켜 있었던 까닭에 쉽사리 그들을 놓아주지 않았다. 그것은 조선의 해방과 함께 조국으로 귀환한 그들에게 심오한 혼란의 원인이 되기도 했고 신속한 적응의 기술이 되기도 했다. 1944년에 입영한 학병 4,385명 중 생환자는 3,771명이다.

10) 안재홍, 〔無題〕, 『每日申報』 1943. 11. 15; 伊東致昊, 「壯하다, 그대들 勇斷」, 『每日申報』 1943. 11. 21; 鄭雲鉉 편, 앞의 책, 30·272쪽.

제 5 부

가해와 피해의 기억을 넘어서

—『요코 이야기』 파문을 계기로

만주의 기억*

한석정 韓錫政

초등학교 다닐 때의 일이다. 1960년경으로 기억하는데, 도지사선거에 나온 한 후보자의 선거벽보가 거창했다. 그는 약력에 한 평생을 만주(오늘날 중국의 동북지역)에서 독립운동을 하다가 귀국했노라고 장황하게 썼고, 후일 당선되었다. 1960년대까지 한국 사회에서 만주의 항일투쟁가 출신으로 자처하는 이들이 제법 있었다. 마치 1990년대까지 한국의 상당수 정치인들이 자신을 4·19 의거의 주동자라 자처했듯이.

필자의 기억에 1970년대까지 독립운동가가 아니더라도 행적을 알 수 없는 만주 출신들의 이야기들을 더러 주변에서 들을 수 있었다. 박정희 전 대통령의 사후에 박정희 정부의 고관들 일부가 만군(滿軍, 즉 만주국 군관학교) 출신이었음이 언론에 언급되지만, 민족반역자로 폭로된 것이 아니라 '대륙적인 기질'의 소유자들로 낭만화되었다.[1] 남한 사람들에게 만주는 오랫동안 마구 그려넣을 수 있는 백지, 그러나 많은 부분이 가려진 전설의 땅이었다. 이 글은 만주에 얽힌 기억의 억제, 재만

* 본고는 2007년 7월 14일 출판문화회관에서 개최되었던 '한일, 연대 21' 제4회 심포지엄 「가해와 피해의 기억을 넘어서: 『요코 이야기』 파문을 계기로」에서 발표된 원고를 수정·보완한 것이다.

1) 예컨대 徐炳旭, 「朴正熙의 滿軍人脈」, 『月刊朝鮮』 1986년 8월호, 411쪽.

조선인들의 실제 삶, 그리고 기억의 억제를 뚫고 분출하는 만주의 재발견, 혹은 현재적 의미, 특히 남한에 주는 함의 등을 논하고자 한다.

I. 만주의 억제

만주에 대한 인식은 오랫동안 여러 나라에서 망각, 억제의 상태에 있었다. 우선, 만주를 민족주의와 국민국가적 구획으로만 이해하는 경향이 강했다. 동서양 학계에서 만주는 국민국가의 경계로 구획된 한국, 중국, 일본사 어디에도 속하지 않은 변방이었다. 특히 중국 민족주의는 만주의 역사적인 지역성과 혼합성을 용납하지 않았다. 만주는 거슬러올라가면 청조(淸:1644~1911)를 세운 만주족의 본향이다. 청조의 만주족 지배자들은 이곳을 자신들의 발상지라 하여 성역화, 한족들의 이주를 금지시켰다. 그러나 청조는 이 지역을 파고드는 러시아인들에 대항하는 완충지를 건설하기 위해, 18세기 중반부터 이곳의 한족 이주를 묵인했다. 그로 인해, 산둥(山東), 허베이(河北) 등지로부터 한족 이민들이 물밀듯이 유입, 1920년대 말 한족 이민들의 숫자는 한 해 100만 명까지 치솟았다.

만주국 시대의 공식 이념인 '민족협화', '오족(五族)협화'는 역사적인 만주의 이질성, 즉 만주족, 한족, 조선인, 러시아인, 몽고인뿐 아니라, 오로첸, 골디, 허저 등 십여 민족집단의 혼재를 반영한 면이 있었다. 러시아인들이 동청철로를 건설하면서 만들어진 '동양의 파리' 하얼빈에는 만주국 시대에 50개 이상의 민족집단, 45개의 언어가 혼재했다. 1998년 중국 내에서 하얼빈의 100주년을 기념하려던 국제적 행사는 중국 정부의 반대로 무산되었다.[2] 중국 민족주의 담론에서 하얼빈은 중국인들이 만든 도시였다.

만주국 시대 중국 지식인들의 부역 혐의 등으로 중국공산당은 오랫동안 만주의 충성을 의심했다. 만주 출신 최고위 당간부 가오강(高崗)은 1955년 중국공산당 대회에서 독립왕국을 만들려 한다는 비판을 받고 파문되었다.[3] 만주에 대한 배려는 마오(毛) 시대 이후에, 만주 지역 공동체의 정서가 분출하면서였다. 랴오닝(遼寧)의 공산당 간부들은 근래 만주국 당시의 중국 작가들을 향해, 그들 중 한 줌만이 부역자였다고 선언, 만주의 과거를 포용했다. 그러나 만주 지역에 대한 경제적·문화적 배려는 동북공정에서 드러나듯 중국 민족주의의 큰 틀 안에서 이루어지고 있다.[4]

그리고 만주의 억제는 이곳에 일본 군부가—정확히는 만주의 위수군인 관동군이 일본 정부나 육군 참모부의 명령과 무관하게 1931년 전쟁(9·18 혹은 만주사변)을 도발한 이듬해—세우고, 일본 제국의 패망까지 존속했던, 일본의 사실상 식민지이나 주권국의 외양을 한 만주국과 깊은 관련이 있었다. 즉 일본 제국주의에 대한 규탄이나 항일투쟁이 다른 담론을 억제했다. 서양에서는 만주국을 '괴뢰국'으로 부르며 일본 제국주의를 규탄하는 수단으로 사용했고, 중국인들은 잔악한 일본 파시스트 통치하의 '위(僞)만주국'이라 부르면서, 아예 존재하지 말아야 할 악몽으로 여겼다. 이에 비해 일부 일본인들은 건국의 이상만을 기억했고, 일본 정부는 만주국과의 관계에 침묵해왔다. 요컨대, 만주국은 의도적으로 잊혀져 있었던 곳이었다.[5]

---

2) Thomas Lahusen, "Introduction," *South Atlantic Quarterly* 99(1) (2000), p. 2.

3) Prasenjit Duara, *Sovereignty and Authenticity: Manchukuo and the East Asian Modern* (N.Y.: Rowman and Littlefield, 2003), p. 237.

4) 동북공정에 관해 윤휘탁, 「중국의 '邊疆' 연구동향과 '邊疆' 인식」, 고구려연구재단 편, 『중국의 東北邊疆 연구동향 분석』(2004) 참조.

북한에서는 김일성의 만주의 인고(忍苦)의 게릴라 시대가 북한의 실제 정치에 영향을 주었다. 그의 동북항일연군(東北抗日聯軍) 시절 중국인들과의 연합투쟁(1934~1940)과 그가 중국공산당원이었다는 사실은 1960년대부터 북한 역사에서 삭제되고, 독자적인 만주의 항일투쟁이 핵심적인 기억으로 국가 차원에서 관리되었다.[6] 단군릉 발견 주장과 발굴 작업, 대동강문화론(한반도 역사를 평양중심설로 재해석) 등 새로운 역점이 만주의 항일투쟁을 희석시킨 것은 1990년대에 와서야 가능했다.

남한에서 만주는 사실상 잊혀진 공간이었다. 해방 후 남북한 대치의 분단상황, 만주의 공산화 등 여러 요인들이 만주의 기억에 걸림돌로 작용했다. 1960년대 중반 이래(본격적으로는 1970년대 이래) 비로소 만주는 남한 교과서에서 등장했다. 남북한 체제경쟁의 맥락에서 독립운동사를 중심으로 만주의 기억을 재구성하려는 국가의 기억관리가 본격화되었기 때문이다. 오늘날 다수 교과서가 만주의 무장투쟁을 다루는 등 내용이 다양해졌으나, 독립투쟁의 공간으로서의 만주만 전달할 뿐 1932년에서 1945년까지 그곳에 존재했던 만주국이라는 역사적 실체에 접근할 기회는 제공하지 않는다.[7] 학자들의 만주 연구도 수십 년간 거의 항일운동이라는 주제에 몰려 있었다.

5) Gavan McCormack, "Manchukuo: Constructing the Past," *East Asian History* 2 (1990), p. 106.
6) Charles Armstrong, *The North Korean Revolution, 1945-1950* (Cornell University Press, 2003), pp. 27-28.
7) 신주백, 「만주와 해방 후의 기억」, 『만주연구』 2, 2005, 123쪽.

II. 재만조선인의 삶

해방 후 상당수 정치인들이 만주의 독립운동가 출신이라 했지만, 적어도 만주국 시대의 항일운동은 거의 불가능한 일이었다. 만주국 측이 '비적'이라 불렀던 항일세력은 1930년대 말 수백 명으로 감소했다. 최후의 무장항일세력인 동북항일연군은 1939년 겨울부터 한만 국경에서 끝까지 추격당해 궤멸 수준에 이른다. 일본 지배자들은 집요하고 잔혹한 소탕으로 이들을 정리해나갔다.[8]

만주국 건국 이전 조선인은 일본의 만주 침식을 위한 수단이 되었다. 즉 그 침식에 조선인을 통한 '삼투적 팽창'의 면이 있었다.[9] 1920년대 말 만주의 군벌 장쉐량(張學良) 체제는 일본과 불화관계에 들어가면서 조선인들을 일본 제국주의의 전위로 인식, 토지소유에 상당한 제약을 가하는 등 박해를 가했다. 만주사변 직전 1931년 여름의 비극 완바오샨(萬寶山) 사건과 그 여파인 평양, 인천의 화교 학살, 만주사변 직후 여러 지역에서 벌어진 장쉐량의 동북군 패잔병과 비적들의 조선인 습격[10] 등은 일본 제국주의가 만든 틀, 즉 조선인-중국인 간 민족갈등 속에 있었다. 이것은 만주국 건국 후 동만(東滿) 지역의 중국공산당원들 속에서도 재연되어, 항일유격대에서 조선인 공산주의자들에 대한 무차별적 피의 숙청(이른바 민생단 사건)이 3년간 진행되었다. 그 결과 이 지역의 항일세력이 8할 이상 와해되었다.[11]

만주국 건국 후 조선인의 지위는 달라졌다. 토지소유의 제한이

---

8) 한석정, 『개정판: 만주국 건국의 재해석』(동아대출판부, 2007) 2장 참조.

9) Hyun-ok Park, *Two Dreams in One Bed: Empire, Social Life, and the Origins of the North Korean Revolution in Manchuria* (Duke University Press, 2005).

10) 손춘일, 『滿洲國의 在滿韓人에 대한 土地政策硏究』, 백산자료원, 1999, 149쪽.

11) 김성호, 『1930년대 延邊 民生團 硏究』, 백산자료원, 1999, 453쪽.

풀렸고, 이주와 금융의 면에서 배려가 있었다. 초기 만주국 정부는 조선인의 이민에 대해서 대체로 방임적인 정책을 폈으나,[12] 연속된 대형 자연재해 등으로 마침내 1936년 선만척식회사가 설립되어 1930년대 후반 전국적으로 만주 이민의 바람이 불었다.[13] 1930년대 조선뿐 아니라 일본 사회에도 만주행 엑소더스가 일었다. 도합 120여 만 명(70만의 조선인, 57만의 일본인)의 만주 이주가 있었다. 이것은 동아시아 역사에서 19세기 말에서 제2차 세계대전 시작까지의 중국인 이주(1890년대부터 제2차 세계대전 시작까지 중국 북부에서 만주로 무려 2,500만 명)[14] 다음의 수준이었다. 1920년대 각 50여 만, 20여 만에 불과했던 조선인과 일본인들은 1930년대에 크게 늘어 1940년 각 145만, 82만 명을 기록한다.[15] 해방 당시 재만조선인은 216만, 일본인 155만 이상(이 중 조선인 80만이 귀국)으로 추정된다.[16] 193만 명의 재일조선인을 합치면, 해방 당시 약 400만 명의 조선인들이 만주와 일본에 거주하고 있었다. 재만조선인 80만 명의 귀환 숫자는 재일조선인 100만~140만 명의 귀국과 대조를 이룬다.[17] 고향과의 거리, 귀국 교통수단(해운 여부)의 용이성, 비농업부문 종사 등이 이 차이를 설명할 수 있다. 후자 대부분이 영호남 출신이며, 비농업 종사자였다.

만주국의 조선인들은 대체로 주변적 위치에 있었다. 주로 농업에

12) 김기훈, 「만주국 초기 일제의 조선인 이주정책」 '한국민족운동사연구회' 55회 발표문, 1998.
13) 한석정, 「지역체계의 허실: 1930년대 조선과 만주의 관계」 『한국사회학』 37-5, 2003, 68~71쪽.
14) Thomas Gottschang and Diana Lary, *Swallows and Settlers: The Greatfrom North China to Manchuria* (The Center for Chinese Studies, the University of Michigan, 2000), pp. 2, 180.
15) 滿洲國 總務廳, 『康德7年 臨時國勢調查: 在滿洲國 日本人調查結果表—全國篇』, 1940, 新京. 이하 『만주국 센서스』), 422쪽.
16) 山室信一, 『키메라: 만주국의 초상(キメラ—滿洲國の肖像)』, 中公新書, 2004, 370쪽; 李海燕, 「제2차 세계대전 후의 중국 동북지구 거주 조선인의 귀국 실태(第二次世界大戰後における中國東北地區居住朝鮮人の引揚げの實態)」『一橋研究』 27-2, 2002, 46·58쪽.
17) 森田芳夫, 『숫자가 전하는 재일한국·조선인의 역사(數字が語る在日韓國, 朝鮮人の歷史)』, 明石書店, 1996, 71·83~84쪽.

종사했고, 상공업, 관공서, 전문직 종사 숫자가 미미했다. 당시나 이후에나 조선인이 만주국의 '2등국민'이라는 담론이 오랫동안 유포되었다. 그러나 조선인과 중국인 간에 임금, 양곡 배급 등의 차별이 있었다는 것이나[18] 총량적 통계는 이를 뒷받침하지 못한다. 물론 조선인과 중국인 간에 약간의 임금차이가 있었다. 그러나 이렇다 할 조선인 사업가, 자본, 고관이 없었다. 조선인의 상대적 우위는 후기의 공적 부문이다. 대부분 하급직이었지만 후기에 1만3천여 명의 관리(官吏)들이 존재했다.[19] 그리고 전문직도 막 자라고 있었다.[20]

재만조선인 중에서는 만주국에 대한 협력자,[21] 실업자, 농민 등 별별 종류가 있었다. 아편, 사창업 종사자들도 많았을 것으로 추정된다. 만주국 이전 창춘, 안둥, 펑티엔의 조선인들의 1~2할이 아편 밀거래에, 하얼빈의 조선인 9할이 아편 밀매 및 연관업(煙館業)에 종사했다는 추정이 있다.[22] 이 사정이 만주국 시대에 근본적으로 달라지지는 않았을 것이다. 또한 민족협화를 외쳤으나 만주국에는 일본 거류민을 정점으로 하는 확연한 민족집단의 위계가 있었다. 객관적인 지표에서 '2등국민'의 지위는 거부되었지만, 일부 조선인들은 일본인과 기타 민족집단(중국인과 러시아인) 사이에서 후자를 3등국민으로 멸시하는 '2등국민' 적

---

18) 양곡에 대한 조선인과 중국인의 문화적 차이와 배급의 실태에 관해, 윤휘탁 「만주국의 2등국민: 그 실상과 허상」(『역사학보』 169, 2001) 참조. 1940년 센서스에 의하면, 전체 조선인의 42%가 1차산업에, 3.8%가 광공업에, 4.2%가 상업과 교통에, 0.9%가 관공리와 교육에, 48%가 실업상태에 있었다(『만주국 센서스』, 281~87쪽). 펑티엔, 신징, 하얼빈 등 3대 도시의 민족집단 중 조선인들은 1차부문 종사와 실업 비율이 가장 높았다.

19) 조선인 관공리 10,339명, 교육 종사자 3,062명, 합계 13,401명이 만주국의 이른바 공무원 범주이다.

20) 조선인 의무종사자 2,314명이 있었다.

21) 재만조선인 지식인들의 친일제국관에 대해 신규섭, 「재만조선인의 만주국관 및 일본제국관」, 『민족운동사연구』 36, 2003; 協和會의 하얼빈 조선인분회(금강분회)의 친일활동에 관해, 田中隆一, 「만주국과 일본의 제국 지배: 식민지 조선과의 구조 관련을 중심으로(滿洲國と日本の帝國支配—植民地朝鮮との構造關聯を中心に)」, 大阪大學 博士學位論文, 2004, 123~37쪽.

22) 박강, 「만주사변 이전 일본과 재만한인의 아편, 마약 밀매 문제」, 『한국민족운동사연구』 35, 2003, 325쪽.

사고를 유지한 일화들이 발견된다.[23] 이런 사정들이 해방 후 만주에서 귀국한 조선인들의 기억의 금제와 관련이 있을 것이다.

Ⅲ. 만주의 재발견

만주국은 사라졌으나, 소멸을 거부하고 있다. 오늘날에도 깊은 그림자를 드리우는 동북아시아 현대사의 블랙박스에 해당한다. 나아가 산업화, 도시화, 개발국가와 잔인한 폭력의 기록 등 근대의 기묘한 얼굴들을 제시한다. 기존 학계의 변방이었던 만주는 특혜 받은 일체의 인식과 고정관념의 해체, 기존의 경계 허물기 등을 외치는 새로운 철학적 조류인 탈구조주의의 관점에서 이제 절묘한 연구대상으로 등장한 역설의 장소가 되었다.[24] 먼저 만주국을 단순히 괴뢰국이라 낙인찍고 돌아선다면, 그 복잡한 14년의 역사를 파시스트 통치라는 한 덩어리의 주제로 해석하고 마는, 따라서 어떤 모델로서의 잠재성을 간과하는 행위일 것이다.

우선 만주국은 일본의 1930년대의 경제기적에 결정적인 실마리를 제공하는 곳이다. 일본은 이곳으로부터 원자재 상당량을 얻게 되고,[25] 중화학단지를 건설, 후일 서양과 대결하는 가공할 만한 경제적 자립체(엔블록 혹은 이른바 대동아공영권)의 바탕을 마련했다. 그리고

23) 김석형 구술, 이향규 녹취·정리, 『나는 조선공산당원이오!』, 선인, 2001, 95~102면; 이동진, 「신경의 조선인: '신경실무학교'를 사례로」(미발표).
24) 미국 UCLA(2003), 하버드 대학(2004), 동아대(2004), 육사(2006) 등지에서 개최된 만주를 주제로 한 근년의 국제학술대회가 이 관심을 반영한다.
25) Elizabeth Schumpeter, *The Industrialization of Japan and Manchukuo, 1930-1940*(N.Y.: MacMillan, 1940), ch. 10-11 참조.

1945년 연합국에 항복했을 당시, 일본은 중국에 굉장한 경제유산을 남겨두게 되었다. 만주가 1950년대 중국 경제에 미친 영향은, 중국의 총생산 14%, 공장생산의 33%, 근대적 수송에 의한 부가가치 43% 이상이다.[26)]

만주는 또한 오랫동안의 중국 국공(國共)내전사에 종지부를 찍은, 혹은 중국공산당에 '승리의 모루(anvil of victory)'가 된 곳이다. 1948년 린뱌오(林彪)가 이끄는 공산당부대가 진조우(錦州), 선양(沈陽), 창춘 등 만주의 도시 일대에서 이룬 결정적인 승리는 대륙의 전투에서 일종의 도미노효과를 거두었다.[27)]

한국에게 만주국은 착잡한 무대이다. 1920년대까지 중국인들의 질시 속에 살았던 재만조선인들에게 만주국은 기회의 땅이 되었다. 다수 조선인들은 만주국 정부를 위해 일했다. 그리고 한국 최초의 민족자본으로 칭송받았던 경성방직회사도 조선인 노동력으로 이곳에 지사를 세웠다.[28)] 또한 만주국은 남북한 영도세력을 잉태한 지평이기도 하다. 김일성 등 북한 권력의 핵심은 만주국 체제의 마지막 추격에도 살아남은 게릴라부대 출신이다. 남한 근대화의 상징인 박정희 전 대통령은 일본 육사를 우등으로 졸업하고 일본 패망 직전 만주국군 장교로서 그의 중요 사회경력을 시작했는데, 그를 포함한 만주 인맥은 건국 이래 한국 군부에서 무시할 수 없는 세력이 되었다. 또한 만주국은 태평양전쟁 중 일본 정부 내 막강한 군국주의 인맥을 배출했다. 이 집단의 후예는 1945

---

26) Kang Chao, *The Economic Development of Manchuria: The Rise of a Frontier Economy* (Ann Arbor: University of Michigan Press, 1983), p. 21.

27) Steven Levine, *Anvil of Victory: The Communist Revolution in Manchuria, 1945-1948* (Columbia University Press, 1987), ch. 4 참조.

28) Carter Eckert, *Offspring of Empire: The Koch'ang Kims and the Colonial Origins of Korean Capitalism, 1876-1945*(University of Washington Press, 1992), p. 177; 정안기, 「만주시장의 출현과 조선인 자본의 대응: 경성방직의 만주투자와 전시경영을 중심으로」(미발표).

년 이래 전 수상 기시 노부스케(岸信介)의 영도로 일본 보수정치의 한 기둥을 형성했고, 1965년 한일국교 수립과 그 이후 양국의 유착에 막후의 영향력을 발휘했다.

그런데 만주국의 의의는 동북아시아에 국한되지 않는다. 만주국은 제2차 세계대전 이후 등장하는 이른바 위성국, 꼭두각시 나라들(client states, stooges)의 원형이다. 1차대전 후 노골적 합병, 정복 등 구제국주의에 대한 비판이 일던 변화된 국제상황에서 일본은 독립국 형태를 두고 뒤에서 조종하는 교묘한 통치방식을 개발했다. 이것은 냉전시대에 미국, 소련 등의 초강대국들이 그들의 '우방'에 영향을 행사하던 본보기가 되었다. 전후 초강대국들에 의한 주권국 만들기, 이들의 간섭과 패권, 그리고 그 의지가 반영되는 국제연합의 구조는 냉전시대 종식 후에도 쉽게 바뀔 것 같지 않다. 이런 면에서 주권국의 형식을 통한 영향력 행사는 분명 새로운 유형의 제국주의적 통제방식이다.

그리고 만주국 체제는 전후 동북아시아에 도래하는 많은 근대국가들처럼, 잔인한 규율체제를 곁들인 복지국가의 양면적인 얼굴, 혹은 근대성의 두 얼굴을 지닌 개척자였다. 만주국은 폭력을 독점, 저항자들을 잔인하게 처단하고, 중일전쟁의 후방기지로서 엄청난 인적·물적 동원을 자행, 대량 인명피해와 재산상의 침해를 끼치며, 주민들의 삶 깊숙이 파고들어 기존의 생활방식을 가히 혁명적으로 뜯어고쳤다. 그러나 동시에 빠른 속도로 도시와 공장, 철도를 건설하고, 상당한 위생·복지사업을 폈던, 폭력과 복지를 겸비한 근대국가들의 선구였다. 일례로 만주국 수도 신징(新京)은 시가지, 상하수도, 수세식 화장실 등에서 근대의 첨단을 달렸다(대조적으로 일본 도시에 수세식 화장실이 보급된 것

---

29) 越澤明, 『만주국의 수도계획(滿洲國の首都計劃)』, 日本經濟評論社, 1997, 136쪽.

은 1960년대 이후였다).[29]

만주국은 조선, 일본, 중국 등지로부터 수백만의 인구와 지식인들을 흡인한 동양의 엘도라도였다. '만주낭만'이라는 장르가 생겼고, 숱한 조선과 일본의 지식인들이 만주를 여행했다. 양국에서 만주를 소재로 한 노래만도 수백 곡이 만들어졌다. 당시 '동아의 관문'이라 불렸던 부산에서 만주로 특급열차 노조미, 히카리가, 부산에서 베이징으로 다이리쿠(大陸) 등이 '탄환처럼' 달렸다.[30] 1930, 40년대 부산의 일본 거류민들의 생활의 리듬도 상당히 만주에 맞추어져 있는 등 만주는 동북아시아판 국제화 시대를 열었다.[31]

실패로 끝났지만, 만주국이 표방한 민족공존과 다문화주의, 국제성은 오늘날 지구화 시대 뭇 나라들의 담론을 연상시키는, 시대를 앞선 것이라 할 수 있다. 배우 리코란(李香蘭)을 내세워 만주영화협회가 제작한 일본판 오리엔탈리즘(orientalism) 주제의 영화들은 중국을 포함, 동북아 일대를 휩쓸었고, 주제가들, 특히 〈지나의 밤(支那の夜)〉은 한국전쟁 참전 미군병사들과 1960년대 남미로까지 건너갔다. 하얼빈에 살다 호주, 캐나다, 이스라엘 등 전 세계로 퍼져나갔던 사람들은 오늘날도 만주를 잊지 못한다.[32] 1931년 이전 만주는 미국을 포함한 서구 열강들을 위한 일종의 동업적 제국주의의 대상이었다. 만주국 시대는 파시스트 동맹인 일본과 독일의 접점, 즉 사회동원, 통제경제의 지식과 문화적 교류의 장이 됨으로써 그 국제성은 동아시아를 초월하는 것이었다.

마지막으로, 만주국은 군대와 관료들을 위한 훈련소에 그치지 않고, 총력전체제, 통제경제, 산업, 건축, 도시계획, 박물관 경영 등에서

30) 한석정, 「지역체계의 허실」 참조.
31) 한석정, 「만주지향과 종속성: 1930~40년대 부산 일본 거류민의 세계」, 『한국민족운동사학회』 48, 2006.
32) Lahusen, "Introduction," p. 2.

일본 근대의 실험장이었다.[33] 국가형성(혹은 야마무로 교수가 말하는 "통치양식의 천이遷移와 통치인재의 주류周流")의[34] 여러 면에서 만주국은 메이지 국가와 전후 일본을 연결한다.[35] 또한 발전국가체제, 사회 동원과 신체의 규율화 등의 면에서 특히 후일 남한에 큰 영향을 준다. 따라서 동아시아의 통시적 국가형성의 고리에 해당한다.[36] 많은 분야에서 일본과 남한 사이에는 실험실 만주국이 있었다.

IV. 남한에 미친 영향

만주국이 남한에 끼친 가장 중요한 영향은 발전국가 모델이다. 지난 박정희 정부에서 4차례나 추진된 경제개발계획의 모형은 사회주의를 방불케 하는 만주국의 계획경제였다. 만주국은 관동군 수뇌부(혹은 일본 육군이)가 원하는 경제정책은 무엇이든 추진할 수 있는 그들만의 영토였다. 관동군은 당시 비사회주의권에서 가장 극단적인 계획경제체제를 밀어붙였다.[37]

그러나 만주국의 경제개발의 영향은 일부분일 뿐이다. 양자는 건설국가였다. 이미 정돈된 전전(戰前)의 일본에 비해 만주국, 한국에서는

33) 임성모,「제국의 교차로: 만주국, 오키나와 비교 서설」,『동아시아』1, 동아대 동북아연구원, 2003, 114쪽; 越澤明, 앞의 책, 11쪽; Duara, *Sovereignty and Authenticity*, p. 213.
34) 山室信一,「식민제국 일본의 구성과 만주국: 통치양식의 변천과 통치인재의 흐름(植民帝國日本の構成と滿洲國—統治様式の遷移と統治人才の周流)」, ピーター ドウス·小林英夫 編,『帝國という幻想』, 青木書店, 1998.
35) 小林英夫,『만주와 자민당(滿洲と自民黨)』, 新潮社, 2005.
36) Suk-Jung Han, "Those Who Imitated Colonizers: The Legacy of the Disciplining State from Manchukuo to South Korea." Mariko Tamanoi ed., *Crossed Histories: Manchuria in the Age of Empire* (University of Hawaii Press, 2005).
37) Ramon Myers, *The Japanese Economic Development in Manchuria, 1932 to 1945* (N.Y.: Garland, 1982), p. 10; 山本有造,『滿洲國經濟史研究』, 名古屋大學出版會, 2003, 28쪽.

획일과 직선을 추구하는 국가의 의지가 신속히 지형에 새겨졌다. 획일적 생산을 표방하는 미국의 테일러리즘(Taylorism), 1차대전 중 독일의 공학적 사회, 산업동원, 소련의 계획경제 아이디어, 산업전사, 근로봉사, 증산 등 불도저 정신이 만주국을 통해 남한에 이어졌다.[38] 만주국과 남한의 국가들은 군대식으로 도시와 공단을 만들었다. 만주국에서는 수도의 건설을 위해 국도건설국(國都建設局)이란 기구가 만들어졌다. 유교 전통을 숭상한다고 표방했으나, 이것이 국가사업과 충돌할 경우, 간단한 의례와 함께 철거했다. 예컨대, 철로공사를 위해 지안(輯安)의 고구려 고분 700기를 고분제(古墳祭)를 치른 뒤 파괴했다.[39]

1960년대 남한의 근대국가가 추진한 서울의 강북 도시계획에 밀려 고궁(덕수궁)의 담장도 안으로 밀려들어갔다. 속도와 효율 앞에 전차길 등 많은 옛 생활양식이 사라졌다. '중단 없는 건설' 을 외친 국가에 의한 서울의 강남과 울산의 공업단지 개발 등은 마치 만주국 수도 신징을 방불케 하며 밀어붙이듯 이루어졌고, 울산의 경우 관련기관의 이름(울산특별건설국)도 신징의 국도건설국 이름이 그대로 이어졌다. 1970년대 새마을운동으로 길거리에 같은 색깔의 반듯한 양옥이 서고, 전통가옥들은 깡그리 사라졌다. 또한 두 국가는 숱한 반공·멸공대회로 시민들을 동원했다.[40] 속도와 획일성은 양국의 상표였다.

그리고 신체도 두 국가의 관할 안으로 들어왔다. 만주국은 체육에 대해 지대한 관심을 표명, 건국 첫 해부터 '건국정신을 앙양하기 위한' 체육대회(이후 매년 5월 만주국 전국체육대회로 불림)를 열었다. 만주국체육협회가 발족되어 각종 체육대회, 강연회, 영화회를 열고 잡지

38) 山室信一, 앞의 책, 2004, 268쪽; Stephen Kotkin, *Magnetic Mountain: Stalinism as a Civilization* (University of California Press. 1995), pp. 37–46.
39) 盛京時報 (이하『성경』) 1938. 11. 20.
40) Han, "Those Who Imitated Colonizers." pp. 172–77.

(『만주체육』)를 발간했으며, 산하에 여러 종목별 단체를 거느렸다. 주요 도시마다 체육관을 건립, 중요한 일마다 체육대회를 개최했다. 1939년 '일·만·화 경기대회'를 개최했고, 1942년 일본 건국 2,600년제를 기념, 대규모의 대동아경기대회를 도쿄와 오사카, 신징, 세 군데에서 벌이는 등 정력적으로 체육활동을 벌였다.[41] 그리고 '체육향상, 민족융화'라는 구호로 '건국체조'란 것을 만들었다. 1936년 문교부는 황제 푸이의 방일 기념일인 5월 2일을 건국체조일로 정했다.[42] 건국체조는 전국적으로 보급되었다. 건국기념일 등 국경일에 건국체조대회 순서가 끼이게 되었다. 1937년부터 매년 3월 1일(건국), 5월 2일(푸이의 방일), 9월 18일(만주사변) 등 사흘을 건국체조일로 정했다.

이 왕성한 체육활동도 남한에서 재현되었다. 한국 국가는 만주국의 '건국' 표어를 '재건'으로 바꾸어 경제건설에 사용한 것 외에, '건국체조' 대신 '재건체조'를 만들어 전국에 보급했다. 1960년대 전반 매일 아침 라디오에서 재건체조의 음악과 구령이 방송되었는데, 이 음악(변주된)은 아직도 전방부대에서 사용된다. 남한의 정치와 체육은 불가분의 것이었다. 올림픽의 메달 획득은 세계자본주의체제의 상위권에 진입하려는 한국 경제의 상징이었다. 특히 복싱은 국가가 선도한 내셔널리즘과 결합했다. 고개를 수그려 적을 응시하며 두 주먹을 쥔 깡마른 복싱 선수의 자세는 고난을 뚫고 전진하는 한국 민족의 표상이었다. 대한체육회는 특별히 복싱을 후원했다. 한국은 오랫동안 아시아 지역에서 '복싱왕국'이었다. 아마추어뿐 아니라 프로복서들도 수출입국의 이미지와

---

41) 入江克己, 「근대 일본의 식민지 체육정책 연구: 대동아경기대회의 개최와 괴뢰 만주국의 붕괴(近代日本における植民地體育政策の硏究—大東亞競技大會の開催と僞滿洲國の崩壞)」, 『教育科學』(鳥取大學教育學部硏究報告) 38-2, 1997.
42) 『성경』 1936. 4. 8.

붙어 있었다. 1966년 김기수가 첫 세계챔피언이 될 때, 시합 날짜는 한국전쟁 발발일인 6월 25일로 잡혔고, 박정희 대통령은 장충체육관에서 관전, 김기수의 챔피언 벨트를 몸소 감아주었다.[43] 1974년 홍수환이 2대째 세계챔피언이 된 다음날, 포항제철은 준공 1주년으로 쇳물이 흐르는 거대한 용광로의 전면광고를 내면서 이를 축하했다.[44] 이들과 산업전사의 연결은 완벽했다.

양 국가는 대중예술도 적절히 사용했다. 전전 일본의 국가에 대중예술이 적극 협조한 데 비해, 만주국 국가는 대중예술 장르를 창조, 전적으로 손아귀에 쥐었다. 영화의 경우, 만주영화협회(滿映)를 통해 생산, 검열, 통제를 벌이는 이른바 국책영화의 틀 안에 있었다.[45] 만주국의 국책영화 제도는 남한에 영향을 주었다. 남한의 국가는 1973년 영화법을 개정, 영화허가제를 폈다.[46]

국책영화지만 중국인으로 분(粉)한 걸출한 스타 리코란(李香蘭)을 앞세운 만영 단독 혹은 합작의 영화 몇 편은 당시 만주국, 일본, 조선 등지에서 크게 흥행했다. 만영의 이른바 오민영화(娛民映畵), 계민영화(啓民映畵), 시사영화들은 국병법(國兵法) 제정, 일본 기원 2,600년제, 황제의 방일, 충령탑 참배, 근로동원, 학도동원, 농사합작사, 금융합작사, 만주 건국사 등 만주국의 새 정책이나 역사를 선전하는 수단이었다. 만영과 남만주철도회사(滿鐵)가 만든 수백 편 뉴스의 주제(산업전사, 건설, 위생 등)와 음악, 분위기는 남한 영화에 많이 전달되었다.[47]

---

43) 『동아일보』 1966. 6. 28.
44) 『동아일보』 1974. 7. 5.
45) 山口猛, 『환상의 키네마 만영(幻のキネマ滿映: 甘粕正彦と活動屋群像)』, 平凡社. 1989.
46) 『조선일보』 1973. 2. 7.
47) 만영이 제작한 만주 뉴스영화인 중국어판 『만영시보』(1994)와 일어판 『만영통신』(1994), 『만철기록영화집』(1998) 참조.

만주국 기록영화의 구체적인 장면, 예컨대 땀 흘리는 산업전사, 솟구치는 댐의 물[48] 등은 한국 뉴스에도 차용되었다. 만영의 계민영화 〈이는 무서워(虱はこわい)〉(발진티푸스 예방을 위해 만주국 민생부가 후원)의 음악을 신징음악단의 김성태(金城聖泰, 후일 한국 음악계의 중진)가 맡았다.[49] 신징음악단이 음악을 맡고, 전부 중국인 배우를 썼던 극영화 장르인 오민영화 〈개대환희(皆大歡喜)〉는 특급열차 아지아 호와 자동차로 신징의 자녀를 방문하는 할머니의 이야기로 만주국의 발전상을 과시하는데, 1960년대 한국의 경제발전을 자찬하는 선전성 극영화 〈팔도강산〉(김희갑·황정순 주연)과 흡사했다.[50]

이와는 별도로 60년대 중반 한국 영화계에는 단명했지만, '만주영화' 붐(주로 만주를 배경으로 한 독립투사들의 모험과 사랑을 주제로 한)이 일었다. 주제는 달랐지만 〈두만강아 잘 있거라〉 등의 당시 영화들(주로 장동휘, 황해, 김혜정이 주연을 맡은)에는 〈소주야곡(蘇州夜曲)〉의 여러 장면, 소품(예컨대 야릇한 중국의 주점, 음침한 내실, 중절모와 외투를 걸친 주인공, 일본 경찰의 모터카 등)이 그대로 사용되었다.

1970년대 한국 국가의 의지가 주택, 의복, 근로 등 일상을 파고들었던 새마을운동의 전신은 1961년 박정희의 5·16 쿠데타 직후 추진된 재건국민운동이었다. 이것에는 미국의 지도로 추진되던 농촌 사회개량, 반공, 민족주의, 기독교, 덴마크 농촌사회 지향, 신생활운동 등 여러 가지의 아이디어가 합쳐졌지만,[51] 반공궐기대회, 의례간소화 등이 중요 사업이었다. 지도자들은 만주국의 파시스트정당격인 협화회(協和會)의 제

48) 滿映啓民映畵(1994: No. 8), 『慶祝日本紀元2600年』.
49) 滿映啓民映畵(1994: No. 9), 『虱はこわい』.
50) 滿映娛民映畵(1994: No. 4), 『皆大歡喜』.
51) 허은 「재건국민운동: '반동적 근대주의자들'의 접합과 분화」(역사문제연구소 주최, 「박정희 시대의 역사성」, 연세대, 2003) 참조.

복 비슷한 것을 입고, 협화회가 추진했던 의례간소화 운동 등을 벌였다. 그 흐름에서 전국적인 우량가요의 보급도 함께 이루어졌다. 전석환이 통기타 하나를 들고 각지를 돌며 '건전가요'를 보급했는데, 그것은 전통적 폐습의 일소, 패배적인 트로트가요의 배격을 수반하는 근대화의 돌풍이었다. 이런 가요의 건전성(?)이 오늘날 KBS의 인기프로 〈열린 음악회〉에도 이어지고 있다. 클래식이든 대중가요 장르이든, 남한의 음악인들은 6·25 전쟁의 군가 제작뿐 아니라, 5·16 쿠데타 이후의 '재건운동', 1960년대 중반 월남전 파병을 위한 노래 제작에 동원되었다. 공교롭게 해방 전 일본에 유학했던 한국 중견 음악인들의 90%가 만주에서 활동을 했다. 그들 중 다수는 서울시교향악단과 KBS교향악단의 전신인 해군정훈음악대와 육군교향악단, 군가제정위원회 등에 참가했다.[52]

Ⅴ. 맺음말

1930년대 부산발 만주행 특급열차 노조미와 히카리는 현재 일본 신칸센의 초고속열차의 이름이 되었다. 이렇듯 오늘날 일본 사회에서 만주는 일부에게 향수를 불러일으킨다. 그러나 남한에서 만주의 기억은 복잡하게 진행되었다. 냉전 시대 남북한 체제경쟁에서 그것은 오랫동안 공백 상태로 되어 있었다. 그 공백에서 친일협력자, 아편 밀매자 등 만주의 주변인 출신들이 항일운동가로 변신할 수 있었다.

남한에서 만주의 기억은 향수 수준을 훨씬 넘는 것이었다. 만주국의 하급 지위에 있었던 일부 귀환인사들의 만주국 경험은 미래 남한

52) 이강숙·김춘미·민경찬, 『우리 양악 100년』, 현암사, 2005, 246·263쪽.

의 근대화작업에서 진가를 발휘했다. 대체로 전후 제3세계의 지도자들은 사회주의자들이었으나,[53] 한국의 경우는 달랐다. 박정희, 정일권 등 해방 후 남한의 지도자들 상당수는 만주국의 엘리트 교육기관인 봉천·신경군관학교, 대동학원, 건국대학 출신들이다.[54] 이들은 만주국 정부, 만주국군, 협화회, 노무의 말단에서 귀중한 현장경영 경험을 했는데, 이것은 일본으로 이주, 유학했던 이들이 당시 일본에서 하급 노동자 외에는 별반 취업기회를 얻지 못했던 점과의 중요한 차이이다.

이 만추리언들(Manchurians)은 자유당 정부에서 비적 토벌과 군사, 정훈 등의 분야에서 실력을 발휘하나, 1960년대 박정희의 쿠데타를 통해 본격적으로 제2의 건국(재건)에 참여했다. 군부뿐 아니라 국가형성의 중요 부분인 교육, 이념 부문에서 중추적인 역할을 했다. 이들은 유교, 협화회식 조합주의, 반공, 화랑 이데올로기를 설파하고, 국민교육헌장 제정에 관여하는 등 메이지 국가의 교유사(教諭使),[55] 만주국의 자치지도부와 같은 건국사상의 전도사가 되었다. 만주 출신이라 해도 지나친 엘리트, 즉 관동군 장교 출신은 두각을 나타내지 못했다. 그리하여 일본 제국주의가 배출한 약간의 2류에 의해, "꼭 같지는 않으나 비슷한"[56] 요소가 한국 근대화, 근대국가 형성에 가득했다. 만주국에서 사용되거나 약간씩 바꾼 용어, 아이디어들이 속출했다. 그러나 이들은 남한 사회의 강한 민족주의 담론 앞에서 과거에 대한 억제, 정치적 무의식, 혹

---

53) Prasenjit Duara, "Introduction." Prasenjit Duara ed. *De-Colonization: Perspectives from Now and Then* (N.Y.: Routledge, 2004). p. 8.

54) 신주백, 「만주국군 속의 조선인 장교와 한국군」, 『역사문제연구』 9, 2002; 李允模, 「私の今昔」, 大同學院동창회 편, 『友情の架橋-海外同窓の記錄』, 1986, 176쪽.

55) 메이지 국가의 교유사, 교도직에 관해 Tak Fujitani, *Splendid Monarchy* (University of California Press, 1996), pp. 10-11; James Ketelaar, *Of Heretics and Martyrs in Meiji Japan: Buddhism and Its Persecution* (Princeton University Press, 1990), p. 105.

56) Homi Bhabha, *The Location of Culture* (N.Y.: Routledge. 1994), p. 89.

은 만주의 낭만화(예컨대 대륙적 기질을 연마했던 시절이라는)의 전략을 폈다. 정치적 무의식 역시 또렷한 정치의식이다.[57] 만주의 기억을 심각히 여겨야 할 이유가 여기에 있다.

57) 윤상인, 「'수난담'의 유혹: 《요코 이야기》와 민족주의」, 『비평』 15, 2007, 196쪽.

귀환 이야기를 다시 읽다*

집단적 기억을 넘어서

신형기 辛炯基

I. 기억의 전쟁 — 집단적 기억[1] 의 문제

1.

기억의 전쟁이 벌어지고 있다. 2007년 초의 '요코 이야기 사건' 은 그 한 예다. 보도에 의하면 사건은 미국 뉴욕 근교의 한 사립 중학교에 다니는 한국 교포 학생이 교과의 교재로 쓰인 요코 가와시마(Yoko Kawashima Watkins)의 소설, *So far from the Bamboo Grove* (1986)(『요코 이야기』, 문학동네, 2005)의 내용을 문제 삼으면서 시작되었다. 1945년 여름 식민지 조선(나남)에 거주하던 한 일본인 가족이 자국으로 귀환하는 과정을 그린 이 소설의 내용 가운데 직접적으로 문제가 된 것은 일본인 부녀자에 대한 한국인 남자의 강간 행위를 언급하고 묘사한 부분이었다. 이 내용이 알려지면서 한국 교민들은 분노하였고 문제의 소설을 교재로 채택하지 못하도록 하는 운동을 벌였다. 한국

---

* 본고는 2007년 7월 14일 출판문화회관에서 개최되었던 '한일, 연대 21' 제4회 심포지엄 「가해와 피해의 기억을 넘어서: 『요코 이야기』 파문을 계기로」에서 발표된 원고이다.

1) 집단적 기억은 집체기억(collective memory)과 같은 의미로 쓴다.

인들은 오랜 식민압제의 피해자인데, 일본인을 피해자로, 한국인을 일본인에 대한 가해자로 묘사한 요코의 소설은 역사적 사실을 왜곡했을 뿐 아니라 한국인들을 모욕했다는 것이 여러 교민들이 일어선 이유였다. 이 사건은 즉각 국내에도 보도되어 공분(公憤)을 일으켰다. 더구나 그 소설이 미국 동부 지역에서 오랫동안 교재로 채택되어왔다는 사실이 알려지면서 한국이 대외적으로 지난 역사를 바로 알리는 일에 소홀했다는 책망과 자탄이 뒤따랐다.

이 사건에서 요코 가와시마의 소설이 환기하는 귀환의 기억은 '일본인(으로서)의 기억'으로 간주되었다. 그에 대해 '한국인(으로서)의 기억'이 강하게 이를 문제시한 것이 '요코 이야기 사건'이었다. 소설의 내용이 역사적 사실을 위배한다는 지적은 문제제기의 일반적 방식이었지만, 소설이 역사적 사실을 위배했다는 점 자체가 이 사건의 핵심은 아니었다. 사건은 '한국인의 기억'이 문제가 된 소설의 내용을 용납할 수 없었기 때문에 발생했다. '한국인의 기억'에서 한국인은 항상 피해자이고 일본인은 가해자여야 했는데, 피해자와 가해자를 바꿔버렸다는 것이 '요코 이야기'를 용납할 수 없는 이유였다.

2.

과거에 대한 기억은 불가피하게 확실치 못하고 또 유동적일 수 있다. 기억은 흔히 이야기의 형태로 정착되고 구체화되는데, 기억이 이야기되는 과정은 대개 간단치 않다. 예를 들어 기억의 바탕에 고통의 경험이 자리하고 있는 경우, 과거를 말한다는 것은 외상(外傷)의 경험을 어떤 식으로든 의미화하고 그럼으로써 그에 적응하려는 노력의 산물이다. 또 기억이 이야기되는 과정에서는 이야기의 문법이나 그 배후의 이데올로기가 작용하게 마련이다. 이야기된 기억은 그런 점에서 여러 겹의 맥락

(context)을 갖는다고 말할 수 있다. 이 맥락은 기억을 만들어내며 기억을 지배한다. 이야기된 기억은 왜곡되거나 부분적인 것일 수밖에 없다.

기억이 이야기되는 과정에서 개인적 기억은 종종 집단적인 것으로 수용된다. 사실 기억의 생성이 여러 맥락 안에서 이루어진다는 점을 생각하면 개인의 기억과 집단적 기억을 선명하게 분리한다는 것은 어려운 일로 보인다. 흔히 말하듯 기억은 정체성의 근거인데, 개인의 기억을 유효화하고 보장하는 것은 집단적 기억이다. 집단적인 기억은 개인의 기억을 둘러싸고 있는 것이다. 따라서 개인의 기억은 이미 개인적인 것이 아닐 수도 있다.

집단적 기억이 '발전' 되는 데에는 일정한 목적과 법칙이 있을 수 있으며, 개인의 경험은 그 과정에서 변형된다. 특히 역사적 기억을 말하는 것이 공적 성격을 갖고 그러한 책무를 져야 하는 상황에서 기억은 집단적으로 '도모' 해야 할 것이 되고 만다. 역사적 기억을 송신(送信, transmission)하는 과정이 집단적 이해를 앞세운 증식과 가감의 과정일 수 있다[2]는 뜻이다. 김일성의 항일무장투쟁사를 민족의 기억으로 되풀이하여 증식해낸 북한의 경우는 그 한 예증일 터이다. 잔악한 일제와 맞서 싸운 '장군' 은 민족의 수령이 되었다. 모두가 수령의 전사여야 함을 강요하는 이 집단적인 기억은 그러한 정치적 정체성을 형성하는 수준을 넘어 모두를 그 안에 가두는 역할을 해왔다.

3.

'요코 이야기 사건' 의 경우, 기억의 전쟁은 민족적인 전선을 그으며 시작되었다. '일본인의 기억' 이 감히 피해자를 참칭한 데 대해 '한국인의

2) Michael G. Kenny, "A Place for Memory: The Interface between Individual and Collective History", *Comparative Studies in Society and History*, vol. 41, July, 1999, p. 427.

기억' 이 이를 부정하고 나선 것이다. 한국인의 입장에서 본다면 어느 기억이 정당한가를 물을 필요는 없다. 그러나 모든 한국인이 항상 피해자였으며 모든 일본인이 줄곧 가해자였던 것인가? 집단적 수준에서 고통스러운 박해와 수난의 경험을 이야기하는 것은 집단적 정체성을 확보하는 방법 가운데 하나이다.[3] 악한 타자와 선한 '우리' 가 구획되는 것이다. 그럼으로써 박해와 수난의 기억은 집단의 안이나 밖을 향한 어떤 정치적 요구를 정당화해왔다. 물론 그러기 위해 다른 기억과 타자의 기억은 부정되어야 했다. 귀환의 행로가 얼마나 고통스러운 것이었는가를 말하는 '일본인의 기억' 은 자신들 또한 피해자라고 주장함으로써 식민지의 시간에 대한 다른 기억을 부정하는 집단적인 기억상실의 방법일 수 있다. 그렇지만 '일본인의 기억' 을 분쇄한다고 해서 '한국인의 기억' 이 '승리' 하는 것은 아니다. 타자의 고통을 위조된 것으로 부정하려는 기도는 집단적 이해를 앞세운 기억의 증식을 제어할 수 없다.

팔레스타인과 이스라엘의 경우는 타자의 고통을 부정하는 집단적 기억이 어떤 것인가를 보여준다. 그간 팔레스타인과 이스라엘에서의 교육은 서로 타자의 기억을 파괴하려는 데 집착해왔다. 팔레스타인 쪽에서 2차대전 중에 일어난 유태인 학살의 의미는 축소되거나 그 진상을 알 수 없는 것으로 부정되었다. 유태인이 아니라 자신들이 진정한 희생자이고 피해자라고 주장하기 위해서였다. 팔레스타인의 이런 입장은 시오니스트들에 의해 도구화된 홀로코스트의 기억에 대한 자연스러운 응답이었다. 이 기억의 전쟁은 급기야 팔레스타인이야말로 진짜 유태인이며 서구 역사의 궁극적 희생자임을 주장하기에 이른다.[4]

3) Iwona Irwin-Zarecka, *Frames of Remembrance; The Dynamics of Collective Memory*, Tranaction Publishers, 1994, p. 9.
4) Ilan Gur-Ze'ev and Ilan Pappe, "Beyond the Destruction of the Other's Collective Memory", *Theory, Culture & Society*, vol. 20(1), 2003, pp. 96-98.

집단 구성원들을 상대로 집단적 기억이라는 것이 부식(扶植)되는 양상은 모든 관객들이 스크린을 향해 앉은 극장과 같은 구조의 효과일 수 있다. 이 상상적 극장은 스크린을 젖히거나 그 너머로 나아가는 행동을 금지하고 있지만, 그저 웃고 울고 분노하는 관객의 역할에 만족할 수 없는 사람이라면 장막 뒤를 보려고 해야 할 것이다.

'요코 이야기 사건'은 귀환의 기억에 관한 것이다. 한국인에게 그리고 일본인에게 귀환이 무엇이었으며 대체로 그것이 어떻게 이야기되어왔는지를 살피고, 그럼으로써 기억의 책임과 윤리의 문제에 대해 생각해보려는 것이 이 글의 목적이다.

II. 귀환 이야기의 여러 양상

1.

1945년 일본이 패망하면서 일본과 만주 등지의 조선인들은 '고향'으로 귀환할 수 있었다. 일본 제국주의 지배체제가 붕괴되면서 만주나 조선에 거주하던 일본인들 역시 자국으로 돌아가야 했다. 조선인 '귀환동포'들은 흔히 전재민(戰災民)으로 불리었거니와, 패전의 결과 피난을 해야 했던 일본인들 역시 전재민임에 틀림없었다.

해방 직후 일본과 만주로 떠났던 사람들이 돌아오는 귀환의 이야기는 다양하게 쓰인다.[5] 수기나 좌담, 기사, 그리고 소설 등을 통해 반복되었던 이 이야기들은 식민지의 기억을 송신하는 중요한 수단이 되었다. 왜냐하면 귀환의 이야기는 이주나 이산(離散)의 기억을 환기하게 했고,

5) 귀환 이야기에 대해서는 정재석의 논문 「해방기 귀환 서사 연구」(연세대학교 대학원 2006)를 참고할 수 있음.

이주나 이산은 식민압제의 증거로 여겨졌기 때문이다. 농민들이 '고향을 등지고' 만주로 떠나는 모습은 이미 식민지 시대부터 일제의 억압과 착취가 얼마나 가혹한 것인가를 알리는 정경으로 묘사되곤 했다. 더구나 징용 및 징병과 같이 강요된 동원(動員)의 경우는 수난의 명백한 증거가 아닐 수 없었다. 이렇듯 이주와 이산이 식민압제에 의해 초래되었다고 했을 때 귀환은 압제의 시간을 바로잡고 되돌리는 의미를 갖게 된다. 즉 귀환은 본디의 장소로 돌아가는 것이며 큰 고향(민족)이자 부재하는 고국으로의 귀환이어야 했다. 귀환의 이야기는 민족 이야기(nation narrative)가 되었다.

이주나 이산이 국가가 부재한 결과였다면 귀환의 이야기는 식민지의 '집 없음'이 극복되어야 함을 말하는, 다시 말해 국가에의 욕망을 피력하는 수단일 수도 있었다. 아마도 향수의 감정은 해방과 더불어 더욱 강조되었을 것이다. 왜냐하면 돌아갈 고향이 생겼고 또 돌아가야 하는 의미가 부각되었기 때문이다. 노스탤지어의 어원인 희랍어 노스토스(nostos)는 '빛과 삶으로의 귀환'[6]이라는 뜻을 갖는다. 빛을 미래에 놓을 때 향수는 과거가 아니라 미래를 향한 것이 된다. 빛을 회복한다는 의미를 갖는 광복(光復)은 국가를 세움으로써 달성될 것이었다. 귀환은 미래의 국가에로의 귀환이어야 했다.

귀환의 이야기가 미래로의 귀환을 기대할 때 과거는 떨쳐버려야 할 것이 되고 만다. 식민지의 시간을 강탈된 시간으로 간주하는 것은 과거를 부정하는 일반적 방식이었는데, 과거의 전적인 부정은 해방 직후와 같은 갑작스런 탈구(dislocation)의 상황에서 조장되었던 극단적인 선택 가운데 하나였다. 과거가 부정됨으로써 이주와 이산의 기억은 오

6) Svetlana Boym, *The Future of Nostalgia*, Basic Books, 2001. p. 7.

직 수난의 기억으로 채워질 수 있었다. 수난의 기억은 자기연민의 감정을 북돋았다. 귀환은 이러한 자기연민의 도덕적 보상으로 여겨졌다. 그리고 그렇기 때문에 귀환자는 귀환을 통하여 새롭게 거듭나는 쇄신(刷新)의 주인공이 되어야 했다. 당시의 노동소설이나 농민소설들이 징용이나 징병 귀환자들을 새로운 비전을 갖는 긍정적 인물로 제시한 것은 이런 맥락에서였다. 넓은 세상을 보았고 또 고난의 경험을 한 그들이 세상을 정의로운 것으로 바꿀 주인공일 수 있다는 기대였다.

2.

그러나 당시에 쓰인 소설 구석구석에서 읽히는 귀환 과정의 양상은 또 매우 복잡하고 소란스러운 것이다. 우선 조선인에게도 일제의 패망은 '정의의 승리' 이기에 앞서 전혀 예측하지 못한 재변(災變)일 수 있었다. 만주의 곳곳에서는 해방의 소식이 전해지자 조선인들 역시 중국인들의 공격을 받는 경우도 있었던 듯하다. 김만선의 단편소설 「이중국적」(1946)은 중국인들이 일본인들을 '몽둥이로 때려죽이는' 상황에서 민적(民籍)을 보이며 자신은 중국인이라고 주장하는 조선인이 매질을 당하는 장면을 그려낸다. 조선인의 처지가 불안했기 때문에 조선인이 살려면 퇴각하는 일본군을 따라가야 한다고 생각하는 인물들도 등장한다(손소희, 「길 위에서」, 1949).

새로운 사람으로 거듭나려는 쇄신의 기도 역시 실제로는 이익을 좇는 카멜레온의 변신에 불과한 것일 수 있었다. 염상섭의 단편소설 「첫걸음」(1946)에서는 일본인 여자와 결혼하여 그간 일본인 행세를 하며 살아온 조선 사람이 이제 '어엿한 조선 사람' 임을 주장하며 자기 성(姓)을 찾으려 나서는 모습이 비춰진다. 일본의 패망은 여러 사람들의 '처지를 뒤바꿔'[7] 놓은 것이다. 조선인에게는 먼저 일본인들로부터 자신을 구별해내는 것이 '사는 길'이 되었다. 이제 민족으로 귀환하고자 하는 조선인들은 자신이 더 이상 제국의 신민이 아니라고 외쳐야 했으며, 그럼으로써 자신의 과거를 부정해야 했다. 이러한 상황은 매우 혼란스럽고 분열적이었던 것임이 분명하다. 해방을 맞은 만주 안둥(安東)에서의 체험을 기록한 염상섭의 「혼란」(1948)은 자포자기적 무질서 상태에서 서로 다투고 반목하는 조선인 사회를 담담하게 그려내었다.

귀환은 고향으로 돌아오는 것이었고 귀환동포는 민족적 연민의 대상으로 간주되었지만, 사실상 그들을 기다리고 있었던 것은 혼란과 빈핍이었다. 게다가 귀환자에 대한 인상은 실제로 긍정적이지만은 않았던 듯하다. 신징(新京: 만주국의 수도. 현재의 창춘長春)에서 신문기자와 만주국 관료를 하다가 귀환한 「귀국자」(김만선, 1946)의 주인공은 만주에 살았다고 하면 "아편을 팔았던지 계집장사였겠지 하는 항용 국내 동포들이 갖는 이것 또한 잘못된 선입관"[8]이라고 못마땅해 한다. 일본인 여학교를 다니다가 귀환했기 때문에 조선말에 익숙하지 못한 그의 딸아이는 '해방된' 학교에 가려 하지 않는다. 조선말을 쓰면 벌금을 부과하던 일제 때와 마찬가지로 일본말을 쓰면 벌금을 물리는 제도 때문이다. 그들은 '그리운 고향'으로 귀환한 것이 아니었다.

3.

조선인들의 귀환이 소란한 것이었던 만큼 패전국민이 된 일본인의 귀환 역시 쉬운 일일 수 없었다. 만주나 북조선에 거주하던 일본인들의 경우 귀환의 여정은 사람에 따라 1년여의 세월이 걸리기도 했다. 한 소설(이금남李琴男, 「이향(異鄉)」, 1946)은 소련군이 갑작스레 대일 선전포고

---

7) 염상섭, 「첫걸음」, 『신문학』, 1946.11, 9쪽.
8) 김만선, 「귀국자」(1946), 『압록강』, 동지사, 1948, 26쪽.

를 하는 1945년 8월 8일 새벽 2시경 신징에는 소련군 비행대의 공습이 있었다는 것, 이튿날 '관동군 사령관과 막료들이 만주국 황제를 데리고 통화(通化)의 산 속으로 피난을 하였고, 관동군 장관과 만철(滿鐵)의 가족을 비롯한 일본인들 역시 피난을 떠났다' 는 것을 전하고 있다. 당시 신징에는 10여 만의 일본인과 약 2만의 조선인이 살고 있었는데, '심상치 않은 행동을 보이는' 중국인들을 피해서라도 일본인들과 조선인 대부분은 신징을 '탈출' 하지 않을 수 없었다는 것이다. 이 소설대로라면 조선인을 포함한 일본인의 귀환은 피난이자 탈출로 시작된 것이다.

일본인들이 자국으로 돌아가기 위해서는 38선 이북을 거칠 수밖에 없었다. 그러나 일본인들과 '친일파' 에 대한 응징은 일반적으로 38선 이북에서 훨씬 적극적으로 이루어졌다. 해방의 소식을 들은 사람들은 우발적으로 '도리이(鳥い)' 나 주재소를 부수었고, 곧 지방 인민위원회가 생겨나며 도처에서 '결사대' 가 조직되어 일본인과 친일파를 응징하려 했다.[9] 북한에 진주한 소련군은 일본인에 대한 임의적인 처벌을 막았지만 한편으로 친일 지주와 일제의 관속(官屬)들을 적발해 재판의 절차 없이 가족도 모르게 시베리아로 실어간다는 소문도 돌았다.[10] '마땅한 응징' 은 흉흉하고 소란한 공포 분위기 속에서 이루어졌던 듯하다.

만주와 두만강 유역의 일본인들이 열차로 남하하기 위해 모였던 곳은 회령과 청진이다.[11] 함경도 지방은 광공업 개발 때문에 일본인의 인구 비율이 높았고 또 청진은 만주로부터 오는 대두(大豆)와 같은 농산물을 일본으로 실어나르는 항구였다. 소련군은 8월 9일 청진을 공습한 바 있고 13일 청진에서는 소련군 상륙부대와 일본군 간의 전투도 벌어

9) Charles K. Armstrong, *The North Korean Revolution, 1945-1950*, Cornell University Press, 2003, pp, 51~53.
10) 김창순, 「친일파 청산, 북한에서는 어떻게 되었나」, 『북한』, 24권 5호, 1995.5, 41쪽.
11) 森田芳夫, 『朝鮮終戰の記錄; 米ソ両軍の進駐と日本人の引揚』, 巖南堂書店, 1964, p. 435.

진다. 일본군의 퇴각은 이미 이 시점에서 시작되었다.[12] 군인과 관공리의 가족을 포함한 민간인들은 역시 일찍이 피난에 나서지만 이내 38선이 봉쇄됨으로써 상당수의 일본인들은 38선 이북에서 발이 묶이고 말았던 것이다.[13]

8월 21일 원산에 상륙한 소련군은 일본군을 무장해제하고 행정관료들을 억류하였으며 기왕에 도지사가 가졌던 행정권을 조선인들에게 인계한다. 이런 상황에서 일본인들의 귀환에 대한 배려는 있을 수 없었다. 수천 혹은 수백 명의 단위로 이동하던 일본인들은 굶주림과 추위에 시달렸고 수용소에서 예정 없는 귀환을 기다려야 했다.

4.

일본인들의 귀환에 관해서는 적지(敵地)에 남겨진 자국민을 구출한다는 의미의 '인양(引揚)'이라는 용어가 사용되었다. 국가를 주체로 하는 이 용어는 다시금 국민을 구획하는 것이었다(인양의 대상은 일본인에 한정되었다. 따라서 인양은 '오족협화'와 같이 여러 민족을 통합하는 제국 신민의 이상을 부정한 것이다). 귀환의 과정에서 아이들이 굶주림과 병으로 죽어갔고 부녀자들이 강간을 당했다는 수난의 이야기는 인양의 기억을 채웠다. 이 수난의 기억은 일본인들 또한 전쟁의 피해자임을 주장하는 것이었다. 이 수난의 이야기가 고난에 처한 국민들을 호출하고 그럼으로써 인양의 기억을 집단적인 기억으로 만들었다면, 귀환의 이야기가 한 작용은 일본에서도 다르지 않은 것이었다고 말할 수 있다.

---

12) 森田芳夫, 『朝鮮終戰の記錄; 米ソ兩軍の進駐と日本人の引揚』, p. 37.

13) 일본인들을 실은 '최후의 피난열차'가 청진의 전쟁지대를 뚫고 서울을 향해 남하한 것은 8월 16일 오전이었다. 이후 38선이 봉쇄되면서 일본인들의 이동은 금지되었다. 미 군정청이 일본인 모두에게 귀국하라고 지시한 것은 1946년 1월 22일이었다. 森田芳夫, 『朝鮮終戰の記錄; 米ソ兩軍の進駐と日本人の引揚』, pp. 54, 225.

그러나 귀환의 험로를 회고한 수기 가운데 널리 읽혔다는 『흐르는 별은 살아 있다(流れる星は生きている)』(藤原貞, 日比谷出版, 1949)[14]에서 그려지는 것은 일본인과 조선인의 구획이 아니라 선하고 품위 있는 인간과 저열하고 야비한 인간의 구획이다. 수기의 내용처럼 일본인 피난민에게 도움을 주는 조선인도 얼마든지 있었을 것이며 자신의 잇속만을 챙기는 나쁜 일본인도 수없이 많았을 것이다. 이 수기는 그 일부가 번역되어 국내 잡지에 실리기도 했다(『민성(民聲)』 37호, 1949.8). 아마도 일본인의 고생담을 듣는 것은 미묘한 흥밋거리일 수 있었을 것이고 또 전재민으로서의 공감도 작용했을 것이다.

만주에서의 경우 조선인과 일본인의 귀환경로는 크게 다르지 않았다. 더구나 일본 피난민들은 38선 이북 지역에 오래 머물러 있어야 했다. 그러나 당시에 쓰인 소설 등에서 그들에 대한 언급은 드물게 발견될 뿐이다. 많은 조선인들이 일본인 피난민의 정경을 목도했을 개연성은 충분하다. 그러나 해방을 맞은 조선인들에게 일본인 피난민은 보고 싶지 않고 따라서 보이지 않는 존재에 불과했는지 모른다. 일본인 피난민들의 고난은 식민지의 시간 동안 한국인들이 견뎌야 했던 고난, 그리고 그 이후 한국인들에게 닥친 엄청난 고난 때문에 기억되지 않았다.[15]

---

14) 만주 신징 근처의 기상대에 근무하던 한 일본인 과학자의 아내가 패전 후 세 아이를 데리고 1년여에 걸쳐 북조선의 수용소를 전전하다가 38선을 넘어 일본으로 귀환하기까지의 간난신고를 기록한 수기. 이 수기는 한국어로도 번역되었다. 『흐르는 별은 살아 있다』, 위귀정 옮김, 청미래, 2003.

15) 손창섭의 단편소설 「인간시세(人間時勢)」(『현대문학』, 1958.11)는 해방기 이후 만주의 일본인이 겪은 고초를 그린 드문 경우이다. 하얼빈 근교에 주둔하던 일본 군속의 부인이 귀환행렬에서 낙오되었다가 여러 중국인들의 성노리개가 되는 참혹한 경험을 한다는 내용의 이 소설이 환기하는 것은 전란과 민족적 증오심이 빚어내는 멜로드라마틱한 냉혹성이다. 여기서는 중국인들뿐 아니라 소련군 또한 잔혹한 가해자로 그려져 있다.

Ⅲ. 타자와 대면하다

1.

김만선의 단편소설 「압록강」(1946)에는 만주 각지에서 귀환하는 전재민을 실은 기차가 신징을 떠나 달리고 서기를 거듭하다가 한갓진 오지에서 멈추고 마는 장면이 그려진다. 기차를 몰던 일본인 기관사가 도망쳤다는 것이다. 곳곳에서 도적들이 출몰한다는 흉흉한 소문이 돌던 상황이기에 일본인 기관사를 원망해 마지않던 이 소설의 작가적 주인공은 일본인에 대한 감정을 다음과 같이 피력한다.

> 8·15 이후 원식이 그가 본 일본인은 마음으로나 생활로나 하루아침에 더러워진 일본인이었다. 나라만 망한 게 아니라 민족으로서도 망한 상싶어 일본인을 경멸해온 터인데, 산중에다 이천 여명의 조선사람 피란민들을 내동댕이치고 도주한 기관사와 같은 그런 종류의 왜종을 가끔 발견할 때는 원식은 치를 떨었다. 피란민은 조선사람만이 피란민인 게 아니요 일본인들도 적지 않아, 산동(山東) 쿠리(苦力)보다도 더 걸뱅이같은 거적떼기 한 잎씩을 끼고 다니는 그런 피란민들의 수용소의 넓은 마당에는 의례것 조그마한 애총들이 날마다 늘어가 그 수를 헤아릴 수가 없게끔 즐비한 광경을 보고 또 이른 아침에 젊은 여자들이 자식의 무덤 앞에 꽃을 꽂아 놓고 합장하는 꼴을 발견할 때면 가슴이 찌르르했던 원식이었으나 여전 치를 떨었다.[16)]

'걸뱅이' 가 된 일본인들을 향한 경멸의 감정이나 자식의 무덤 앞

16) 김만선, 「압록강」(1946), 『압록강』, 99쪽.

에 합장한 일본인을 바라볼 때의 연민은 '왜종'에게 '치를 떠는' 증오심에 의해 정리되고 만다. 그들은 어쨌든 모두 일본인이었기 때문이다. 도망친 기관사 때문에 일본인에 대한 증오심을 되살린 이 '조선인'은 피난 행렬에 섞여 있던 일본인을 적발하여 보안대원에게 알린다. 무엇 때문에 '그런 짓'을 하느냐고 핀잔을 주는 아내에게 그는 이렇게 말한다. "그런 짓이라니? 저 놈 두 놈이 빠지면 우리 피란민 중의 한 사람이라도 더 이 차를 탈 것을 생각해 봐! 고놈 그러구두 중간에 가서 샛치길 했단 말야……"(106). 이어 소설은 이 조선인의 심경을 다음과 같이 서술하고 있다. '생전 처음으로 일본인에게 벌을 준 가슴의 설렘이 없지 않아 있었다.'

이 소설은 일본 피난민들을 보는 조선인들의 간단치 않은 심사를 읽게 한다. 아마도 경멸의 감정은 오랫동안 차별을 받은 기억의 반응일 것이며 증오심은 과거를 부정하려는 권장된 민족감정이었을 것이다. 그런데 이제 일본인은 약자로 전락했고 동정하지 않을 수 없는 처지가 되었다. 적어도 이 소설에서 고통받는 사람을 보며 느끼는 연민은 민족적 경멸감과 증오심에 비해 일시적이고 취약한 감정일 뿐이다. 소설 속의 인물은 '처음으로 일본인에게 벌을 줌으로써' 연민이 일으키는 감정의 분열을 지워버린다. 결국 그는 '걸뱅이'가 되어 헤매며 아이를 잃고 우는 일본인의 고통을 외면하고 부정한 것이다.

2.

허준의 중편 『잔등』(1946)은 해방 직후 신징에서 서울을 향하는 두 조선인 젊은이의 귀환여정을 스케치한 로드소설이다.[17] 마침내 '고국'의 아

17) 소설 『잔등』과 관련된 부분은 필자가 이미 발표한 논문 「허준과 윤리의 문제」(『상허학보』 17, 2006. 6)에서 인용되었음.

름다운 강가에 이른 그가 문득 발견하는 것은 "아인지 어른인지, 사람인지 아닌지조차 분간ㅎ기 어려"(25)[18]운 물체이다. 그것은 사람이다. "진한 구리ㅅ빛으로 탄 얼굴과 윗도리는 아무 것도 걸친 것이 없이 해를 받아 번쩍번쩍 빛나는데, 히그므레한 사루마다같은 것을 아랫도리에 감았을 뿐"(25)인 그것이 사람임을 깨닫는 순간, '나'는 '직각적으로' 자신이 '떠나 온 이국인의 풍모를 연상'하고 '몇 번씩이나 몸을 소스라치게' 놀란다. 순간적으로 '나'를 놀라게 한 '그것'의 행동은 거칠고 위협적인 박진감을 갖는 것으로 묘사된다. "희그므레한 사루마다를 두른 궁둥이가 영화에서 보는 남양토인의 춤처럼 몇 번인가 좌우로 이질거리었다."(26) 이내 이 토인은 강가에서 작살로 물고기를 찍어 잡는 불과 십사오 세쯤 되는 소년임이 밝혀지지만, 그 형상은 여전히 위압적이다. 소년은 말을 걸어도 들은 체 만 체하는 '거만하고 초연한' 모습인데, '나'는 곧 소년의 모습에 대한 찬사를 늘어놓는다. 그에겐 "너무나 직선적인 굵이와 부러울 만한 열렬함이 있었다. 자아중심의 황홀이 있는 듯하였다."(28) 처음의 놀람은 사라진 것인가? 그는 소년이 강가 모래밭으로 잡아 내어 놓은 물고기가 필사적으로 버둥대며 물을 향하는 것을 보며 '목숨에 대한 강렬한 집착'과 '본능의 정확성'에 감탄하는 동시에, 그런 물고기를 대수롭지 않게 다루는 소년에 대해서 역시 감탄을 표한다. '나'는 신선한 충격을 받았다는 식으로 자신의 감상을 적는다. "고국 산수의 맑고 정함과, 이 맑고 정한 물을 마시고 자라나는 사람의, 잡티가 섞이지 아니한 신선한 촉감이 혼연히 일치가 되어 나의 마음을 건들임은 심상한 것이 아니었다."(31) 마침내 그는 고국의 풍토[19]가 낳은 '순수하고 근

18) 이 소설은 『대조(大潮)』 창간호(1946.1)와 2호에 연재되었고 이후 을유문화사에서 나온 단행본 『잔등』(1946)에 수록되었다. 여기서는 두 텍스트를 참조했다. 인용에 부기된 수자는 을유문화사판 단행본의 쪽수임.

원적인 인간' 을 발견한 것이다.

과연 이 소년은 보통 소년이 아니었다. 작살로 뱀장어를 찍어내듯 소년은 일본인들을 '여러 개' 잡았다고 자랑한다. "돈 뺏기기 싫어서 돈을 감춰 가지구 어떻게 서울로 달아나 볼가 하다가는 잡혀서 슬컷 맞구 돈 뺏기구 아오지나 고무산(古茂山-인용자)같은 데로 붙들려 간 게 많았어요. 나두 여러 개 잡았는데요."(41) 그러면서 소년은 자신이 잡은 뱀장어를 도맡아 놓고 사먹던 일본인이 조선인 복장을 하고 도망치려 했는데 이를 알아채고 '위원회(인민위원회를 가리킬 것이다-인용자) 김 선생' 에게 일러 붙들리게 한 경위를 자세히 설명하기도 한다. 일본인들에 대한 소년의 증오는 단호하다. 일본인들은 다 죽었지만 확실하게 죽여 '다시 일어나지 못하게' (48) 해야 한다는 것이다.

소년이 잡아내던 물고기를 보는 서술자의 감상—"애타는 목숨을 추기기 위해 물의 방향을 더듬어 날뛰던 적은 미물"(43)의 '단말마적 발악' 은 살길을 찾아 도망치려는 일본인들의 모습과 겹쳐진다. 그러한 일본인을 고기 다루듯 아무런 저어함 없이 잡아내는 소년의 모습에서 그는 역사의 엄정함을 읽는다. 소년은 '악' (일본인)을 없애버림으로써 '사필귀정' 을 무심히 수행하고 있는 것이다. '나' 에게 이런 점은 강인함으로 비친다. 소년이 '거만하면서도 초연한' 존재로 보인 이유는 여기에 있다. '나' 는 "소년의 이 강인한 촉지(觸指)가 언제든지 한번은 내게 능

19) 이 소설은 '고국' 으로의 귀환을 풍토로의 귀환으로 규정하고 있다. '나' 는 북지의 한 강변에 앉아 고국의 땅을 다시 밟는 귀환동포들의 대화 장면("너 만주에서 이런 물 봤니?"(18), "너 만주서 저런 하늘 봤니?"(24))을 옮기며 눈시울을 적신다. 일본 총력전체제의 이데올로그 와쓰지 데쓰로(和辻哲郎)는 일찍이 풍토에서 인간 연대성의 객관적 기반, 즉 존재의 시공간적 구조를 찾고자 했다. '나' 를 '근원적인 사이(間—일종의 공동체성)' 로서의 '우리들' 이게끔 하는 근거는 바로 풍토라는 주장이었다. 즉 개별자는 풍토라는 기반을 통해 비로소 자신을 객관화할 수 있다는 것이었다. 특별한 공동체성의 근거로서의 풍토는 이내 민족과 국민성의 근거로 간주되었다. 인간 연대성의 객관적 기반을 찾으려 한 와쓰지의 시도는 결국 '우리들' 을 '우리들' 이게끔 해야 한다는 민족 정체성의 정치학-윤리학으로 귀결된다. 풍토는 바로 민족을 구획하는 것이었다(和辻哲郎, 『風土—人間學的考察』, 岩波書店, 1940, 16~20쪽.

동적으로 와 작용할 날이 있을 것을 은연중에 기대"(37)한다고 말한다. 풍토(민족의 공기와 땅)의 아들에게서 민족의 명령을 들으려 한 것이다. 그러나 그는 왜 처음 소년을 발견했을 때 위협적인 '이국인'을 떠올리며 두려움에 떨었던가? 그가 느낀 공포의 감정은 사람을 고기 다루듯 할 수 있는 소년의 무심한 맹목성을 이미 예감한 것이 아니었을까?

3.

청진에 닿은『잔등』의 '나'는 회령에서 떠난 기차에 실려 들어오는 피난민의 정경을 회진(灰塵)의 행렬로 묘사한다. "불에다 먹을 것과 입을 것을 태워버리고 어버이와 동기를 잃어버린 금새 의지가지없이 된 가족들이, 회진이 다 된 무한히도 긴 차체의 운명을 함께 지니고 가려듯이, 오직 묵묵히 웅크리고 엉기어 앉"(68)아 있는 것이다. 그들은 죽음의 길을 헤매어온 것이다. '나'는 이 가혹한 현실을 '혁명'에 따른 것으로 용인하고자 한다(89). '우리'의 고난이 혁명의 대가로 지불되어야 한다는 생각이다. 이미 그는 물고기를 다루듯 일본인들을 잡아낼 수 있는 소년의 무심한 무자비함을 우러르지 않았던가! 역사의 새 길을 여는 과정에서 시련은 감내되어야 했으며 거추장스러운 장애물들은 제거되어야 했다. 그러나 소설은 이러한 혁명론을 외치는 데서 끝나지 않는다.

소설의 이야기는 남행기차를 놓친 '나'가 청진의 거리에서 좌판을 펴고 음식을 파는 '할머니'의 사연을 듣는 장면으로 이어진다. '할머니'는 공장을 다니며 노동운동을 했던 아들이 5년을 복역하던 감옥에서 해방 한 달을 앞두고 죽었고 아들의 동무인 일본인 '가도오'가 역시 아들과 함께 죽은 사실을 말하며, 거지가 되어 떠도는 그 '종자'들로 인해 눈물을 흘린다. 아들을 죽인 일본인들을 향한 그녀의 원한은 헐벗고 굶주린 일본인 피난민에 대한 연민을 억누를 수 있는 것이 아니다.

> "부질없는 말로 이가 어찌 안 갈리겠습니까—하지만 내 새끼를 잤다 가두어 죽인 놈들은 자빠져서 다들 무릎을 꿇었지마는, 무릎을 꿇은 놈들의 꼴을 보면 눈물밖에 나는 것이 없이 되었습니다그려. 애비랄 것 없이 남편이랄 것 없이 잃어버릴 건 다 잃어버리고 못 먹고 굶주리어 피골이 상접해서 헌 너즐떼기에 깡통을 들고 앞뒤로 허친거리며, 업고 안ㅅ고 끌고 주주 끼고 다니는 꼴들—어디 매가 갑니까. 벌거벗겨 놓고 보니 매 갈 데가 어딥니까."(81)

소설은 아이들을 동반한 일본인 아낙이 배를 파는 좌판 앞에서 망연해하고 아이들은 제 어머니의 손을 당기고 애걸하는 모습을 찬찬히 그려 보인다. 일본인을 향한 '할머니'의 연민은 일단 '가도오'와 관련된 것이다. 그녀에게 일본인들은 아들을 죽인 원수이지만 동시에 '가도오의 종자'이기도 하다. "저것들이 저, 업고 잡고 끼고 주릉주릉 단 저 불쌍한 것들이 가도오의 종자인 것을 모른다고 할 수 없겠으니 어떻게 눈물이 아니나……."(85) 그러나 '가도오의 종자'인 일본인과 원수인 일본인이 간단히 구분되는 것은 아니다. 새삼스레 다가가 보는 타자의 면모는 낯설고 충격적이다. '할머니'에게 이끌려 '나'는 드디어 그들과 대면하게 되는 것이다. 그는 타자의 얼굴을 봄으로써 비로소 그들의 고통에 대한 책임감을 느낀다.

> 꺼플을 뒤집어 쓴 혼령이면 게서 더 할 수 있으랴 할 한 개의 혼령이 문설주이기도 하고 문기둥이기도 한 한편 짝 통나무 기둥에 기대어 서 있었다. 더부룩이 내려 덮인 머리칼 밑엔 어떤 얼굴을 한 사람인지 채 들여야 볼 용기도 나지 아니하는 동안에, 헌 너즈레기 위에 다시 헌 너즈레기를 걸친 깡똥한 일본사람들의 여자옷 밑에 다리뼈와 복숭아뼈가 두드러

져 나온 두 개의 왕발이, 흐늘거리는 희미한 기름불 먼 그늘 속에 내어다 보였다. 한 팔을 명치 끝까지 꺾어 올린 손ㅅ바닥 위에는 응큼한 한 개의 깡통이 들리어서 역시 그 먼 흐물거리는 희미한 불 그늘 속에서 둔탁한 빛을 반사하고 있으며…….(86)

인간의 모습이 아닌 이 전락한 타자가 일깨우는 것은 인간이 지는 고통의 무게다. 그들의 고통을 일본인이 저지른 악행에 대한 마땅한 징벌로 여기는 것은 윤리적인 태도라고 할 수 없다. 윤리는 타자의 고통을 외면하지 않는 것이었다. '나'는 그들에게 밥을 말아주는 '할머니'에게서 경이(驚異)를 보며 "인간 희망의 넓고 아름다운 시야를 거쳐서만 거둬들일 수 있는 하염없는 너그러운 슬픔 같은 곳"(90)에 가 닿는다. 이 감정은 그의 귀환이 어디로 향해야 할 것인가를 다시 묻고 있었다. 해방과 더불어 민족으로의 귀환은 의심할 바 없고 마땅한 것이 되었다. 민족은 '조선인'들이 새롭게 거듭나는 거처로서 선과 악을 가르는 도덕의 근거였다. 그러나 민족으로 돌아가는 행로는 윤리의 문제를 간과하는 것이었다. '나'가 이 경이를 목도하며 가 닿는 '하염없이 너그러운 슬픔'은 주체와 타자를 선악으로 가르는 도덕론의 산물이 아니라 타자를 수용하려는 감정이며 타자를 향한 '그리움'이 가능케 하는 초월의 계기였던 것이다.

청진을 떠나는 마지막 장면에서 '나'는 다시금 현실의 악몽을 목도한다. '피난민'(귀환동포)들이 기차를 향해 달려드는 '음침 처절'한 장면 앞에서 그는 "SOS를 부르는 경종 속에 살ㅅ구멍을 찾아 허둥거리는 조난 군중의 참담한 광경은 이런 것이 아닐까 하는 환각"(100)에 사로잡힌다. 그것이 민족으로 돌아가는 행로의 실제 모습이었다. 그가 말한 '혁명'의 공간은 '황량한 폐허'(104)였다. 그 속에서 조선인과 일본인은 피차 피난민이고 조난 군중이었다. '나'는 떠나가는 자신의 등 뒤로 '한 점의 외로운 등불'(잔등)을 본다. '할머니'가 비추고 있는 등불이었다.

IV. 기억과 책임, 그리고 윤리

역사적 기억의 문제는 역사적 책임의 문제와 관련되어 있다. 자신은 전적으로 무죄한 피해자라고 주장하는 기억은 모든 책임을 타자에게 돌림으로써 스스로 면책의 자리에 서려는 것일 수 있다. 책임을 전가하는 것은 흔히 집단적 기억이 생성되는 과정에서 중요한 목적으로 작용한다. 그러나 과연 피해자와 가해자가 민족적으로 구획될 수 있는 것인가? 다시 말해 역사적 책임이 어떤 민족에게는 있고 또 어떤 민족에게는 없을 수 있는 것인가? 예를 들어 유태인 학살의 책임은 인종청소의 취지에 동의하거나 그것이 자행되고 있다는 사실을 알고도 침묵한 사람들, 그리고 독일 파시즘 체제를 지지한 대중들에게 물어야 한다. 그러나 그들이 모두 독일인이라 하더라도 독일인 모두에게 책임을 물을 수 있는 것은 아닐 것이다.

책임의 문제는 근본적으로 윤리의 문제이다. 윤리의 어원이 되는 희랍어 에토스(ethos)는 '거주지'의 뜻으로 인간이 서는 위치를 가리킨다. (인간은 신의 가까이에 거주한다.) 여기서 인간이 서는 위치란 모든 책임을 남에게 미룸으로써 확보되는 면책의 자리는 아니다. 피해자나 희생자의 고통을 자신의 전유물로 여기는 것이 윤리적 태도일 리 없다. 전적으로 자신의 잘못이 아닌 경우에도 자신이 서는 위치에 대해 고뇌하는 인간이라면 자신의 잘못도 있을 수 있음을 성찰하려 해야 한다.

기억의 윤리는 잘못된 기억(false memory)을 거부하는 것이다. 집단적 기억의 메커니즘을 알고 경계하는 것은 그 방법 가운데 하나이다. 그러나 윤리란 무엇보다 우리가 아닌 남과 조우함으로써, 레비나스식으로 말하면 타자의 생생한 얼굴과 대면함으로써, 그의 고통을 이해하려는 연대감과 책임감으로 실현될 것이다. 자신의 고통이란 것 역시 남의 고통을 이해함으로써 말할 수 있는 것이 아닐까?

'일본인 처' 라는 문제*

한국 가부장제와 관련해서

가노 미키요 加納實紀代

I. 머리말

우선 개인적인 이야기를 하게 되어 송구스럽다. 나는 식민지 시대에 '용산'의 '한강거리(漢江通り)'에서 태어났다. 그래서 이름을 붙일 때, 류코(龍子), 아야코(漢子)도 후보에 올랐다고 한다. 그러한 이름이 붙지 않아서 참으로 다행이라고 생각하지만, 내가 식민자의 자식으로서 한국에서 태어난 사실은 지울 수 없다. 따라서 지금까지 나는 전공으로 하는 일본여성사 연구에서 근대 일본의 침략전쟁에서의 여성의 공범성, 가해 책임을 문제 삼아왔다.

그러나 이번에는 그것과는 역으로 일본 여성의 피해에 초점을 맞추고자 한다. 한일 연대를 위해서는 식민지 지배라는 '민족'에 있어서의 피해-가해의 이항대립을 넘지 않으면 안 되는데, 그를 위해서는 서로 가지고 있는 카드를 전부 테이블에 놓고, 뒤얽힌 가해·피해의 관계를 재검토하는 작업이 필요하다고 생각하기 때문이다. 여기에서 논하게 될

---

* 본고는 2007년 7월 14일 출판문화회관에서 개최되었던 '한일, 연대 21' 제4회 심포지엄 「가해와 피해의 기억을 넘어서: 『요코 이야기』 파문을 계기로」에서 발표된 원고를 수정·보완한 것이다.

'일본인 처' 문제의 근본 원인은 일본의 식민지 지배에 있지만, 한일의 가부장제나 계급의 문제도 크게 관련되어 있다. 이번에는 굳이 그녀들의 '비극'을, 한국의 가부장제와의 관계에서 제기하고자 한다. 아울러, 본고에서는 한국과 조선이라는 말을 사용하지만, 대략 식민지 시대는 조선이라고 하고, 해방 후는 한국, 38선 북쪽에 대해서는 북조선이라고 하는 것을 양해 바란다.

II. '일본인 처' 라는 말

최근에 일본에서는 국제결혼이 급증하고 있는데, 그 중에 2/3 이상은 남편이 일본인이고 아내가 외국인인 경우이다. 그 중에서 남편의 폭력 등 '외국인 처'의 인권 문제가 다발하는 한편, '외국인 처'의 서투른 일본어나 문화 차이가 TV의 오락프로그램이나 CM으로 소비되고 있다. 그로 인해 일본 사회에 내셔널리스틱한 차이가 구축되고 있다고 할 수 있겠다.

'일본인 처' 라는 말은 그러한 '외국인 처'에 대응한다기보다는 일본의 식민지 지배라는 역사적 배경하에 조선인 남성과 결혼, 해방 후의 한반도에서 사는 일본 여성을 가리킨다. 처음으로 이 말이 사용된 것은 1950년대 말, 북조선으로의 '귀국사업' ('북송')이 행해졌을 무렵이었다.[1] 그때는 일본 가족과의 이별의 비애를 한편에 두고, '천리마'의 기세로 발전을 이룩하는 '지상의 낙원'에 남편과 함께 '귀국' 한다는 찬란한 이미지도 있었다. 그러나 70년대에 들어서자 일변하여, 일본과 한국의 어느 곳에서도 버려진 채 고독과 빈곤 속에서 노후를 맞이하고 있는 '비극'의 여성으로 언급된다.

일본의 국립국회도서관에서 '일본인 처'를 제목으로 단 잡지기사를 검색해보면, 1970년부터 2006년 말까지 114건의 기사가 있는데, 그 중에 18건이 한국, 62건이 북조선의 '일본인 처'다. 한국의 '일본인 처'는 주로 70년대에 『아사히 저널(朝日ジャーナル)』, 『현대의 눈(現代の眼)』[2]과 같은 '좌익' 미디어에 다루어지고 있는 데 비해, 북조선의 경우는 90년대 후반부터의 내셔널리즘의 고양 속에서 『문예춘추(文藝春秋)』, 『제군(諸君)!』, 『주간 신조(週刊新潮)』와 같은 '우익' 미디어에 급증하고 있다. 특히 21세기에 들어와서부터는 일본인 납치 문제의 부상과 맞물려 북조선 때리기의 재료로 되고 있는 감이 있다. 그에 비해 한국의 '일본인 처' 문제에는 한국 비판은 없고 그녀들을 내버린 일본 국가에 대한 비판이 중심이다.

어느 쪽이든 그녀들의 '비극'은 국가라는 틀에서 파악되고 있다. '일본인 처'라는 말에는 원래 강렬한 내셔널리즘이 달라붙어 있으며, 이것을 문제로 삼는 한 좌우 어느 쪽 진영도 국가의 틀을 넘을 수는 없기 때문이다.

---

1) 이번에 조사한 결과, 『부인공론(婦人公論)』 1959년 5월호의 김달수(金達壽), 「남편의 나라 조선으로 돌아가는 '일본인 처'(夫の國朝鮮へ歸る"日本人妻")」가 최초 예. 『아사히신문(朝日新聞)』에서는 59년 8월 14일의 「돌아가는 사람 남는 사람 귀환협정이 그리는 '인간 모양'(歸る人殘る人歸還協定の描く"人間模樣")」이라는 기사 속의 소제목에 사용되어 있는 것이 최초 예이다. 『부인민주신문(婦人民主新聞)』 59년 11월 29일호는 1면에서 「우리들은 일본과 조선의 가교(私達は日本と朝鮮に架ける橋)」라는 제목으로 '귀국하는 일본인 처의 좌담회'를 게재하고 있다. 이 단계에서는 '일본인 처'는 특수용어로, 주로 표제로 사용되었던 것 같다.

2) 『현대의 눈』은 1983년, 『아사히 저널』은 1992년에 폐간.

Ⅲ. '일본인 처' 의 역사적 배경: '내선결혼' 과 '귀국 사업'

분명히 '일본인 처' 를 낳은 배경에는 일본의 식민지 지배라는 국가의 문제가 있다. 특히 한국의 '일본인 처' 는 식민지 시대에 '내선일체' 정책의 일환으로 추진된 '내선결혼' 이 크게 관련되어 있다. '내선결혼' 이라고 하면, 3·1 독립운동 이듬해에 조선인의 항일의식을 억누르기 위하여 행해진 왕세자 이은(李垠, 1897~1970)과 일본의 황족 나시모토노미야(梨本宮) 마사코(方子)의 결혼이 유명하다. 뿐만 아니라 총독부는 1921년에 일반 조선인과 일본인의 결혼을 추진하기 위하여 '내선인통혼법(內鮮人通婚法)' 을 제정한다. 그 결과, 1920년에는 85쌍이었던 '내선결혼' 이 해마다 증가하여 25년에는 404쌍으로 늘었다.

1930년대 후반이 되면, '창씨개명' 을 비롯한 '내선일체' 정책이 강력히 추진된다. 그 속에서 '내선결혼 창도실천(內鮮結婚唱導實踐)' 등의 슬로건이 제창되어, 38년부터 43년까지 신고가 있었던 것만으로 5,458쌍의 조선인과 일본인 커플이 탄생했다. 이 중에 남편이 조선인, 아내가 일본인인 커플이 3,964쌍으로 73%를 점했다. 41년에는 조선 총독 미나미 지로(南次郎, 1874~1955)에 의하여 모범적인 '내선결혼' 부부 137쌍이 표창되었는데, 그 중에 106쌍은 일본 여성과 조선 남성 커플이었다. 일본의 노동력 부족을 보충하기 위하여 조선인 남성의 강제연행이 시작된 후에는 일본 국내에서의 조선 남성과 일본 여성의 결혼이 급증한다.

일본의 패전 후, 그러한 일본 여성은 혹독한 상황에 처하게 되었다. 1946년 3월, 38선 이남의 일본인에게 모두 귀국하라는 명령이 내려졌다. 당시의 남성 중심 제도에 따라, 일본인 남성으로 조선 여성과 결혼한 경우는 아내를 동반하는 귀국이 인정되었지만, 여성의 경우는 조선인 남편의 동반은 불가능해서, 일본으로 돌아간다면 남편, 자식과 헤어지지 않으면 안 되는 형편이었다. 그 결과 대부분의 '일본인 처'가 남게 되었다. 또한 일본에서 조선인 남성과 결혼한 일본 여성 중에는, 해방된 조국으로 귀국하는 남편을 따라서 조선으로 건너온 사람이 많이 있다. 45년 말경의 한국에는 남겨진 사람, 건너온 사람으로 1만5천~2만 명의 '일본인 처'가 있었다는 이야기도 있다. 그 후 몇 차례의 귀국이 있었지만, 한국전쟁 전후에는 1천~2천 명의 '일본인 처'가 한국에서 살고 있지 않았을까.

그녀들의 소식이 미디어에 의하여 일본에 전해지게 된 것은 1965년 한일조약 체결 이후의 일이었다. 그녀들 중에는 한국전쟁으로 남편을 잃고, 일본인이라는 것을 숨기며 빈곤 속에서 살고 있는 여성도 많이 있었다. 66년 '일본인 처'의 상호부조단체로서 서울에 부용회(芙蓉會)가 결성되었는데, 75년의 조사에 따르면, '일본인 처' 956명의 경제상태는 극빈 37%, 하 36%, 중 18.5%, 상 8.5%로, 극빈과 하가 73%를 점하고 있었다.[3)]

69년부터 일본 정부의 원조에 의해 그녀들의 일본으로의 영주귀국이 시작되었지만, 일본에 호적이 없어서 신원확인이 불가능한 채 죽고 만 사람들도 있었다.[4)]

북조선에도 '내선결혼'에 의한 잔류 '일본인 처'가 존재했겠지만, 그 실태는 알 수 없다. 일본에서 문제가 되는 북조선의 '일본인 처'는 1959년부터 84년에 걸쳐 실시되었던 북조선으로의 '귀국사업'에 의한

3) 菊池政一, 『대한민국의 일본부인(大韓民國の日本婦人)』, 1975; 石川奈津子, 『해협을 건넌 아내들: 나자레원·부용회·고향집 사람들(海峡を渡った妻たち—ナザレ園·芙蓉會·故鄕の家の人びと)』, 同時代社, 2001에서 재인용.

것이다. 이에 따라 9만3천 명 이상의 재일조선인이 북으로 '귀국' 했는데, 그 중에는 1,800명 남짓의 '일본인 처' 가 있었다.[5] '귀국사업' 은 일본과 북조선의 문제이지 한국은 관계없다고 생각할지 모르지만, '귀국' 한 사람들의 90% 이상은 '남한' 출신자이다.

그들이 왜 '북' 으로 향했는가 하면, 물론 일본 사회의 차별 때문이다. 일본은 1952년 4월의 독립과 함께 예전에 '일본 신민' 으로서 목숨까지 내놓게 했던 조선인한테서 일본 국적을 박탈하고 '외국인' 으로서 차별했다. 그들에게는 일하고 싶어도 일이 없었으며, 일본 정부한테서 받는 얼마 안 되는 생활보호비로 살아갈 수밖에 길이 없었다.[6] 한국 정부도 그들의 역경에 손을 내밀려고 하지는 않았다.

그때 '북' 은 "조국은 여러분을 환영한다, 집도 일도 준비되어 있다, 아이들에게는 대학 진학의 길도 열려 있다"고 호소했던 것이다. 그것이 재일조선인에게 얼마나 희망을 가져다주는 것이었는지 상상하는 것은 어렵지 않다. 일본 정부도 인도주의를 내걸며 '귀국' 을 지원했다. 그러나 최근 일본에서 나온 테사 모리스 스즈키의 『북한으로의 엑소더스(北朝鮮へのエクソダス)』(朝日新聞社, 2007)에 의하면, '귀국사업' 은 '사회불안' 의 씨앗인 재일조선인을 내쫓기 위해 일본 정부에 의해 계

---

4) 경주 나자레요양원은 '일본인 처' 의 마지막 거처로서 유명한데, 원래는 일본으로의 귀국 희망자가 신원 확인을 할 수 있을 때까지 대기하는 장소로 설립된 곳이다. 경주 나자레요양원 설립자는 기독교도인 김용성(金龍成)이다. 그의 아버지는 항일운동의 투사로 일본의 관헌에 의해 옥사당했지만, 비참한 생활을 하고 있는 일본인 처를 대면하고, 1972년에 경영하고 있던 고아원에 일본인 처의 귀국 숙사를 병설했다. 이후 200명 이상의 일본인 처가 여기에서 지냈으며, 140명 이상이 영주귀국했다. 1982년에 가미사카 후유코(上坂冬子)의 『경주 나자레요양원: 잊혀진 일본인 처들(慶州ナザレ園　忘れられた日本人妻たち)』(中央公論社, 1984)이 간행되면서 일본에 그 존재가 알려지고 기부금이 모이게 되었는데, 개수공사 등에는 우익단체 일본재단이 거액을 기부했다. 그 액수는 78년부터 2002년까지 2억5,600여만 원에 달한다.

5) 1980년 5월 7일 중의원 법무위원회에서 법무성 입국관리국장이 답변한 바에 따르면, 9만3천여 명의 '귀국자' 중에는 6,671명의 일본 국적의 남녀가 있었다. 그 중에 여성은 4,082명이었으며, 거기에서 1,828명이 '일본인 처' 로 추정된다.

6) 생활보호비는 정부에서 생활곤궁자의 최저생활 유지를 위하여 지급하는 것인데, 1954년 단계에서 일본 전체의 지급률은 2%였던 데 비해 재일조선인에 대한 지급률은 23%에 달했다.

획된 것이 분명하다.

귀국한 그들을 기다리고 있었던 것은 '지상의 낙원' 은커녕 지옥 같은 수용소국가였다. '일본인 처' 는 3년이 지나면 친정으로 돌아올 수 있다고 약속되어 있었는데, '귀국' 후 40년 가까이나 지난 97년에 수십 명이 일시귀국했을 뿐, 대개는 이동의 자유도 없이 비참한 생활을 강요당한 것 같다. 최근에 탈북해서 몰래 귀국한 '일본인 처' 도 몇 명 있는데, 1,800여 명의 '일본인 처' 중에 생존자는 수백 명에 지나지 않는다고 한다.

Ⅳ. '일본인 처' 와 젠더

무엇이 이러한 '일본인 처' 의 '비극' 을 낳았을까? 물론 가장 많은 책임은 식민지 지배의 안정을 위하여 '내선결혼' 을 장려하고 재일조선인을 '북' 으로 쫓아낸 일본 국가에 있다. 그러나 만남이 어떻든, 행복한 결혼생활을 쌓아가는 것이 불가능한 것은 아니다. 또한 속해 있는 국가가 적대관계에 있는 남녀 사이에도 사랑은 싹튼다. '일본인 처' 중에는 조선 남성과 서로 사랑하여 가족의 반대를 무릅쓰고 결혼한 후 행복한 생애를 보낸 사람들도 물론 있다.

그러나, 지금까지 일본에서 간행되어 있는 '일본인 처' 의 수기나 증언을 보면, 빈곤이나 한국 사회의 반일감정뿐만 아니라 남편과의 관계에서 불행한 예가 너무나도 많다. 예를 들면, 『일본인 신부의 전후(日本人花嫁の戦後)』(伊藤孝司, LYU工房, 1995)에는 경주 나자레요양원의 '일본인 처' 28명의 증언이 실려 있는데, 그녀들 중에는 자식이 생기지 않아서 이혼당한 사람, 딸만 낳아서 남편이 '첩' 을 얻어 처첩동거로

산 사람, 남편을 따라 자식을 데리고 한국에 오자 고향에는 아내에 자식까지 있었던 사람이 몇 명이나 있다. 또한 남편의 폭력·노름·술·빚 등으로 눈물 흘리며 괴로워했다는 이야기도 많았는데, 남편과의 생활을 그리워하며 회고하는 '일본인 처' 는 둘밖에 없다. 게다가 그녀들이 고생해서 키운 자식들도 어머니를 버리고 소식불통인 경우가 많다. 한국의 남성은 어머니를 소중히 한다고 들었는데, 해방 후의 한국에서는 반일감정이 소용돌이치고 있었기 때문일까? 자식에게 "일본인 어머니는 창피하다"는 말을 들었다는 증언이 있다.

물론 의지할 곳 없는 여성이 모여 있는 나자레요양원의 예로 '일본인 처' 전부를 말할 수는 없다. 또한 여자나 도박에 빠져 아내를 울리는 남편은 일본에도 많이 있다. 그러나 '일본인 처' 의 '비극' 에는 개개의 문제라기보다는 민족문제에 젠더가 얽힌 구조적 문제가 있는 것 같다. 본래 '내선결혼' 에는 현저한 비대칭성이 있다. 앞에서 제시한 바와 같이, 일본인 처와 조선인 남편이라는 조합이 그 반대에 비해 압도적으로 많다. 왜일까? 이에 대한 한 대답은 물리적 요인을 든다. 즉 일본인 남성이 전쟁으로 적어졌기 때문에 조선인 남성과 결혼하는 일본 여성이 늘었다는 것이다. '일본인 처' 에 홋카이도(北海道) 출신이 많은 것은 이 주장을 뒷받침한다. 홋카이도에서는 징용으로 끌려온 수많은 조선인 남성이 노동을 강요당하고 있었기 때문에 만남의 기회가 많았다는 것이다. 또한 조선의 '전통' 에 원인을 찾는 의견도 있다. 식민지 시대의 조선 여성은 '내외법' 등의 전통적 젠더 규범에 얽매여 있어서 일본인 남성과 만날 기회가 적었다는 것이다. 여성사연구가인 스즈키 유코(鈴木裕子) 씨는 '조선인 처' 가 적은 이유를 조선 여성의 높은 민족의식에서 찾고 있다(『종군위안부·내선결혼(従軍慰安婦·內鮮結婚)』, 未來社, 1992).

물론 각각에 진실은 있다고 생각한다. 그러나 그것만으로는 설명할 수 없다고 나는 생각한다. '내선결혼'은 '내선일체'를 위해서이고, 그것은 일본으로의 '동화'와 동일한 의미였다고 한다. 그러나 동화를 위해서라면, 일본인 남성과 조선인 여성 커플 쪽이 유효하다. 근대 일본은 국적이나 호적에서 부계혈통주의를 관철시키고 있었다. 천황제의 '만세일계' 신화는 남계혈통의 연속성으로 보장되어 있었다. 간무(桓武) 천황의 어머니는 백제 무령왕의 자손이라고 일본의 사서에 있는데, 어머니는 단순한 밭이고 씨는 아버지라는 생각에서 보면, 어머니가 외국인이라도 천황가의 '만세일계'성은 흔들리지 않는다. 따라서 '내선일체'에서는 조선 여성에게 일본 남성의 자식을 자꾸 낳게 해야 비로소 일본으로의 동화를 추진할 수 있지 않을까. 그럼에도 불구하고 역으로 일본 여성에게 조선 남성의 자식을 낳게 하고 있다. 왜일까? '내선일체'는 일방적인 '동화'와 달리, 표면적으로는 대등한 합체를 의미한다. 그러나 조선인과 일본인은 대등·평등하지 않다. 따라서 민족의 불평등을 젠더의 불평등과 교차시킴으로써 완화하여 균형을 취한 것은 아닐까. 일본인에 대해 민족적 약자인 조선인 남성도 가부장제하에서는 젠더적으로 강자다. 그들에게 강자의 여자를 배급함으로써 남성으로서의 자존심을 부추겨 대등성을 연출한다.[7] '일본인 처'의 대량생산은 그 때문이 아니었을까.

여기에는 일본과 조선의 가부장제의 묵계(墨契)가 있다. 조선 남성들이 강자의 여자를 소유하는 것에 의의를 찾지 않는 한, 이 계약은 성립되지 않는다. 족보에서의 여성 배제나 부부 별성(別姓)에 보이듯이, 조선 사회에서는 일본 이상으로 부계혈통주의가 강고히 관철되고 있는

7) 이것을 명시적으로 뒷받침할 자료는 없다. 그러나 미나미 조선 총독에 의하여 '내선일체'의 모범으로 표창된 '내선결혼' 부부의 압도적 다수가 조선 남성과 일본 여성의 조합이었다는 것은 이것을 뒷받침하는 것이 아닐까.

것 같다. 따라서 '일본인 처' 에 의하여 가부장제가 상처받는 정도는 일본 이상으로 낮지 않았을까. '일본인 처' 는 이러한 조선의 가부장제와의 공범성 아래 탄생했다고 할 수 있겠다.

해방 후 한국에서의 그녀들의 비극은 이러한 구조 그 자체 안에 있었다고 할 수 있다. 일본의 패전으로 인해 그녀들은 이미 강자의 여자가 아니었다. 따라서 한국의 남성에게 그녀들을 소유하는 의의는 소멸했다. 그뿐 아니라 해방 후의 강렬한 내셔널리즘 속에서는 '일본인 처' 는 친일과 민족적 배반의 움직일 수 없는 증거가 된다. 일본어의 사용을 금지하고 집에서 밖으로 나가지 못하게 했다는 '일본인 처' 의 증언은 그것을 뒷받침하고 있는 것 같다.

Ⅴ. '일본인 처' 와 '위안부' 문제

여기에서 떠오르는 것은 조선인 '위안부' 의 문제다. 그녀들은 '일본인 처' 와는 반대로 일본 남성에게 배급되었다. 더욱이 '처' 로서가 아니라 단순한 성욕을 채우는 수단, '성노예' 로서다. 일본 국가는 일본 여성을 '내선일체' 의 수단으로 조선 남성에게 배급하는 한편, 조선 여성을 침략전쟁 추진의 수단으로서 자국의 남자들에게 할당했다. 똑같이 일본 국가에 의하여 수단화되었다고는 해도, 일본 여성과 조선 여성 사이에는 '처' 와 '성노예' 라는 차이가 있다. 그 차이는 크다고 할 수 있겠다.

그러나 이렇게 말하면 한국 분들한테서 맹렬한 비판을 받지는 않을까 두렵지만, 양자 사이에는 공통성도 많이 있다. '일본인 처' 와 조선인 전 '위안부' 의 증언을 읽으면, 우선 그 출신계층이 양자 모두 대개 빈곤층이다. '일본인 처' 중에는 생활 때문에 일찍이 밑바닥 일을 전전했던 여성이 많다. 물론 여학교를 나와서 유학 중인 조선 남성과 연애결혼을 했다는 사람도 있어서 그 점은 '위안부' 와는 다르다. 그러나 가장 많은 홋카이도 출신 여성들 중에는 부모, 혹은 그녀들 자신이 공사 현장에서 일했던 사람이 상당히 많다. 또한 결혼의 경위도, 자신의 의지가 아니라 부모가 정했다, 조선인이라는 사실을 몰랐다, 처자가 있는 것을 숨겼다, 속았다는 '일본인 처' 도 있다. 그러나 물론 '위안부' 와 달리 납치와 같은 형태로 강제적으로 연행되었다는 '일본인 처' 는 증언 속에는 나오지 않는다.

또한 '성노예' 로서 불특정 다수의 남성에게 성적 서비스를 제공하도록 강요당한 것과, 한 남자의 아내로서 출산도 경험하는 것과는 결정적으로 다르다는 견해도 있을 것이다. 그러나 해방 후의 한국에서 언어를 빼앗기고, 집안에 갇히거나, 혹은 물동이를 머리에 얹어서 잘 나르지 못한다고 꾸지람을 받았다는 '일본인 처' 의 증언을 읽으면, 그녀들은 '가내노예' 가 아니었을까 하고 생각하고 만다. '성노예' 와 '가내노예' 중 어느 쪽이 나은가와 같은 논의는 의미가 없다. 본래 여성을 아내·어머니라는 재생산용과 '매춘부' 라는 성적 쾌락용으로 분단하고 양자 사이에 결정적인 가치의 차이를 둔 것은 가부장제의 논리에 지나지 않는다. 만약 우리들이 '일본인 처' 는 아내니까 '위안부' 와는 결정적으로 다르다고 생각한다면, 우리들의 사고나 감성 그 자체가 가부장제에 영향을 받은 탓은 아닐까.

'일본인 처' 와 '위안부' 는 침략과 식민지 지배를 위하여 가부장제가 낳은 동전의 앞뒷면에 다름 아니다. 필요한 것은 각각의 피해를 서로 들추어내는 것이 아니라, 그러한 피해를 낳는 구조, 동전 그 자체를 해체하는 것이다. 그를 위해서는 우선 여성을 분단하는 가부장제의 음모를 간파하고, 식민지 지배가 가부장제와의 결탁 위에 이루어지고 있는 것을 서로의 협력에 의하여 명확히 하는 것이 필요하지 않을까.

Ⅵ. 끝으로

서두에서 지금 일본 사회에서는 '외국인 처' 가 급증하고 있다는 이야기를 했다. 인터넷에서 보면, 한국에서는 일본 이상으로 '외국인 처' 가 늘고 있는 것 같다. 『조선일보』 2005년 11월 23일자의 기사에 따르면, 2004년에 한국인 남성이 외국 여성과 결혼한 비율은 11%, 농촌부에서는 4건 중 1건이 국제결혼이라고 되어 있다. 그 배경에는 급속한 소자화(小子化)와 남아선호로 인한 남녀 수의 불균형이 있는 것 같다. 그런 가운데 일본과 마찬가지로 남편의 폭력 등 '외국인 처' 의 피해가 다발하고 있으며, '외국인 처' 10명 중 8명이나 '한국인과는 두 번 다시 결혼하고 싶지 않다' 고 대답했다고 기사에는 씌어 있었다.

이러한 기사를 읽으면, '일본인 처' 의 문제는 결코 과거의 문제가 아니라는 것을 알 수 있다. 이 보잘것없는 보고가 현재의 '외국인 처' 를 생각하는 데에도 얼마간의 참고가 된다면 이보다 기쁜 일은 없을 것이다.

일본 식민지주의의 역사기억과 아시아계 미국인*

『요코 이야기』를 둘러싸고

요네야마 리사 米山リサ

I. 머리말

'한일, 연대 21'에서 나한테 부여한 주제는 『So Far From the Bamboo Grove』(이하에서는 『요코 이야기』)를 둘러싼 논쟁에 대하여 아메리카합중국에서의 문맥을 고찰하는 것이었다.

이 작품은 일본계 아동작가 요코 가와시마 왓킨즈의 초기작이다. 실은 나는 '한일, 연대 21'로부터 이 주제를 듣기 전에는 이 아동문학서를 둘러싼 미국에서의 논쟁을 알지 못했다. 조사하면서 이 작품을 둘러싼 논쟁이 2006년부터 주로 동해안, 특히 보스턴 근교의 공립 초·중학교를 발단으로 해서 국지적으로 일어났던 것, 또 논의의 주 목적이 미국의 초·중등교육기관과 거기에서 배우는 한국계 미국인 학생 및 그 보호자들과 관련되어 있었다는 것을 알았다. 처음으로 이 문제를 소개한 보스턴의 지방신문 『보스턴 글로브』는 그 후에도 빈번하고 자세하게 그 경과를 보도했다. 지금은 로스앤젤레스나 호놀룰루의 재미 한국인 사회에

* 본고는 2007년 7월 14일 출판문화회관에서 개최되었던 '한일, 연대 21' 제4회 심포지엄 「가해와 피해의 기억을 넘어서: 『요코 이야기』 파문을 계기로」에서 발표된 원고를 수정·보완한 것이다.

도 이 문제가 널리 알려져 있다.

나는 예전에 캘리포니아 주의회에서 일본 정부에게 과거의 전쟁범죄에 관한 사죄를 요구하는 결의에 대해 분석한 적이 있다.[1] 당시 캘리포니아 주의회의 결의를 추진한 인물로 당시는 주의원이었던 일본계 마이크 혼다(Mike Honda) 씨는 그 후 연방 하원의원으로 선출되었으며, 2007년 봄에는 일본군 성노예제 문제에 관한 일본의 공식 사죄를 요구하는 미국 하원 결의안의 제출에 진력했다. 이 결의안의 통과를 저지할 목적으로 자민당의 의원을 비롯한 일본인이 게재한 미국 신문의 의견광고가 역효과를 낳아 특별히 결의에 관심이 없었던 미국 의원들마저도 찬동으로 돌아선 것이나 아베 신조 당시 수상이 사과를 한 것 등은 신문보도 등을 통해 널리 전해졌다. 뿐만 아니라 아메리카합중국에서는 90년대 이래, 입법·사법의 채널을 통해서 일본의 과거의 전쟁범죄나 식민지주의를 비롯한 인도(人道)에 대한 죄를 추궁하는 움직임이 퍼져 있다. 나는 이 상황을 '일본의 전쟁범죄의 미국화', 혹은 이것과 동일하지는 않지만 이것과도 겹치는 과정으로서 '세계 정의의 미국화'가 새로이 일어나고 있음을 지적하여, 거기에서 아시아계 미국인이 결코 일원화할 수 없는 형태로 주체로서 세워지고 있는 것에 대하여 논했다. '일본의 전쟁범죄의 미국화' 과정은 미국 사회 속에서의 아시아계 이민/시민의 존재, 더 자세히 말한다면 아시아계 미국인과 주류 미국 사회, 그리고 그 내셔널 히스토리의, 서로 겹치면서도 모순되는 관계를 빼고 논할 수는 없다. 왓킨즈의 작품을 둘러싼 논의에 관해서도 같은 말을 할 수 있

1) "Traveling Memories, Contagious Justice: Americanization of Japanese War Crimes at the End of Post-Cold War", *Journal of Asian American Studies* vol. 6, no. 1(February 2003): pp. 57-93. 일본문은 『폭력·전쟁·보상: 다문화주의의 정치학(暴力·戰爭·リドレス: 多文化主義のポリティクス)』, 岩波書店, 2003.

다. 이하에서 언급하듯이, 한국계 미국인 사회가 이 논의에 관련되는 방법은 한국과 일본의 관계에 더하여 인종화된 마이너리티와 주류 미국 사회의 관계에 대한 비평으로도 읽혀지지 않으면 안 된다.

이 글에서는 『요코 이야기』라는 텍스트, 그리고 이 텍스트를 둘러싼 미국에서의 논쟁에 대해서, 논쟁의 배경, 장르의 문제, '세계 정의의 미국화' 라고 하는 더욱 넓은 문맥에서 본 합중국의 역사인식 문제와 아시아계 미국인의 관계, 이상의 세 가지에 초점을 맞추어 논쟁의 다방면에 걸친 의미에 대해 생각해보고자 한다.

II. 논쟁의 발단과 독자의 이해

『요코 이야기』의 초판은 1986년으로 거슬러 올라간다. 따라서 이미 20여 년에 걸쳐 공적인 공간에 나돌고 있는 것이다. 이 책은 작자 왓킨즈가 거주하고 있는 뉴잉글랜드, 특히 보스턴 시를 중심으로 한 공립 초·중학교의 교재로 채용되어왔다. 출판된 지 얼마 되지 않아 이 작품은 11세부터 13세 대상의 아동문학서로 높은 평가를 얻었다. 1994년에는 『요코 이야기』의 속편이라고도 하는 『우리 오빠, 언니, 그리고 나(My Brother, My Sister, and I)』가 출판되었으며, 이 작품도 마찬가지로 가작으로 주목받았다. 왓킨즈는 마찬가지로 동해안에 거주하는 아동문학의 대가로 여겨지고 있는 캐서린 울리(Catherine Woolley)의 사사를 받았다고 한다. 『요코 이야기』는 미국도서관협회의 '주목할 만한 책' 으로 거론된 적도 있으며, 왓킨즈는 1998년에 '아동문학의 빛나는 존재(Children's Literary Lights)' 의 첫 수상자 다섯 명 중 한 명으로 선정되었다. 이와 같이 왓킨즈는 적어도 뉴잉글랜드의 문예서클에서 높은 평가를 받아 아동작가로서의 지위를 확립하였고, 지역의 강연활동이나 수업 등에 참가하고 있다.

이 책을 둘러싼 논쟁의 발단은 학교수업에서 이 책을 읽은 한국계 미국인 학생이 울며 귀가하여, 사정을 듣고 쇼크를 받은 부모님이 학교에 항의를 한 일이라는 것이 통설이 되어 있다. 이 작품에 그려진 한국 인상으로 인해 학급의 다른 학생들한테서 놀림을 받았다는 기술도 있다. 이 책을 교육현장에서 채용하지 말 것을 요구하는 한국계 미국인의 보호자들이 걱정하는 것은, 우선은 이 책의 조선인 묘사 방법이 한 가족의 예를 제외하고는 모두 부정적인 까닭에 친구나 교사들이 한국계 미국인 학생들에 대한 편견을 갖게 되지는 않을까 하는 점, 그리고 일본의 조선에 대한 식민지 지배의 역사가 완전히 누락되어 있기 때문에 조선인이 가해자이고 일본인이 피해자인 듯한 무지하고 잘못된 역사관을 심어주는 것은 아닐까 하는 점이다. 이 책을 수업에서 사용하는 데에 반대하는 이유에는, 역사인식의 문제와는 관계없이, 이 책이 11세부터 13세의 학생에게 읽히기에는 너무 생생하여 부적절하다는 것도 포함되어 있다. 13명의 보호자들은 반드시 이 책을 교육현장에서 완전히 배제할 것을 요구한 것이 아니라 그보다 고학년의 교재로 사용하거나 역사적 배경을 가르치는 것 등을 조건으로 해서 읽힐 것을 요구했다고 한다.[2)]

『요코 이야기』를 둘러싸고 논쟁이 일어난 것이 공식적으로 보도된 것은 2006년 11월 12일자 『보스턴 글로브』 지면으로, 도버 셔본 지구의 교육위원회가 이 책의 내용에 대해 한국계 미국인을 포함한 13명의 보호자들로부터 항의를 받아 '평화와 생존(survival)' 을 주제로 하는

---

2) "Boston Area Moms Speak Out Against Children's Book 'Bamboo'", *Boston Globe*, January 24, 2007; Aruna Lee, "Korean Americans Protest Inclusion of Controversial Novel in Schools." 웹사이트는 다음과 같다. http://news.newamericamedia.org/news/view_ article.html?article_id =71 df52682d036af6b43d421187b37cb1

수업에서 이 책을 교재로 사용하지 않는 것을 논의하고 있다고 전한 것이 최초로 생각된다.[3] 게다가 2007년 1월에는, 이 일을 중대한 사태로 판단한 주미 한국 영사가 본서를 교육현장에서 배제해주도록 매사추세츠 주 교육부에 서면으로 요청했다.

한국계 미국인의 보호자나 지역사회 활동가들의 조직적인 항의와 한국 국내의 비판을 반영하여, 이후 로스앤젤레스 근교를 중심으로 한 캘리포니아 주 남부, 또한 아시아계 이민·시민이 많이 사는 하와이 주 호놀룰루 시에서도 활발한 논의가 시작되었다. 뉴욕의 어떤 학교에서 중학 1학년생이 수업을 거부했다는 보고도 있다.[4] 2007년 2월 14일자 『보스턴 글로브』에 의하면, 매사추세츠 주 교육부는 교재의 선정은 각 학교의 재량에 맡겨져 있으므로 커리큘럼에는 개입하지 않는다는 방침을 천명했다.[5] 하와이 주에서도 이 작품을 교재로 사용할 때는 교원이 이 작품을 둘러싸고 일어나고 있는 논쟁에 대해서도 언급하도록 지도할 것을 결정했지만, 기본적으로는 마찬가지로 개입하지 않는다는 자세를 취하고 있다.[6] 한편 2007년 1월 24일자 『코리아 타임즈』지에 의하면, 섹스나 폭력에 관해 부적절한 묘사가 있다는 이유로 이 책을 교재 도서 목록에서 제외한 텍사스 주의 학교를 비롯하여 매사추세츠 주와 로드아

---

3) Lisa Kocian, "Ban Book from Class, Panel Says: Review Panel Finds Memoir Inappropriate," *Boston Globe*, November 12, 2006. 이 기사에 의하면, 2000년 이후 4회에 걸쳐 이 책에 대한 항의가 제기되었다는 것이 시카고에 본거지를 둔 미국도서관협회의 조사에 의해 밝혀졌다. 도버 셔본 지구 교육위원회는 그 후 토의를 거쳐, 이 책을 교재로 채택하는 것을 금지하지는 않으며 그 대신 영어 수업 내용에 역사적인 배경을 포함시키기로 결정했다. Lisa Kocian, "'Bamboo' Lesson Plan to be Revised," *Boston Globe*, January 7, 2007.

4) Aruna Lee, "Korean American Protest Inclusion of Controversial Novel Schools."

5) Lisa Kocian, "Korean Official Join Fray on Book: Object to Memoir Taught in Schools," *Boston Globe*, February 15, 2007.

6) Alexandre Da Silva, "State Asks Schools to Weigh in on Disputed Book", *Honolulu Star Bulletin*, February 3, 2007. 호놀룰루 시의 어떤 조사에 의하면, 금년 2월의 시점에서 140개 초·중학교에 합계 150부가 소장되어 있다는 보고가 제출되어 있다.

일랜드 주 등의 동해안 각 주에서 역사왜곡을 이유로 이 책의 채택을 중지하는 학교가 증가하고 있다는 소식을 전하고 있다.[7)]

이 책을 둘러싼 공적 논의를 폭넓게 생각하기 위해서는, 활자공론장뿐만 아니라 전자공간의 변화도 확인할 필요가 있다. 예를 들어 인터넷서점 아마존닷컴(Amazon.com)의 독자리뷰란은 텍스트에 대한 독자의 응답이나 평가를 엿보는 데 얼마 안 되는 유용한 장을 제공하고 있다. 이 작품은 아마존닷컴 독자리뷰란에서는 적어도 90년대에는 "훌륭하다", "감동적이다", "눈물 없이는 볼 수 없다"는 긍정적인 독자평을 받았다. 속편으로 칭해지는 『우리 오빠, 언니, 그리고 나』에 대해서도 "어른도 읽어야 할 책", "영감을 불러일으킨다", "집을 잃고 전쟁의 희생이 되는 것에 대해 생각하지 않을 수 없었다"는 등의 평가가 나왔다. 그러나 2006년을 경계로 긍정적인 리뷰는 격감하였고, 2007년이 되면 보스턴에서 벌어진 논쟁 보도의 영향으로 비판적인 논조가 압도적으로 많아지게 된다. 극히 최근의 예를 들면, 이 책은 "치우친 견해를 보인다", "역사적 왜곡으로 가득 차 있다", "날조된 역사"이며, 이런 책이 미국의 아이들에게 읽히기 위해 쓰였다는 것은 문제라는 의견이 투고의 주된 내용이 되어 있다.

앞에서 언급한 도버 셔본 지구의 교육위원회가 이 책의 내용에 대하여 항의를 받고 있다는 2006년 11월 12일자 『보스턴 글로브』의 기사가 나오자, 편집부에는 곧바로 다양한 독자로부터 투고가 날아들었다.

수업에서 제시된 이 책을 열심히 읽고 저자가 교실을 방문했을 때도 깊은 감명을 받았다는 15세의 투고자는, 이 작품을 읽었을 때 11세의 소녀가 불쌍하다는 생각 외에 조선인이 모두 나쁜 사람들이라는 인

7) "More American Schools Stop Textbook Falsifying Korea", *The Korea Times*, January 24, 2007.

상은 없었으며, 전쟁이 얼마나 나쁜 것인가를 배우기에 훌륭한 책이라고 언급하면서 이 책의 배척에 반대의견을 내고 있다.[8] 또한 『요코 이야기』를 초등학교 5학년 교재로 오랫동안 사용해왔다는 교원은, 이 책의 주제는 "생존, 가족의 소중함, 교육의 중요함 그리고 전쟁의 허무함"이며, 이것을 읽고 감동하지 않은 학생은 한 명도 없었다, 전체상을 제대로 가르치기만 하면, 이 책은 보통사람들이 전쟁으로 인해 어떻게 좌우되는가, 교육이 얼마나 중요한가 그리고 무엇보다 트라우마를 안고도 어떻게 세계와 온 세상 사람들에 대해 적극적이고 부드러운 태도를 취할 수 있는 인간으로 성장할 수 있는가를 가르쳐주는 훌륭한 교재이며, 이 작품을 배척하는 것은 학생들로부터 감동의 기회를 빼앗게 될 뿐이라고 말했다. 저자인 왓킨즈에 대해서도 그녀가 많은 사람들을 감동시키는 독특한 인물이며, 그녀가 "상냥함, 감사, 겸손함 그리고 평화"에 대해 언급하는 것을 몇 년이나 반복해 듣기 위해 학교로 돌아오는 보호자나 학생들이 있다고 언급하고 있다.[9] 더욱이 난민, 노숙자, 따돌림, 고아로서의 주인공 요코에게 6학년인 자신의 아이가 공감하고 있다는 또 다른 투고자는, 이 책은 "이 세상에 평화를 가져오기 위해서 자신은 무엇을 할 수 있는가"를 묻고 있으며 이 점에 공감하지 않는 아이는 본 적이 없다면서 이 책의 교육적 가치를 강조하고 있다.[10]

한편, 인종이나 역사의 문제와는 완전히 무관한 의견도 있다. 이 책을 수업교재로 채택하는 데 반대하는 의견 중 한국계 미국인이 아닌 것으로 보이는 독자의 투고에는, 이 작품에는 강간을 비롯한 충격적인 기술이 많아서 12세 전후의 아이가 읽기에는 부적절하다는 견해가 담겨

8) "In Defense of Bamboo Grove", *Boston Globe*, November 19, 2006.
9) "Book Banning will Deprive Pupils", *Boston Globe*, November 19, 2006.
10) "Many Teachable Moments Would be Lost if Book is Banned", *Boston Globe*, November 19, 2006.

있다.[11]

저자 왓킨즈와 직접 만날 기회가 있었던 도버 셔본 지구에서는 이 책을 옹호하는 의견이 잇따랐다. 일찍이 자기가 초등학교 5학년이었을 때 이 책을 읽고 저자를 만났던 것이 계기가 되어 작가의 길을 걷기 시작했다고 해도 과언이 아니라고 자칭하는 인물은, 도버 셔본 지구의 교육위원회가 이 책을 교육현장에서 몰아내려고 하는 이유 중 하나가 이 책이 11세의 학생들에게는 너무나 생생한 것이라고 하는 보호자로부터의 불평이라는 점에 대해, 전쟁이 비참한 것이라고 생각하는 것은 중요한 일이며, 또한 이 책이 일면적인 역사밖에 다루지 않았다는 비판에 대해서는, 모든 역사에는 다양한 서술방식이 있는 것이 당연하며 아무도 왓킨즈의 이야기가 유일하다고 생각하지는 않는다, 오히려 11세의 자신에게 무엇보다도 중요했던 것은, 저자가 되도록 정직하게 말하려고 한 것, 그리고 이 책이 계기가 되어 "아픔과 편견"에 대한 대화가 학교 내에서 시작된 것이며, 그것은 교사가 "공감(compassion)과 관용"에 대해서 납득할 수 있도록 설명하기 위해서는 필요한 것이었다고 말하고 있다.[12] 뒤에서 언급하듯이, 이 '공감'과 '관용'은 미국의 자유주의적 다문화주의의 열쇠가 되는 개념이다. 마찬가지로 왓킨즈가 방문수업을 했던 어떤 중학교의 교장은, 『보스턴 글로브』의 기사에서 왓킨즈가 학생이나 보호자들에게 말한 내용은 단지 평화의 고귀함뿐이었다는 것, 또한 그녀가 일본 정부를 대신하여 사죄를 한 것, 그리고 설령 도버 셔본 지구가 6학년생의 커리큘럼에서는 배제하더라도 중학교의 교재로는 남겨서 제대로 된 지도 아래 이 책을 읽힘으로써, 오늘날의 이라크나 다르푸르

11) "This is not a Book Ban: It's a Discussion", *Boston Globe*, November 26, 2006; "Let's Keep in Mind the Age of Students Reading this Book", *Boston Globe*, November 16, 2006.
12) "Book Launched Discussion at Scholl about Pain, Prejudice", *Boston Globe*, November 26, 2006.

에서 일어나는 잔학행위를 이해하는 데 도움이 되도록 했으면 한다고 말하고 있다.[13)]

Ⅲ. '픽션화된 자서전'의 역사책임

논쟁의 발단이 된 현지 뉴잉글랜드에서는, 이상과 같이 『요코 이야기』와 그 작자 왓킨즈를 긍정적으로 평가하는 사람들이 적지 않다. 한국계 미국인 아동문학작가 린다 수 박(Linda Sue Park)도 그 한 사람이다. 박은 일본 통치하의 한국인 가족의 체험을 엮은 아동문학작품 『내 이름이 교코였을 때(When My Name Was Keoko)』로 알려진 작가인데, 같은 아동문학가로서 왓킨즈를 호평하는 사람으로 자칭하는 박은, 『요코 이야기』는 반전의 시점에서 쓰인 작품으로, 역사책(historical work)으로서가 아니라 역사소설(historical fiction)로서 수업에서 사용하면 된다는 견해를 피력했다.[14)]

이 국면에서 이 책을 둘러싼 평가가 어긋나는 것은 문예비평의 문제로서 흔히 일어나는 논의에 공통적으로 보이는 문제이기도 하다. 린다 수 박으로 대표되는 평가는, 문예작품을 역사적·정치적 역학관계를 초월한 심미적 대상으로 간주하는 보편주의적인 심미관, 인문주의이다. 이 입장에 따르면, 어느 문학작품이 '우수'한지 아닌지는 작자의 세속적인 아이덴티티와는 관계없이 판단할 수 있다고 간주된다. 또한 뛰어난 작품이라면 그것은 읽는 사람의 아이덴티티나 작품을 성립시키는 역사

13) Lisa Kocian, "Author Defends WWII memoir: Says it's not meant to bash Koreans", *Boston Globe*, November 19, 2006.
14) Aruna Lee, "Korean American Protest Inclusion of Controversial Novel Schools."

의 역학에 관계없이 보편적 인간성에 호소할 수 있을 터라는 생각도 전제되어 있다. 이 관점에 서면, 『요코 이야기』는 특정한 나라나 민족과 관계없이, 모든 인간이 희구하는 반전평화나 타인을 배려하는 마음을 독자의 마음에 호소하는 것을 가능케 하는, 보편적 가치를 가진 뛰어난 작품이라는 견해가 성립한다.

마찬가지로, 지금까지 살펴본 아마존닷컴의 독자리뷰란이나 신문보도로 명확해지는 수용자의 반응도 다음 두 개의 카테고리로 크게 나눌 수 있다. 하나는 이 책을 심미적·도덕적이고 보편주의적인 관점에서 읽는 것이며, 또 하나는 역사적·지리정치적으로 상황화된(situated) 위치에서 반응하는 것이다. 전자의 관점에 입각한 평가는 『요코 이야기』를 대개 감동을 부르는 뛰어난 아동문학으로 간주한다. 한편, 재미 한국인 사회로부터의 항의는 후자로부터 계속적으로 발해지는 담론이다. 성기완과 민덕기의 소론도 후자의 위치에서 이 책이 미국 독자들 사이에서 긍정적 평가를 얻고 있는 데 대해 의문을 제기하고 있다. 성기완과 민덕기는 이 책을 일본 식민지 통치하의 한국인 소녀의 삶을 소재로 한 최숙렬의 『떠나보낼 수 없는 세월(Year of Impossible Goodbyes)』(1991년)과 대조분석하여, 아동문학서를 추천할 때의 평가기준으로서 등장인물이 흥미로울 것이나 독자에게 적극적이고 좋은 이미지를 줄 것 따위만으로는 불충분하다고 한다. 성기완과 민덕기는 아동문학을 평가하는 데 있어 인간에게 보편적으로 보이는 가치에만 주목하는 것의 한계를 지적하여, 『요코 이야기』는 여러 가지 면에서 가작이라고 할 수 있지만 동시에 "누가, 어떠한 방식으로" 무엇에 대해 썼는지를 독자인 아동에게 생각하게 하는 것이 필요하다는 결론을 내렸다.[15)]

뉴크리티시즘 이후, 문학연구의 전문분야에서는 문학텍스트를 독립된 심미적 대상으로 다루는 데 대한 비판이 일반적으로 공유되고 있다. 그러나 "보편적으로 여겨지는 것"이 역사적 구속성을 가지는 "특수한 것으로 여겨지는 것"보다 항상 더 뛰어난 가치가 있는 것으로 간주되는 경향은, 교육현장을 포함한 자유주의 사회 일반의 인문주의적 예술관에 강하게 뿌리내리고 있다. 이 글의 말미에서 언급하듯이, 이러한 '보편'과 '특수' 사이의 위계질서는 이 작품과 같은 심미적 대상의 정치성에 대해 비판을 촉구하는 사람들을 휴머니즘 담론으로 항상 열등한 위치에 놓는 위험성을 항상 동반하고 있다.[16)]

더욱이 이 두 개의 다른 독자의 위치는, 이 책을 어떻게 장르화할까 하는 물음과도 밀접하게 관련되어 있다. 즉, 이 책의 서술을 픽션(fiction=소설=허구)으로서 읽을지, 사실(fact)로서 이해할지에 따라서 달라지는 관점을 둘러싼 차이이다. 이 책을 교육현장에서 배제하려는 의견은 그 대부분이 이 책을 사실에 의거한 개인 체험담, 수기 혹은 역사서로 여기는 관점에 입각해 있다. 아마존닷컴의 어떤 서평자는 조선 북동부에는 대나무숲이 없다는 것, 이 작품이 그리는 시기에 공산군 병사는 없었다는 것 등을 지적하며, 이러한 오류로 가득 찬 책을 아이들에게 읽히는 것은 도덕적 책임을 결여한 짓이라고 말한다. 일본의 침략과 식민지 지배라는 커다란 역사의 콘텍스트가 쓰이지 않았다는 많은 의견도 이 책에 역사적 리얼리즘을 요구한 데서 기인한다고 할 수 있다.

심미적인 시점에서 행해지는 문예비평과는 별도로, 나는 저자 자신이 이 작품을 '반자전적(semi-autobiographical)' 혹은 '픽션화된 자서전(fictionalized autobiography)'이라고 하여 실제로 자기의 몸

15) Kiwan Sung & Deok-Gi Min, "Positive Images and Interesting Characters in Children's Literature", *Journal of Children's Literature*, vol. 22, no. 2 (Fall 1996): pp.9-11; see p.11 for the quote.

16) 이 문제는 반오리엔탈리즘의 시점에서 오페라의 고전 『나비부인』이나, 더 최근에는 뮤지컬 『미스 사이공』 등의 흥행에 반대하는 아시아계 미국인의 운동에 대한 비판과도 밀접하게 관련되어 있다.

에 일어났던 일들에 기초를 둔 이야기라고 말하고 있는 것이 이 책이 일반 독자로부터 '감동적(moving)' 인 작품으로 받아들여지고 높은 인기를 얻어온 이유이기도 하다고 생각한다. 독자는 '정말로 있었던 것', '주인공(=작자)의 몸에 정말로 일어났던 일' 이라고 하는 센세이션을 안은 채 이 책을 읽어나가는 것이다. 실제로 이 책의 교육적 가치를 호소하는 신문투고에도 많이 나타난 것처럼, 수업이나 강연의 장에서 책에 쓰인 사건의 체험자인 작자와 직접 만난다는 '현전성' 이 독자를 한층 더 매료한다고 할 수 있다. 『요코 이야기』는 실제로 일어난 역사적 사실이나 현실에 존재하는 지명이나 민족명을 참조틀로 하는 '논픽션(=허구가 아니다)' 이라는 이해에 의거해 성립되어 있다. 그 텍스트의 효과는, 그것이 서술하는 사건의 사실성(factuality) 혹은 그것이 사실이라고 하는 수용자 측의 감수성과 리얼리즘에 한편으로는 깊이 의거하고 있는 것이다.

그러나 중요한 것은, 다큐멘터리나 논픽션이라는 장르는 사실과 허구(facts & fiction)의 구별의 애매함에 의하여 성립되어 있다고 하는 점이다.[17] 이 작품은, 저자가 언급하고 있듯이 '픽션화=허구화된' 자서전임에 틀림없다. 만약 이 작품이 자기의 체험이나 목격한 사실만을 엮는 수기(memoir)나 증언(testimonial account)이라는 장르에 엄밀히 속해 있는 것이라면, 과연 오늘과 같은 논쟁이 일어났을까. 수기나 증언은 '정말로 있었던 일' 의 서술로 여겨짐과 동시에, 그 서술이 일인칭적이고 한 개인의 체험에 한정된 것이라는 점이 장르의 성격으로서 자연스러운 것으로 간주되고 있다. 하지만 역사표상에 관해서 이러한 엄밀한 구별은 사실상 성립되지 않는다. 증언이나 수기로 여겨지는 이야기

17) 다큐멘터리와 사실(史實)에 근거한 픽션의 관계에 대해 자세하게 논한 것에, John Whittier Treat, *Writing Ground Zero: Japanese Literature and the Atomic Bomb*(Chicago: University of Chicago Press, 1995)가 있다.

도 소설이나 자전적 픽션과 마찬가지로 선별적인 상기(想起)의 위치, 플롯화, 수사적·심미적 분석을 면할 수는 없다. 여기서 내가 지적하고자 하는 것은, 텍스트가 어떤 장르에 속할지에 관한 이해가 독자 주체를 심문하거나 독자의 반응을 낳는 데 크게 관여하고 있다는 사실이다. 예를 들어, 일본군 성노예제 피해자의 증언은 일본의 식민지 지배와 군사 성폭력의 비판으로 받아들여지지만, 그렇다고 해서 그 증언 자체가 직접 식민지 지배의 역사나 전쟁의 전체상에 대해 해석하는 것을 청자인 우리는 반드시 요구하지는 않는다. 증언이나 수기가 한 개인의 목격증언이라고 받아들여지는 한, 그 근시안적인 성격은 독자나 청자에게 말하자면 이미 승인되어 있다고 해도 된다. 이것에 비해 '소설=픽션=허구'에서는, 쓰는 사람의 성찰, 자기이해, 세계인식이라는 것이 작자의 창의력과 플롯화의 과정을 더욱 크게 좌우한다고 여겨진다.

저자는 자신의 개인체험을 '픽션화' 할 때 왜, 어떠한 역사나 국가의 이해에 입각하여 일정한 방법으로 주인공을 그렸는가. 어떠한 이유로 등장인물의 각각에 특정한 민족명, 개인명, 역할을 배분했는가. 그리고 어떠한 효과를 기대하여 서술하는 장면을 선택해갔는가. 소설이기 때문에, 이러한 물음이 일반 독자로부터 던져지는 것은 당연하며, 앞에서 언급한 성기완과 민덕기가 지적한 것처럼, 아동문학이라 해도 독자는 작품을 감상할 때 이야기가 가치중립적이지 않다는 것을 알며, 또한 교재로 사용할 경우에는 '누가, 어떤 방식으로' 스토리를 전개하고 있는지를 검토할 필요가 생긴다고 할 수 있겠다. 『요코 이야기』는 '픽션=허구' 로 여겨지기 때문에 더더욱 엄밀한 증언이나 수기와 같은 장르에는 일반적으로 요구되지 않는 것, 즉 한 개인의 체험을 넘은 커다란 역사의 맥락에 대한 언급이나 이해, 역사의 비판적 검토나 성찰 같은 것이, 그 우열의 평가나 심미적 가치와는 별도로 텍스트에도 저자에게도 요구된다. 이야기 저자의 자유재량에는 어떠한 경우에도 역사책임이 생기는 것이다.

Ⅳ. 일본의 역사인식 문제의 미국화로 상쇄되는 식민지 지배의 역사기억

아마존닷컴에 투고되는 독자리뷰에 긍정적인 감상이 대부분이었던 시기에, 흥미로운 독자리뷰가 한 개 투고되었다. 1997년의 이 투고에는, 이 책은 '비판적 사고'가 필요한 읽을거리라고 쓰여 있다. "왜 요코의 가족은 한반도 북부에 있었을까?" "아버지는 어떤 일을 하고 있었을까?" 전후, 시베리아에 억류되었던 것으로부터 보면, 요코의 부친은 전쟁범죄자였던 것으로 보인다고도 추측하고 있다. 또, 몇십 년이라는 시간을 들여서 저자는 더 커다란 역사의 흐름에 대해 성찰할 수 있었을 터임에도 불구하고 그렇게 하지 않은 채 자기의 체험을 서술하고 있다는 점에서, 이 읽을거리는 윤리를 빠뜨리고 있다고 비판한다. 내가 주목하고 싶은 것은, 이 리뷰의 역사적 견해가 올바른지 여부가 아니라 그 비판이 던져진 방향이다.

신문이나 블로그상의 의견은 몇 개의 예외를 제외하고 역사인식을 둘러싼 한일 충돌로 이 문제를 평가하는 것이 대부분이라고 해도 좋다.[18] 이 책에 일본에 의한 침략의 배경이 그려져 있지 않은 점이나 일본

18) 이러한 해석의 예외로서 특히 주목할 만한 것은 『코리아 헤럴드』지에 게재된 임지현의 논의이다. 임은 세계사적인 시점에서 하나의 민족이나 국민을 전체화해서 피해자인가 가해자인가를 이항대립적으로 구별할 수 있다고 간주하는 태도의 한계에 대해 지적하고, 『요코 이야기』에 보이는 것과 같은 피해자 내셔널리즘이 빠지는 공통의 문제에 대해 성찰할 것을 제안하고 있다. Lim Jie-hyun, 'Victimhood nationalism: compelling or competing?', *The Korea Herald*, April 9, 2007.

인의 한국인에 대한 폭력에 대해 다루어지지 않은 점은, 난징대학살의 부정이나 야스쿠니 신사 참배나 일본군 성노예제의 강제성의 부정 등과 함께, 최근에 한층 더 그 수를 늘려온 일본인 일반의 역사인식의 미비를 나타내는 예로서 파악하고 있다. 그 한편으로, 이것이 애당초 미국에서 출판되었고, 또 그 책이 미국 초·중학교의 교재 도서로 선정됨으로써 촉발된 문제임에도 불구하고, 이 책이 아무런 문제도 없이 출판되어 미국 사회에서 높은 평가를 받아온 것 자체를 문제시하는 의견은 그리 많지 않다.

확실히 이 책에 대한 '재미한국인' 의 입장에서의 이의제기는 미국의 공론장에서의 승인의 정치에 지나지 않는다는 견해도 한편에서는 충분히 가능하다.[19] 그러나 이러한 시점에 의하면, 다양한 집단에 의한 주장이나 이의제기는 백인이 주류를 이루는 미국 사회가 그 집합적 피해의 역사를 인지해주기를 바라는, 말하자면 주류사회의 시선 아래의 마이너리티끼리의 '피해자 경쟁' 에 지나지 않게 되고 만다. '재미한국인' 의 이의제기는, 왜 백인 미국 사회의 주류 역사관은 히로시마·나가사키의 원폭투하로 인한 일본인의 피해체험이나 전시에 강제수용된 일본계 미국인이 입은 손상은 상기하는데, 한국인이 일본인으로부터 과거에 받은 심대한 피해와 손실에 대해서는 배우려 하지 않느냐는, 말하자면 르상티망(ressentiment)의 표출로 정리되고 말 것이다. 이러한 견해를 취하면, 이 책에 대한 이의제기를 미국 주류사회 자체가 갖추고 있는 역사인식의 결함으로 이해하는 것은 불가능하다.

그러나 1997년의 리뷰는 그 비판의 화살을 작자나 작품의 내용뿐

19) '승인의 정치' 라는 개념은 Charles Taylor, "The Politics of Recognition", in Amy Gutmann, ed. & intro. *Multiculturalism: Examining the Politics of Recognition*(Princeton: Princeton University, 1992), 그리고 그 비판에 대해서는 졸고, 「문화라는 죄: '다문화주의' 의 문제점과 인류학적 지(知)」, 青木保 외 편, 『岩波講座 文化人類學』 제13권(岩波書店, 1998년) 등을 참조.

만 아니라 미국의 출판사나 문예비평가들의 무지, 무비판성으로 돌리고 있다. 이 투고자는 "제2차 세계대전 후의 네덜란드에서 도망치는 나치 가족 소녀의 고생담"을 동일한 무비판성으로 출판할 수 있었을까 하고 묻는다. 즉, 유럽의 전쟁피해의 서술이나 역사표상에 대해서는 비판적인 역사인식에 기인한 판단을 할 수 있는 데 비해, 아시아의 전쟁피해에 대해서는 동일한 판단을 할 수 없는 출판사, 아동문예비평가, 학교 교사들의 무지, 무비판성 그리고 그것을 허락해온 북미 사회의 아시아인에 대한 인종차별주의를 이 평자는 지적하는 것이다. 이러한 시점에 서면, 이 작품에 담긴 '북한'에 대한 편견이나 역사지식의 결여를 문제시하는 한국계 미국인 사회가 교육현장이나 주의 교육부에 이의를 제기할 때, 그것은 한편으로 한일 및 북일 간의 역사관의 충돌의 표출임과 동시에 미국 주류사회의 아시아 경시에 대한 비판이 그 근저에 있다고 생각할 수 있다. 실은 논의의 배경에는, 오늘의 미국 공교육의 현장에는 아시아계 미국인 학생이 다수 존재함에도 불구하고 아시아에 관한 교재가 극히 적고, 경우에 따라서는 이 책이 아시아인에 의한 아시아에 대한 유일한 서술인 현실, 아시아의 역사나 정치상황에 대해 대체로 무관심한 미국의 미디어의 실태, 공적인 장에서 의사결정을 내리는 층위에 아시아계 시민·이민이 거의 포함되지 않는다는 제도상의 실상이라는 사태에 대한 비판적 의식이 있다. 바꾸어 말한다면, 한국계 미국인 사회는 미국의 역사와 현실에서 인종적으로 마이너리티화된 위치에서, 이 텍스트가 심문하는 주류 '미국인' 독자와 그 역사 주체에 대해 의구심을 표명하고 있는 것이다.

다만, 미국에서 일본의 전쟁범죄를 추궁하거나 역사인식을 문제화하는 것은 미국의 정치에서 결코 일원적이지 않은 의미를 갖고 있다. 이 글의 모두에서 언급한 '일본의 전쟁범죄의 미국화'에 관한 졸고에서 내가 논하려고 한 것은, 미국의 맥락에서의 일본 비판이 미국의 문화와 사회에 가져오는 효과는 양의적이라는 점이다. 한편에서, 일본 비판, 특히 아시아태평양전쟁기에 일본이 범한 군사적·식민지주의적 잔학행위를 규탄하는 것은, 제2차 세계대전을 승리로 이끈 미국이 아시아 제국을 일본의 군사지배로부터 해방시키고, 또한 일본을 민주주의국가로 갱생시켜 평화와 번영을 가져온 '좋은 전쟁' 이었다고 하는, 미국의 내셔널 히스토리의 공식 기억을 복창하는 것에 한없이 가까우며, 그 때문에 대개의 경우 미국의 사회나 문화의 일원성과 기성질서를 뒷받침하는 결과로 이어질 것이다. 그러나 그 한편으로, 아시아계 이민·시민에 의한 일본의 전쟁범죄나 식민지주의에 대한 어떠한 성찰도, 미국이 거의 2세기에 걸쳐서 같은 아시아태평양 지역에서 범해온 침략, 점령, 군사폭력의 마이너 히스토리 또한 상기하게 한다. 여기서 자세히 서술할 수는 없지만, 예를 들어 미국의 냉전 정책에 의해서 전쟁 직후의 일본의 전쟁범죄나 인도(人道)에 대한 죄의 추궁이 불충분하게 끝나버린 것, 일본의 지배로부터 해방된 것이 분명한 여러 지역이 전후에 다시금 미국이라는 냉전 제국의 지배점령 아래로 편입되어버린 것, 제2차 세계대전 및 그 후의 아시아의 국지전쟁에 대하여 미국이 범한 전쟁범죄행위 등에 대한 역사기억이 그렇다. 일본의 과거의 침략행위와 그것에 관한 역사인식의 문제를 미국의 문제로서 추궁하는 것('일본의 역사인식 문제의 미국화' 라고 해도 된다)은 그 역사기억과 자기 이미지를 근저에서 뒤엎는 것으로 이어질 수 있는 것이다.

『요코 이야기』는 이 일본의 역사인식 문제의 미국화라고 하는 문제를 생각하는 데 또 하나의 흥미로운 점을 제시해주고 있다. 『요코 이야기』는 아동문학의 고전의 하나인 버넷(Frances Eliza Burnett)의 『소공녀』와 극히 유사한 스토리로 이루어져 있다. 이 두 개의 이야기를 비교대조해 보면, 실은 양자가 식민지주의의 역사를 미국 독자의 의식에서, 나아가서는 미국의 내셔널 히스토리로부터 쫓아내어 미국 이외의 장소로 전치(displace)하는 데 큰 역할을 하는 것을 알 수 있다.

『소공녀』의 주인공 세라에게도 이 책의 요코에게도, 아버지와의 갑작스러운 이별(세라의 아버지는 사망, 요코의 아버지는 전쟁피해)로 인해 고아가 되는 곳에서 진정한 고생이 시작된다. 둘은 모두 완전히 무일푼이 되어 주위의 어른들한테도 친구들에게도 버림을 받고 만다. 그러나 세라도 요코도 입장은 바뀌어도 '선량하고 품위 있는' 풍요로운 마음은 잃지 않고 강하게 살아가려고 한다. 세라와 요코는 타인을 차별대우하지 않고 항상 깊은 동정심을 가지고 대하는 소녀들이다. 세라는 아직 유복했을 때에도 기숙사에서 노예 취급을 받는 고아 소녀에게 유복한 가정의 학생들에게 하는 것과 똑같이 대하였으며, 그로 인해 나중에 구원을 받게 된다. 요코도 마찬가지로 학교에서 아무도 상대해주지 않는 노무원과 친해져서 서로 돕는다. 세라도 요코도 어른의 거짓말이나 위선을 간파할 수 있으며, 그것을 공공연히 비판하여 굴하지 않는다.

이 두 편의 이야기에 공통되는 교훈은 진짜 공녀님, 즉 진정한 인간의 고귀함이란 값비싼 치장도 아니고 부도 아니며, 아무리 궁핍한 옷차림을 하고 있어도, 아무리 굶주리고 있어도, 남을 배려하고 항상 근면하며 선량함과 품위를 잃지 않는 것이라는 데 있다. 실제로 『소공녀』의 세라가 민틴 선생님에게 그렇게 하듯이, 이 책에서 궁핍하고 어린 요코가 교장선생님의 기만으로 가득 찬 태도에 도전하는 장면, 혹은 세라가 자신의 배고픔을 채우기에 앞서 자기보다 더 배고픈 길거리의 소녀에게 따뜻한 빵을 내민 것처럼, 요코가 겨우 모인 얼마 안 되는 돈을 자신을 위해서가 아니라 쉴 틈도 없이 일하고 돌아온 언니에게 한 잔의 따뜻한 차를 내밀기 위해서 사용하는 장면 따위에는, 깊이 가슴을 울리는 면이 있다.

이 두 편의 이야기에 유사한 점은 그 밖에도 있다. 세라도 요코도 모두 유복한 식민지 지배자로서의 엘리트 아버지를 가지고 있다. 두 아버지는 모두 교양이 풍부하고 딸을 깊이 사랑하며 도덕적으로 훌륭한 신사로 그려지는 한편으로, 그들이 식민지에서 어떠한 일에 종사하고 있었는가는 자세하게 언급되어 있지 않다. 또한 세라가 마지막에는 영국의 식민지에서 아버지의 친구였던 인물과 기적적으로 만나 구원받듯이, 요코도 마찬가지로 일본 식민통치하의 조선에서 아버지와 친구였던 남자와 어떤 행운을 통해 재회하고, 이 인물의 원조로 차츰 생활이 나아져간다. 흥미로운 것은, 이 두 명의 소녀의 고독과 고난은 식민지에서가 아니라 그녀들의 본국에 돌아간 후에 한층 더 깊어진다. 식민지에서의 경험은(요코의 경우는 일본의 패전으로 좌절하지만) 아버지의 애정에 싸인 행복한 시절로서 노스탤지어를 가지고 회상된다. 또한 세라는 식민지에서의 체험을 통해 일반적인 영국인이 갖지 않는 친밀함을 남아시아의 고용인에게 느끼고 그것이 그녀를 행운으로 이끌며, 한편 요코나 나중에 재회한 오빠도 다른 일본인이 의심의 눈으로 바라보는 것과는 달리 식민지 조선의 모습이나 관습에 깊은 친밀감을 안고 있다.

이와 같이, 『소공녀』과 대조함으로써 명백해지는 것은 『요코 이야기』에는 일본제국이 붕괴한 후 이른바 내지로 반입된 이문화와 식민지 체험의 여러 가지가 흔적으로 달라붙어 있다는 사실이다. 그럼에도 불구하고 이 책이 전쟁의 트라우마, '아픔과 편견', '보통사람들이 전쟁으로 인해 어떻게 좌우되는가' 와 같은 점에 대해 상기시키는 평화와 반전의 이야기로만 읽혀져버리는 것은 도대체 왜일까. 앞에서 언급한 독자들의 다양한 이해에서 분명히 드러나듯이, 이 책을 평화와 반전의 책으로 높게 평가하고 교재로서 유용한 텍스트라고 판단하는 입장에 식민지주의의 문제는 전혀 시야에 들어 있지 않다고 해도 과언이 아니다.

『소공녀』는 몇 번이나 할리우드영화로 만들어질 만큼 미국 독자에게도 인기가 있는 아동문학서이다. 『소공녀』와 『요코 이야기』에 공통된 점은 양자가 모두 미국 이외의 식민지주의의 역사를 배경으로 하고 있다는 것이다. 이 두 편의 이야기는 식민지 지배의 역사가 미국 이외의 나라들의 문제이며 미국인과는 무관한 것 같은 인상을 준다. 식민지주의를 미국인 독자에 대해 타자화하는 것이다. 그리고 이것은 미국에서의 전쟁 담론, 특히 적국 일본을 그리는 방식과 밀접하게 관련되고 있다. 미국의 주류적인 전쟁 담론에서는 대개의 경우 필리핀을 비롯하여 일본이 진주만 공격을 한 하와이가 미국의 식민지였다는 역사인식은 완전히 누락되어 있다. 제2차 세계대전이 '좋은 전쟁' 이었다는 역사관은 미국의 아시아태평양 지역에서의 식민지주의의 역사를 부인함으로써 스스로의 이타성을 수립함과 동시에, 아시아의 식민지 해방을 외친 일본의 정의의 전쟁 담론을 비정통화하여 역사기억에서 소거한다. 식민지주의의 문제를 제외함으로써 비로소 제2차 세계대전이 미국인에게 '좋은 전쟁' 이었다고 할 수 있는 구도가 거기에는 존재한다.

이와 같이 생각한다면, 『요코 이야기』가 왜 미국의 주류사회에서 전쟁피해를 그린 책으로 선호되어왔는지, 그 이유의 적어도 일단이 밝혀질 것이다. 이 책에서 조선에 대한 일본의 식민지 지배라는 역사적 배경이 공백으로 되어 있는 것은, 미국 독자에게 미국의 아시아 지역에서의 역사를 봉쇄하여 이 책을 전쟁피해의 책으로만 읽을 수 있도록 해준다. 이 책에 일본 식민지주의에 대한 자세한 서술이 결여되어 있는 것은 미국에 자국의 식민지 지배의 역사인식이 결여되어 있는 것과 공범관계에 있다고 할 수 있다. 이에 대해 『요코 이야기』를 한국계 미국인의 위치에서 비판하는 작업은 전쟁의 피해의 보편적인 참혹함을 호소하는 것으로 간주되는 텍스트에 식민지주의 비판의 시점을 개입시키는 것을 피할 수 없게 만든다. 그것은 동시에 미국의 식민지 침략과 점령의 역사에 대해 상기시키는 계기로서 이 책을 읽는 것으로 이어질지도 모른다.

Ⅴ. 맺음말: 인간주의를 넘어

2007년 2월 16일자의 보스턴 현지 신문은 자연미가 풍부한 케이프코드에 사는 "온화한" "73세의" 작자가 "7개의 한국 미디어"를 포함한 "화난 청중"과 회견했다고 보도했다.

기사는 한국 영사관이 미국에 항의를 했으며, 한국계 미국인 부모들이 이 책이 일본군에 의한 성노예제의 역사는 언급하지 않고 일방적으로 한국인을 '강간범', '살인자'로 그리고 있다고 항의하고 있다는 것 따위의 사실관계를 밝힌 다음, 마지막으로 왓킨즈 씨가 "검은 스니커에 갈색 바지 그리고 목 언저리까지 가지런히 단추를 잠근 블라우스를 입은 간소한 차림"으로 회견에 임하여 60여 명의 청중을 향해, 우선 자신의 책이 많은 사람들의 감정을 해친 것을 사죄했으며, 새로운 판에 상세하고 정확한 서문을 달도록 출판사에 요청할 생각이라고 말했다며 끝맺고 있다.[20)]

이 기사의 표상이 초래하는 효과에는 몇 가지 문제가 있다. 첫 번째는 이미 언급한 바와 같이 이 책을 둘러싼 논쟁을 역사관을 둘러싼 한일의 이항대립적인 충돌로 환원시켜, 1997년의 서평자가 지적한 것처럼, 이 책을 출판하여 무비판적으로 절찬해온 북미 사회의 문제는 전혀

20) Lisa Kocian, "Author Defends Memoir on Korea, Apologizes for Furor", *Boston Globe*, February 16, 2007.

언급하고 있지 않다는 점이다. 또 한 가지 중요하다고 여겨지는 것은, 이 보도 자체가 이 책이 표상하는 편향된 한국인상을 재생산하고 있는 것은 아닌가 하는 점이다.

"온화"하고 "검은 스니커에 갈색 바지 그리고 목 언저리까지 가지런히 단추를 잠근 블라우스를 입은 간소한 차림"을 하고 항의하는 사람들과의 대화에 임한 것으로 되어 있는 왓킨즈의 묘사는 실로 검소, 성실, 타인에 대한 관대함을 선으로 하는 미국 동해안, 특히 뉴잉글랜드 주변의 중산계급 WASP(white, anglo-saxon, protestant)문화의 전통적인 가치관을 대표하는 것이다. 실제로 이 기사뿐만 아니라 앞에서 든 많은 신문투고의 표현에서도 엿볼 수 있듯이, 이 작품을 뛰어난 아동문학 작품으로 높이 평가하는 사람들이나 이 책을 교재로 계속 채택하는 데에 적극적인 사람들에 의한 표상에서 왓킨즈는 항상 겸손함(humility), 온화함, 너그러움과 같은 개념과 연결되어왔다. 이에 반해, 이 책에 이의를 제기하는 측에 선 한국계 미국인의 보호자를 비롯한 사람들은 대개의 경우 '분노'나 '항의'와 결부된 모습으로만 그려져 있다. 이러한 대비구도는 문제의 원래의 발단이 전자의 역사적 성찰의 천박함에 있는 것을 후퇴시켜버리고, 반대로 이의제기를 하는 사람들을 겸허하고 신중하게 타인을 대하려고 하는 사람에게 배려나 용서가 부족한 비관용적인 존재인 것처럼 비추어버린다.

더 자세히 말하면, 이러한 미디어 표상에서의 '겸허하고 신중한 저자'에게 항의하는 '관용과 동정심이 부족한 성난 청중'이라는 구도가 앞에서 언급한 보편주의적인 문예비평의 태도와 결부된다면, 그것은 항의하는 측에 서는 것이 '인간' 혹은 '인간다움'의 범주에서 또 다시 배제되고 마는 극히 모순된 결과를 낳게 될 수도 있다. 이 책에 대해 이의를 제기하는 사람들은 사람이면 누구나가 희구해야 할 평화, 가족사랑,

생명의 고귀함, 교육의 중요함이라는 이 책이 호소하는 보편적 가치를 공유할 수 없는 독자로, 사람이라면 누가 읽어도 훌륭하다고 느끼는 뛰어난 작품의 좋은 점에 공감할 수 없는 독자로, 혹은 이 책이 호소하는 관용과 동정심에 응답할 수 없는 독자로 표상되어버리기 때문이다. 이것은 역사의 요청에 의하여 항의하는 측에 서는 것을 피할 수 없는 사람들이면 누구나가 항상 직면하는 곤란함임과 동시에 보편주의적인 인간주의에 기인한 문제이기도 하다. 이 인간/비인간의 배제와 비대칭의 사이클을 끊으려면 항의를 받는 사람들이야말로 우선 겸허함이나 얌전함의 가죽에서 박차고 나와 당황하고 진정한 화해와 대화를 방해하는 것에 대해 화내고 싸우는 자세를 나타내기 시작할 수밖에 없다고 해야 하지 않을까.

후기

이 책은 '한일, 연대 21'이 2004년부터 2007년까지 4회에 걸쳐 서울에서 개최한 심포지엄을 바탕으로 만든 책이다. 서문에서 고모리 요이치 교수가 밝히고 있는 것처럼, 이 모임은 고모리 교수와 박유하의 만남에서 시작되었다. 일본의 대표적인 진보지식인이자 교과서 문제 때에 '새로운 역사교과서를 만드는 모임'에 대항하여 전국적인 반대운동을 전개했던 '어린이와 교과서 전국네트 21'의 대표이기도 했던 고모리 교수와, 90년대 이후 한일 간의 역사인식 논쟁을 비롯해 종래의 한일 간의 연대와 운동방식에 여러 문제점을 느끼고 있었던 박유하는, 한일 간의 진정한 화해와 평화를 위해서는 종래와는 다른 형태의 연대가 필요하다는 데에 의견의 일치를 보았다.

이 모임의 결성 취지와 목적에 관한 고모리 교수의 생각은 그 자신이 쓴 서문에 잘 나와 있거니와, 한국 측에서 이 모임의 결성을 주도했던 박유하의 생각에 따르면, 한국과 일본 양쪽에서 저마다 민족주의의 문제점을 자각하고 그에 바탕한 연대를 이루는 것이야말로 한일의 미래를 위해 무엇보다도 시급한 일이었다. 민간 차원에서든 정부 차원에서든, 이른바 국가간의 대화란 흔히 '국론'을 바탕으로 각국의 이익을 최대한 관철하는 것을 의미하는 경우가 대부분이지만, '식민지'라는 결코 단순하지 않은 과거사의 매듭을 푸는 장소에서는 그러한 포지션을 견지하는 것만으로 충분한 대화가 이루어질 수는 없다는 것이 그의 생각이었다.

종래의 한일 간의 만남은 과거는 잊고 미래만을 바라보자는 식이거나, 그와 반대로 과거에 관한 규탄과 침묵으로 시종하는 것이 거의 대부분이었다고 해도 과언이 아닐 것이다. 그러나 과거를 제대로 보지 않는 미래지향이 무언가를 은폐하는 일일 수밖에 없는 것처럼, 침묵이나 규탄의 모임 역시 무언가를 다 말하지 못한다. 지극히 우호적인 미래지향적 모임도 어색한 분위기로 일관되는 과거지향적 모임도 일정한 역할은 하고 있으되, 그 어느 쪽에도 진정한 대화는 없다는 것이 이 모임을 결성하게 된 기본 동인이었다.

물론 한일 간의 민족주의 문제를 논하는 학술적 장소가 없었던 것은 아니다. 그러나 이 책의 서문에서 최원식 교수가 언급하는 것처럼, 그곳은 지극히 '자기비판'적인 장소였지만 '지금/여기'에서 제기되고 있는 역사문제를 지속적으로 다루지는 않았고, 또 그곳에서 논의되는 내용을 외부로 전하는 장소로서는 너무 아카데미즘적인 장소였다. 그와 반대로, 이른바 '운동'의 장소에서는 '한국' 대 '일본'이라는 구도가 너무나 명확했고 따라서 피해자와 가해자의 구도가 명확했으며, 그러한 상황에서는 가해와 피해에 관한 '조사'와 '연구'는 있지만 문제를 분석하는 '이론'의 틀은 들어설 여지가 없어 보였다. 새로운 모임의 필요성은 바로 이런 점에서 명확해졌다 하겠다.

'한일, 연대 21'이 결성될 때의 한국 사회에서 민족주의 비판은 이미 새로운 시각은 아니었다. 그럼에도 불구하고, 2004년 당시 한국에서 민족주의적 담론은 여전히 주류였다고 말할 수 있겠다. 간혹 민족주의의 문제점이 제기되어도, 민족주의 비판의 목소리들은 대부분 곧바로 "아직 한국은 (민족주의를 버려도 될 만한) 대국이 아니"라거나 "과거에 '피해자'였다"는 등의 말에 파묻혀버리기 일쑤였던 것이 당시의 사정이었고, 그러한 사정은 지금도 큰 변화가 없어 보인다.

한편, '한일, 연대 21'의 필요성을 더욱 절감케 했던 것은 '종군위안부'와 관련된 문제였다. 위안부 문제는 꼬일 대로 꼬여 한일 간에는 심각한 균열만이 존재했고, 그 상태대로는 균열은 결코 메워질 것 같지 않았다. 이 모임의 일본 측 파트너로, 민족을 넘어선 여성의 연대를 주창하면서 위안부 문제에 관해 많은 중요한 발언들을 해왔던 우에노 지즈코 교수가 흔쾌히 참여해준 것은 그러한 균열을 메우기 위한 시도에 실로 적절한 일이 아닐 수 없었다.

한국에서는 민족주의 진영의 대표적 중심으로 알려져온 『창작과 비평』의 주간이면서도 민족주의의 문제점에 관해서도 날카로운 인식을 견지하고 있는 최원식 교수가 한국 측 대표를 맡았다. 동시에 김철, 이영훈, 김은실 교수가 모임의 취지에 찬동하고 초기 멤버로 참여하였다. 이들은 민족주의에 비판적이지만 그러나 민족문제에 시니컬하지 않은 이들이었다. 학자들뿐 아니라 공로명 전 주한 일본대사, 차병직 참여연대 집행위원장도 참여했다. 그것은 한일 간의 문제는 폭넓고 깊은 학문적 성과에 바탕한 논의를 필요로 하지만 동시에 그 논의가 학문적인 차원에서 끝나지 않아야 한다는 인식에서였다. 그곳에서 논의되는 내용이 미세한 형태로라도 정책에 반영되고 일반인들의 공통인식으로 자리잡게 되기를 이 모임의 참여자들은 바랐다.

이렇게 해서 얼핏 보기에는 완전히 다른 포지션과 다른 사상을 갖고 있는 것처럼 보이는 이들이 함께 모여 '한일, 연대 21'의 이름으로 첫 심포지엄을 2004년 11월에 갖게 되었다. 이후부터는 심포지엄 테마가 정해지면 그에 관해 가장 필요한 담론을 제공해줄 만한 이들에게 발제를 부탁하면서 그들에게 이 모임의 취지를 설명하고 참여를 권하는 형태로 진행시켰다.

첫 번째 교과서 문제 심포지엄에서는 식민지 시대에 이루어진 쌀의 공출이 수탈이라기보다는 수출이라는 논의 등에 비상한 관심이 몰려 신문은 물론 방송사에서까지 관심을 보였다. 개중에는 민족주의 진영과 민족주의에 비판적인 면면이 함께 만났다는 식의 보도도 있었다. 그러나 이후의 과정은 결코 순탄치는 않았다. 익숙지 않은 목소리를 '일본 우파'와 같은 시각으로 규정하고 비난하는 이들도 있었고, 그 때문에 참여를 결심하기까지 오래 고민하는 모습을 보인 일본의 대표적 지식인도 있었다. 그러나 그들도 이 모임의 진정한 취지가 어디에 있는지를 설명하면 종국에는 신뢰해주었다. 그들의 신뢰는 개인간의 신뢰에 바탕한 것이었지만 개인간의 신뢰야말로 언젠가는 국가간의 알력을 넘어서는 힘이 될 것임을 그 경험에서 우리는 다시 한번 배울 수 있었다.

궁극적인 지향점은 비슷하지만, 그 동안 서 있던 장소가 달랐던 만큼 이 책에서의 주장들이 특히 민족주의에 대한 거리와 국가의 틀에 대한 인식에서 조금씩 그 결을 달리 하고 있음을 날카로운 독자들은 금방 발견할 수 있을 것이다. 어쩌면 바로 그 차이에 관해 논하는 일이야말로 앞으로 무엇보다도 필요불가결한 작업이 될 것이다.

그럼에도 불구하고, 모두 스스로가 위치한 장소에 대한 자성의 시각을 지니고 있다는 점에서, 그리고 그러한 시각을 공개적으로 드러냈다는 점에서, 이 책이 한일 간의 진정한 '대화'를 열기 위한 역사적인 시도이자 커다란 발걸음이 될 것임을 우리는 믿어 의심치 않는다.

이하 각 심포지엄의 구체적 내용을 밝혀둔다.

◈ 제1회

의제: 한일, 새로운 미래 구상을 위하여—교과서 문제를 중심으로

일시: 2004년 11월 19일(금)

장소: 한국언론재단 19층 기자회견장

주최: 한일, 연대 21

후원: 한국정신문화연구원 국제한국문화홍보센터

참가자:

사회자: 김철

발표자: 최원식, 시마무라 데루, 다와라 요시후미, 이영훈, 고모리 요이치, 박유하

토론자: 백영서, 권혁태, 와타나베 나오키, 임성모

◈ 제2회

의제: 한일, 상호이해를 가로막는 요인들—그 정치적 무의식의 구조

일시: 2005년 12월 2일

장소: 한국국제교류재단문화센터 영상자료실

주최: 한일, 연대 21

후원: 한국국제교류재단

참가자:

사회자: 권혁태

발표자: 와다 하루키, 김철, 우에노 지즈코, 김은실

토론자: 고모리 요이치, 박명규, 윤미향, 박유하

◈ 제3회

의제: 야스쿠니를 다시 묻는다

일시: 2006년 9월 16일

장소: 출판문화회관 4층

주최: 한일, 연대 21

참가자:

사회자: 김은실, 박유하, 김철

발표자: 한홍구, 다카하시 데쓰야, 황종연, 나리타 류이치

토론자: 양현아, 윤대석, 나이토 지즈코, 시마무라 데루

◈ 제4회

의제: 가해와 피해의 기억을 넘어서—『요코 이야기』 파문을 계기로

일시: 2007년 7월 14일

장소: 출판문화회관 4층

주최: 한일, 연대 21

후원: 서남재단 서남포럼

참가자:

사회자: 황종연, 박유하, 김철

발표자: 한석정, 신형기, 가노 미키요, 요네야마 리사

토론자: 나리타 류이치, 이와사키 미노루, 이혜령

'한일, 연대 21' 멤버(2007년 7월 현재)

공로명(전 주일대사), 권혁태(성공회대, 일본경제사), 김은실(이화여대, 여성학), 김철(연세대, 한국문학), 노재현(중앙일보 논설위원), 박유하(세종대, 일본문학), 백영서(연세대, 중국사), 양현아(서울대, 법여성학), 이영훈(서울대, 경제사), 임성모(연세대, 일본사), 정재서(이화여대, 중국문학), 차병직(변호사, 참여연대 상임집행위원장), 최원식(인하대, 한국문학, 전 창작과 비평 주간), 한홍구(성공회대, 한국사), 황종연(동국대, 한국문학), 成田龍一(일본여대, 역사학), 小森陽一(도쿄대, 전 어린이와 교과서 전국네트 21 대

표), 島村輝(여자미술대학, 일본문학), 和田春樹(전 도쿄대, 동북아현대사), 渡邊直紀(무사시대학, 한국문학), 上野千鶴子(도쿄대, 사회학), 內藤千珠子(오즈마여자대, 표상론·매스미디어론), 岩崎稔(도쿄외대, 철학)

후원회원-이일규(서울 가든호텔 회장)

간사-김석희(세종대 강사), 임경화(성균관대 연구원)

김은실, 한홍구 교수의 원고가 완성되지 못하여 이 책에는 게재할 수 없었다. 이 원고 대신 김종엽, 강가람 두 분의 원고를 실을 수 있었다. 게재를 허락해준 두 분께 감사를 표한다. 또한 첫 번째 심포지엄에서 교과서/위안부론을 발표했던 박유하의 원고도 이후 2005년에 일부를 단행본에 수록하게 되어 다른 글로 대체했다.

멤버로 이름을 밝히지 않은 분들 중에도 지원처를 비롯하여 적지 않은 이들이 이 모임을 지지하고 음으로 양으로 도움을 주었다. 그들에게 공통적인 것은 그들이 속해 있는 곳의 공식적 입장이 이 모임의 취지와 꼭 맞지만은 않았다는 점이다. 자신이 속해 있는 곳을 객관적으로 바라보는 힘을 가진 그들이야말로 새로운 한일관계의 주역이 될 것을 믿으면서 그분들께도 감사를 표한다.

2008년 2월 5일

멤버들을 대신하여 김철, 박유하

지은이 약력

(가나다순)

가노 미키요(加納實紀代)

현재 게이와 학원대학(敬和學園大學) 인문학부 공생사회학과 특임교수. 전공은 젠더·일본 근현대사. 주요 논저에 『전후사와 젠더(戰後史とジェンダー)』(インパクト出版會, 2005), 『천황제와 젠더(天皇制とジェンダー)』(インパクト出版會, 2002), 『여자들의 '총후'(女たちの「銃後」)』(筑摩書房, 1987), 「'만드는 모임' 역사교과서와 젠더(「つくる會」歷史教科書とジェンダー)」(『インパクション』 147, 2005) 등.

강가람

현재 아시아여성학센터 연구원. 전공은 여성학. 논저에 「한일 사회 내 일본군 '위안부' 문제와 초국적 여성연대의 가능성: '2000년 여성국제법정'을 중심으로」(이화여대 여성학과 석사논문, 2006), 「'여성국제전범법정'을 통해 본 초국적인 여성연대의 가능성(「女性國際戰犯法廷」から見た國を超えた女性連帶の可能性」(『女性·戰爭·人權』 8, 2007) 등.

고모리 요이치(小森陽一)

현재 도쿄 대학 대학원 총합문화연구과 교수. 전공은 일본 근대문학. '9조의 모임(九條の會)' 사무국장 역임. 『말의 힘 평화의 힘: 근대일본문학과 일본국헌법(ことばの力 平和の力: 近代日本文學と日本國憲法)』(かもがわ出版, 2006), 『레이시즘(レイシズム)』(岩波書店, 2006), 『포스트콜로니얼(ポストコロニアル)』(岩波書店, 2001), 『일본어의 근대(日本語の近代)』(岩波書店, 2000) 등.

김종엽(金鐘曄)

현재 한신대학교 사회학과 부교수. 전공은 사회학. 주요 논저에 『에밀 뒤르켐을 위하여: 여성, 축제, 인종, 방법』(새물결, 2002), 『연대와 열광: 에밀 뒤르켐의 현대성 비판 연구』(창비, 1998), 「분단체제와 87년체제」(『창작과 비평』 130, 2005) 등.

김철(金哲)

현재 연세대학교 국어국문학과 교수. 전공은 한국문학(현대소설). 주요 논저에 『'국민' 이라는 노예: 한국문학의 기억과 망각』(삼인, 2005), 『문학 속의 파시즘』(삼인, 2001, 공저), 「한국 현대문학 연구에 관한 하나의 약도(韓國現代文學研究に關する一つの略圖)」(『日本近代文學』 71, 2004), 「한국의 민족-민중문학과 파시즘: 김지하의 경우(韓國の民族-民衆文學とファシズム: 金芝河の場合)」(『現代思想』 29-16, 2001) 등.

나리타 류이치(成田龍一)

현재 일본여자대학 현대사회학과 교수. 전공은 일본 근현대사·도시사회사. 주요 논저에 『시리즈 일본 근현대사(4) 다이쇼 데모크라시(シリーズ日本近現代史(4) 大正デモクラシー)』(岩波書店, 2007年), 『역사학의 포지셔널리티: 역사서술과 그 주변(歷史學のポジショナリティ: 歷史敍述とその周邊)』(校倉書房, 2006), 『'역사' 는 어떻게 서술되는가(「歷史」はいかに語られるか)』(NHKブックス, 2001), 『'고향' 이라는 이야기: 도시공간의 역사학(「故鄕」という物語: 都市空間の歷史學)』(吉川弘文館, 1998) 등.

다와라 요시후미(俵義文)

현재 '어린이와 교과서 전국네트 21' 사무국장. 주요 논저에 『교육기본법 '개정', 이 점이 문제(教育基本法「改正」のここが問題)』(金曜日, 2006, 공저), 『철저 검증 위험한 교과서: '전쟁을 할 수 있는 나라' 를 지향하는 '만드는 모임' 의 실태(徹底檢證あぶない教科書:「戰爭ができる國」をめざす「つくる會」の實態』(學習の友社, 2001) 등이 있다.

다카하시 데쓰야(高橋哲哉)

현재 도쿄 대학 대학원 총합문화연구과 교수. 전공은 철학·역사인식론. 코리아 NGO센터 전문위원. 주요 논저에 『상황에 대한 발언: 야스쿠니와 교육(狀況への發言: 靖國そして教育)』(青土社, 2007), 『야스쿠니 문제(靖國問題)』(筑摩書房, 2005), 『전후책임론(戰後責任論)』(講談社, 1999) 등.

박유하(朴裕河)

현재 세종대학교 일어일문학과 교수. 전공은 일본 근현대문학. 주요 논저에 『ナショナル·アイデンティティとジェンダー: 漱石·文學·近代』(クレイン, 2007), 『화

해를 위해서: 교과서·위안부·야스쿠니·독도』(뿌리와이파리, 2005), 『座談會 昭和文學史 V』(集英社, 2004, 공저), 『文學の闇·近代の沈默』(世織書房, 2003, 공저), 『반일민족주의를 넘어서』(사회평론, 2000) 등.

시마무라 데루(島村輝)
현재 여자미술대학(女子美術大學) 예술학부 교수. 전공은 일본 근대문학. 주요 논저에 『임계의 근대 일본문학(臨界の近代日本文學)』(世織書房, 1999), 『이와나미 강좌 근대 일본의 문화사 5(岩波講座·近代日本の文化史5)』(岩波書店, 2002) 등.

신형기(辛炯基)
현재 연세대학교 국어국문학과 교수. 전공은 한국 현대문학. 주요 논저에 『이야기된 역사』(삼인, 2005), 『식민지 근대의 시좌(植民地近代の視座)』(岩波書店, 2004, 공저), 『민족이야기를 넘어서』(삼인, 2003), 『북한문학사』(평민사, 2000, 공저), 『해방 직후의 문학운동 연구』(화다, 1988) 등.

와다 하루키(和田春樹)
현재 도쿄 대학 명예교수. '아시아여성기금' 전무이사 역임. 전공은 러시아사·남북한현대사. 주요 저서로 『동시대 비평: 북일관계와 납치 문제』(彩流社, 2005), 『동북아시아 공동의 집: 신지역주의 선언』(平凡社, 2003), 『조선전쟁』(岩波書店, 1995) 등.

요네야마 리사(米山リサ)
현재 샌디에이고 캘리포니아대학교(UCSD) 문학부 준교수. 전공은 문화인류학. 주요 논저에 『히로시마: 기억의 정치학(廣島: 記憶のポリティクス)』(岩波書店, 2005), 『폭력·전쟁·보상: 다문화주의의 정치학(暴力·戰爭·リドレス: 多文化主義のポリティクス)』(岩波書店, 2003), 「NHK 미디어의 공공성과 표상의 폭력(NHKメディアの公共性と表象の暴力)」(『世界』 690, 2001) 등.

우에노 지즈코(上野千鶴子)
현재 도쿄 대학 대학원 교수. 전공은 젠더이론·여성학·가족사회학. 주요 논저에 『내셔널리즘과 젠더(ナショナリズムとジェンダー)』(青土社, 1998), 『근대 가족의 성립과 종언(近代家族の成立と終焉)』(岩波書店, 1994), 『가부장제와 자본제: 마르크스주의 페미니즘의 지평(家父長制と資本制—マルクス主義フェミニズムの地平)』(岩

波書店, 1990) 등.

이영훈(李榮薰)

현재 서울대학교 경제학과 교수. 전공은 한국경제사. 논저에 『대한민국 이야기: 해방전후사의 재인식 강의』(기파랑, 2007), 『해방전후사의 재인식』(책세상, 2006, 공저), 『식민지 근대의 시좌(植民地近代の視座)』(岩波書店, 2004, 공저) 등.

최원식(崔元植)

현재 인하대학교 인문학부 교수. 전공은 한국문학(현대소설). '한일, 연대 21' 대표. 논저에 『문학의 귀환』(창비, 2001), 『발견으로서의 동아시아』(문학과지성사, 2000, 공저), 『한국의 민족문학론: 동아시아의 연대를 위하여(韓國の民族文學論: 東アジアの連帶を求めて)』(御茶の水書房, 1995) 등.

한석정(韓錫政)

현재 동아대학교 사회학과 교수. 전공은 역사사회학. 한국만주학회 회장 역임. 주요 논저에 『개정판 만주국 건국의 재해석』(동아대학교출판부, 2007), 『Crossed Histories: Manchuria in the Age of Empire』(University of Hawaii Press, 2005, 공저), 「동아시아 국가만들기의 연결고리: 만주국, 1932-1940」(『중국사연구』 16, 2001), 「쌍방향으로서의 국가와 문화: 만주국판 전통의 창조, 1932-1938」(『한국사회학』 35-3, 2001) 등.

황종연(黃鍾淵)

현재 동국대학교 국어국문학과 교수. 전공은 한국문학(현대소설)과 비교문학. 주요 논저에 「한국 근대소설에 나타난 신라」(『동방학지』 137, 2007), 「After the Apocalypse of Literature: A Critique of Karatani Kojin's Thesis of the End of Modern Literature」(『Korea Journal』 47-1, 2007), 『비루한 것의 카니발』(문학동네, 2001) 등.

한일 역사인식 논쟁의 메타히스토리
—'한일, 연대 21'의 시도

2008년 2월 15일 초판 1쇄 찍음
2008년 2월 29일 초판 1쇄 펴냄

엮은이 | '한일, 연대 21'

펴낸이 | 정종주
펴낸곳 | 도서출판 뿌리와이파리
등록번호 | 제10-2201호(2001년 8월 21일)
주소 | 서울시 마포구 서교동 451-48 2층
전화 | 02)324-2142~3
전송 | 02)324-2150
E-mail | puripari@hanmail.net

표지디자인 | 가필드
본문편집 | 이선희
종이 | 화인페이퍼
인쇄·제본 | 영신사

값 15,000원
ISBN 978-89-90024-78-7 (03300)

이 도서의 국립중앙도서관 출판시도서목록(CIP)은 e-CIP 홈페이지(http://www.nl.go.kr/cip.php)에서 이용하실 수 있습니다.(CIP제어번호: CIP2008000541)